제4판

EXCEL을 이용한 의학데이터의 통계분석

박미라 · 이재원 지음

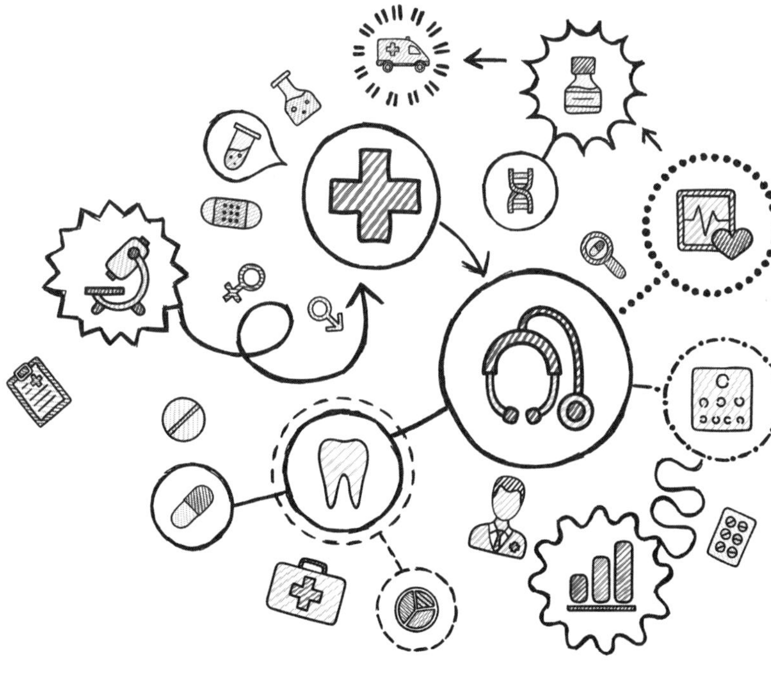

자유아카데미

머리말

통계학은 다양한 학문 분야에서 과학적인 연구 결과의 도출을 위해 사용되고 있다. 특히 의학연구에 있어서 통계적 방법의 적용은 나날이 그 비중이 더해지고 있다. 그러나 아직도 여러 의과대학에서 통계학 강의가 체계적으로 개설되지 않거나 이론 중심으로 진행되고 있어, 졸업 후 당면하는 문제에 부딪혔을 때 많은 임상의 또는 의학 연구자들이 통계의 분석과 해석에 어려움을 겪고 있다. 의학 분야의 연구자나 임상의들이 통계분석을 위하여 많은 시간을 할애하여 공부를 시작하기는 어려운 일이다. 또한 의학 연구의 특성상 때로는 기초통계에서 잘 다루지 않는 부분들을 자주 접하게 되기도 한다. 이러한 현실적인 점들을 고려하여 이 책에서는 수리적인 전개보다는 의학 연구에서 자주 쓰이는 통계적 방법들의 개념을 요약, 정리하고, 구체적인 적용 방법을 보여주는 데 무게를 실었다.

SAS, SPSS, STATA, R 등 다양한 통계분석 S/W들이 많이 사용되고 있다. 이들은 고급 통계분석까지 지원하는 장점이 있지만, 개인적으로 구매하여 사용하기가 부담스럽거나, 각 프로그램 나름의 실행 방법들을 별도로 익혀야 한다는 부담감도 있다. Excel의 경우는 통계분석과 상관없이 이미 많은 의과대학에서 일상적으로 사용되고 있는 프로그램이다. 그러나 Excel의 기능 중 통계분석을 손쉽게 할 수 있는 데이터 분석 기능은 널리 알려지지 않아 단순히 평균이나 합계를 계산하거나 차트를 그리기 위한 목적으로 사용하는 데 그치는 경우가 많다. 여기에 약간의 노력만 더 들이면 기본적인 통계분석을 할 수 있으며, 이 방법을 소개하는 것이 이 교재의 목적이다.

이 교재는 의과대학, 약학대학, 간호대학, 보건대학 등에서 통계학을 전공하고 있지 않은 학생들을 위한 한 학기용 기초통계학 교재로 적당하다고 하겠다. 1장에서는 통계를 시작하는 데 필요한 기본적인 개념 및 전반적인 흐름을 소개하였고, 2장에서는 Excel을 처음 시작하는 독자들을 위해 기본적인 Excel의 사용 방법을 설명하였다. 3장에서는 데이터들을 체계적으로 정리, 요약하는 기술통계에 관해 설명하였고, 확률 및 확률변수, 확률분포에 관한 기초이론과 통계적 추론에 관한 기본 원리를 각각 4장과 5장에서 설명하였다. 6장부터 10장까지는 자주 쓰이는 분석 방법들을 소개하였으며, 마지막 11장에서는 통계분석에 사용되는 Excel의 함수를 요약하여 소개하였다. 부록의 표에는 여러 확률분포표를 실었다. 모든 장에 걸쳐 의학 데이터를 예제로 하여 개념과 방법을 기술하고, 방법마다 Excel을 이용한 분석을 단계별로 화면 그림과 함께 실음으로써 의학 연구자들이 쉽게 자신의 데이터에 적절한 통계적 방법을 찾아 활용할 수 있도록 하였다. 이 책에서 설명된 데이터들은 자유아카데미 출판사 홈페이지(http://www.freeaca.com) 자료실에서 내려받을 수 있다.

이번 개정판에서는 기존의 골격은 유지하되, 오피스 버전이 높아짐에 따라 달라진 내용을 수정하고, 오피스365를 기준으로 화면을 갈무리하였다. 학생들이 이해하기 쉽도록 이전보다 쉬운 예제와 연습문제로 대체하고 보강하였으며, 문장을 수정하였다. 기타 크고 작은 오류들을 수정하였다.

물론 기초통계 교재 하나로 의학 통계에서 필요한 여러 분야를 섭렵할 수는 없을 것이다. 보다 고급 통계기법을 적용하기 위해서는 통계를 전문적으로 하는 이의 도움을 받거나, 그에 상응하는 노력을 기울여야 할 것이다. 하지만 이 책을 처음부터 끝까지 소화한 독자라면 자주 사용되는 기법들을 깔끔하게 분석하는 데에는 크게 문제가 없을 것이다. 또한 통계가 더 친숙한 기술로 다가서는 데 이 교재가 도움이 되었으면 한다.

1998년 이 교재의 초판이 발간되는 데는 당시 고려대학교 대학원 이정복의 헌신적인 도움이 있었으며, 이경미, 이효정, 박선기가 원고의 검토를 맡아주었다. 2006년과 2014년 개정판에는 동 대학원의 유아미, 황성희, 김아령, 그리고 이번 개정판에는 신인수의 도움이 컸음을 밝히며, 감사의 마음을 전한다. 마지막으로 출판과 편집을 맡아주신 자유아카데미의 여러분들께도 감사의 인사를 올린다.

2024년 8월 제4판을 내며
저자 일동

차례

1장

서론

신뢰할 만한 최신 정보가 필수적인 분야 중의 하나가 의학연구분야이다. 실험이나 표본조사로부터 올바른 결론이 나올 수 있으려면 연구의 계획과 설계, 데이터의 수집과정, 분석과 해석에 이르기까지의 전 과정이 과학적이고 합리적으로 진행되어야 할 것이다. 통계학은 이러한 일련의 과정을 뒷받침해 주는 역할을 한다고 하겠다. 이 장에서는 의학연구에 있어서의 통계의 필요성에 대해 간략히 이야기하고, 모집단과 표본의 개념에 대해 설명하겠다. 또한 의학연구에서 접할 수 있는 데이터의 형태와 그에 따른 통계적 방법들을 정리한다.

1.1 의학연구와 통계

어느 분야에서나 과학적이고 합리적인 의사결정을 위해서는 통계적 사고가 필요하다. 주어진 문제에 대한 해법을 찾아가는 과정에서 우리는 적절한 방식으로 데이터를 수집하고, 그것을 분석하고 해석하여 올바른 결론을 이끌고자 한다. 특히 의학분야에서는 언제나 최신의 정보가 필요하고, 또한 수많은 정보 중에서 가치 있는 정보를 선택할 수 있어야 한다.

관심 있는 주제에 대한 연구를 수행하고자 할 때 올바른 결론을 도출하기 위해서는 연구의 설계와 분석에서 통계적인 고려가 필요하다. 일반적으로 연구과정은 다음과 같이 나타낼 수 있다.

계 획
↓
설 계
↓
수행(데이터수집)
↓
데이터 분석
↓
해 석
↓
발 표

흔히 데이터 분석 단계에서만 통계적 방법의 적용이 필요하다고 생각하기 쉽지만, 실제로는 전 과정에 걸쳐 통계적인 고려가 필요하다. 예를 들어, 임상시험 연구를 한다면 임상시험에 참여할 적정 대상자 수는 얼마인지 계획해야 한다. 너무 많은 수를 대상으로 하거나 너무 적은 수를 설정하여 제대로 결론을 내리지 못하는 것 모두 윤리적으로나 과학적으로나 옳지 않다. 연구 목적을 달성하기 위한 최적의 실험계획법은 무엇인지도 정해야 할 것이다. 또한 데이터의 수집 단계에서도 여러 가지 고려할 상황들이 발생하기 마련이다. 데이터를 얻은 후에 적절한 분석 방법을 적용하고 해석하는 것이 중요함은 물론이다.

의학 연구자나 임상의들이 왜 통계를 알아야 할까? 흔히 하는 잘못 중 하나는 과한 자신감으로 통계에 대한 이해 없이 S/W를 이용하여 고급 통계분석을 마구잡이로 적용하는 것이다. 그렇다고 통계전문가에게 전격적으로 맡기는 것도 옳지 않다. 데이터를 가장 잘 이해하고 주제에 대한 지식이 있는 것은 연구자 본인이기 때문이다. 가장 바람직한 것은 연구자와 통계전문가의 협업이다. 원활한 의사소통이 되기 위해서는 연구자 본인도 통계에 대한 이해가 있어야만 한다. 또한 의학논문의 작성은 결국 연구자가 주도하게 되기 때문에 적절한 표와 그래프, 결과의 기술을 하기 위해서도 통계학을 공부할 필요가 있다. 한편, 이미 저널에 출판된 논문이라 하더라도 통계적인 오류가 있을 수 있으며, 통계적인 오류는 잘못된 결론을 유도하게 된다. 따라서 연구결과를 실제 임상에 적용하거나 향후의 연구과제에 대한 토대로 하고자 할 때는 게재된 논문을 비판적으로 검토하는 안목도 필요하다.

다음의 문장을 보자. 다양한 학회지에 실린 의학논문 중 일부의 내용이다.

① 동맥혈 산소분압은 일측폐 환기 시에 257.5 ± 81.7 mmHg로서 양측폐 환기 시의 400.4 ± 104.5 mmHg에 비해 유의하게 감소하였다($p < 0.001$).

② T30 또는 T90 시점에서 구한 부위별 P(a－ET)CO_2 차이의 비교는 paired t－test를 이용하였다.

③ VAS score 평가는 Kruskal－Wallis test를 이용하여 $p < 0.05$를 통계적으로 유의한 것으로 간주하였다.

④ Multiple linear regression model is proposed for prediction of Active cases in COVID-19 daily data.

⑤ The decrease in WC in the TC group was significantly larger than that of the control group (One-way ANOVA, p=0.044) and fitness group (p=0·022).

세부 전공분야와 관계없이 의학논문집에서는 흔히 이와 유사한 형태의 내용들을 발견할 수 있다. 이러한 내용을 이해하기 위해서는 “p < 0.001” 등과 같은 표현의 의미를 알아야 할 것이며, “paired t－test”나 “One－way ANOVA”와 같은 방법에 대해서도 기본적인 지식이 필요할 것이다.

대부분 통계를 배우는 일차적인 동기는 데이터 분석에 있을 것이다. 이 책에서도 통계가 관여해야 할 여러 분야 중에서 데이터 분석기법에 초점을 맞추었다. 그러나 수많은 분석 방법 중에서 어느 것을 어떻게 적용하는 것이 옳은지를 판단하는 것이 그리 간단한 일은 아니다. 또한 통계분석 결과의 해석이 항상 명약관화하지도 않다. 하지만 연구의 목적이 분명하고 연구의 기반이 되는 일반적인 원칙에 대한 적절한 이해와 인식이 있다면 결과의 해석은 보다 쉬워지게 된다.

의학과 통계학 간의 간극을 좁히는 방법으로, 의사의 입장에서 본 통계학에 관하여 쓴

책(박원명 등, 2015)의 일독을 권한다. 수식보다는 간단한 말로 설명한 책(Indrayan and Malhotra, 2017)도 도움이 될 것이다. 임상시험에서의 통계적 문제에 관심이 있다면 이재원 등(2011)이나 임현자(2015)와 같은 책을 참고하면 좋겠다. 이밖에 데이터 분석 후 논문이나 보고서를 위한 통계보고서 작성에 대해서는 Lang and Secic (2006) 등의 교재가 도움이 될 것이다.

1.2 모집단과 표본

의학연구를 비롯한 모든 분야의 연구에서 관심의 대상이 되는 데이터를 모두 수집하는 것은 불가능하거나 현실적이지 못할 수가 있다. 예를 들어서 임신 중 증가한 체중과 신생아의 체중 간에 어떤 상관이 있는지 알아보기 위한 조사를 한다고 하자. 연구자가 지구상의 모든 임신한 여성과 그 신생아를 대상으로 체중을 조사할 수는 없을 것이다. 그보다는 일정한 수의 임신부와 신생아를 대상으로 하여 결과를 얻게 된다. 알고자 하는 것들의 총체를 모집단(母集團; population)이라고 하고, 모집단의 일부로서 모집단을 대표하기 위해 선정된 부분을 표본(標本; sample)이라고 한다.

이처럼 표본을 선정한 연구의 경우에, 수집된 데이터의 형태를 적절히 기술하기 위해 데이터를 표현하고 특성화하는 방법들을 기술통계(記述統計; descriptive statistics)라고 한다. 예컨대 도수표를 작성한다든가 그래프를 그린다든가 하는 방법들을 말한다. 한편 연구의 궁극적인 목적은 표본의 특성으로부터 모집단에 대한 정보를 유추하고자 하는 데 있다. 표본에 근거하여 모집단의 특성을 추측하거나 가설을 판단하는 통계적 방법들을 추측통계(推測統計; inferential statistics)라고 한다.

추측통계의 중요한 과정 중의 하나는 모집단의 모수에 대한 결론을 유추하기 위해 표본의 통계량을 이용하는 것이다. 여기서 모수(parameter)란 모집단의 특성을 기술하는 요약된 측도이며, 통계량(sample statistic)이란 표본의 특성을 기술하는 요약된 측도를 말한다. 예를 들어 모집단의 평균이나 분산 등을 모수라고 하며, 이를 알아보기 위해 수집된 표본에서 구한 평균이나 분산 등을 통계량이라고 한다. 보통 모수는 그리스문자로 표현한다. 아래의 표는 자주 쓰이는 모수와 통계량의 기호이다. 이 책에서 여러 가지 기술통계와 추측통계 방법들을 배우게 될 것이다.

특 성	모 수	통계량
평균	μ	$\bar{x}$
표준편차	σ	s
분산	σ^2	s^2
상관계수	ρ	r

1.3 데이터의 유형

연구의 결과 얻게 되는 데이터는 크게 질적 자료(qualitative data)와 양적 자료(quantitative data)로 분류할 수 있다. 질적인 자료를 범주형 자료(categorical data), 양적인 자료를 수치자료(numerical data)로 표현하기도 한다. 이제 유형별로 간단히 살펴보기로 하자.

■ 질적 자료

질적인 자료의 가장 단순한 형태는 각 데이터의 속성을 두 개의 범주 중 하나로 분류하는 것이다. 예를 들어 남/녀, 기혼/미혼, 흡연/비흡연 등으로 환자들을 분류하는 것이다. 임상자료에서 이러한 예는 흔히 찾아볼 수 있다. 예를 들어 호지킨 림프종의 경우 4주 동안 종양이 사라지는 것을 "성공", 그렇지 않으면 "실패"하는 식으로 이분할 수 있다. 이렇게 이분된 자료는 남자 = 1, 여자 = 0하는 식으로 각각의 범주에 1 또는 0을 대입하여 입력하는 방법이 선호된다. 그 이유는 분석 시 편리한 부분이 있기 때문인데, 한 예로 회귀분석 등에서 이러한 입력방식으로 성별을 가변수(dummy variable)화하여 독립변수에 포함할 수 있게 된다. 대부분은 이보다 많은 범주로 나뉘게 된다. 예를 들어 ABO식 혈액형에서는 모든 사람을 A/B/AB/O의 4개 범주로 분류한다. 이러한 범주에는 아무런 순서가 없으며 이를 명목형 자료(nominal data)라고 한다.

반면 순서에 의미가 있는 범주들이 있을 수 있다. 예를 들어 환자들에게 투약에 따른 통증의 완화 정도를 "전혀 효과 없음", "조금 있음", "매우 효과 있음" 식으로 묻는 것이다. 또는 유방암의 진행 단계를 stage I부터 stage IV의 4단계로 구분하여 분류하는 것 등이다. 이러한 데이터를 순서형 자료(ordinal data)라고 한다.

■ 양적 자료

양적 자료는 크게 이산형(discrete) 자료와 연속형(continuous) 자료로 나뉜다. 이산형 자료는 자녀의 수라든가 24시간 동안의 전위성 심장박동수 등과 같이 이산적인 값을 갖는 데이터를 말한다. 연속형 자료는 키나 체중, 혈압, 혈청 콜레스테롤 등과 같이 연속적인 값을 갖는 데이터를 말한다.

종종 연속형 자료를 몇 개의 범주로 나누어 기록하게 되는 경우가 있다. 예를 들어 하루에 몇 개비의 담배를 피우는가를 알아보고자 할 때 흔히 정확한 개수를 묻기보다는 0개비 / 1~10개비 / 11~20개비 / 21개비 이상 등으로 분류하여 묻는다. 그렇지만 혈압이나 헤모글로빈 등의 수치는 정확한 값으로 기록하는 것이 좋다. 이러한 값들을 몇 개의 범주로 나누어 기록하면 정보의 손실을 주기 때문이다. 예를 들어 혈압을 90 mmHg 이상과 미만의 두 범주로 나누어 기록한다면 혈압이 95 mmHg인 사람과 100 mmHg인 사람과의 구별이 없어지게 된다. 또한 연속형 데이터로 분석하는 방법이 범주형 데이터의 분석보다 강력하고 간편할 때가 많다.

■ 그 밖의 유형

위에서 소개한 데이터 유형 외에도 간간이 사용되는 형태로 순위 데이터나 비율 데이터, 비 데이터, 중도절단 데이터 등이 있다. 순위(rank) 데이터는 자료가 수치 대신 순위로 되어 있는 것으로, 예를 들어 환자에게 여러 개의 처치에 대해 선호하는 순서대로 순위를 매기게 하여 얻어지는 자료가 이에 속한다.

비율(rate)은 신생아분만 시 사망률과 같이 전체 도수에 대한 관측 도수를 구하여 비율로 변환한 자료를 말한다. 이때 사망률은 사망 신생아 수를 전체 신생아 수로 나누어 구할 것이다. 이와는 달리 비(ratio)는 한 병원에서의 환자 대 의사비, 의과대학에서의 학생 대 교수비 등과 같이 분자가 분모의 일부분일 필요가 없는 형태를 말한다.

한편, 중도절단(censored) 데이터는 어떤 한계점까지는 정확하게 알려졌으나 그 이후에는 측정되지 않은 데이터를 말한다. 예를 들어서, 암 환자의 생존시간에 대한 연구에서 어떤 환자가 수술 후 30개월까지는 병원에서 진료받아서 30개월까지 생존한 사실은 알고 있으나 그 이후에 더 이상 병원에 오지 않아 확실한 생존기간을 알 수 없게 되어 발생하는 데이터의 형태를 중도절단 데이터라고 한다. 실험이나 임상연구에서는 종종 중도절단 데이터가 발생하게 되며 이를 위해서는 별도의 분석이 필요하게 된다.

1.4 데이터의 유형에 따른 분석방법

다음의 표는 자주 쓰이는 통계분석 방법들을 데이터의 형태에 따라 도식적으로 정리한 것이다. 여기에서 설명변수는 영향을 주는 변수, 반응변수는 그 결과로 나타나는 변수를 의미한다. 물론 이 밖에도 데이터의 성질 및 분석 목적 등의 상황에 따라 다양한 분석 방법들이 많이 있다. 여기에는 다변량 분석 방법이나 생존분석 등의 고급 통계기법은 포함하지 않았다.

■ 두 변수가 있을 때

(설명)변수	(반응)변수	목적	분석방법	참고
범주형	범주형	분할표의 분석 (두 변수 간의 연관)	카이제곱검정 상대위험도와 오즈비	9장 9장
범주형 (범주수 = 2)	연속형	두 그룹의 평균비교 두 그룹의 중앙값비교	t–검정 윌콕슨의 순위합검정	6장 10장
범주형 (범주수 〉 2)	연속형	여러 그룹의 평균비교 여러 그룹의 중앙값비교	일원분산분석 크루스칼–왈리스검정	7장 10장
연속형	범주형	구분된 결과에 영향을 주는 요인들 분석	로지스틱 회귀분석	–
연속형	연속형	두 변수 간의 선형관계 및 예측	회귀분석, 상관분석 순위상관분석	8장 10장

■ 여러 개의 설명변수가 있을 때

설명변수	반응변수	목적	분석방법	참고
범주형	범주형	다차원 분할표의 분석	로그–선형모형	–
범주형	연속형	여러 요인이 있을 때 각 그룹의 평균비교	분산분석	7장
연속형	범주형	구분된 결과에 영향을 주는 요인들 분석	로지스틱 회귀분석	–
연속형	연속형	반응변수와 여러 설명변수들 간의 선형관계 및 예측	다중회귀분석 다중상관분석	8장

1.5 연습문제

01 다음의 각 상황에서 모집단과 표본을 정의하라.

① 한 대학병원에서는 안정적인 협심증 환자에 있어서 관상동맥의 직경과 콜레스테롤 수치의 변화를 알아보기 위해 40명의 환자를 대상으로 연구를 실시하였다.

② 한 신문사는 새로운 의료정책에 대한 서울시민들의 지지도를 알아보기 위해 500명을 랜덤하게 뽑아 이들을 대상으로 지지여부를 조사하였다.

02 다음 데이터의 유형을 구분하여 보라.

① 인구 1,000명당 질병 발생률
② 1차 치료 후 재발까지 걸린 시간
③ 비만여부
④ 1일 내원 환자 수
⑤ 출생지역

03 관심 있는 주제의 의학 저널을 10편씩 검색하여 통계부분을 살펴보자. 어떤 통계분석 방법이, 어느 부분에서, 어떤 방식으로 쓰였는지 조사하여 보라.

※ **참고** : 다음의 사이트를 비롯한 다양한 사이트에서 의학논문을 다운로드 받을 수 있다.
NCBI의 Pub Med(http://www.ncbi.nlm.nih.gov/PubMed/)

2장

Excel의 기초

Excel은 Microsoft사에서 만든 스프레드시트(spreadsheet) 프로그램이다. 스프레드시트 프로그램이란, 문자, 숫자, 수식을 입력할 수 있는 열과 행으로 이루어진 2차원 행렬형태로 구성되어 데이터를 표현하고 다양한 계산을 실행할 수 있는 프로그램을 말한다. Excel에 관한 입문서는 수십 종이 있으므로 기타 다양한 옵션들에 대해서는 그러한 입문서들에 미루고, 여기서는 통계분석을 하기 위해 필요한 기본적인 방법을 소개한다.

2.1 Excel의 시작

2.1.1 Excel 문서 다루기

■ Excel의 초기화면

Excel을 실행하면 다음 그림과 같은 초기화면이 나타난다. '새 통합 문서'를 선택하면 새로운 Excel 파일을 생성할 수 있으며 '둘러보기'는 Excel의 기능에 대한 길라잡이를 제공한다. '수식자습서'는 시각적 템플릿을 이용하여 수식에 대한 설명을 제공한다. '추가 서식파일'에서는 달력이나 청구서 등 미리 작성된 서식파일을 제공한다. '새 통합 문서'를 클릭하여 새로운 Excel 파일을 생성하자.

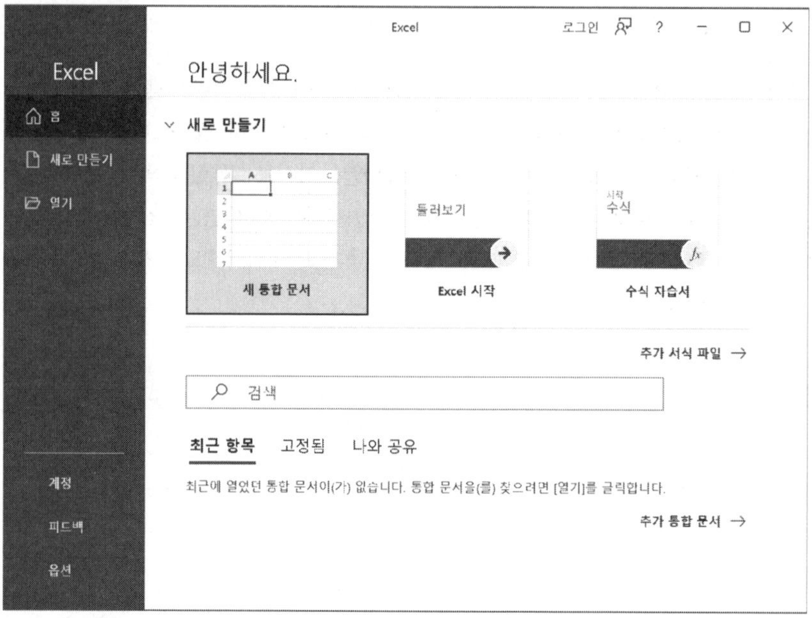

화면의 구성을 살펴보기로 하자. 먼저 행과 열로 된 각각의 직사각형 단위를 셀(cell)이라고 한다. 각 셀은 열머리글(A, B, C,…)과 행머리글(1, 2, 3,…)로 이루어진 주소를 갖게 되며, 클릭하여 활성화된 셀은 사각 테두리가 쳐진다. 이 화면에서 활성화된 셀의 주소는 A1이다. 활성화된 셀의 주소는 [이름 상자]란에서 확인할 수 있다.

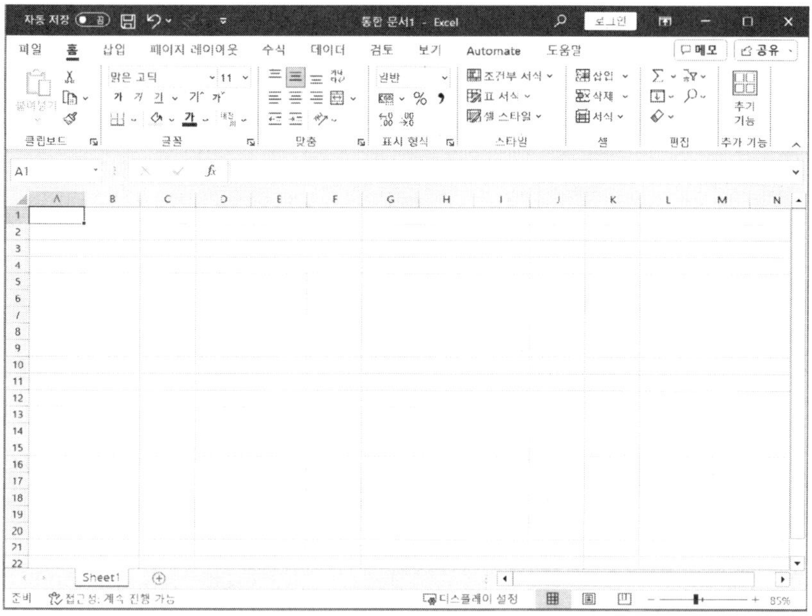

이러한 셀들로 이루어진 작업공간을 워크시트(worksheet)라고 한다. 워크시트는 데이터를 입력하고 작업하는 낱장의 서류에 해당한다. 화면의 좌측 하단에서 현재 사용하고 있는 워크시트를 보여준다. 여기서는 Sheet1을 사용하고 있다. 다른 시트를 추가하고 싶다면 "Sheet1" 우측의 ⊕ 단추를 클릭한다. 여러 개의 시트가 있을 때 마우스의 왼쪽 단추를 클릭하여 원하는 워크시트를 선택할 수 있다. 시트 이름을 변경하고 싶을 경우 시트 이름을 더블 클릭 후 새로운 이름을 입력하거나 마우스 오른쪽 단추를 눌러 메뉴 중에서 '이름바꾸기'를 선택하여 변경할 수 있다. 이러한 워크시트들이 여러 개 묶여서 하나의 통합문서(workbook)를 이루게 되며, 하나의 통합문서가 하나의 파일로 저장된다. 위의 그림은 "통합 문서1"이라는 통합문서에 "Sheet1"이라는 워크시트가 있는 파일을 보여 준다.

다음은 Excel의 메뉴화면이다. Excel 메뉴는 『파일』, 『홈』, 『삽입』, 『페이지 레이아웃』 등의 탭으로 이루어져 있고, 각각의 탭은 유사한 기능을 모아놓은 그룹으로 이루어져 있다. 그룹 안의 버튼을 클릭하면 기능이 실행되며 버튼 오른쪽 아래의 화살표를 클릭할 경우 구체적인 설정을 할 수 있다.

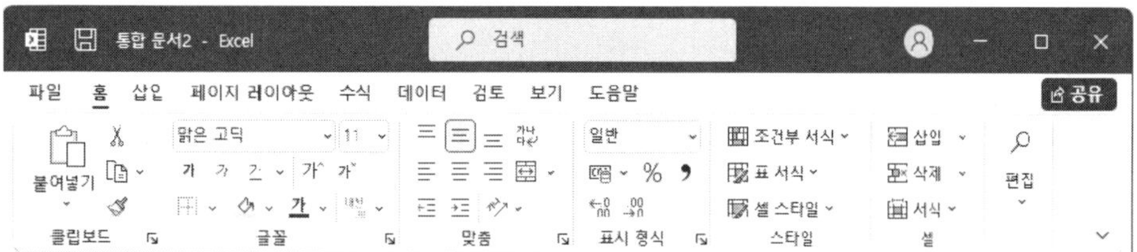

■ Excel 문서의 작성

간단한 문서를 작성하여 Excel의 기본기능을 익혀보도록 하자. 통합문서를 작성하기 위해서는 화면 상단의 『파일』 탭을 클릭하고, 메뉴 중에서 [새로 만들기]를 누른 다음 '새 통합 문서'를 선택한다.

예제 2.1

다음과 같은 데이터를 입력하여 보자.

❶ A1, B1, C1, D1에 각각 환자번호, 성별, 나이, 농도를 입력한다. 키보드의 Tab 키를 누르면 다음 칸으로, Enter를 치면 다음 줄로 이동된다. 해당하는 데이터를 입력한다.

	A	B	C	D
1	환자번호	성별	나이	농도
2	1	f	23	40
3	2	f	31	86
4	3	f	58	111
5	4	f	25	86
6	5	f	63	106
7	6	m	40	65
8	7	m	33	86
9	8	m	27	58
10	9	m	29	76
11	10	m	63	142

❷ 시트이름을 바꾸기 위해 좌측 하단의 "Sheet1" 부분을 더블클릭한 후 "임상자료1"을 적는다.

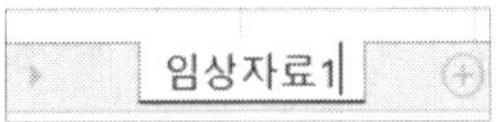

❸ 데이터 값이 각 셀의 중앙에 위치하도록 바꾸어 보자. 먼저 변경할 셀들을 선택해야 한다. 여러 개의 셀을 한 번에 선택하기 위해서는 좌측 상단의 셀을 클릭한 후 마우스를 놓지 않고 선택하고자 하는 영역의 우측 하단까지 끌어오면 된다. 여기서는 A1을 클릭한 후 D13까지 마우스를 끈다. 다음 그림과 같이 반전되면 선택이 된 것이다.

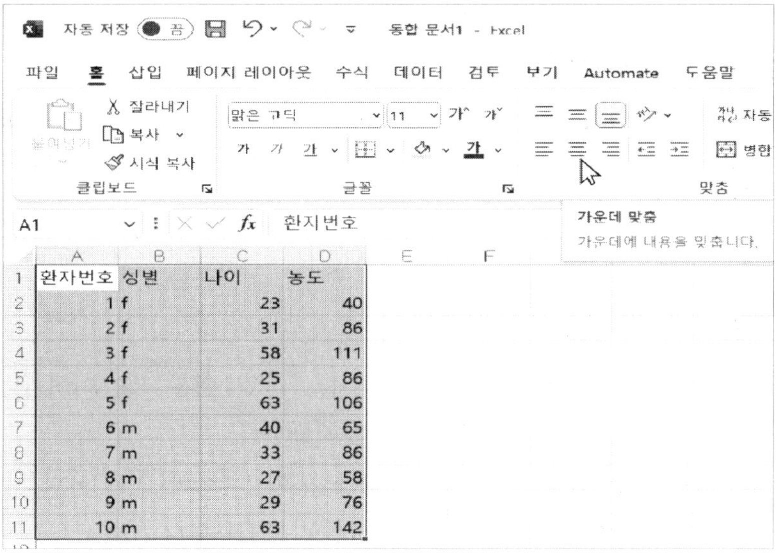

❹ 셀을 선택한 상태에서 『홈』탭 「맞춤」 그룹에서 '가운데 맞춤' 단추 를 클릭한다. 입력을 마친 문서는 다음과 같다.

	A	B	C	D
1	환자번호	성별	나이	농도
2	1	f	23	40
3	2	f	31	86
4	3	f	58	111
5	4	f	25	86
6	5	f	63	106
7	6	m	40	65
8	7	m	33	86
9	8	m	27	58
10	9	m	29	76
11	10	m	63	142

■ Excel 문서의 저장

❶ 『파일』 탭으로 가서 [저장] 또는 [다른 이름으로 저장]을 선택하거나 메뉴 상단의 단추를 누른다.

❷ 저장할 드라이브 및 폴더를 선택하고 파일이름을 지정한다. 여기서는 "예제 2.1"이라고 하였다. [파일 형식]란을 보면 'Excel 통합 문서'라고 적혀 있다. Excel 문서는 기본적으로 뒤의 확장자가 xlsx로 붙게 된다. 즉, 이 문서는 "예제 2.1.xlsx"로 저장된다.

❸ [저장(S)] 단추를 누르면 저장이 완료된다.

다른 버전으로 저장할 때

다른 버전의 Excel 파일로 저장하고 싶을 때에는 [다른 이름으로 저장] 대화상자 [파일 형식]란에서 Excel 통합문서 대신 원하는 형식을 선택하면 된다. 이전 Excel 버전인 Excel 97-2003 통합문서 등으로 저장할 수 있다.

■ Excel 문서 열기

❶ 저장된 Excel 파일을 불러오기 위해서는 『파일』 탭을 선택 후 [열기]를 클릭하고 원하는 파일이 있는 드라이브 및 폴더를 선택한다.

❷ 아래쪽의 [파일이름]란에 문서 이름을 쓴 후 오른쪽의 열기(O) 단추를 누르거나, 화면 안에 있는 파일 목록 중에서 선택하여 더블 클릭한다.

■ Excel 문서의 인쇄

먼저 인쇄될 문서의 형태를 확인하기 위해서 『파일』 탭을 선택 후 [인쇄]를 클릭한다. 다음과 같은 화면이 나온다.

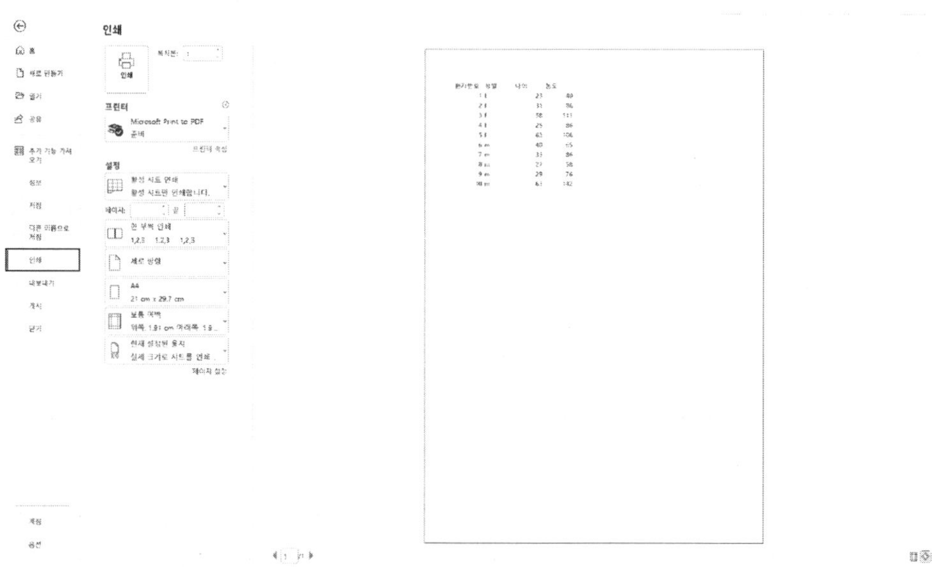

❶ 오른쪽 화면의 미리보기로 인쇄 모양을 확인한다. 재편집을 위해 워크시트로 돌아가려면 왼쪽 상단에 ←을 클릭한다.

❷ [프린터]란에서는 프린터를 선택할 수 있다. [설정]란 중 '활성 시트 인쇄'라 적힌 부분

에서는 현재 활성화된 시트를 인쇄(활성 시트 인쇄)할 것인지, 현재 선택된 영역을 인쇄(선택 영역 인쇄)할 것인지 또는 모든 시트를 전부 인쇄(전체 통합 문서 인쇄)할 것인지 선택할 수 있다. '한 부씩 인쇄'라고 적힌 부분에서는 인쇄 부수를 정할 수 있다. 이 밖에 인쇄 문서의 방향(가로, 세로), 종이 여백, 인쇄 크기 등을 설정할 수 있다. 이 예에서는 선택한 시트, 즉 "임상자료1"을 처음부터 끝까지 1장씩 인쇄하도록 한 것이다.

❸ 설정이 완료되면 '인쇄' 단추 [인쇄] 을 눌러 인쇄한다.

■ Excel의 종료

현재 사용하고 있던 Excel 문서를 닫으려면 『파일』 탭으로 가서 [닫기]를 선택하거나 화면 우측 상단에 있는 × 단추를 누른다. 최종 편집 후 저장하지 않았다면 변경내용을 저장하겠느냐는 대화상자가 나온다. 저장을 원하면 [저장(S)] 을 선택한다.

2.1.2 다른 형식의 문서 다루기

데이터를 분석하다 보면 Excel에서 입력된 데이터를 다른 응용프로그램(SAS나 SPSS 등의 통계분석패키지)을 사용하여 분석해야 하거나, 또는 다른 프로그램(워드프로세서나 기타 편집기)을 이용하여 입력된 자료를 Excel로 불러와서 분석하고자 하는 경우가 종종 발생한다. 여기서는 Excel로 입력한 데이터를 텍스트파일로 저장하는 방법과 다른 프로그램에서 텍스트파일로 저장된 데이터를 Excel로 불러들이는 방법을 차례로 설명하겠다.

■ 텍스트파일로 저장하기

❶ 『파일』 탭에서 「다른 이름으로 저장」을 선택하고 원하는 폴더를 선택한다. [파일 이름]란을 눌러 파일이름을 쓴다. 여기서는 "연습"이라고 썼다.

❷ [파일 형식]란의 오른쪽 버튼을 누르면 몇 가지 형식의 리스트가 보인다. Excel 문서로 저장하는 방법은 가장 위의 'Excel 통합문서'였다. 텍스트파일로 저장하기 위해서는 보다 아래쪽의 '텍스트(탭으로 분리)'를 선택한다. 각 열마다 탭으로 분리된 형식으로 입력된다. '텍스트(공백으로 분리)'를 선택하면 같은 텍스트파일이라도 각 열 사이가 공백으로 띄어진 형식으로 저장할 수 있다.

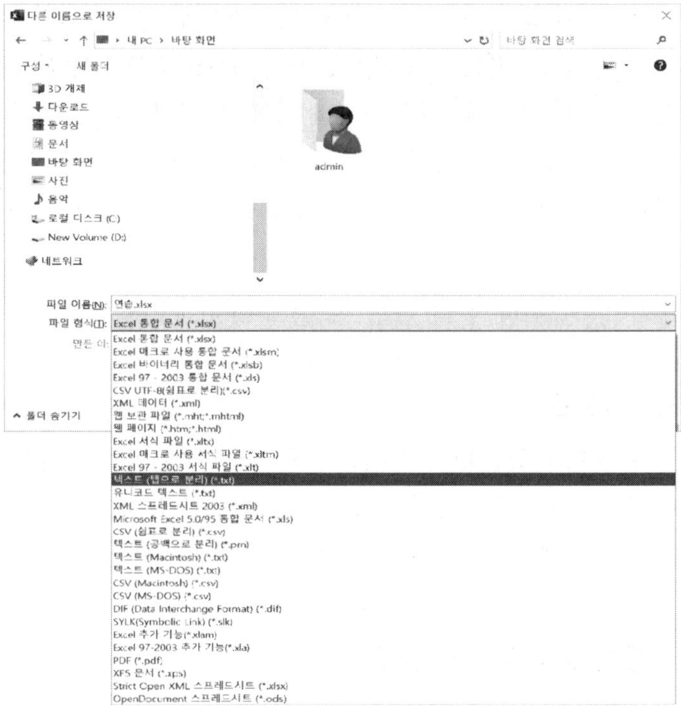

TIP 공백으로 분리할 때 주의점

텍스트파일로 저장할 때에는 입력된 데이터의 열의 너비를 넉넉하게 조정해 주어야 한다. 열 너비가 너무 좁게 설정된 상태에서 텍스트파일로 전환하면 인접한 두 열을 구분하지 못해서 공백을 두지 않고 붙여서 저장되는 경우가 발생할 수 있다. 열 너비를 조정하는 방법은 직접 해당 열의 경계를 마우스로 끌거나, 열을 선택한 뒤 마우스의 오른쪽 단추를 눌러 나타나는 메뉴 중에서 "열 너비"를 선택하고 대화상자 내의 입력란에 적당한 너비를 입력하면 된다.

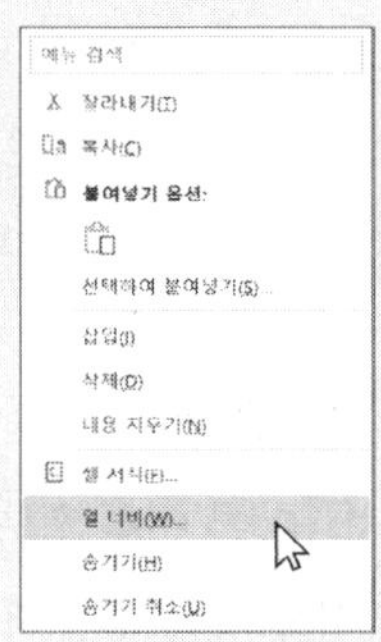

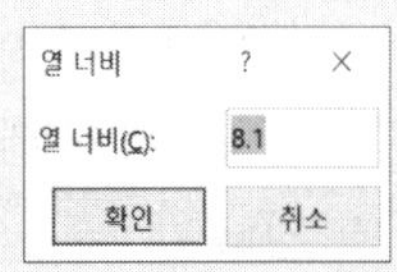

■ 텍스트파일 불러오기

텍스트파일을 불러오기 위해서는 다음과 같은 절차를 따른다.

❶ 『파일』 탭의 [열기]를 선택 후 저장된 폴더를 선택한다.

❷ [파일 형식]란의 오른쪽 화살표를 눌러 나타나는 메뉴 중에서 '모든 파일'을 선택한다. 중앙의 화면에 파일목록이 나타나면 열고자 하는 파일을 선택하고 오른쪽의 [열기(O) ▾] 단추를 누른다. 여기서는 바탕화면에 있는 "연습.txt"을 선택하였다.

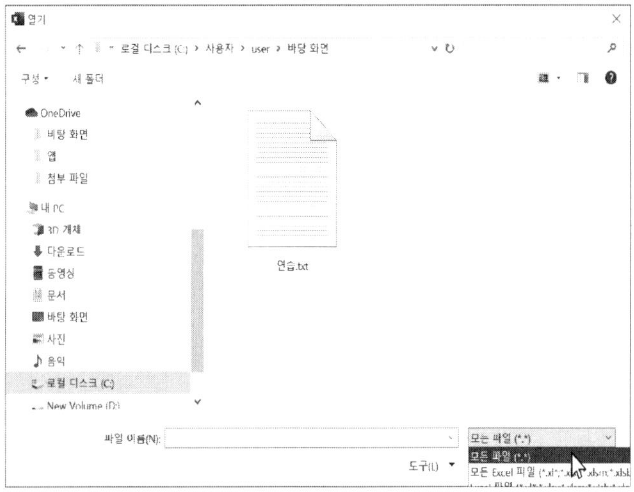

❸ Excel 문서로 불러오기 위해서는 세 단계를 거쳐야 한다. 먼저 다음과 같은 화면에서 원본데이터의 유형을 정한다. 여기서 쓰이는 "연습.txt"의 경우 탭으로 구분이 되어 있으므로 '구분기호로 분리됨'을 선택하였다. [구분 시작 행]은 몇 번째 행부터 데이터를 읽기 시작할 것인지 지정해 주는 것이다. 화면 아래쪽에 데이터의 형태가 보이므로 제대로 진행되고 있는지를 미리 확인할 수 있다. [다음(N) >] 단추를 누른다.

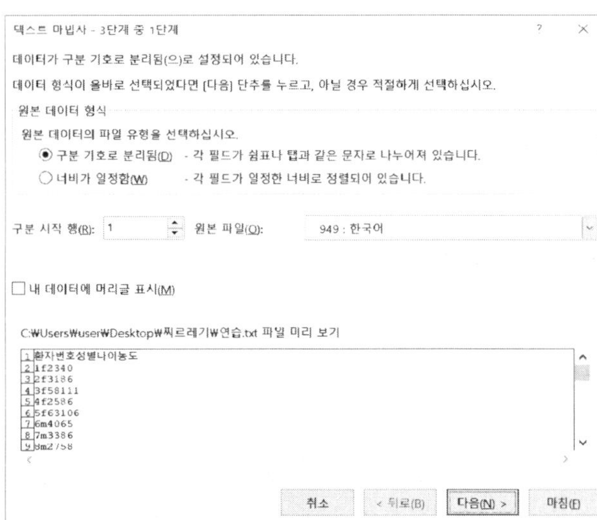

④ 두 번째 단계에서는 분리를 위한 구분자의 유형을 지정한다. 이 예에서는 '탭'을 선택하였다. 이 외에 각 데이터 사이가 콤마(,)나 세미콜론(;) 등의 다른 구분자로 구분된 데이터도 읽을 수 있다. 마침(F) 단추를 누르면, 데이터가 워크시트에 나타난다.

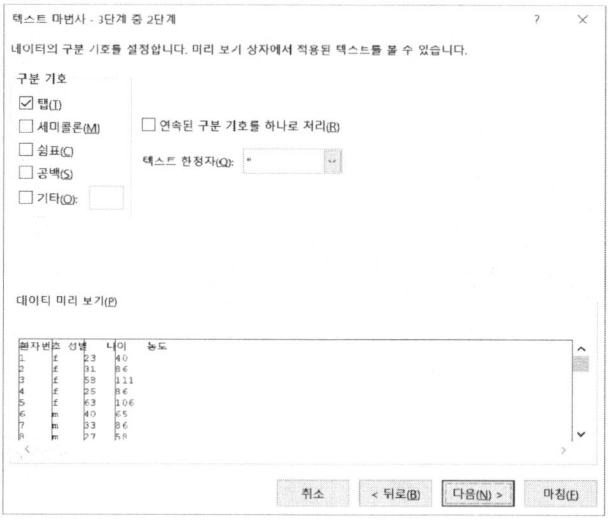

Tip 텍스트파일로 저장할 때의 주의점

탭으로 분리되는 텍스트파일로 저장할 때에는 확장자가 txt이지만, 공백으로 구분되는 텍스트파일로 저장하면 확장자가 txt가 아니고 prn으로 된다. 따라서 다른 프로그램에서 파일을 불러올 때 단순히 *.txt를 검색하게 되면 찾지 못하게 된다. 또 다른 프로그램의 입력데이터로 사용하고자 할 때 변수이름이 들어 있는 열을 지우고 데이터만 저장해야 하는 경우도 있음을 유의하자.

2.2 데이터의 입력과 편집

2.2.1 데이터의 입력

Excel의 채우기 기능을 이용하여 동일한 값 또는 연속된 값을 편리하게 입력하는 방법과 셀의 서식을 지정하여 보기 좋게 입력하는 방법을 알아보자.

■ 자동입력

데이터 자동입력기능을 이용하면 반복적인 입력 작업을 피하고 시간을 절약할 수 있다. 즉, 같은 숫자나 문자를 여러 차례 반복하여 써야 하는 경우나, 1월, 2월, 3월 또는 10, 20, 30 등과 같이 일정 간격으로 반복되는 데이터를 자동으로 입력할 수 있다.

예를 들어 각 셀에 "drug A"라는 문자를 채워보자. 다음의 순서를 따라 하면 된다.

❶ 첫 셀에 "drug A"를 입력한 후 그 셀을 선택한다.

❷ 셀을 선택하여 생긴 테두리의 오른쪽 아래 모서리 부분으로 마우스를 가져간다. 마우스를 이 부분에 가져가면 마우스 모양이 검은색 십자(+)모양으로 변하는데 이를 채우기 핸들이라고 한다. 이 상태에서 마우스를 원하는 셀까지 끌면 된다.

❸ 세로방향으로 끌면 각 셀에 "drug A"라고 반복되어 입력된다. 가로로 끌면 행 방향으로 "drug A"가 채워지고, 대각선 방향으로 끌어주면 그 사이의 모든 셀이 "drug A"로 채워진다. 다음 그림은 이러한 일련의 과정을 보여준다.

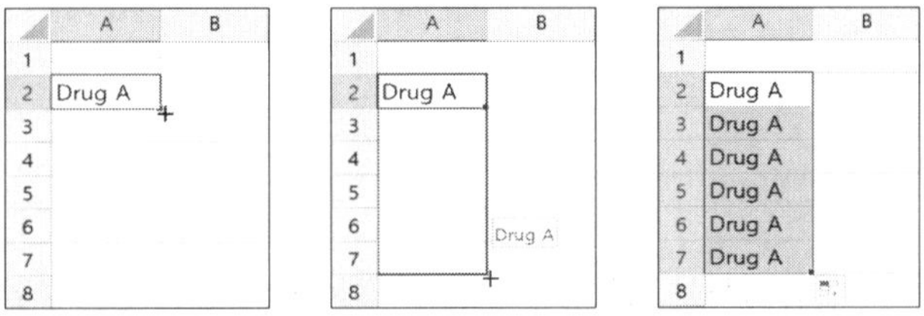

연속된 데이터를 쓸 때에는 연속되는 값의 앞부분을 입력한 다음, 그 셀들을 선택하고 나서 채우기 핸들을 끌면 된다. 환자의 일련번호를 입력한다든가 할 때 편리하게 이용할 수 있다. 아래의 그림은 1과 2를 입력한 후 두 셀을 선택하고 나서 채우기 핸들을 끌어 10까지의 수를 자동 입력시킨 화면이다.

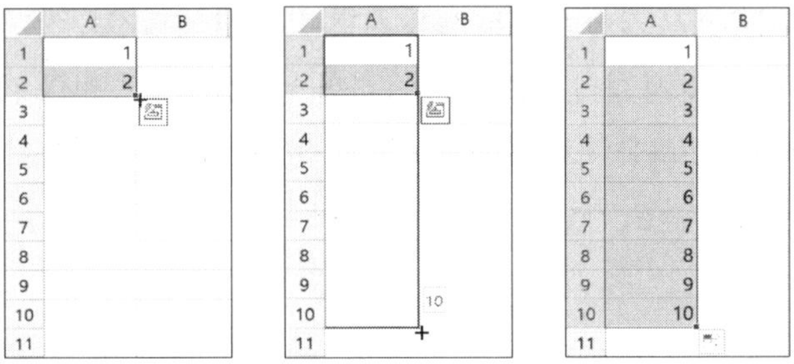

■ 셀 서식 지정

각 셀의 서식을 설정하여 데이터의 형태를 설정하는 방법을 알아보자. 셀을 오른쪽 클릭하면 왼쪽 그림과 같은 메뉴가 나타난다. 이때 셀 서식을 선택하면 오른쪽과 같은 대화상자가 나타난다.

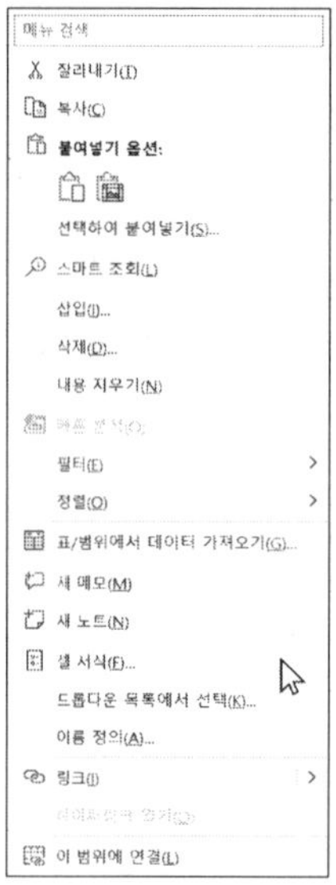

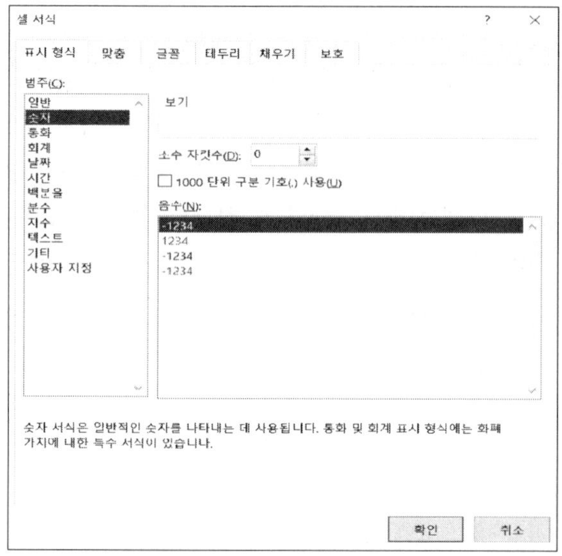

[표시 형식]탭에서는 [일반], [숫자], [통화] 등의 형식을 지정할 수 있다. 기본으로 설정된 [일반]은 아무 형식도 지정하지 않은 것이다. 위의 화면은 [숫자]를 선택했을 때의 화면으로 소수점 이하 자릿수와 1000 단위 구분 기호 사용 여부, 음수 표기 형식 등을 지정하도록 되어 있다. 만약, 소수점 이하 자리를 2로 두고, 1000 단위 구분 기호 사용을 선택한다면 "–1234"를 입력하더라도 "–1,234.00"으로 표시된다. 이 밖에도 [날짜](2024–01–25 등의 표시)나 [백분율](%) 등의 형식을 지정해 줄 수 있다. 여러 셀에 한꺼번에 서식 설정을 하려면 마우스를 끌어 원하는 셀을 선택한 후 서식 설정을 하면 된다.

『홈』탭의 「표시 형식」 그룹을 이용하면 이러한 작업을 보다 간단히 할 수 있다. 『홈』탭의 「표시 형식」 그룹의 2번째 줄의 단추들은 통화 유형, 백분율 유형, 콤마 유형(1000 단위 표시), 자릿수 늘림, 자릿수 줄임을 나타낸다.

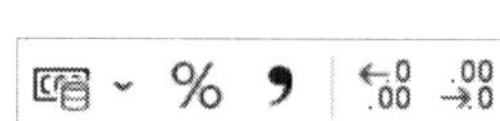

셀 서식 지정 대화상자에는 이 외에도 [맞춤], [글꼴], [테두리], [채우기] 등의 탭이 있어 셀의 모양을 지정해 줄 수 있다. 아래의 두 화면은 [글꼴]과 [테두리] 탭을 보여준다. 글자의 크기나 모양, 테두리의 위치 등 원하는 형식을 선택할 수 있다.

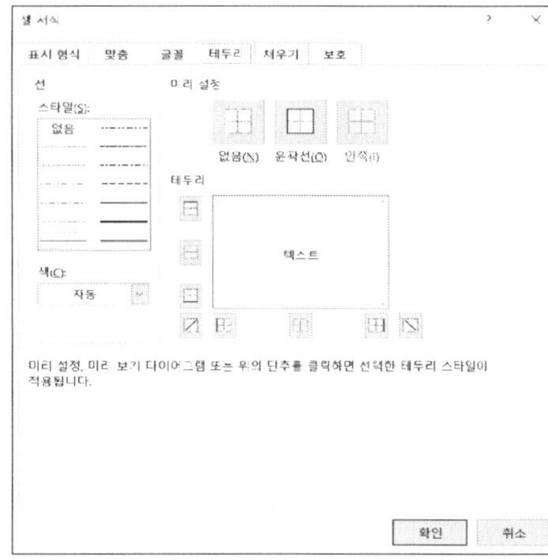

2.2.2 데이터의 수정

■ 셀 지정하기

데이터를 입력하거나 수정, 복사 등의 편집 작업을 하기 위해서는 먼저 작업할 영역을 선택해야 한다. 하나의 셀을 선택하기 위해서는 각각의 셀을 클릭하면 되고, 연속된 여러 셀을 선택하기 위해서는 좌상단의 셀을 클릭한 후 원하는 위치까지 마우스를 끌어 놓는다. 연속하지 않은 여러 셀을 동시에 선택하고 싶을 때에는 하나의 셀을 클릭한 후 원하는 셀에 가서 Ctrl 키를 누른 상태로 클릭한다.

한편 열 머리글의 문자(A, B, C,…)를 클릭하면 해당 열이 모두 선택된다. 그림 (a)는 열 머리글의 문자 "C"를 선택했을 때의 결과이다. 마찬가지로 행 머리글의 숫자(1, 2, 3,…)를 클릭하면 해당하는 행이 전부 선택된다. 그림 (b)는 행 머리글의 문자 "5"를 선택했을 때의 결과이다. 그림 (c)와 같이 행 머리글1과 열 머리글A 사이의 빈칸을 클릭하면 워크시트 내의 모든 셀이 선택된다. 여러 열이나 여러 행을 선택하고자 할 때에는 열 머리글이나 행 머리글을 클릭한 후 원하는 곳까지 드래그하면 된다. 영역선택을 취소하고 싶으면 Esc 키를 누른다.

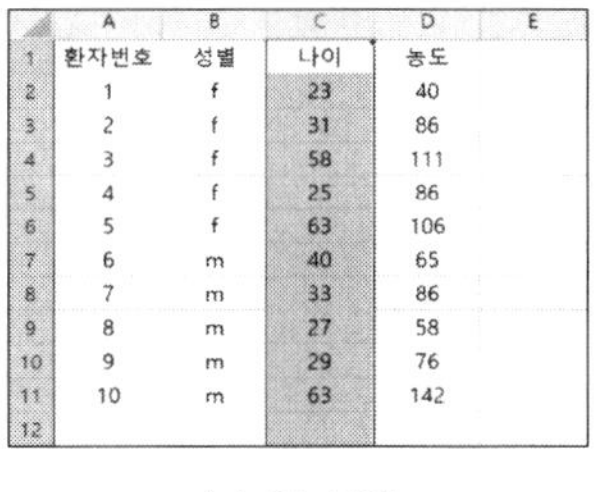

(a) 열 선택

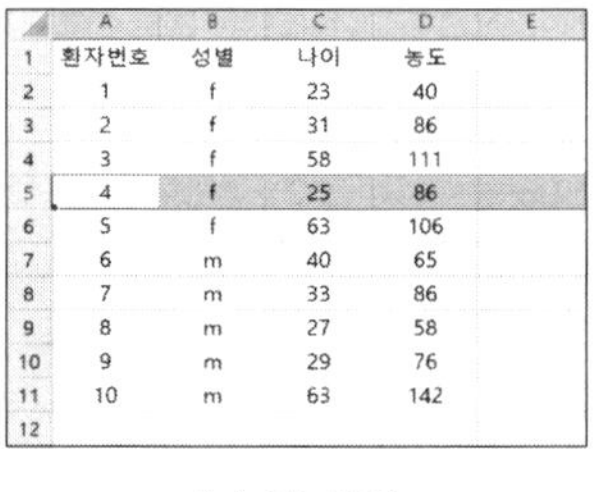

(b) 행 선택

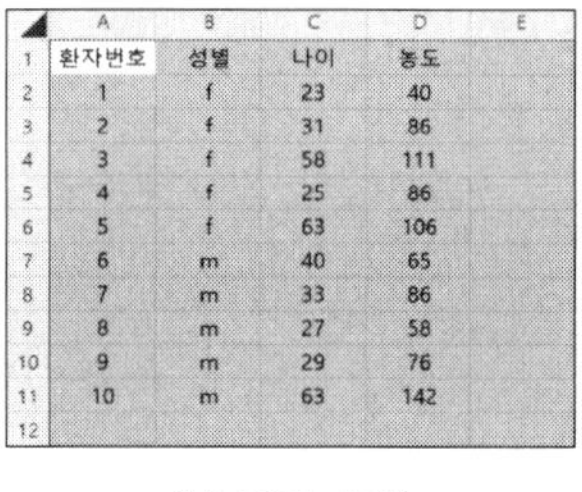

(c) 전체 선택

■ 데이터 수정/이동/복사/삭제하기

데이터의 내용을 바꾸기 위해서는 해당하는 셀을 더블 클릭하면 직접 편집할 수 있다. 셀의 내용을 다른 위치로 바꾸려면 해당 셀을 선택한 후 마우스 위치를 셀의 테두리에 놓고 표시가 나타났을 때 원하는 위치로 끌어 놓는다. 해당 셀을 그대로 둔 채, 내용을 다른 곳에 복사하고 싶을 경우에는 해당 셀을 클릭하고 마우스를 셀의 테두리로 가져가 모양으로 변화시킨 후 Ctrl 키를 누른 채 복사하고 싶은 위치로 끌어놓으면 된다. 셀에서 데이터를 지우고 싶을 때에는 해당 셀을 선택하고 Delete 키를 누른다.

이러한 작업은 셀을 지정한 후 마우스의 오른쪽 단추를 눌렀을 때 나타나는 단축메뉴에서 원하는 작업을 선택하여 행할 수도 있다.

예제 2.1 계속

예제 2.1 데이터의 위치를 이동시켜보자. 환자번호 1번의 자료를 10번 데이터 뒤로 이동하여 보자.

❶ 먼저 마우스의 위치를 A2에 놓고 클릭한 후 D2까지 드래그한다. 마우스의 오른쪽 단추를 눌러 메뉴 중에서 '잘라내기'를 선택한다.

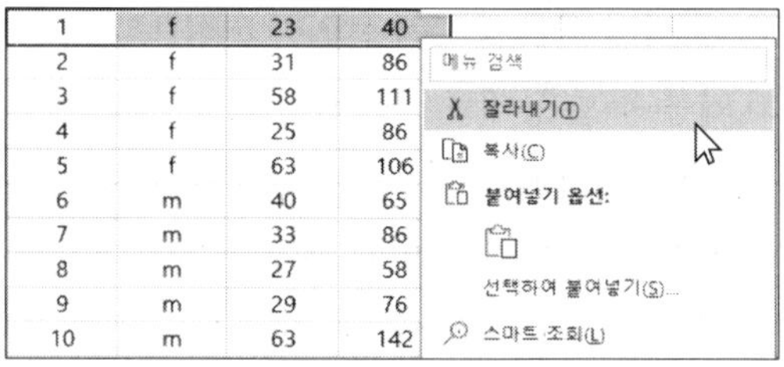

❷ 10번 자료 뒤로 이동시키기 위해 셀 A12를 클릭한 후 마우스의 오른쪽 단추를 눌러 메뉴 중에서 '붙여넣기'를 선택한다.

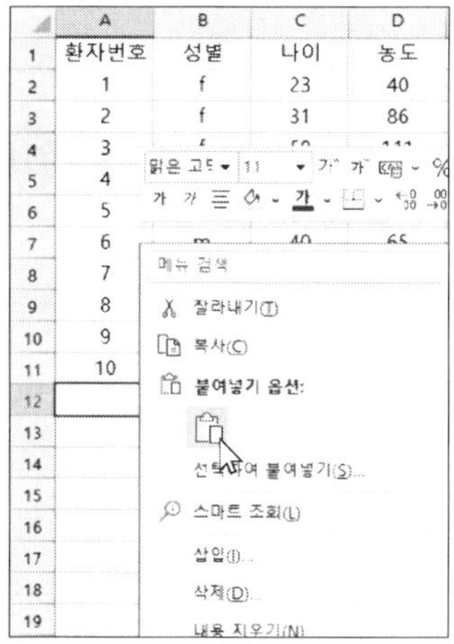

❸ 실행결과는 아래와 같다.

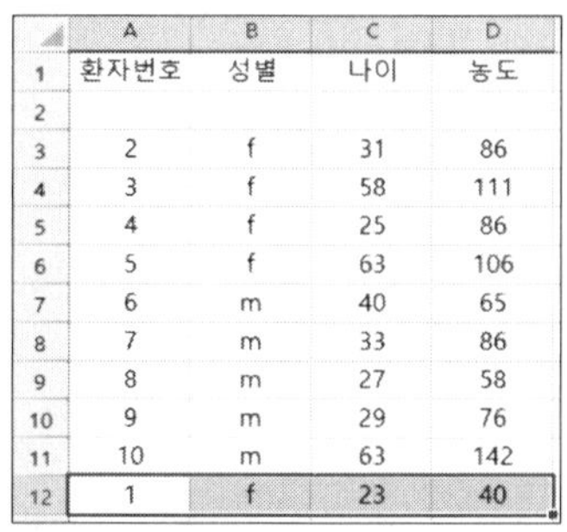

	A	B	C	D
1	환자번호	성별	나이	농도
2				
3	2	f	31	86
4	3	f	58	111
5	4	f	25	86
6	5	f	63	106
7	6	m	40	65
8	7	m	33	86
9	8	m	27	58
10	9	m	29	76
11	10	m	63	142
12	1	f	23	40

이때 '붙여넣기'는 이동하려는 위치의 셀들의 내용을 덮어쓰는 것으로, 만약 이 위치에 다른 데이터가 있으면 그 전의 데이터는 지워지고 이동된 데이터가 그 자리에 있게 된다. 데이터들을 아래로 한 칸씩 밀어내고 잘라낸 셀을 9번 데이터와 10번 데이터 사이에 끼워 넣고 싶으면 '잘라낸 셀 삽입'을 선택하면 된다.

■ 셀의 삽입과 삭제

데이터를 입력하다 보면 입력해야 할 데이터를 빠뜨려서 추가해야 하거나, 반대로 중복 입력하여 삭제해야 하는 경우가 있다. 이때에는 데이터의 행 또는 열 방향으로 밀려야 하므로 단순히 내용을 지우거나 고치는 것으로는 곤란하다.

예제 2.1 계속

예제 2.1 데이터에서 환자번호 8번과 9번 사이에 누락된 데이터를 입력하려 한다고 하자. 다음의 절차를 따라 중간에 한 행을 삽입할 수 있다.

❶ 환자번호 9가 적혀 있는 셀 A10을 선택한다.

❷ 그림 (a)와 같이 셀을 선택한 상태에서, 오른쪽 단추를 눌러 나타나는 메뉴 중에서 [삽입]을 선택한다.

❸ 그림 (b)와 같이 [삽입]의 대화상자 중에서 '셀을 아래로 밀기'를 선택하고 [확인]을 누른다. 그림 (c)는 빈 행이 삽입된 결과를 보여준다.

(a) (b) (c)

위 ❸의 과정에서 '셀을 아래로 밀기' 대신 '셀을 오른쪽으로 밀기'를 누르면 그림 (a)와 같이 그 자리에 빈 셀이 하나 생기고 9번 환자의 자료는 모두 오른쪽으로 한 칸씩 밀리게 되며, '행 전체'를 선택하면 그림 (b)와 같이 새로운 행이 생성되며, '열 전체'를 선택하면 그림 (c)와 같이 새로운 열이 생성된다.

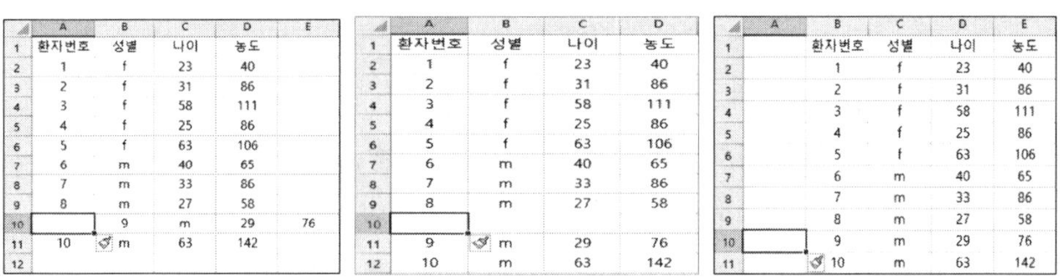

(a) 셀을 오른쪽으로 밀기 (b) 행 전체 삽입 (c) 열 전체 삽입

2.2.3 데이터의 정리

■ 데이터의 정렬

예제 2.2

18마리의 실험동물에 에스트로겐, 프로게스테론, 에스트로겐+프로게스테론, 그리고 무처리의 4가지 처리 후 혈청 프로게스테론 농도를 측정하였다. 입력된 자료는 다음과 같다.

	A	B
1	처리	농도
2	무처리	117
3	에스트로겐	440
4	무처리	124
5	프로게스테론	385
6	무처리	40
7	무처리	40
8	에스트로겐	264
9	에스트로겐+프로게스테론	3584
10	에스트로겐+프로게스테론	2078
11	에스트로겐	221
12	에스트로겐	136
13	프로게스테론	605
14	프로게스테론	626
15	무처리	88
16	프로게스테론	475
17	에스트로겐+프로게스테론	2664
18	에스트로겐+프로게스테론	1540

예제 2.2의 데이터에서 처리를 가나다순으로 정렬해 보자. 다운로드 받은 파일 중에서 제2장 폴더를 선택한 다음 "예제 2.2" 파일을 선택하자.

❶ 처리가 입력된 열의 아무 곳이나 클릭한다.

❷ 『데이터』탭의 「정렬 및 필터」 그룹에서 '오름차순 정렬' 단추 를 누른다.

다음 그림은 예제 2.2 데이터를 오름차순으로 정렬한 결과이다. 이때 데이터들의 순서만 바뀔 뿐 내용은 바뀌지 않는다. 내림차순으로 정렬하기 위해서는 '내림차순 정렬' 단추 를 누르면 된다. 이 데이터에서 농도의 크기순으로 정렬하는 방법도 이와 마찬가지로, 농도 값이 있는 셀을 선택하고 '오름차순 정렬' 단추 를 누르면 오름차순으로, '내림차순 정렬' 단추 를 누르면 내림차순으로 정렬된다.

	A	B
1	처리	농도
2	무처리	117
3	무처리	124
4	무처리	40
5	무처리	40
6	무처리	88
7	에스트로겐	440
8	에스트로겐	264
9	에스트로겐	221
10	에스트로겐	136
11	에스트로겐+프로게스테론	3584
12	에스트로겐+프로게스테론	2078
13	에스트로겐+프로게스테론	2664
14	에스트로겐+프로게스테론	1540
15	프로게스테론	385
16	프로게스테론	605
17	프로게스테론	626
18	프로게스테론	475

■ 자동필터

주어진 데이터 중에서 특정 부분만 보고 싶거나 그 부분의 데이터만 가지고 평균 등을 구하고 싶다면 자동필터 기능을 이용할 수 있다.

예제 2.2 계속

예제 2.2의 데이터에서 에스트로겐 처리를 받은 결과만을 추려보자.

❶ 자료가 입력된 셀을 아무것이나 선택 후 『데이터』 탭 「정렬 및 필터」 그룹에서 '필터' 단추 [필터 아이콘] 를 클릭한다.

❷ "처리"와 "농도"가 적혀 있는 셀의 오른쪽에 화살표로 된 단추가 생긴다. 이 단추를 눌러 걸러내고 싶은 목록(여기서는 에스트로겐)을 선택하고 [확인] 을 클릭한다.

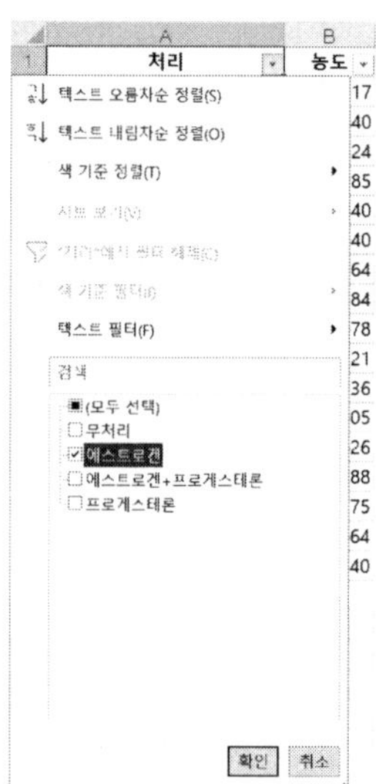

❸ 아래와 같이 에스트로겐의 데이터만이 화면에 나온다. 다시 원래의 자료를 보고자 할 때에는 "처리" 열의 화살표를 눌러 목록 중에서 '(모두 선택)'를 선택하고 [확인]을 클릭하면 된다.

	A	B
1	**처리**	**농도**
7	에스트로겐	440
8	에스트로겐	264
9	에스트로겐	221
10	에스트로겐	136

■ 셀 너비 자동 지정

변수 이름의 길이가 길어 변수가 다 보이지 않는 셀이 있다. 이럴 때는 셀의 너비를 자동으로 조절할 수 있다.

예제 2.3

데이터 파일 "예제 2.3"을 불러오자. 50명의 환자에 대한 건강검진데이터이다. 환자번호, 성별, 연령을 비롯하여 중성지방, 콜레스테롤 수치 등의 변수가 입력되어 있다.

❶ A부터 M까지 열 전체를 선택한 후 마우스를 오른쪽 끝으로 가져가면 다음과 같이 마우스 커서 모양이 바뀐다. 이때 더블 클릭한다.

	A	B	C	D	E	F	G	H	I	J	K	L	M	N
1	환자번호	성별	병원	연령	신장	체중	수축기혈압	ㅣ완기혈압	혈색소	공복혈당	식후혈당	중성지방	ㄴ테롤 수치	
2	1	M	A	49	173	69	120	80	14	106	189	75	212	
3	2	M	A	42	159	52	110	80	11	105	215	105	129	
4	3	F	A	57	153	50	150	90	13	105	295	125	162	
5	4	M	A	28	173	91	120	70	18	106	133	295	211	
6	5	M	A	40	175	62	110	70	15	106	192	128	190	
7	6	M	A	44	167	72	130	90	16	106	149	651	138	
8	7	F	A	37	154	56	110	70	15	107	244	98	172	
9	8	M	A	38	176	72	110	80	16	107	213	124	200	
10	9	M	A	51	170	61	110	80	16	108	204	101	167	

❷ 다음 그림과 같이 각 셀의 너비가 변수 이름에 따라 자동 조정되었다.

	A	B	C	D	E	F	G	H	I	J	K	L	M
1	환자번호	성별	병원	연령	신장	체중	수축기혈압	이완기혈압	혈색소	공복혈당	식후혈당	중성지방	콜레스테롤 수치
2	1	M	A	49	173	69	120	80	14	106	189	75	212
3	2	M	A	42	159	52	110	80	11	105	215	105	129
4	3	F	A	57	153	50	150	90	13	105	295	125	162
5	4	M	A	28	173	91	120	70	18	106	133	295	211
6	5	M	A	40	175	62	110	70	15	106	192	128	190
7	6	M	A	44	167	72	130	90	16	106	149	651	138
8	7	F	A	37	154	56	110	70	15	107	244	98	172
9	8	M	A	38	176	72	110	80	16	107	213	124	200
10	9	M	A	51	170	61	110	80	16	108	204	101	167

■ 틀 고정으로 데이터 보기

행이나 열이 많아서 한 화면에 다 보기가 어려운 경우에 스크롤바를 움직이면 원래 행의 이름이나 열의 이름을 볼 수 없어 불편하다. 예를 들어 환자 자료가 수백 명 있다면 스크롤바를 내렸을 때 환자번호, 성명, 성별 등의 이름이 보이지 않아서 변수구분이 어려워진다. 마찬가지로 환자를 조사한 변수가 많을 때 스크롤바를 오른쪽으로 움직이면, 이번에는 환자번호나 이름이 보이지 않아 어떤 환자의 자료인지 구분하기가 어려워진다. 이때 『보기』 탭 「창」 그룹에서 '틀 고정' 단추 [틀 고정]를 선택하면 일정 행과 열은 스크롤바를 움직여도 항상 보이도록 할 수 있다.

예제 2.3 계속

예제 2.3 데이터에 틀 고정을 지정해보자.

❶ 환자번호는 A열에, 변수 이름은 1행에 입력되어 있으므로, A열과 1행을 제외한 바깥 영역 중에서 가장 왼쪽 위에 있는 셀, 즉 B2을 클릭하고, 『보기』 탭 「창」 그룹에서 '틀 고정' 단추 [틀 고정]를 선택한다. 다음과 같은 서브메뉴가 나타나는데 '틀 고정'을 선택한다.

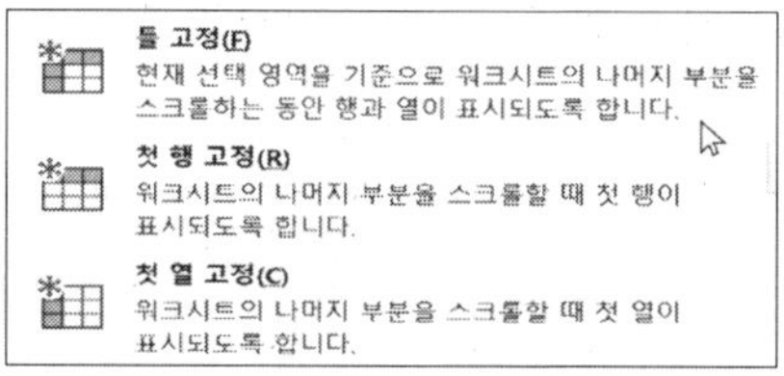

❷ 실선으로 화면이 나누어지는 것을 볼 수 있다. 이제 스크롤바를 움직이면 다른 셀들은 화면에서 바뀌지만 A열과 1, 2 행의 내용은 항상 보여준다. 해제하고 싶으면 다시 『보기』 탭에 「창」 그룹에서 '틀 고정' 단추 [틀 고정]를 선택 후 '틀 고정 취소'를 클릭한다.

	A	B	C	D	E	F	G	H	I	J	K	L	M
1	환자번호	성별	병원	연령	신장	체중	수축기혈압	이완기혈압	혈색소	공복혈당	식후혈당	중성지방	콜레스테롤 수치
42	41	M	C	62	174	78	120	70	14	125	246	196	156
43	42	M	C	43	170	71	120	90	15	130	231	282	229
44	43	F	C	55	173	77	150	100	16	131	249	98	204
45	44	M	C	45	169	58	100	60	16	136	312	58	155
46	45	M	C	35	172	78	130	90	18	139	256	123	184
47	46	M	C	52	179	84	120	80	15	143	273	97	220
48	47	M	C	51	178	80	140	90	15	147	334	629	262
49	48	M	C	52	174	66	140	100	16	151	265	105	215
50	49	F	C	27	167	50	110	80	16	157	387	74	147
51	50	F	C	53	164	59	150	100	17	162	327	317	213

■ 페이지 나누기 보기

행이나 열이 많아서 한 페이지 안에 인쇄되지 않고, 인쇄될 워크시트가 애매하게 나누어지는 경우에는 페이지 나누기를 조절할 수 있다. 『보기』 탭의 「통합문서보기」 그룹에서 '페이지 나누기 미리 보기' 단추 [페이지 나누기 미리 보기]를 선택하면 인쇄될 페이지의 형태를 볼 수 있다. 페이지가 나누어지는 부분이 점선으로 보이는데, 점선을 마우스로 끌어서 원하는 자리에 놓으면 그에 맞춰서 인쇄된다. 다시 「통합문서보기」 그룹에서 '기본' 단추 [기본]를 선택하면 원래의 워크시트모양으로 보인다.

	A	B	C	D	E	F	G	H	I	J	K	L	M
1	환자번호	성별	병원	연령	신장	체중	수축기혈압	이완기혈압	혈색소	공복혈당	식후혈당	중성지방	콜레스테롤 수치
2	1	M	A	49	173	69	120	80	14	106	189	75	212
3	2	M	A	42	159	52	110	80	11	105	215	105	129
4	3	F	A	57	153	50	150	90	13	105	295	125	162
5	4	M	A	28	173	91	120	70	18	106	133	295	211
6	5	M	A	40	175	62	110	70	15	106	192	128	190
7	6	M	A	44	167	72	130	90	16	106	149	651	138
8	7	F	A	37	154	56	110	70	15	107	244	98	172
9	8	M	A	38	176	72	110	80	16	107	213	124	200
10	9	M	A	51	170	61	110	80	16	108	204	101	167
11	10	M	A	37	159	61	120	80	13	108	203	110	165
12	11	M	A	32	172	63	110	70	15	108	168	115	181
13	12	M	A	41	171	63	90	60	15	109	226	76	248
14	13	M	A	35	175	70	110	80	15	109	197	158	179
15	14	M	A	45	181	85	120	80	17	109	240	142	140
16	15	M	A	46	176	75	130	90	16	109	161	209	168
17	16	F	A	37	155	56	110	70	12	111	302	42	176
18	17	F	B	60	147	54	130	90	15	111	152	182	186
19	18	M	B	35	169	84	110	70	15	111	252	228	225
20	19	F	B	71	164	64	170	110	13	111	187	100	148
21	20	M	B	61	175	77	180	100	16	112	315	146	188
22	21	M	B	34	176	79	120	80	15	113	248	220	184
23	22	F	B	38	155	52	100	70	13	114	275	58	230
24	23	M	B	46	175	69	110	80	14	114	193	145	173
25	24	M	B	42	165	73	180	110	16	115	242	133	183
26	25	M	B	36	173	72	110	70	15	115	194	165	179
27	26	M	B	37	177	72	160	100	14	115	273	101	153
28	27	F	B	40	173	84	120	70	17	116	254	77	132

1 페이지　3 페이지

2.2.4 데이터의 범위에 이름 붙이기

데이터의 셀이나 셀 범위에 이름을 지정하면 분석 시 입력범위를 따로 지정할 필요가 없어서 편리하다.

예제 2.3 계속

예제 2.3 데이터의 "성별"이 적혀 있는 셀들에 이름을 붙여보자.

❶ 값이 적혀 있는 셀 영역을 선택한다. 즉, B2를 클릭한 후 B51까지 끌어 영역을 선택한다.

❷ 수식입력 줄의 왼쪽 끝에 있는 [이름 상자]를 누르고 "성별"이라고 이름을 입력한 다음 Enter 키를 누른다.

	A	B	C	D
1	환자번호	성별	병원	연령
2	1	M	A	49
3	2	M	A	42
4	3	F	A	57
5	4	M	A	28
6	5	M	A	40
7	6	M	A	44
8	7	F	A	37
9	8	M	A	38

❸ 이름지정이 완료되었다. 나중에 이름상자를 클릭하여 정의된 이름을 선택하면 해당 영역이 선택된다.

Tip

새로 데이터를 추가했을 때에는 범위가 달라지므로 이름을 다시 작성해야 한다.

2.3 수식과 함수

Excel의 유용한 기능 가운데 하나는 수식과 함수를 이용하여 계산을 편리하게 할 수 있다는 것이다. 수식을 입력하여 계산하는 방법과 여러 가지 함수를 이용하여 결과를 얻는 방법에 대해 알아보자.

2.3.1 수식

■ **수식의 입력**

수식을 만들려면 먼저 해당 셀에 등호(=)를 입력한다. 사칙연산은 각각 +, −, *, / 로 표시된다. 예를 들어 "= (3+5)*2"식으로 셀에 값을 직접 입력하고 Enter 키를 누르면 계산된 값(여기서는 16)이 나타난다. 나중에 이 셀에 입력된 식을 확인하고자 할 때에는 해당 셀을 눌러 활성화시키면 [수식 입력줄]란에 수식이 나타난다.

수식에서 다른 셀 주소를 포함하여 다른 셀의 값을 계산에 사용할 수 있다. 예를 들어 "= (A1+B1)*C1"는 셀 주소가 A1와 B1인 셀을 더한 후, C1인 셀을 곱한 값을 계산하라는 뜻이다. 다음과 같이 연습해 보자.

❶ A2를 클릭하여 3을 입력하고, B2에 5를 C2에 2를 입력하여 보자.

❷ 계산 결과가 C3에 나타나도록 C3셀을 클릭한다. "=(A2+B2)*C2"를 입력한다. [수식 입력 줄]란에 나타나는 것을 볼 수 있다.

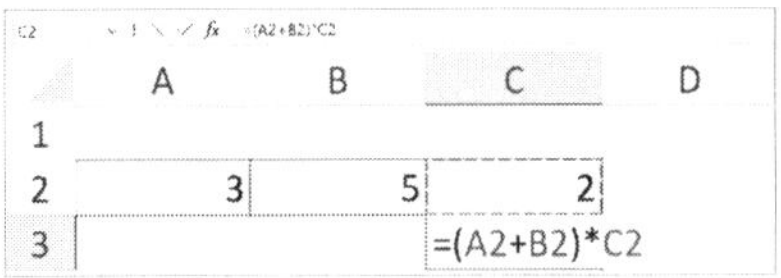

❸ Enter를 치면 셀에 수식 대신 16이라는 수가 입력되어 있다. 다시 C3셀을 선택하면 셀에는 숫자가, 수식입력 줄에는 수식이 나타난다. 셀을 더블 클릭하거나 수식입력줄을 클릭하여 수식을 편집할 수도 있다.

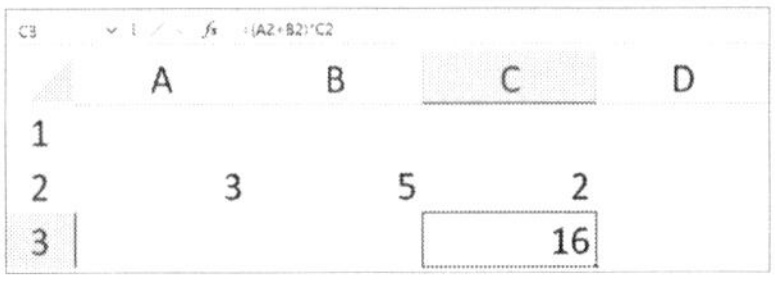

채우기 핸들을 이용하여 여러 개의 수식을 한꺼번에 계산할 수도 있다.

예제 2.4

다음은 20 ~45세 사이의 건강한 남성 9명에게 특정 약품을 정맥에 주사하고 각각 4시간, 8시간이 지난 뒤 혈청 디곡신(serum digoxin) 수치를 측정한 결과이다.

4시간 후	1.0	1.3	0.9	1.0	1.0	0.9	1.3	1.1	1.0
8시간 후	1.0	1.3	0.7	1.0	0.9	0.8	1.2	1.0	1.0

수식을 이용하여 환자별로 시간에 따른 수치의 변화를 구해 보자.

❶ 먼저 1열과 2열에 데이터를 입력한다. 다운로드 받은 파일 중에서 "예제 2.4" 파일을 열면 입력된 데이터가 들어 있다. A2부터 A10에는 4시간 후의 수치가 들어 있고, B2부터 B10에는 8시간 후의 수치가 입력되어 있다.

	A	B
1	4시간후	8시간후
2	1.0	1.0
3	1.3	1.3
4	0.9	0.7
5	1.0	1.0
6	1.0	0.9
7	0.9	0.8
8	1.3	1.2
9	1.1	1.0
10	1.0	1.0

❷ C1을 클릭하여 "차이"라고 쓴다. 다음에 C2를 클릭하여 "=A2－B2"를 입력하고 Enter를 친다. 결과로 0.0이 나타난다. 다시 C2를 클릭한 후, 채우기 핸들 상태에서 마우스를 C10까지 끈다.

	A	B	C
1	4시간후	8시간후	차이
2	1.0	1.0	=A2-B2
3	1.3	1.3	
4	0.9	0.7	
5	1.0	1.0	
6	1.0	0.9	
7	0.9	0.8	
8	1.3	1.2	
9	1.1	1.0	
10	1.0	1.0	

	A	B	C
1	4시간후	8시간후	차이
2	1.0	1.0	0.0
3	1.3	1.3	
4	0.9	0.7	
5	1.0	1.0	
6	1.0	0.9	
7	0.9	0.8	
8	1.3	1.2	
9	1.1	1.0	
10	1.0	1.0	

❸ 이제 C열의 각 행에는 각 사람마다 4시간 후와 8시간 후의 차이가 계산되어 있다. 이 중 C6을 클릭하여 보자. 셀에는 0.1의 값이 들어있고, [수식 입력줄]란에는 "=A6－B6"이라고 입력되어 있을 것이다.

C6 fx =A6-B6

	A	B	C	D
1	4시간후	8시간후	차이	
2	1.0	1.0	0.0	
3	1.3	1.3	0.0	
4	0.9	0.7	0.2	
5	1.0	1.0	0.0	
6	1.0	0.9	0.1	
7	0.9	0.8	0.1	
8	1.3	1.2	0.1	
9	1.1	1.0	0.1	
10	1.0	1.0	0.0	

■ 연산자의 종류와 순서

사칙연산자와 같은 산술연산자 외에 비교연산자, 문자연산자, 참조연산자 등이 있다. 다음의 표는 각 연산자의 종류와 사용 예이다.

종류	연산자	기능	사용 예	결과	우선순위
산술연산자	+	더하기	=3+2	5	7
	–	빼기	=3–2	1	
	*	곱하기	=3*2	6	6
	/	나누기	=3/2	1.5	
	%	백분율	=3%	0.03	4
	^	지수	=3^2	9	5
비교연산자	=	같다	=(3=2)	False	9
	〈〉	같지 않다	=(3〈〉2)	True	
	〉	크다	=(3〉2)	rue	
	〈	작다	=(3〈2)	False	
	〉=	크거나 같다	=(3〉=2)	True	
	〈=	작거나 같다	=(3〈=2)	False	
문자연결 연산자	&	문자열 연결	="통계-"&"연습"	통계-연습	8
참조연산자	:	연속되는 범위 참조	=(A1:A5)	A1부터 A5까지	1
	,	여러 범위 결합 참조	=(A1, A5)	A1과 A5	2
	공백	공통범위 참조	=(A1:B5 B1:D5)	B1부터 B5까지	3

이들 연산자가 한 수식 안에 있으면 참조, 산술, 문자, 비교연산자의 순으로 계산된다. 위의 표에 연산자별 우선순위를 정리하였다. 예를 들어 "=10*2－1>10+3"을 입력하면 먼저 10*2를 계산하고 다음에 1을 빼주므로 19가 되고 이 값을 10+3과 비교하게 되므로 결과값은 "TRUE"가 된다.

괄호를 사용하게 되면 우선순위와 상관없이 괄호 안의 계산을 먼저 하게 된다. 실수를 피하기 위해서는 괄호를 사용하여 우선순위를 확실히 해두는 것이 좋다.

■ 셀 참조와 수식

셀의 주소를 참조하는 방식에는 상대참조와 절대참조의 두 가지 방식이 있다. 셀 A2에 있는 값을 참조하고자 할 때 상대참조는 참조할 셀을 "A2"식으로 표현하며, 절대참조는 "$A$2"의 형식으로 표현한다. 위의 예제 2.4에서 C2셀에서 수식입력 줄에 "=A2－B2"라고 썼는데 이는 A2와 B2셀을 모두 상대참조한 것이다. 위에서 상대참조한 셀을 채우기 핸들을 이용하여 아래로 끌면 순서대로 "=A3－B3", "=A4－B4", "=A5－B5"…식으로 참조하는 영역이 바뀌어 각각의 차이를 계산할 수 있었다.

이에 반해 절대참조는 셀의 위치를 고정시키는 것이다. 이 예에서 만일 B2를 절대참조하였다고 하자. C2셀을 클릭하여 "=A2－$B$2"라고 쓰고 채우기 단추를 이용하여 아래로 끌어 보자. "=A3－$B$2", "=A4－$B$2", "=A5－$B$2"… 식으로 상대참조된 A2는 변하지만 $B$2는 변하지 않는다.

예제 2.4 계속

다음은 예제 2.4의 데이터에서 상대참조 대신 절대참조를 한 후 채우기 핸들을 이용했을 때 계산된 값과 수식의 형태이다. 절대참조된 $B$2가 변하지 않아 앞서와는 다른 결과가 구해졌다.

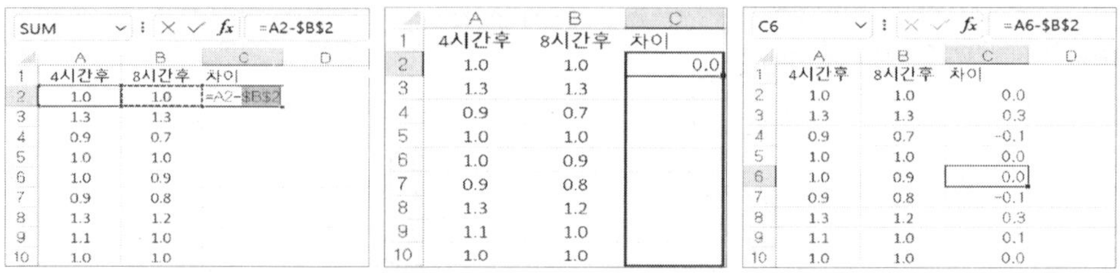

	A	B	C
1	4시간후	8시간후	차이
2	1.0	1.0	0.0
3	1.3	1.3	0.3
4	0.9	0.7	-0.1
5	1.0	1.0	0.0
6	1.0	0.9	0.0
7	0.9	0.8	-0.1
8	1.3	1.2	0.3
9	1.1	1.0	0.1
10	1.0	1.0	0.0

2.3.2 함수의 기초

■ 함수의 종류

Excel 함수에는 자주 사용되는 수식이 내장되어 계산을 보다 편리하고 신속하게 할 수 있게 해 준다. 예를 들어, A1부터 A5까지의 합계를 계산할 때 "=A1+A2+A3+A4+A5"를 수식으로 쓸 수도 있지만, Excel의 함수 중 합계를 계산하는 SUM을 이용하면 "=SUM(A1:A5)"라는 간결한 함수식으로 동일한 결과를 얻을 수 있다.

Excel에서는 합계, 평균과 같이 전형적인 수식에 대하여 사용자의 편리를 위하여 수식을 제공하고 있다. Excel의 함수는 재무함수, 수학/삼각함수, 통계함수, 날짜/시간함수, 정보함수 등을 비롯하여 모두 13종의 함수 범주가 있다. 다음은 그 중 자주 사용되는 범주를 설명한 표이다.

함수 범주	용도	함수 예
날짜 및 시간	날짜와 시간 처리	DATE, DAY, MONTH, NOW
재무	이자, 수익 등의 재무 관련 계산 시 사용	DDB, FV, IPMT, NPV
정보	셀과 시트의 정보 관련 함수	CELL, INFO, ISNA, NA
논리	조건을 검색할 때 사용	AND, OR, IF, NOT
찾기 및 참조영역	특정 값이나 셀 참조영역 등을 찾기 위해 사용	HLOOKUP, VLOOKUP, INDEX
수학 및 삼각	절댓값, 로그 등 수학 계산에 사용	ABS, LOG, SUM, SUMX2MY2
통계	통계분석에 사용	AVERAGE, T.TEST, MAX, MIN
텍스트	문자열을 조작하기 위해 사용	LEFT, RIGHT, TEXT, MID

함수를 이용하는 방법은 함수 마법사를 이용하는 방법과 셀에 직접 수식을 쓰는 두 가지 방법이 있다. 익숙하지 않다면 함수 마법사의 사용을 권장한다. 함수에 익숙해진다면 셀에 직접 함수를 입력하는 것이 간단하다.

■ 함수의 입력

함수를 입력할 때에는 먼저 함수의 이름을 쓰고, 함수의 계산에 이용될 인수들을 적는다. 즉,

이름(인수1, 인수2, 인수3, …)

의 형태로 구성되어 있다. 함수마다 적용되는 인수가 다르며 각 함수별 인수에 대해서는 형식이 이미 지정되어 있다. SUM의 경우 인수는 합계를 할 셀 또는 숫자이다. 다수의 셀 또는 숫자를 더하려 할 때는 ,로 각 인수를 구분하여 준다.

예를 들어 A1:A5셀에 1부터 5까지가 입력되어 있다고 하자. 그러면 아래의 함수는 모두 같은 값을 지닌다.

함수	=SUM (A1,A2,A3,A4,A5)	=SUM (A1:A5)	=SUM (1,2,3,4,5)	=SUM (1:5)	=SUM (A1:A4,5)
값	15	15	15	15	15

■ 함수 마법사

[수식 입력줄]에 있는 '함수 삽입' 단추 *fx* 를 클릭하면 나타나는 [함수 마법사] 대화창에서는 원하는 함수를 쉽게 찾을 수 있고 수식에 대한 도움말을 얻을 수 있다. 또는『수식』탭「함수 라이브러리」그룹에서 '함수 삽입' 단추 *fx* 를 클릭하여도 된다.

그림 (a)는 '함수 삽입' 단추를 눌렀을 때 나타나는 [함수 마법사] 대화창이다. [범주 선택] 중에서 원하는 것을 클릭하면 아래의 [함수 선택]의 목록이 그에 따라 바뀐다. [범주 선택] 중 제일 위의 '최근에 사용한 함수'에는 최근에 사용한 함수들이 등록되어 있으며 '모두'는 모든 함수를 알파벳순으로 나열한 것이다. 그림 (b)와 같이 [함수 검색]란에서 "SUM"을 검색하면 'SUM'이 [함수 선택] 맨 위에 나타날 것이다. 'SUM'을 선택하고

확인 을 클릭하자.

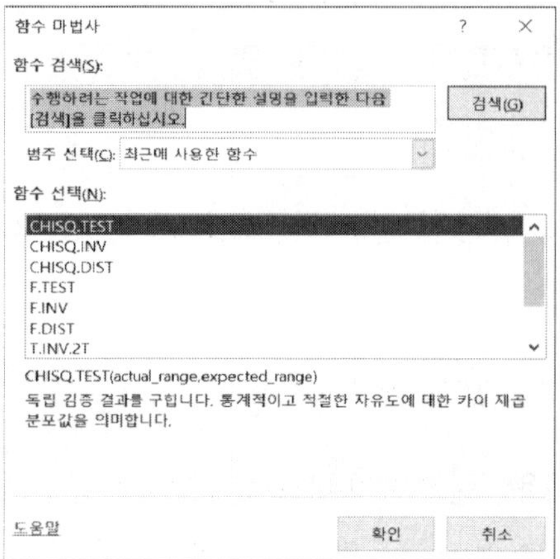

(a)

(b)

다음과 같은 화면이 나타난다. [Number1]란과 [Number2]란에는 합계를 할 셀 또는 숫자를 쓴다. ⬆ 을 클릭한 후 셀을 마우스로 드래그하여 선택할 수도 있다. [Number2]란을 채울 경우 [Number3]란이 자동으로 생성된다.

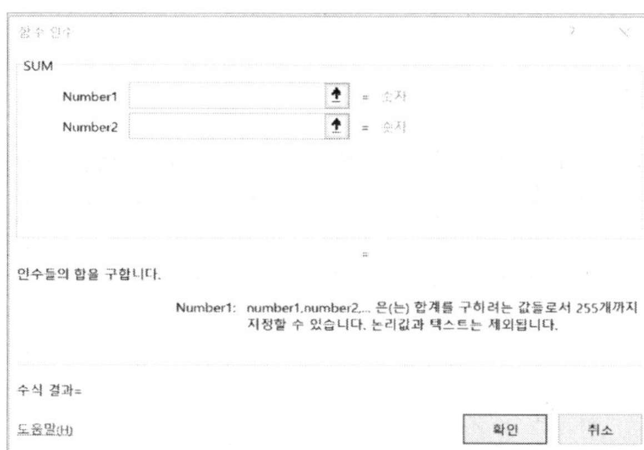

아래는 [Number1]란과 [Number2]란에 셀과 숫자를 각각 입력한 경우이다. 수식의 결과는 하단 좌측의 '수식 결과=' 옆에서 미리 확인할 수 있다. 확인 을 누르면 선택한 셀에 수식의 결과가 나온다.

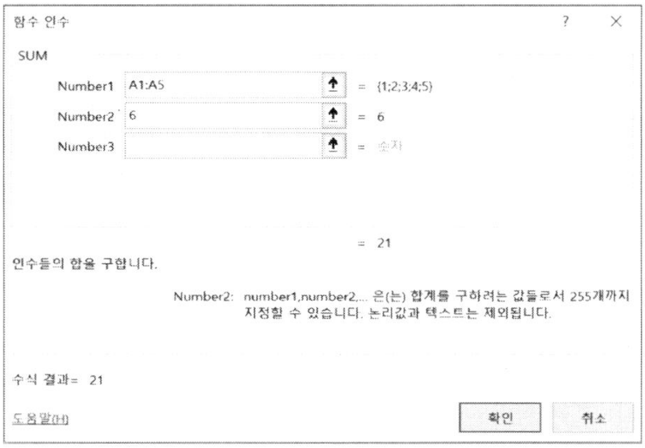

예제 2.4 계속

예제 2.4에서 함수를 이용하여 경과시간별로 혈청 디곡신 수치의 합계와 평균을 구해 보자.

❶ 앞에서 평균을 구한 "예제 2.4" 파일에서 B11을 클릭한다.

❷ 열 머리글 A를 마우스 오른쪽 단추로 클릭하여 '삽입'을 선택한다. A열이 삽입되면서 데이터는 한 열씩 밀리게 된다. A11, A12셀에 각각 "합계"와 "평균"을 입력한다. 그리고 B12를 클릭하고 '함수 삽입' 단추 fx를 누른다.

❸ 대화상자가 나타나면 [함수 검색]란에서 "평균"을 입력하여 검색하고 [함수 선택] 중에서 'AVERAGE'를 선택한다. 확인 을 누른다.

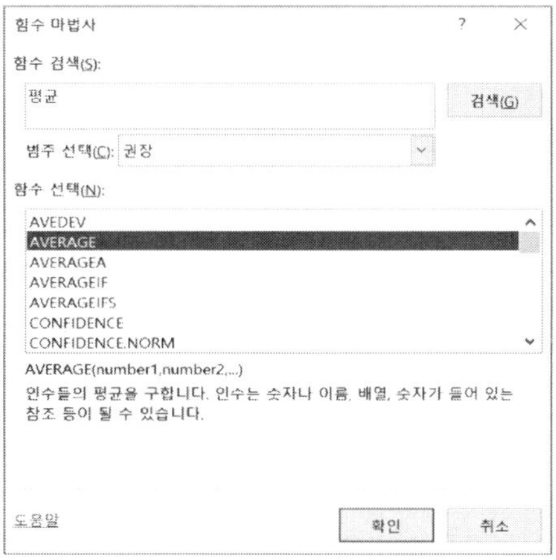

❹ [Number1]란에 "B2:B11"이라는 셀 영역이 입력되어 있다. 우리는 B2:B10까지의 영역만을 선택하여야 하므로 입력란 오른쪽의 화살표를 눌러 화면을 최소화시키고 B2

에서 B10까지의 영역을 드래그한다. 최소화된 입력란에 “B2:B10”이 입력된다. 또는 직접 입력란에 “B2:B10”을 써넣어도 된다.

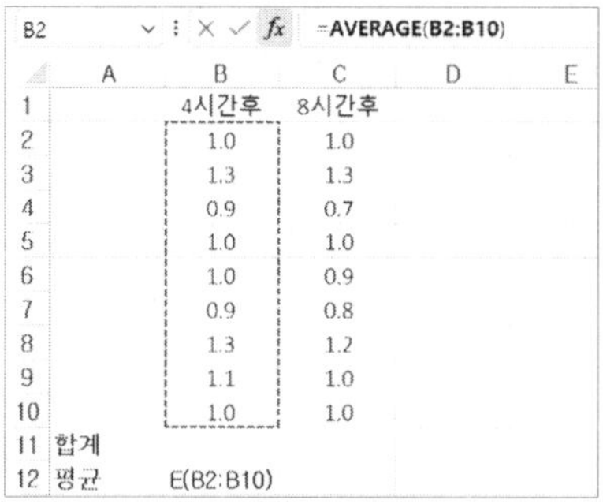

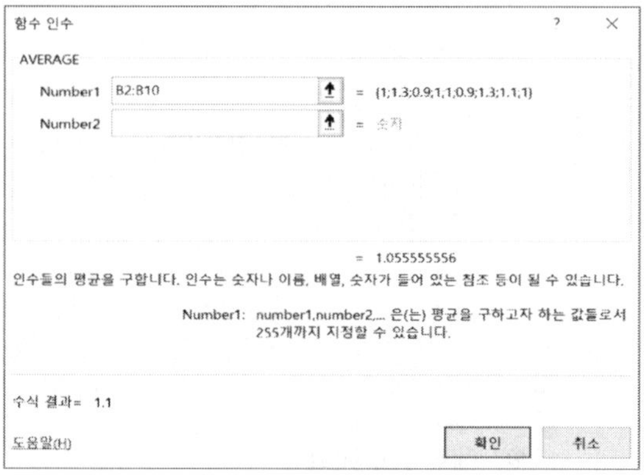

❺ 다시 화살표 [아이콘]로 눌러 대화상자로 돌아온 다음 [확인]을 누르면 1.0556이라는 값이 계산되어 있다. 다시 B12를 클릭하여 보면 수식입력란에 “=AVERAGE (B2:B10)”이라고 쓰여 있음을 볼 수 있다. 위의 ❷~❺의 단계를 생략하고 B12에 직접 수식을 입력할 수도 있다.

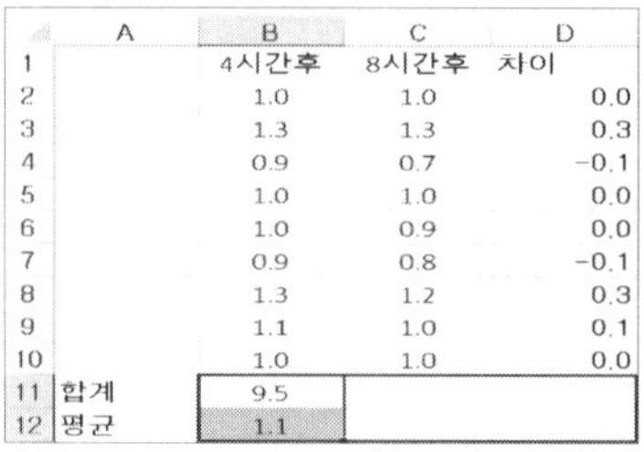

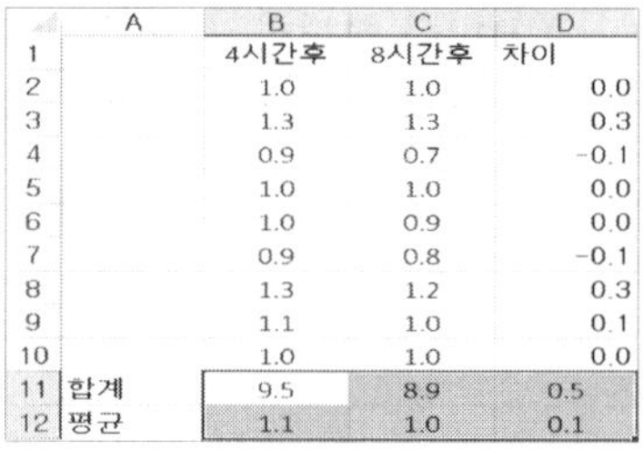

TIP

수식을 입력하거나 편집할 때 [수식입력 줄]의 왼쪽에 있는 ‘함수 삽입’ 단추 f_x를 눌러 편집할 수 있다. ‘함수 삽입’ 단추를 누르면 최근에 사용한 함수의 목록이 나오는데 여기서 필요한 함수를 선택하여 사용할 수도 있다.

■ 자동 합계

SUM은 빈번하게 사용되는 함수이므로 Excel에서는 두 가지 방법 이외에도 합계를 자동으로 계산하는 자동합계기능을 지원한다. 합계를 구할 셀을 선택하고 『홈』탭 「편집」

그룹에서 '자동 합계' 단추 Σ 자동 합계 ⌄ 를 누르거나, 합계를 구할 셀들 바로 아래의 셀을 선택하고 Σ 자동 합계 ⌄ 를 누르면 수식이 자동으로 작성된다. 만약 데이터가 행 방향으로 있고 그 오른쪽 끝에서 '자동 합계' 단추를 눌렀다면 행 합계가 구해진다.

예제 2.4 계속

예제 2.4에서 자동합계를 이용하여 경과시간별 혈청 디곡신 수치의 합계를 구해 보자.

❶ "예제 2.4" 파일을 열어보자. A열을 삽입 후, 4시간 후의 수치의 합계를 구하기 위해 B11을 클릭한다.

❷ 『홈』 탭 「편집」 그룹에서 '자동 합계' 단추 Σ 자동 합계 ⌄ 를 누른다. "=SUM(B2:B10)"이 자동으로 입력된다. 이때 원하는 범위가 선택되지 않았으면 마우스로 끌어서 영역을 선택하고 Enter를 친다. 합계 9.5가 나타난다.

	A	B	C	D
1		4시간후	8시간후	차이
2		1.0	1.0	0.0
3		1.3	1.3	0.3
4		0.9	0.7	-0.1
5		1.0	1.0	0.0
6		1.0	0.9	0.0
7		0.9	0.8	-0.1
8		1.3	1.2	0.3
9		1.1	1.0	0.1
10		1.0	1.0	0.0
11	=SUM(B2:B10)			

❸ B11:B12셀을 선택하여 채우기 핸들 상태에서 D열까지 드래그하여 C11:D12셀에 합계와 평균값을 채우자. 오른쪽 아래와 같은 결과가 나온다.

	A	B	C	D
1		4시간후	8시간후	차이
2		1.0	1.0	0.0
3		1.3	1.3	0.3
4		0.9	0.7	-0.1
5		1.0	1.0	0.0
6		1.0	0.9	0.0
7		0.9	0.8	-0.1
8		1.3	1.2	0.3
9		1.1	1.0	0.1
10		1.0	1.0	0.0
11	합계	9.5		
12	평균	1.1		

	A	B	C	D
1		4시간후	8시간후	차이
2		1.0	1.0	0.0
3		1.3	1.3	0.3
4		0.9	0.7	-0.1
5		1.0	1.0	0.0
6		1.0	0.9	0.0
7		0.9	0.8	-0.1
8		1.3	1.2	0.3
9		1.1	1.0	0.1
10		1.0	1.0	0.0
11	합계	9.5	8.9	0.5
12	평균	1.1	1.0	0.1

상태 표시줄에서의 빠른 요약

Excel의 맨 하단의 줄을 [상태 표시줄]이라 한다. 셀을 선택하면 [상태 표시줄]란에는 선택 셀의 개수가 표시되며 선택한 셀이 숫자일 경우 평균과 합계도 함께 표시된다. 아래 그림에서는, B2:B10의 셀을 선택하였을 때 [상태 표시줄]란에 평균, 셀의 개수, 합계가 표시된 것을 볼 수 있다.

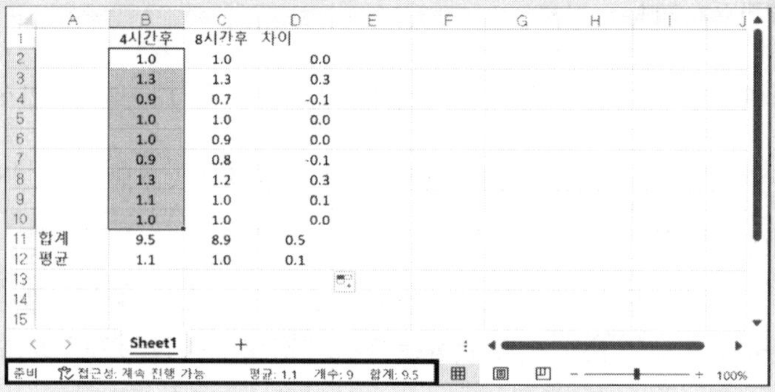

2.3.3 여러 가지 함수의 사용 예

■ 순위 구하기 : RANK.AVG

RANK.AVG는 순위를 구해주는 함수이다. 함수의 구문은

RANK.AVG(구하는값, 범위, 차순)

이다.

예제 2.4 계속

예제 2.4의 데이터에서 구한 차이의 순위를 RANK.AVG 함수를 이용하여 매겨보자.

❶ E1을 클릭하고 "순위"라고 쓰자.

❷ E2를 선택하고 '함수 삽입' 단추 fx를 누른다.

❸ 대화상자가 나타나면 [범주 선택]란에서 '통계'를 클릭하고 [함수 선택] 중에서 'RANK.AVG'를 선택한 후 확인을 누른다.

❹ [Number]란에 순위를 구하고자 하는 영역을 쓴다. 우선 첫 번째 데이터인 0.0의 순위를 매겨야 하므로 "D2"를 쓴다.

❺ [Ref]란에는 순위를 매기기 위해 참조하는 범위를 쓴다. 즉, 여기서는 D2부터 D10 사

이의 데이터 중에서 D2의 순위를 매기고 싶은 것이므로 참조영역은 "D$2:D$10" 또는 "$D$2:$D$10"으로 쓴다(또는 화살표 단추를 눌러 영역을 최소화시킨 후 D2에서 D10까지의 영역을 드래그한 후 절대참조 기호를 쓴다). 이때 주의할 것은 참조영역은 절대참조를 해야 한다는 것이다. 상대참조를 하면 나머지 데이터의 순위를 구하기 위해 채우기 핸들을 끌 때 참조영역이 한 칸씩 밀리게 되어 엉뚱한 영역을 참조하게 된다.

❻ 마지막으로 [Order]란에는 오름차순인지 내림차순인지를 결정하기 위한 것이다. 0을 쓰거나 생략하면 내림차순으로, 다른 값을 지정하면 오름차순으로 순위가 정해진다. 여기서는 생략하였다. [확인]을 누르면 순위는 5.5로 계산되어 있다. 이때 함수 마법사를 이용하지 않고 E2 셀에 직접 "=RANK.AVG(D2,D$2:D$10)"를 입력하여도 동일한 결과를 얻을 수 있다.

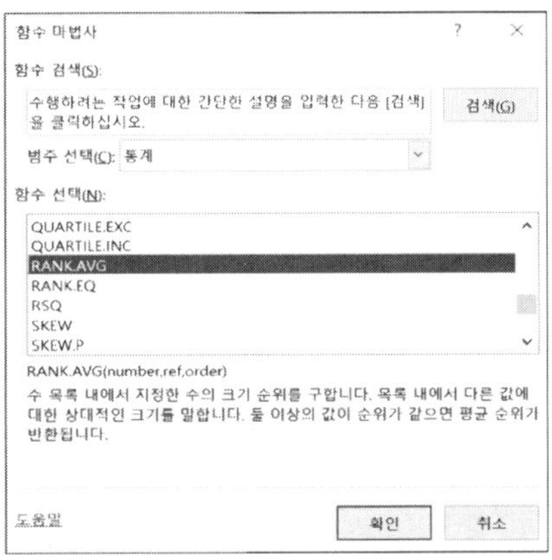

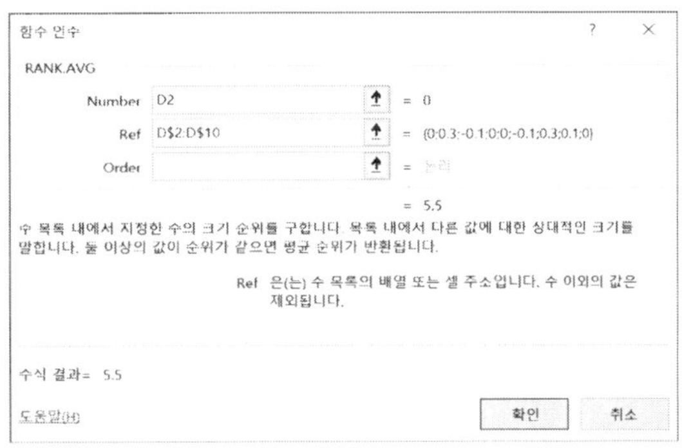

❼ 다시 D2를 클릭한 후 채우기 핸들로 D10까지 끌어주자. 다음과 같은 결과를 보여준다. 여기서는 동점이 많이 발생하였다. 동점이면 순위의 평균을 계산해 주고, 다음 순위는 동점 수만큼 건너뛴 순위를 매겨준다. 예컨대, 여기서는 1등이 2명이어서 1등과 2등은 없고 1.5등이 2명 있으며, 다음 순위는 3등이다.

	A	B	C	D	E	F
1		4시간후	8시간후	차이	순위	
2		1.0	1.0	0.0	5.5	
3		1.3	1.3	0.3		
4		0.9	0.7	-0.1		
5		1.0	1.0	0.0		
6		1.0	0.9	0.0		
7		0.9	0.8	-0.1		
8		1.3	1.2	0.3		
9		1.1	1.0	0.1		
10		1.0	1.0	0.0		
11	합계	9.5	8.9	0.5		
12	평균	1.1	1.0	0.1		

	A	B	C	D	E
1		4시간후	8시간후	차이	순위
2		1.0	1.0	0.0	5.5
3		1.3	1.3	0.3	1.5
4		0.9	0.7	-0.1	8.5
5		1.0	1.0	0.0	5.5
6		1.0	0.9	0.0	5.5
7		0.9	0.8	-0.1	8.5
8		1.3	1.2	0.3	1.5
9		1.1	1.0	0.1	3
10		1.0	1.0	0.0	5.5
11	합계	9.5	8.9	0.5	
12	평균	1.1	1.0	0.1	

> RANK.AVG 함수 대신 RANK.EQ 함수를 쓰면 동순위가 있을 때 순위의 평균 대신 높은 순위를 표시한다.

■ 조건 주기 : IF

IF는 조건에 따라 다른 결과값을 나타내도록 하는 함수이다. 함수의 구문은

IF(조건, 참, 거짓)

이다.

예제 2.4 계속

IF 함수를 이용하여 예제 2.4의 데이터에서 구한 차이가 0이면 "변화없음", 0이 아니면 "변화있음"이라고 표시해 보자.

❶ F1을 클릭하고 "변화여부"라고 쓰자.

❷ F2를 클릭하고 '함수 삽입' 단추 fx를 눌러 [함수 검색]란에서 "IF"를 검색하고 [함수 선택] 중에서 'IF'를 선택한 후 확인을 누른다.

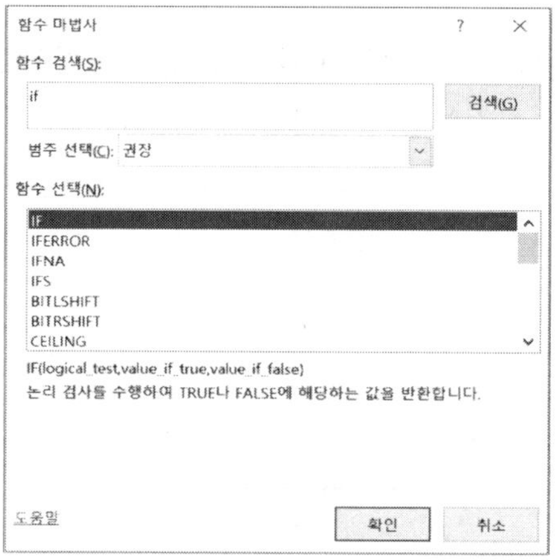

❸ [Logical－test]란에는 판정하기 위한 조건을 쓴다. 여기서는 차이가 0인가를 보는 것이므로 "D2=0"이라고 쓴다.

❹ [Value－if－true]란에는 주어진 조건이 참일 때 수행할 작업을 쓴다. 여기서는 "변화

없음"이라고 쓴다. 반대로 [Value-if-false]란에는 조건이 거짓일 때 수행할 작업을 쓴다. 여기서는 "변화있음"이라고 쓴다. 확인 을 누른다. 이때 함수 마법사를 이용하지 않고 F2열에 "=IF(D2=0, "변화없음", "변화있음")"이라고 써도 마찬가지 결과가 나온다.

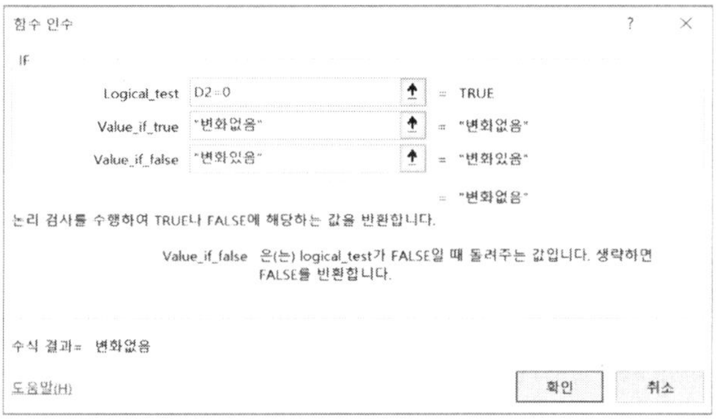

❺ 마지막으로 채우기 핸들을 끌어 나머지 셀에 대한 논리 값을 구한다.

	A	B	C	D	E	F
1		4시간후	8시간후	차이	순위	변화여부
2		1.0	1.0	0.0	5.5	변화없음
3		1.3	1.3	0.3	1.5	
4		0.9	0.7	-0.1	8.5	
5		1.0	1.0	0.0	5.5	
6		1.0	0.9	0.0	5.5	
7		0.9	0.8	-0.1	8.5	
8		1.3	1.2	0.3	1.5	
9		1.1	1.0	0.1	3	
10		1.0	1.0	0.0	5.5	
11	합계	9.5	8.9	0.5		
12	평균	1.1	1.0	0.1		

F6 =IF(D6=0,"변화없음","변화있음")

	A	B	C	D	E	F
1		4시간후	8시간후	차이	순위	변화여부
2		1.0	1.0	0.0	5.5	변화없음
3		1.3	1.3	0.3	1.5	변화있음
4		0.9	0.7	-0.1	8.5	변화있음
5		1.0	1.0	0.0	5.5	변화없음
6		1.0	0.9	0.0	5.5	변화없음
7		0.9	0.8	-0.1	8.5	변화있음
8		1.3	1.2	0.3	1.5	변화있음
9		1.1	1.0	0.1	3	변화있음
10		1.0	1.0	0.0	5.5	변화없음
11	합계	9.5	8.9	0.5		
12	평균	1.1	1.0	0.1		

IF문은 중복해서 쓸 수 있다. 예를 들어 학점(Score)을 A/B/C/D/F로 평가하는 경우와 같이 여러 개의 논리 값을 취하도록 하고 싶으면, value_if_false에 해당하는 인수로서 또 다른 IF문을 중복해서 쓰면 된다. 즉,

IF(Score>89,"A", IF(Score>79,"B", IF(Score>69,"C", IF(Score>59,"D","F"))))

식으로 쓸 수 있다. 여기서 첫 번째 조건(Score>89)이 참이면 A가 되고, 거짓이면 두 번째 IF문을 수행한다. 두 번째 IF문에서 조건(Score >79)이 참이면 B가 되지만, 여기서도 거짓이면 세 번째 IF문을 수행하게 되는 방식이다.

■ 텍스트 함수 : LEFT, MID

기존에 입력된 문자열 중 일부분을 추출하여 새로운 변수를 생성하고자 할 때 사용되는 함수로서 LEFT, MID 등이 있다. LEFT 함수는 문자열의 왼쪽에서 지정한 수까지의 문자를 추출하며, MID 문자열의 중간부터 문자열을 추출할 수 있다. 각각의 함수의 구문은

LEFT(셀, 글자수)
MID(셀, 시작글자, 글자수)

이다.

예제 2.5

예제 2.5는 100명의 "주민등록번호", "병원", "치료 전", "치료 후" 4개의 변수로 이루어져 있다. 개인정보는 가상으로 작성한 것이다. LEFT와 MID 함수를 이용하여 예제 2.4에서 주민등록번호를 이용하여 나이와 성별 변수를 만들어 보자.

❶ 먼저 데이터를 내려도 첫 행과 첫 열이 보이도록 B2셀에서 『보기』 탭 「창」 그룹의 '틀 고정' 단추 를 클릭하자.

	A	B	C	D
1	주민등록번호	병원	치료 전	치료 후
80	700722-1******	D	141	132
81	680902-1******	B	123	114
82	730812-2******	D	146	120
83	690814-2******	C	155	152
84	770817-2******	E	151	127
85	811210-2******	A	163	154
86	810706-1******	C	127	123
87	670721-1******	C	166	156
88	840528-2******	B	140	126
89	700129-2******	D	141	121
90	751219-2******	D	133	118
91	780520-1******	C	160	158
92	640705-2******	E	130	120
93	871212-1******	A	154	143
94	701222-2******	D	137	122
95	720514-2******	B	150	149
96	770316-2******	C	146	121
97	670103-2******	B	120	106
98	800321-2******	C	155	143
99	771201-1******	B	159	131
100	790227-1******	A	152	142
101	800529-1******	C	149	131

❷ E1셀에 "출생연도"를 입력 후 E2셀에 "=LEFT(A2,2)"라고 입력하자. 이때 "LEFT" 함수는 지정된 셀(A2)의 왼쪽으로부터 두 글자를 읽어온다. A2셀이 "811226−2******" 이므로 LEFT(A2,2)는 81을 읽어오게 된다.

	A	B	C	D	E	F
1	주민등록번호	병원	치료 전	치료 후	출생연도	
2	811226-2******	B	129	128	=LEFT(A2, 2	

	A	B	C	D	E	F
1	주민등록번호	병원	치료 전	치료 후	출생연도	
2	811226-2******	B	129	128	81	

❸ 데이터가 많을 때는 드래그하는 데 많은 시간이 소요된다. 이때 채우기 핸들 상태에서 더블 클릭을 하면 데이터가 존재하는 곳까지 함수가 자동으로 드래그된다.

	A	B	C	D	E	F
1	주민등록번호	병원	치료 전	치료 후	출생연도	
2	811226-2******	B	129	128	81	
3	771229-1******	D	158	153		
4	690205-2******	B	151	132		
5	830830-1******	C	155	131		
6	720617-1******	C	138	126		
7	771006-2******	B	132	126		

	A	B	C	D	E	F
1	주민등록번호	병원	치료 전	치료 후	출생연도	
88	840528-2******	B	140	126	84	
89	700129-2******	D	141	121	70	
90	751219-2******	D	133	118	75	
91	780520-1******	C	160	158	78	
92	640705-2******	E	130	120	64	
93	871212-1******	A	154	143	87	
94	701222-2******	D	137	122	70	
95	720514-2******	B	150	149	72	
96	770316-2******	C	146	121	77	
97	670103-2******	B	120	106	67	
98	800321-2******	C	155	143	80	
99	771201-1******	B	159	131	77	
100	790227-1******	A	152	142	79	
101	800529-1******	C	149	131	80	

❹ 이번에는 주민번호를 이용하여 성별 변수를 만들어보자. F1에 "성별"을 입력 후, F2셀에 "=IF(MID(A2,8,1)="2","F","M")"을 입력한다. 이때 MID(A2,8,1)는 지정된 셀(A2)의 왼쪽으로부터 8번째 글자에서 1글자를 읽어오게 된다. A2셀의 경우 2가 읽힌다. 채우기 핸들 상태에서 더블 클릭을 한다.

	A	B	C	D	E	F	G	H
1	주민등록번호	병원	치료 전	치료 후	출생연도	성별		
2	811226-2******	B	129	128	81	=IF(MID(A2,8,1)="2","F","M")		

	A	B	C	D	E	F	G
1	주민등록번호	병원	치료 전	치료 후	출생연도	성별	
2	811226-2******	B	129	128	81	F	
3	771229-1******	D	158	153	77		
4	690205-2******	B	151	132	69		
5	830830-1******	C	155	131	83		
6	720617-1******	C	138	126	72		
7	771006-2******	B	132	126	77		

	A	B	C	D	E	F	G
1	주민등록번호	병원	치료 전	치료 후	출생연도	성별	
88	840528-2******	B	140	126	84	F	
89	700129-2******	D	141	121	70	F	
90	751219-2******	D	133	118	75	F	
91	780520-1******	C	160	158	78	M	
92	640705-2******	E	130	120	64	F	
93	871212-1******	A	154	143	87	M	
94	701222-2******	D	137	122	70	F	
95	720514-2******	B	150	149	72	F	
96	770316-2******	C	146	121	77	F	
97	670103-2******	B	120	106	67	F	
98	800321-2******	C	155	143	80	F	
99	771201-1******	B	159	131	77	M	
100	790227-1******	A	152	142	79	M	
101	800529-1******	C	149	131	80	M	

■ 참조영역 함수 : VLOOKUP

VLOOKUP 함수는 참조표를 이용하여 셀의 값을 변환해 주는 함수이다. 함수의 구문은 다음과 같다.

VLOOKUP(찾을 값, 참조값, 열번호, 옵션)

예제 2.5 계속

예제 2.5에는 모두 A, B, C, D, E의 다섯 곳의 병원이 입력되어 있다. 병원을 각 지역의 이름으로 변환해 보자. 이때 IF를 사용할 수도 있지만 수식의 길이가 길어지므로 참조영역 함수인 VLOOKUP 함수를 이용해 보자.

❶ 앞에서 LEFT와 MID 함수를 사용한 예제 2.5를 그대로 불러오자. 우선 J4－K9에 다음과 같은 참조표를 작성한다.

	J	K
4	*참조표1	
5	A	서울
6	B	서울
7	C	경기
8	D	경기
9	E	강원

❷ G1에 "지역"이라고 입력 후, G2를 선택한다. 함수 마법사에서 "VLOOKUP"을 검색하여 아래와 같이 입력한다. [Lookup_value]는 참조할 대상을 지시한다. 여기서는 병원이 입력된 셀을 쓰면 된다. [Table_array]에는 참조표가 있는 셀 주소를 쓴다. 참조표는 반드시 절대참조로 입력한다. [Col_index_num]는 참조표에서 결과값이 나타나 있는 열을 의미한다. 여기서는 2번째 열인 K열에 결과값인 지역이 표시되어 있으므로 2를 쓴다. [Range_lookup]은 FALSE일 경우 참조표에서 정확히 일치할 때에만 결과값을 표시한다. TRUE일 경우에는 참조표에서 가장 유사한 값을 찾은 후 이에 대한 결과값을 표시한다. [확인]을 클릭한다. 이때 함수 마법사를 이용하지 않고 G2 셀에 직접 "=VLOOKUP(B2,J$5:K$9,2,FALSE)"를 입력하여도 동일한 결과를 얻을 수 있다.

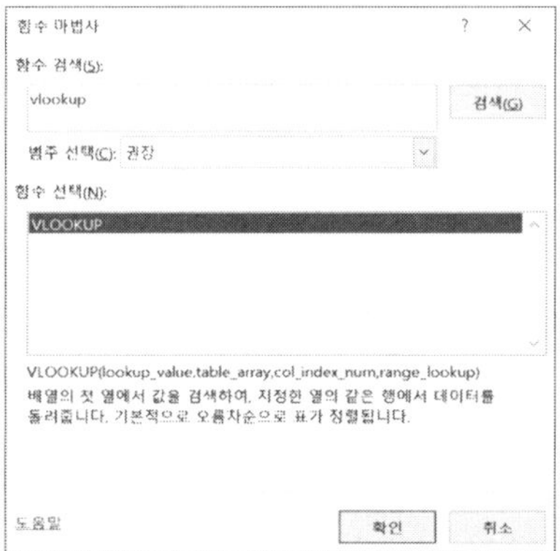

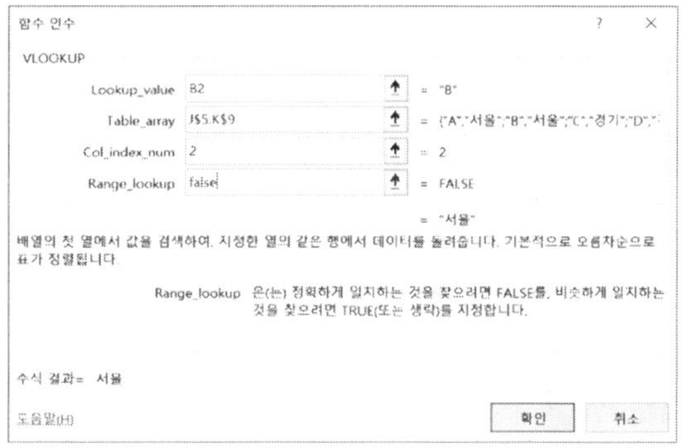

B2셀에 병원이 B로 입력되어 있어, 참조표에 따라 G2에 "서울"이라는 결과값이 나타난다.

	A	B	C	D	E	F	G	H
1	주민등록번호	병원	치료 전	치료 후	출생연도	성별	지역	
2	811226-2******	B	129	128	81	F	서울	
3	771229-1******	D	158	153	77	M		
4	690205-2******	B	151	132	69	F		
5	830830-1******	C	155	131	83	M		
6	720617-1******	C	138	126	72	M		
7	771006-2******	B	132	126	77	F		

❸ G2셀에서 마우스를 채우기 핸들 상태로 만든 후 더블 클릭한다. 아래와 같은 결과가 나타난다.

	A	B	C	D	E	F	G	H
1	주민등록번호	병원	치료 전	치료 후	출생연도	성별	지역	
88	840528-2******	B	140	126	84	F	서울	
89	700129-2******	D	141	121	70	F	경기	
90	751219-2******	D	133	118	75	F	경기	
91	780520-1******	C	160	158	78	M	경기	
92	640705-2******	E	130	120	64	F	강원	
93	871212-1******	A	154	143	87	M	서울	
94	701222-2******	D	137	122	70	F	경기	
95	720514-2******	B	150	149	72	F	서울	
96	770316-2******	C	146	121	77	F	경기	
97	670103-2******	B	120	106	67	F	서울	
98	800321-2******	C	155	143	80	F	경기	
99	771201-1******	B	159	131	77	M	서울	
100	790227-1******	A	152	142	79	M	서울	
101	800529-1******	C	149	131	80	M	경기	

■ 날짜 차이 계산하기 : DATEDIF

DATEDIF 함수는 두 날짜의 차이를 계산해 준다. 함수의 구문은

DATEDIF(시작날짜, 종료날짜, 옵션)

이다. 옵션에서는 날짜 차이의 계산단위를 일("D"), 월("M") 또는 년("Y") 단위로 지정할 수 있다.

예제 2.6

예제 2.6은 환자 50명의 수술 날짜와 수술 후 내원일과 각 내원할 때마다 처방받은 약의 용량 데이터이다. 이제 DATEDIF 함수를 이용하여 수술일과 내원일의 차이를 구해 보자.

❶ 예제 2.6을 불러오고, B2셀에서 『보기』 탭 「창」 그룹의 '틀 고정' 단추 를 클릭하자.

	A	B	C	D
1	환자번호	수술일	내원일	처방량
128	46	2010-11-05	2011-05-20	11
129	47	2009-02-26	2009-03-09	29
130	47	2009-02-26	2009-03-16	17
131	47	2009-02-26	2009-03-30	17
132	47	2009-02-26	2009-05-08	20
133	48	2011-12-28	2012-01-02	25
134	48	2011-12-28	2012-01-19	10
135	48	2011-12-28	2012-02-06	23
136	49	2008-09-29	2008-10-07	23
137	49	2008-09-29	2008-10-23	16
138	49	2008-09-29	2008-11-06	17
139	50	2011-09-19	2011-11-08	28
140	50	2011-09-19	2012-01-09	20

❷ 수술일과 내원일의 차이를 월 단위로 계산해 보자. E1에 "차이"라고 입력한다. DATEDIF 함수의 인수들은 형식이 날짜여야 한다. B, C열을 선택하고 마우스 오른쪽 버튼을 클릭하면 그림 (a)과 같이 나온다. [셀 서식]을 선택하자. 그리고 그림 (b)와 같이 [표시 형식] 탭에서 '날짜'를 선택한 후 [확인]을 누른다. 셀의 서식이 날짜로 변경되었다.

(a)

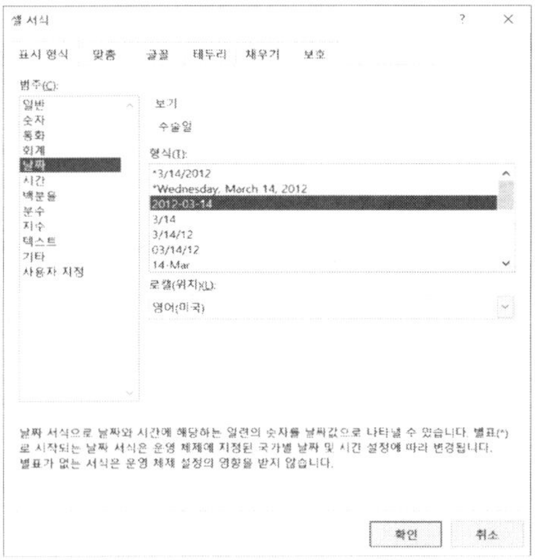

(b)

❸ DATEDIF 함수는 함수 마법사를 지원하지 않는다. E2셀을 선택하고 직접 "=DATEDIF(B2,C2,"M")"을 입력하자. B2와 C2 사이에 날짜 차이를 월 단위로 계산하라는 함수 구문이다. E2셀에 결과값이 표시되면, 다시 E2셀을 선택하고 채우기 핸들 상태에서 더블 클릭하자. 140열까지 함수가 자동 입력될 것이다.

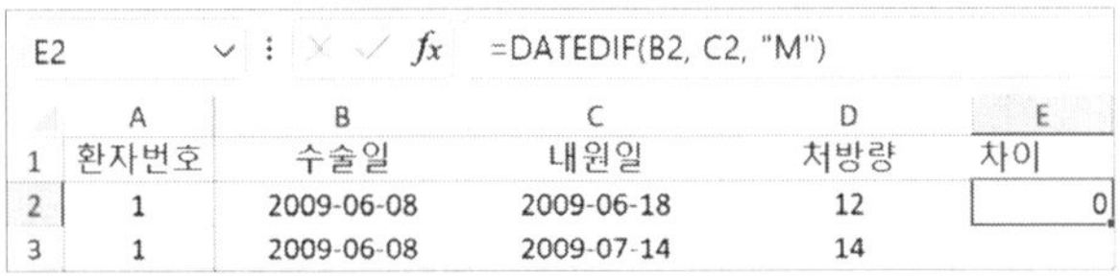

■ 조건 주어 합계하기 : SUMIF

SUMIF 함수는 지정한 조건에 해당하는 셀에 대한 합계를 구해주는 함수이다. 함수의 구문은

SUMIF(조건범위, 조건, 합계범위)

이다.

예제 2.6 계속

이제 SUMIF 함수를 이용하여 예제 2.6에서 개인마다 처방받은 약의 누적 처방량을 구해 보자.

❶ 위에 DATEDIF 함수를 사용한 예제 2.6을 그대로 불러오자. F1셀에 "누적 처방량"을 입력한다. F2를 선택하고 '함수 삽입' 단추 fx를 클릭하여 나타나는 대화창에서 [함수 검색]란에서 "SUMIF"를 검색하여 'SUMIF'를 선택하면 대화창이 나타난다. [Range]로 지정한 A$2:A2에서 [Criteria]로 지정한 A2와 같은 값을 가지는 행(여기서는 A$2:A2의 첫 번째 행)을 찾고, [Sum_range]로 지정한 D$2:D2에서 해당하는 행의 값을 더하란 의미이다. 확인 을 누르면 F2셀에 "12"가 계산된다. 함수마법사 대신 F2셀에 직접 "=SUMIF(A$2:A2,A2,D$2:D2)"라고 쓸 수도 있다.

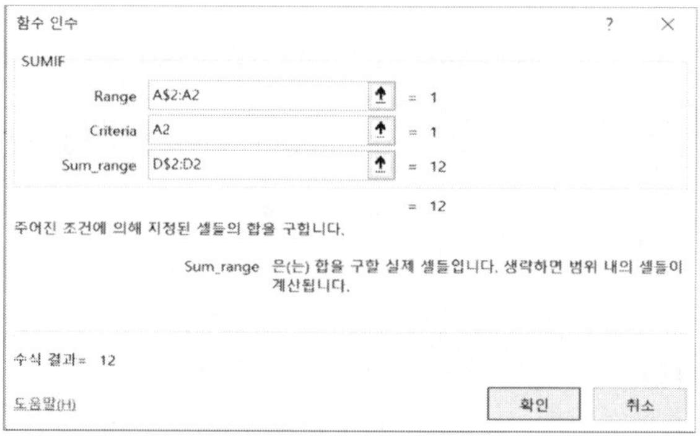

❷ 채우기 핸들 상태에서 더블 클릭하여 140열까지 함수를 채우자. 여기에서는 절대참조와 상대참조가 혼합되어 쓰여 있다. 셀별로 채워지는 함수 구문은 다음과 같다. 절대 참조가 쓰인 "A$2"와 "D$2"는 행이 달라지더라도 변하지 않는 것을 확인할 수 있다. 이처럼 절대참조와 상대참조를 적절히 사용하면 다양한 상황에서 적절히 함수를 활용할 수 있다.

셀	함수 구문
F2	=SUMIF(A$2:A2, A2, D$2:D2)
F3	=SUMIF(A$2:A3, A3, D$2:D3)
F4	=SUMIF(A$2:A4, A4, D$2:D4)
F5	=SUMIF(A$2:A5, A5, D$2:D5)
F6	=SUMIF(A$2:A6, A6, D$2:D6)

❸ 결과는 아래와 같다.

	A	B	C	D	E	F
1	환자번호	수술일	내원일	처방량	차이	누적 처방량
2	1	2009-06-08	2009-06-18	12	0	12
3	1	2009-06-08	2009-07-14	14	1	26
4	1	2009-06-08	2011-11-14	20	29	46
5	2	2005-06-21	2006-06-17	14	11	14
6	2	2005-06-21	2006-06-29	19	12	33
7	2	2005-06-21	2007-10-11	22	27	55
8	3	2008-04-02	2008-04-03	26	0	26
9	3	2008-04-02	2008-04-11	25	0	51
10	3	2008-04-02	2009-06-08	28	14	79
11	4	2007-01-16	2007-01-20	14	0	14
12	5	2009-01-12	2009-01-16	27	0	27
13	5	2009-01-12	2009-01-30	29	0	56
14	5	2009-01-12	2010-02-01	30	12	86
15	6	2007-10-29	2007-10-30	23	0	23
16	6	2007-10-29	2007-11-05	26	0	49
17	6	2007-10-29	2008-01-21	30	2	79
18	7	2006-12-14	2006-12-14	14	0	14
19	7	2006-12-14	2006-12-18	11	0	25

이외에도 Excel에는 다양한 분야의 문제를 해결하기 위한 함수들이 많이 내장되어 있다. 더 많은 함수에 대해 알아보려면 최준선(2020), Levine et al. (2020) 등의 책을 참고할 수 있겠다.

TIP

다음은 Excel에서 통계 분석을 할 경우, 자주 쓰이는 함수를 정리해 놓은 것이다.

함수	예	결과
ABS(숫자)	=ABS(−5.78)	−5.78의 절댓값
AVERAGE(범위 또는 숫자)	=AVERAGE(A1:A5)	A1:A5 범위의 평균
COUNT(범위)	=COUNT(A1:A5)	A1:A5에서 숫자가 입력된 셀의 개수
COUNTIF(범위, 조건)	=COUNTIF(A1:A5, ">10")	A1:A5에서 값이 10보다 큰 셀의 개수
DATEDIF(시작날짜, 종료날짜, 옵션) *옵션 : 일="D", 월="M", 년="Y"	=DATEDIF(2012−12−05,2014−01−27,"M")	2012−12−05과 014−01−27의 개월수 차이를 계산
EXP(숫자)	=EXP(−1)	e^{-1}
RANK.AVG(구하는 값, 범위, 차순) *차순(생략가능): 내림차순=0(기본값), 오름차순=1	=RANK.AVG(A1, A1:A5)	A1:A5셀에서 A1의 순위
IF(조건, 참, 거짓)	=IF(A1=1,"가","나")	A1=1이 참이면 "가"로 거짓이면 "나"로 변환

AND(조건1, 조건2, …)	=AND(A1=1,A2=2,A=3)	모든 조건이 모두 참이면 "TRUE" 아니면 "FALSE"
OR(조건1, 조건2, …)	=OR(A1=1,A2=2,A=3)	조건 중 하나라도 참이면 "TRUE", 모두 거짓이면 "FALSE"
NOT(조건)	=NOT(A1=1)	A1=1이 참이면 "FALSE", 거짓이면 "TRUE"
LEFT(셀, 글자수)	=LEFT(A1,2)	A1셀의 왼쪽 두 글자
RIGHT(셀, 글자수)	=RIGHT(A1,3)	A1셀의 오른쪽 세 글자
MID(셀, 시작글자, 글자수)	=MID(A1,3,2)	A1셀의 왼쪽 세 글자부터 두 글자
POWER(밑수, 누승)	=POWER(2,5)	2^5
ROUND(숫자, 자릿수)	=ROUND(1.1388, 2)	1.1388을 소수점 둘째 자리까지 반올림
ROUNDUP(숫자, 자릿수)	=ROUNDUP(1.1388, 2)	1.1388을 소수점 둘째 자리까지 올림
ROUNDDOWN(숫자, 자릿수)	=ROUNDDOWN(1.1388, 2)	1.1388을 소수점 둘째 자리까지 내림
STDEV(범위 또는 숫자)	=STDEV(A1:A5)	A1:A5에 있는 값들의 표준편차
SUMIF(조건범위, 조건, 합계범위)	=SUMIF(A1:A5, 3, B1:B5)	A1:A5 중에서 3인 행에 대해서만 B1:B5의 값을 합계
VLOOKUP(찾을 값, 참조값, 열번호, 옵션) *옵션(생략가능) : 비슷한 값=FALSE(기본값), 정확한 값=TRUE	=VLOOKUP(A1, $A$1:$B$5, 2, FALSE)	$A$1:$B$5의 1열에서 A1과 일치하는 행을 찾아 그 행의 2열의 값으로 변환

2.4 데이터 분석 기능

2.4.1 분석 도구의 설치와 사용

Excel에는 [분석 도구]라는 것이 있어서 이 도구를 이용하면 함수를 이용하는 것보다 간편하게 통계분석을 수행할 수 있다. 분석에 필요한 데이터와 필요한 옵션을 선택하면 적합한 통계적 방법을 사용하여 결과를 출력한다. 일부 도구는 차트도 함께 제공한다. 통계분석을 하기 위해서는『데이터』탭「분석」그룹에서 데이터 분석 을 클릭한다.

여기에 「분석」 그룹이 없으면 다음과 같이 [분석 도구]를 설치하여야 한다.

■ 분석 도구 설치 방법

『파일』 탭에서 [옵션]을 클릭한다. 아래와 같은 대화상자가 나타날 것이다.

[추가 기능]을 클릭 후 [관리]란에서 'Excel 추가 기능'을 선택 후 [이동(G)...]을 클릭한다. 다음과 같은 대화상자가 나타나는데 '분석 도구 팩'을 선택 후 [확인]을 클릭한다.

■ 분석 도구 사용 방법

❶ 분석할 데이터를 워크시트 행이나 열에 배열한다.

❷ 『데이터』 탭 「분석」 그룹에서 데이터 분석 을 클릭한다.

❸ [분석 도구]란에서 사용할 도구를 선택한다. 아래 화면에서는 '상관 분석'을 선택하였다.

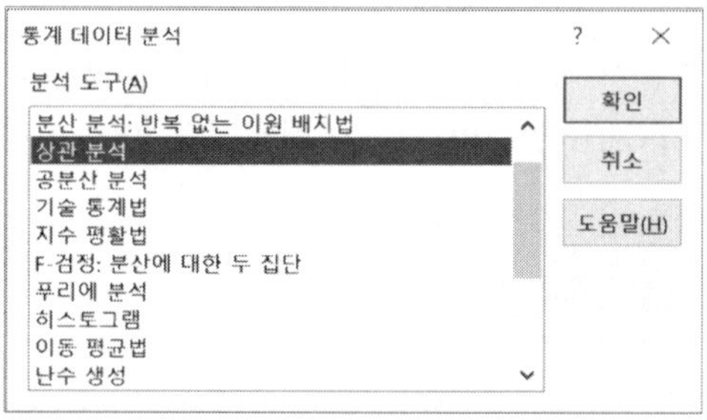

❹ [상관 분석] 대화상자에서 원하는 [입력]과 [출력 옵션]을 선택하면 분석이 수행된다. 분석 도구 대화상자에서 공통적으로 관련된 입출력 옵션을 설명하면 다음과 같다.

- 입력 범위 : 입력 범위란 오른쪽의 화살표 부분 ↑ 을 누르면 화면이 최소화된다. 이때 데이터가 입력된 셀들을 드래그하면 자동으로 입력된다.
- 데이터 방향 : 데이터를 행 방향으로 입력했는지 열 방향으로 입력했는지 체크한다.
- 첫째 행 이름표 사용 : 입력 범위를 지정할 때 각 변수의 이름을 적은 부분까지 포함했으면 이를 체크하고, 수치들만 포함했을 때는 체크하지 않는다.
- 출력 범위 : 출력 범위를 선택하면 오른쪽 입력란이 열린다. 여기에 결과를 출력할 위치를 지정한다. 지정된 셀을 가장 왼쪽 위의 셀로 하여 출력된다.
- 새로운 워크시트 : 새로 워크시트를 삽입하여 결과를 출력한다.
- 새로운 통합문서 : 새 통합 문서의 새 워크시트에 결과를 출력한다.

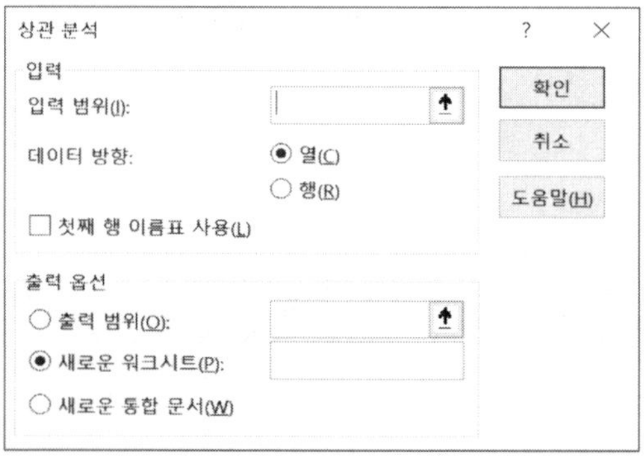

Excel에서 수행되는 통계분석기능에는 기술통계법, 순위와 백분율, 히스토그램 등의 기초분석과 분산분석, 상관분석, 회귀분석, 공분산, 분산에 대한 F-검정, t-검정, Z-검정 등의 다양한 분석법들이 포함되어 있다. 또한 Excel을 이용하여 난수생성이나 표본추출 등을 행할 수 있고, 지수 평활법, 이동평균법 등의 분석기능도 갖추고 있다. 다음 장부터는 각각의 분석법에 대한 기초적인 통계지식을 설명하고, 이러한 분석 도구와 함수를 적절히 병행 사용하여 손쉽게 통계분석을 하는 방법에 대해서 설명하게 될 것이다.

2.5 연습문제

01 다음은 건강기록부 검사 결과이다.

	A	B	C	D	E	F
1						
2	**환자번호**	**이름**	**성별**	**체중**	**키**	**비만도**
3	1	김문정	F	55	160	21.5
4	2	정윤희	F	50	165	18.4
5	3	한나나	F	45	155	18.7
6	4	조성민	M	80	170	27.7
7	5	김용성	M	120	180	37.0
8	6	이기택	M	60	177	19.2
9	7	박서윤	F	44	158	17.6
10	8	장한수	M	70	173	23.4
11	9	이재경	M	83	185	24.3
12	10	윤서영	F	60	170	20.8
13	**평균**			**66.7**	**169.3**	**22.8**
14	**표준편차**			**23.1**	**9.8**	**5.9**

① 환자번호와 이름, 성별, 체중, 키를 입력하라.

② 함수를 이용하여 체중과 키의 평균과 표준편차를 구하고 소수점 첫째 자리까지 보이도록 한다.

③ 수식을 이용하여 비만도를 구하고 소수점 첫째 자리까지 보이도록 한다.
비만도 BMI=체중(kg)/키^2(m^2)으로 계산한다.
(참고 : 현재 데이터는 cm 단위로 입력되어 있으므로 전환이 필요하다.)

④ 비만도가 높은 사람부터 내림차순으로 데이터를 정렬하라.

⑤ 성별이 F인 사람은 모두 몇 명인지 COUNTIF 함수를 이용해서 구하라.

02 다음은 의학 통계수업을 듣는 학생들의 기말 성적이다.

	A	B	C	D	E	F	G
1							
2	학번	이름	통계	영어	평균성적	석차	판정
3	631001	김종서	100	90	95	1	Pass
4	631002	김미현	80	80	80	3	Pass
5	631003	박정훈	70	80	75	5	Pass
6	631004	성유리	50	70	60	8	Pass
7	631005	이승엽	80	90	85	2	Pass
8	631006	이원지	90	70	80	3	Pass
9	631007	정다운	30	40	35	10	Fail
10	631008	한지영	60	50	55	9	Fail
11	631009	박지성	50	90	70	7	Pass
12	631010	김진아	70	80	75	5	Pass

① 학번과 이름, 통계, 영어를 입력하라.

② [평균성적]열에 AVERAGE 함수를 이용하여 통계와 영어의 평균을 구하라.

③ [석차]열에 RANK.EQ 함수를 이용하여 석차를 구하라.

④ [판정]열에는 IF 함수를 이용하여 평균성적이 60점 미만일 때 Fail, 60점 이상일 때 Pass가 입력되도록 하라.

⑤ [통계성적]열을 추가하여 IF 함수를 중복 사용하여 통계점수가 90점 이상일 때 A, 70점~89점일 때 B, 70점 미만일 때 C가 입력되도록 하라.

03 다음은 어느 병원에서 수술받는 환자들의 해당 병동과 진단일과 입원일, 수술일을 조사한 것이다.

	A	B	C	D	E
1	환자번호	병동	진단일	입원일	수술일
2	A0001	1	2023-01-01	2023-01-02	2023-01-03
3	A0002	1	2023-05-01	2023-05-10	2023-05-12
4	A0003	1	2023-05-03	2023-05-05	2023-05-08
5	A0004	1	2023-06-10	2023-06-14	2023-06-15
6	A0005	1	2023-06-15	2023-06-20	2023-06-21
7	A0006	2	2023-07-03	2023-07-05	2023-07-08
8	A0007	2	2023-07-12	2023-07-18	2023-07-20
9	A0008	2	2023-07-30	2023-08-01	2023-08-02
10	A0009	2	2023-08-10	2023-08-18	2023-08-20
11	A0010	2	2023-08-15	2023-08-16	2023-08-18

① DATEIDIF 함수를 사용하여 각 환자의 진단 후 수술일까지의 경과일 및 입원 후 수술일까지의 경과 일자를 구하시오.

② 병동1은 "일반외과" 병동2는 "정형외과"라고 하자. VLOOKUP 함수를 이용하여 [병동이름]이라는 변수에 이들 이름을 넣어보자.

3장

데이터의 정리와 요약

의학데이터를 수집했을 때 가장 기본적이고도 중요한 일 가운데 하나는 주어진 데이터의 특성을 잘 나타낼 수 있도록 데이터를 효과적으로 정리하고 표현하는 것이다. 이를 위해서 그래프나 표를 이용하거나 평균이나 표준편차 등의 요약된 값을 쓰게 된다. Excel에서는 차트기능과 통계분석기능을 수행할 수 있다. 이 장에서는 통계의 기초이론과 함께 Excel에서 표와 차트를 만드는 방법과 기술통계량을 구하는 방법을 설명할 것이다.

3.1 표와 그래프

표와 그래프를 이용하여 데이터를 요약하는 방법에 대해서 설명하여 보자. 흔히 도수분포표나 히스토그램, 원형그래프와 산점도 등을 이용하여 자료를 요약하게 된다.

3.1.1 도수분포표, 히스토그램, 줄기와 잎 그림

■ 도수분포표와 히스토그램

도수분포표(frequency table)란, 많은 관측값들이 있을 때 그들을 일정한 구간(계급구간이라 함)으로 나누어 각 구간에 속한 자료의 수를 세어 표로 요약한 것을 말한다. 도수분포표를 작성함으로써 우리는 전체 데이터의 대략적인 분포상태를 알 수 있다. 도수분포표를 작성하기 위한 절차는 다음의 5단계로 설명할 수 있다.

❶ 관측치 중 최댓값과 최솟값을 찾는다.
❷ 최댓값과 최솟값의 차이, 즉 범위를 구한다.
❸ 몇 개의 구간으로 나눌 것인지 결정한다.
❹ 구간이 중복되지 않도록 범위를 정한다.
❺ 각 구간에 속하는 관측치의 수를 세어 도수를 구한다.

도수분포표에는 흔히 상대도수 또는 누적상대도수가 같이 쓰인다. 상대도수는 각 구간의 도수를 자료의 총수로 나눈 값이고, 누적상대도수는 이의 누계이다.

히스토그램(histogram)은 도수분포표를 그림으로 표현한 것으로서, 가로축에 구간을 표시하고 세로축에 도수 또는 상대도수를 표시한다. 이때 직사각형의 넓이가 상대도수가 되도록 높이를 정해줄 수도 있다. 히스토그램을 통해 데이터의 분포나 중심의 위치, 치우침 정도 등을 쉽게 파악할 수 있다.

예제 3.1

다음은 40명의 직장암 환자의 연령과 병의 진행단계에 관한 자료이다.

번호	연령	단계	번호	연령	단계	번호	연령	단계	번호	연령	단계
1	51	3	11	68	3	21	71	2	31	75	2
2	56	4	12	45	2	22	83	3	32	89	3
3	81	3	13	70	2	23	58	4	33	76	4
4	64	3	14	58	2	24	70	2	34	85	4
5	82	4	15	54	3	25	83	2	35	53	3
6	88	2	16	52	2	26	88	3	36	72	3
7	58	1	17	60	3	27	73	3	37	72	4
8	56	3	18	63	3	28	79	2	38	77	4
9	61	1	19	74	3	29	62	3	39	80	3
10	64	2	20	73	2	30	73	2	40	48	2

환자들의 나이에 대한 도수분포표를 만들어 보자. 먼저 최댓값은 88세이며 최솟값은 45세이므로 범위는 89－45=44이다. 연령이므로 구간의 폭을 10으로 하면 알아보기 쉬울 것이다. 첫째 구간을 40－49로 하고 마지막 구간을 80－89로 하여 5개의 구간으로 나누어 보자. 이 데이터의 도수분포표는 다음과 같이 구해진다.

계급구간	도수	상대도수	상대누적도수
40–49	2	0.050	0.050
50–59	9	0.225	0.275
60–69	7	0.175	0.450
70–79	13	0.325	0.775
80–89	9	0.225	1.000
계	40	1.000	1.000

■ 줄기와 잎 그림

히스토그램과 비슷하지만 조금 더 많은 정보를 줄 수 있는 그림으로 줄기와 잎 그림(stem－and－leaf plot)이 있다. 히스토그램을 그릴 때와 마찬가지로 먼저 범위와 구간을 정한다. 적절히 나눈 구간의 단위를 줄기로 삼고, 구체적인 수치값을 잎으로 삼아서, 줄기에 해당하는 잎을 달고, 각 줄기 내에서 크기순으로 재정렬한다고 생각하면 된다.

예제 3.1 계속

예제 3.1을 이용하여 줄기와 잎 그림을 그려보자. 도수분포표를 그릴 때와 마찬가지로 10단위로 구간을 나누자. 즉, 40대, 50대, 60대, 70대, 80대로 나눈다. 이때 4, 5, 6, 7, 8 이 줄기가 된다. 그림 (a)와 같이 줄기를 순서대로 세로로 배열하고 수직선을 그린다. 다음에 첫 환자부터 잎을 달아보자. 그림 (b)와 같이 첫 환자는 연령이 51세이므로 줄기 5에 잎 1을 달면 된다. 줄기 5에 해당하는 수직선 오른쪽에 잎 1을 붙인다. 다음 환자는 56세이므로 역시 줄기 5에 잎 6을 붙인다. 다음 환자는 81세이므로 역시 줄기 8에 잎 1을 붙인다. 그림 (c)와 같이 순서대로 제일 마지막 환자의 연령까지 붙인다. 같은 숫자가 나오면 중복해서 계속 적어주면 된다. 따라서 잎이 달리는 숫자는 전체 환자수와 같게 된다. 전부 적고 난 후에는 각 줄기 내에서 수치를 오름차순으로 정리해 주면 그림 (d)와 같은 줄기와 잎 그림이 완성된다.

(a)	(b)		(c)		(d)	
4	4		4	58	4	58
5	5	16	5	168684283	5	123466888
6	6	4	6	4148032	6	0123448
7	7		7	4331039356227	7	0122333345679
8	8	128	8	128338950	8	012335889

줄기와 잎 그림에서 잎이 달린 길이는 도수에 비례하게 되므로 히스토그램과 마찬가지로 데이터의 대강의 모습을 살피는 데 유용하다. 또한 단순한 분포모양뿐 아니라 정확한 수치값을 보여주므로 보다 많은 정보를 줄 수 있으며, 그리기도 간편하다는 장점이 있다. 다만 Excel의 분석 도구에서는 줄기와 잎 그림을 지원하지는 않는다.

■ Excel을 이용한 도수분포표와 히스토그램 작성

Excel의 분석기능에서는 도수분포표와 히스토그램을 제공한다. 위의 예제 3.1의 환자 나이에 대한 도수분포표와 히스토그램을 작성하여 보자.

예제 3.1 계속

"예제 3.1" 파일을 다운로드한 후 연다. 1열에 환자번호, 2열에 나이, 3열은 단계에 대한 데이터값이 입력되어 있다. E2:E6에는 구간의 끝인 49, 59, 69, 79, 89가 입력되어 있다.

	A	B	C	D	E
1	환자 번호	나이	단계		구간
2	1	51	3		49
3	2	56	4		59
4	3	81	3		69
5	4	64	3		79
6	5	82	4		89
7	6	88	2		
8	7	58	1		
9	8	56	3		
10	9	61	1		

❶ 『데이터』 탭 「분석」 그룹에서 데이터 분석 버튼을 선택한다. 「분석」 그룹이 『데이터』 탭에 나타나지 않는다면 2.4절의 분석도구 설치 과정을 거친다.

❷ [분석 도구]란에서 '히스토그램'을 선택하고 확인 을 누르면 히스토그램 대화상자가 나타난다.

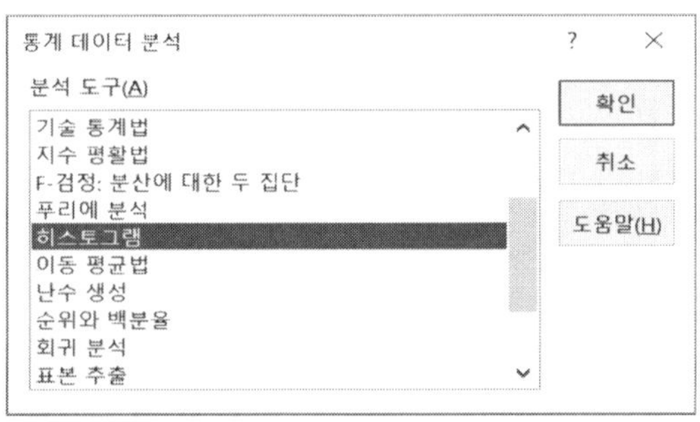

❸ [입력 범위]란 오른쪽의 ⬆을 누르고 원하는 셀 영역을(B1 : B41) 선택하면 입력 범위란에 "$B$1:$ B$41"영역이 입력된다. 또는 "B1 : B41"를 직접 [입력 범위]란에 써도 된다.

마찬가지로 [계급 구간]란 오른쪽의 ⬆을 클릭한 후 계급 구간을 정의하는 경계값이 있는 셀 범위인 "E1:E6"을 입력한다. 다시 빨간 화살표를 클릭하면 전체 대화상자가 나타난다.

❹ 입력 범위에 "나이"라는 변수값이 있으므로 '이름표' 확인란을 체크한다.

❺ [출력 옵션]으로 '새로운 워크시트'를 선택하면 결과를 새 시트에 출력한다. 새 시트의 이름을 "도수분포표"라고 상자에 입력하자. '새로운 통합 문서'를 선택하면 새 문서의 새 시트에 결과를 출력한다.

❻ 누적상대도수를 알아보기 위해 '누적 백분율'을 선택한다. 히스토그램을 그리기 위

해서 '차트 출력'을 선택한다. 작성이 끝나면 [확인]을 누른다.

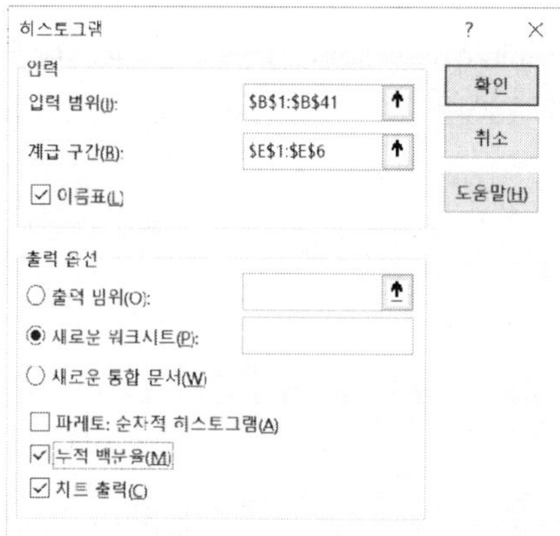

❼ 새로운 워크시트 도수분포표에 다음과 같은 결과가 출력된다. 차트는 크기를 조정해 줄 수 있으며 도수분포표의 내용을 수정하면 히스토그램도 따라서 수정된다.

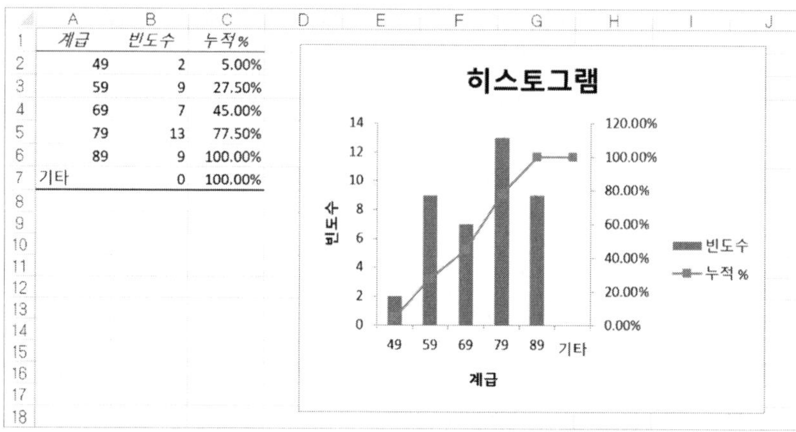

TiP

계급구간을 생략하면 데이터의 최솟값과 최댓값 사이에 균등하게 나뉜 계급 집합이 자동으로 만들어진다.

2.2절에서 배운 이름붙이기를 이용하면 대화상자가 나타난 후 셀 영역을 설정하는 수고를 덜게 된다. 다음과 같이 해 보자.

예제 3.1 계속

❶ "예제 3.1" 파일을 연 다음, 연령이 입력된 부분(B2:B41)을 선택하고 [이름 상자]란에 "나이"라고 입력한다. 마찬가지로 계급구간이 입력된 부분(E2:E6)을 선택하고 [이름 상자]란에 "구간"이라고 입력한다.

❷ 『데이터』 탭 「분석」 그룹에서 데이터 분석 을 선택한다. [통계 데이터 분석] 대화상자에서 '히스토그램'을 선택한다.

❸ [입력 범위]란에 "나이"라고 적는다. [계급 구간]란에 "구간"이라고 적는다. 나머지 사항은 위에서와 같다. 마찬가지의 출력결과가 나타난다.

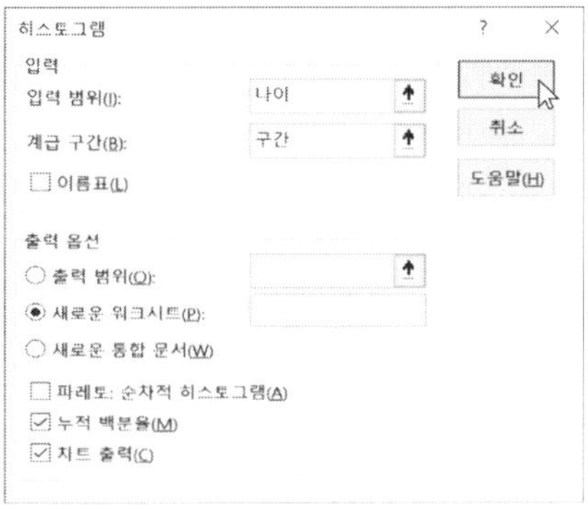

3.1.2 피벗 테이블

나열된 데이터를 분할표(contingency table)로 정리해야 할 때 피벗테이블(pivot table)을 활용할 수 있다. 이때 표의 내용은 절대도수뿐만 아니라 상대도수로도 표시할 수 있다. 또한 명목형 자료의 각 분류에 대한 평균과 합계, 최솟값과 최댓값에 대해서도 피벗 테이블을 이용해 쉽게 구할 수 있다. 피벗 테이블은 원하는 데이터를 선택 후, 『삽입』 탭에 「표」 그룹에 '피벗 테이블' 단추 을 클릭하여 실행할 수 있다.

예제 3.2

다음은 141명의 뇌종양 환자들을 종양의 위치와 종류, 나이, 성별, 수치를 기록한 가상의 데이터이다. 이 데이터를 이용하여 다양한 피벗 테이블 기능을 활용하여 보자.

번호	위치	종류	나이	성별	수치
1	측두엽	C	37	M	145
2	전두엽	B	38	F	153
3	전두엽	C	42	F	125
4	다른위치	A	65	F	167
5	전두엽	A	53	F	168
6	전두엽	A	44	M	167
7	전두엽	B	43	M	115
8	다른위치	A	62	M	161
…	…	…	…	…	…
141	전두엽	A	36	F	138

- 분할표의 작성

예제 3.2 계속

예제 3.2의 데이터에서 종양의 위치와 종류에 따른 환자수를 보여주는 분할표를 작성하여 보자.

❶ "예제 3.2" 파일을 열고 B2셀에서 『보기』 탭 「창」 그룹의 '틀 고정' 단추 를 선택하여 틀 고정을 한다. 그리고 데이터가 작성된 A:F열을 선택 후, 피벗 테이블은 『삽입』 탭에 「표」 그룹에 '피벗 테이블' 단추 를 클릭하자.

❷ 아래와 같은 대화 화면이 나타난다. 피벗 테이블 보고서 위치는 '새 워크시트'가 기본값이지만 '기존 워크시트'를 선택 후 를 클릭하여 H3셀을 선택하고 확인을 누른다.

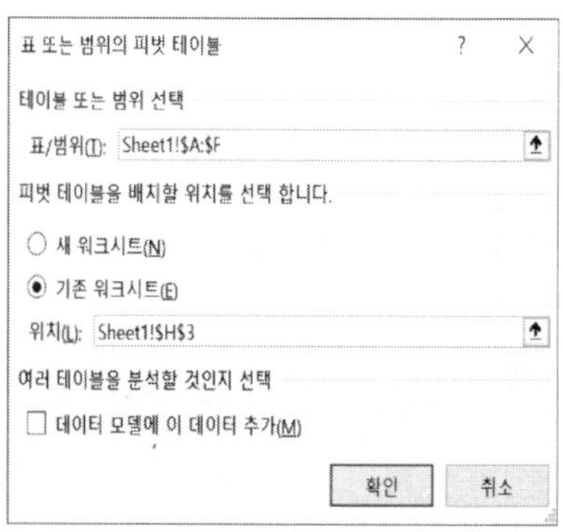

❸ 아래와 같이 H3셀을 시작 셀로 하는 피벗 테이블1과 화면 우측에 [피벗 테이블 필드]가 생성된다.

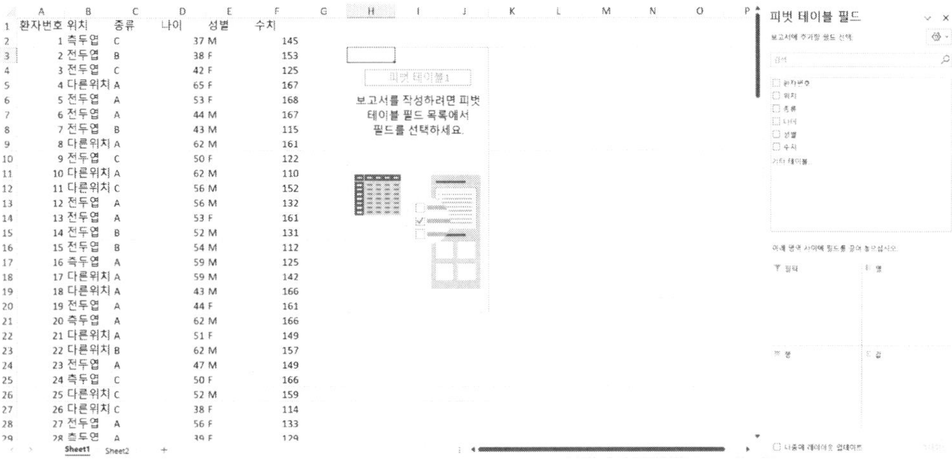

❹ 뇌종양의 위치와 종류에 따른 인원수를 보여주는 분할표를 만들어 보자. 마우스를 [피벗 테이블 필드]란에서 "위치"에 놓으면 그림 (a)와 같이 마우스 커서가 과 같이 변화한다. 이를 아래쪽 [행] 끌어넣는다. 그림 (b)는 마우스를 끌었을 때의 모양이며, 최종 결과는 그림 (c)와 같다.

(a) (b) (c)

❺ 마찬가지로 “종류”를 [열] 영역에 끌어넣고, “환자번호”를 [값] 영역에 끌어넣으면 [피벗 테이블 필드]의 아랫부분이 다음과 같이 바뀐다.

이때, H3셀을 보면 비어 있던 피벗 테이블1이 아래 그림과 같이 된다.

개수 : 환자번호	열 레이블				
행 레이블	A	B	C	(비어 있음)	총합계
다른위치	34	24	17		75
전두엽	23	9	6		38
측두엽	21	4	3		28
(비어 있음)					
총합계	**78**	**37**	**26**		**141**

❻ ‘(비어있음)’ 항목은 해당하는 인원수가 없으므로 이를 피벗 테이블에서 제거할 수 있다. ‘행 레이블’의 ▾ 버튼을 누르면 그림 (a)와 같은 대화상자가 나타난다. ‘(비어 있음)’항목의 체크를 해제하고 확인을 누르자. 마찬가지로 열 레이블의 ‘(비어 있음)’도 똑같은 방법으로 제거한다. 피벗 테이블이 그림 (b)와 같이 바뀐다.

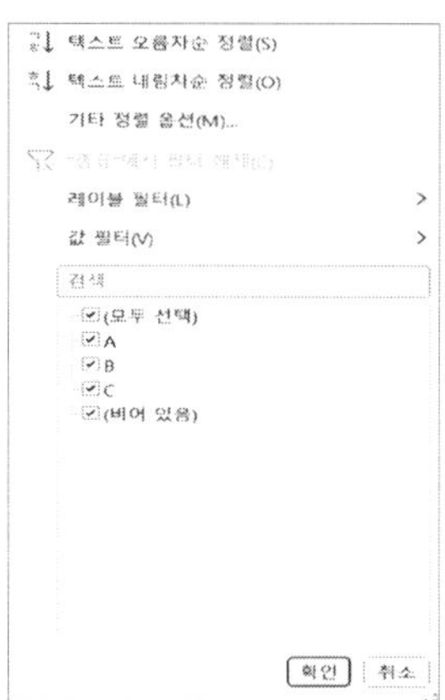

(a)

개수 : 환자번호	열 레이블			
행 레이블	A	B	C	총합계
다른위치	34	24	17	75
전두엽	23	9	6	38
측두엽	21	4	3	28
총합계	**78**	**37**	**26**	**141**

(b)

Tip

피벗 테이블을 작성하다 보면 우측의 [피벗 테이블 필드]가 사라져 있는 경우가 있다. 이때는 피벗 테이블의 아무 셀이나 선택하고 오른쪽 버튼을 누르면 아래와 같은 메뉴가 나온다. '필드 목록 표시'를 클릭하면 다시 [피벗 테이블 필드]가 나타난다.

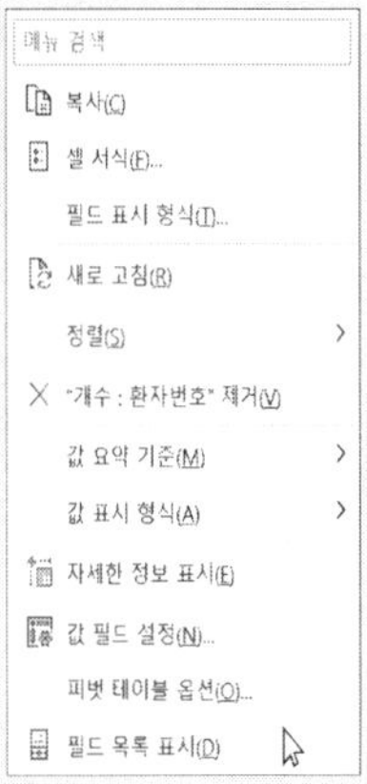

■ 상대도수 분할표의 작성

분할표를 도수 대신 상대도수인 비율로도 표시할 수 있다. 예제 3.2에서 인원수 대신 종양의 위치에 따른 상대도수 또는 종양의 종류에 따른 상대도수를 구해 보자.

예제 3.2 계속

❶ 위에서 작성한 분할표에서 피벗 테이블 필드 [값] 영역에서 '개수 : 환자번호'의 오른쪽의 [▾]을 선택하면 그림 (a)와 같은 메뉴가 나타난다. 이때, '값 필드 설정'을 선택하면 그림 (b)의 대화상자가 나타난다. [값 표시 형식]란에서 '총합계 비율'을 선택하고 [확인]을 누르자. 이 외에도 '열 합계 비율', '행 합계 비율'의 옵션을 선택할 수 있다.

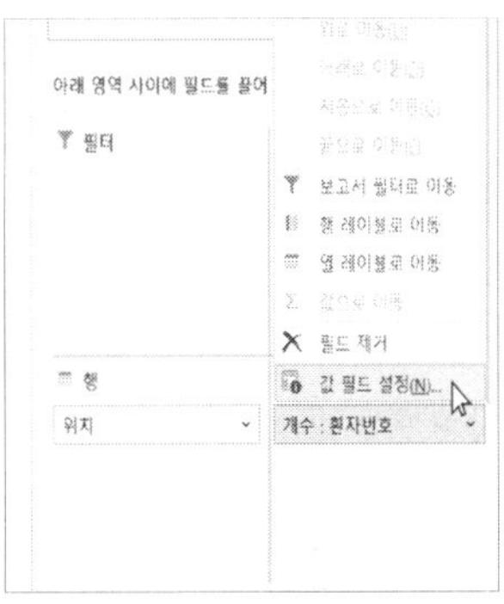

(a)

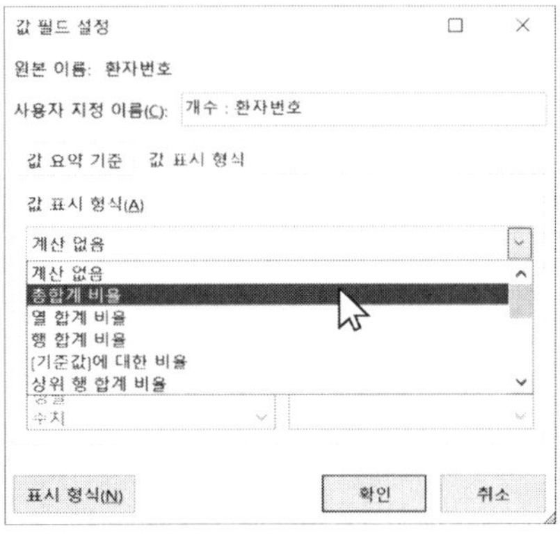

(b)

❷ 아래의 피벗 테이블은 각 옵션 선택 시의 결과이다. 그림 (a)는 '열 합계 비율'을, 그림 (b)는 '행 합계 비율'을, 그림 (c)는 '총합계 비율'을 선택한 것이다. 비율은 소수점 둘째 자리까지 나타내도록 기본 설정되어 있다. 『홈』 탭의 「표시형식」 그룹에서 % 버튼을 누르면 소수점이 사라진다.

개수 : 환자번호	열 레이블			
행 레이블	A	B	C	총합계
다른위치	44%	65%	65%	53%
전두엽	29%	24%	23%	27%
측두엽	27%	11%	12%	20%
총합계	100%	100%	100%	100%

(a) 열 합계 비율

개수 : 환자번호	열 레이블			
행 레이블	A	B	C	총합계
다른위치	45%	32%	23%	100%
전두엽	61%	24%	16%	100%
측두엽	75%	14%	11%	100%
총합계	55%	26%	18%	100%

(b) 행 합계 비율

개수 : 환자번호	열 레이블			
행 레이블	A	B	C	총합계
다른위치	24%	17%	12%	53%
전두엽	16%	6%	4%	27%
측두엽	15%	3%	2%	20%
총합계	55%	26%	18%	100%

(c) 총합계 비율

도수 또는 비율 중 어떠한 표시 방식을 선택할지는 연구자의 의도에 따라 달라진다. 비율 중에서도 열 합계 비율, 행 합계 비율 또는 총합계 비율을 선택할 수 있다.

■ 피벗 통계량 구하기

피벗 테이블은 분할표 이외에도 명목형 변수의 분류에 따른 평균, 합계, 최솟값, 최댓값을 구하는 데 활용할 수 있다.

예제 3.2 계속

이번에는 인원수 대신 "수치"의 평균을 나타내는 표를 작성하자.

❶ 위에서 작성한 상대도수로 표시된 분할표에서 [값] 영역의 변수를 "수치"로 바꾼다. 그리고 "수치"의 [값 필드 설정] 중 [값 요약 기준]을 '평균'으로 변경하고 [확인]을 누른다.

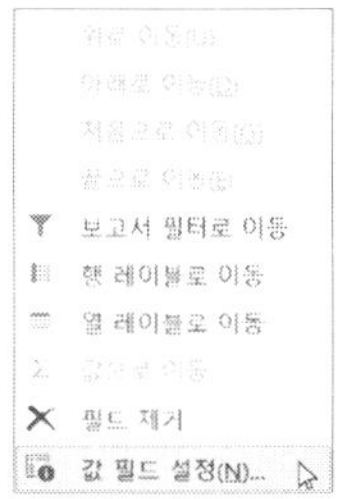

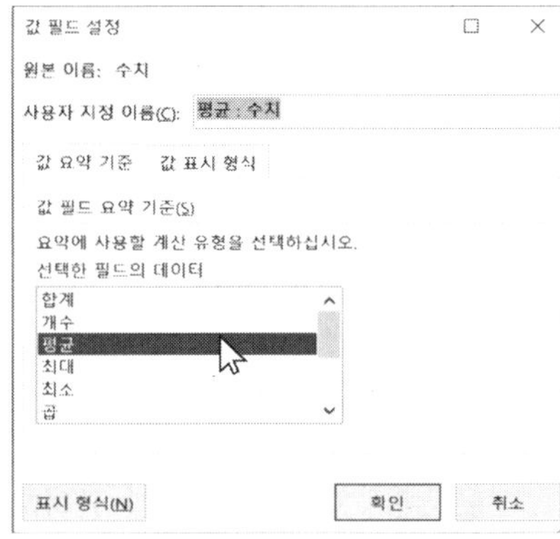

❷ 앞에서 셀의 서식을 %로 변경하였다. 서식을 변경하기 위해 피벗 테이블 전체를 선택한 후, 『홈』 탭의 「표시형식」 그룹에서 , 버튼을 눌러 소수점 없는 1000단위 숫자 서식으로 바꾼 후, ←.0 .00을 한 번 눌러 소수점 첫째 자리까지 표시해 준다. 결과는 아래와 같다.

평균 : 수치	열 레이블			
행 레이블	A	B	C	총합계
다른위치	141.0	142.3	136.0	140.3
전두엽	141.9	133.6	143.3	140.2
측두엽	138.0	143.0	142.3	139.2
총합계	**140.5**	**140.3**	**138.4**	**140.0**

❸ [행] 영역과 [열] 영역에는 여러 개의 변수를 복수 지정할 수 있다. 아래는 [행] 영역에 성별과 위치의 두 개의 변수를 지정한 결과이다.

평균 : 수치	열 레이블			
행 레이블	A	B	C	총합계
⊟F	**141.4**	**139.5**	**136.6**	**140.1**
다른위치	141.9	141.9	129.2	139.4
전두엽	145.2	136.7	139.6	142.8
측두엽	135.3	132.0	166.0	137.2
⊟M	**139.6**	**140.8**	**140.0**	**140.0**
다른위치	140.4	142.6	139.7	140.9
전두엽	136.8	132.0	162.0	136.6
측두엽	140.5	154.0	130.5	140.9
총합계	**140.5**	**140.3**	**138.4**	**140.0**

TIP

평균 이외에 합계, 최댓값, 최솟값 등을 구하고 싶으면 [값 요약 기준]을 변경한다.

■ 데이터의 그룹화

여러 값을 묶어서 데이터를 그룹화하는 것도 가능하다. 예를 들어, 나이가 다양하게 분포되어 있다면 이를 10세 단위 연령대로 묶는 것이다. 다음과 같이 해 보자.

예제 3.2 계속

예제 3.2에서 데이터를 연령대로 묶어서 정리해보자.

❶ 예제 3.2의 데이터를 선택하고 『삽입』 탭에 「표」 그룹에 '피벗 테이블' 단추 피벗 테이블 를 클릭하자. 그리고 [행]은 "나이"로, [열]은 "성별"로 지정하면 아래와 같은 피벗 테이블이 작성된다.

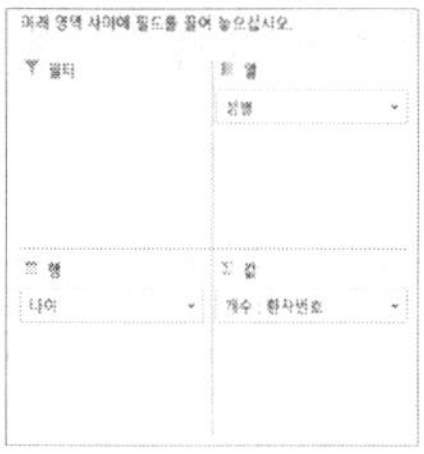

개수 : 환자번호	열 레이블			
행 레이블	F	M	(비어 있음)	총합계
35	1	1		2
36	2	3		5
37		2		2
38	4			4
39	2	1		3
40	3	6		9
41	4	3		7
42	4	1		5
43	4	4		8
44	4	2		6
45	4	2		6
46	1	1		2
47	3	6		9
49	4	5		9
50	3	2		5
51	5	3		8
52		3		3
53	2	1		3
54	2	3		5
55	3	1		4
56	3	4		7
57	1	2		3
58	1	2		3
59	2	7		9
60		1		1
62	1	6		7
63		1		1
64	1	2		3
65	2			2
(비어 있음)				
총합계	66	75		141

❷ "나이"를 연령대의 그룹으로 묶어보자. 먼저 묶을 값들을 선택한다. 그림 (a)와 같이 "나이"가 35~39인 셀을 선택하자. 피벗 테이블을 선택하면 리본메뉴에 『피벗 테이블 분석』 탭과 『디자인』 탭이 생성된다. 『피벗 테이블 분석』 탭 「그룹」 그룹에서 → 선택 항목 그룹화 을 클릭하면 그림 (b)와 같이 35~39의 "나이"가 '그룹1'로 지정된다. '그룹1'을 클릭하면 수식 입력줄에서 '그룹1'의 이름을 변경할 수 있다. "30대"로 변경하자. 마찬가지로 "40대", "50대", "60대"의 그룹을 생성하자. 결과는 그림 (c)와 같다.

개수 : 환자번호	열 레이블			
행 레이블	F	M	(비어 있음)	총합계
35	1	1		2
36	2	3		5
37		2		2
38	4			4
39	2	1		3
40	3	6		9
41	4	3		7
42	4	1		5
43	4	4		8
44	4	2		6
45	4	2		6
46	1	1		2
47	3	6		9
49	4	5		9
50	3	2		5
51	5	3		8
52		3		3
53	2	1		3
54	2	3		5
55	3	1		4
56	3	4		7
57	1	2		3
58	1	2		3
59	2	7		9
60		1		1
62	1	6		7
63		1		1
64	1	2		3
65	2			2
(비어 있음)				
총합계	**66**	**75**		**141**

(a)

개수 : 환자번호	열 레이블			
행 레이블	F	M	(비어 있음)	총합계
⊟그룹1	**9**	**7**		**16**
35	1	1		2
36	2	3		5
37		2		2
38	4			4
39	2	1		3
⊟40	**3**	**6**		**9**
40	3	6		9
⊟41	**4**	**3**		**7**
41	4	3		7
⊟42	**4**	**1**		**5**
42	4	1		5
⊟43	**4**	**4**		**8**
43	4	4		8
⊟44	**4**	**2**		**6**
44	4	2		6
⊟45	**4**	**2**		**6**
45	4	2		6
⊟46	**1**	**1**		**2**
46	1	1		2
⊟47	**3**	**6**		**9**
47	3	6		9
⊟49	**4**	**5**		**9**
49	4	5		9

(b)

개수 : 환자번호	열 레이블			
행 레이블	F	M	(비어 있음)	총합계
⊟30대	**9**	**7**		**16**
35	1	1		2
36	2	3		5
37		2		2
38	4			4
39	2	1		3
⊟40대	**31**	**30**		**61**
40	3	6		9
41	4	3		7
42	4	1		5
43	4	4		8
44	4	2		6
45	4	2		6
46	1	1		2
47	3	6		9
49	4	5		9
⊟50대	**22**	**28**		**50**
50	3	2		5
51	5	3		8
52		3		3
53	2	1		3
54	2	3		5
55	3	1		4
56	3	4		7
57	1	2		3
58	1	2		3
59	2	7		9
⊟60대	**4**	**10**		**14**
60		1		1
62	1	6		7
63		1		1
64	1	2		3
65	2			2
⊟(비어 있음)				
(비어 있음)				
총합계	**66**	**75**		**141**

(c)

❸ 피벗 테이블을 각 연령대로 축약해서 보고 싶다면 각 그룹 이름의 왼쪽에 있는 ⊟ 버튼을 클릭하자.

개수 : 환자번호	열 레이블			
행 레이블	F	M	(비어 있음)	총합계
⊟30대	9	7		16
35	1	1		2
36	2	3		5
37		2		2
38	4			4
39	2	1		3

개수 : 환자번호	열 레이블			
행 레이블	F	M	(비어 있음)	총합계
⊞30대	9	7		16
⊞40대	31	30		61
⊞50대	22	28		50
⊞60대	4	10		14
⊞(비어 있음)				
총합계	66	75		141

■ 필터 적용

피벗 테이블에는 필터 기능이 있어 원하는 조건의 데이터만을 대상으로 피벗 테이블을 작성할 수도 있다.

예제 3.2 계속

위의 "연령대" – "성별" 피벗 테이블에 "종류" 변수의 필터를 적용해 보자.

❶ [필터] 영역에 "종류" 변수를 끌어 놓는다. 피벗 테이블 위에 필터 항목이 추가된 것을 볼 수 있다.

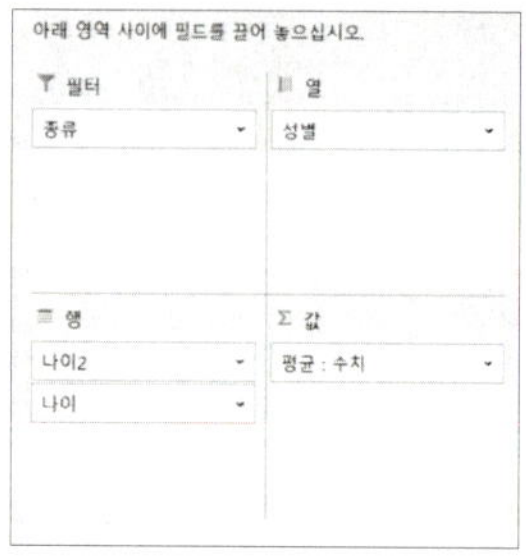

종류	(모두)			
평균 : 수치	열 레이블			
행 레이블	F	M	(비어 있음)	총합계
30대	133.4444444	135.2857143		134.25
40대	139.0322581	143.3333333		141.147541
50대	142.3636364	137.3214286		139.54
60대	150.75	140.8		143.6428571
(비어 있음)				
총합계	140.0909091	140		140.0425532

❷ 피벗 테이블의 위에 위치한 필터 항목에서 ▾를 클릭하면 피벗 테이블에 포함될 "종류"의 값을 선택할 수 있다. B, C를 선택하고 확인을 누르면 B, C "종류"만이 포함된 데이터의 피벗 테이블을 볼 수 있다.

종류	(다중 항목)		
평균 : 수치	열 레이블		
행 레이블	F	M	총합계
30대	135.4	134.6666667	135.125
40대	134.5384615	140.4	137.0869565
50대	145.1111111	140.3333333	141.9259259
60대		144.6	144.6
총합계	138.2222222	140.4722222	139.5079365

■ 피벗 차트 만들기

피벗 테이블에서 바로 차트를 생성하는 것도 가능하다. 위에서 작성한 나이를 연령대로 묶은 피벗 테이블 전체를 선택하고 『삽입』 탭 「차트」 그룹에서 [피벗 차트] 버튼을 누르자. 아래와 같은 차트가 생성된다. 차트의 작성에 대해서는 다음 절에서 자세히 설명하도록 하겠다.

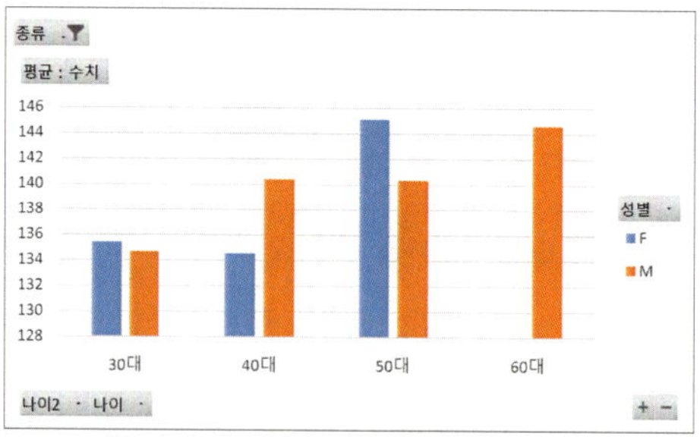

3.1.3 차트의 작성과 수정

■ Excel을 이용한 차트 작성

엑셀이 지원하는 다양한 차트의 기능에 대해 알아보자. 예제 3.2에서 작성했던 "위치" –"종류" 분할표를 이용하여 차트를 작성하여 보자.

예제 3.2 계속

예제 3.2에서 위치와 종류에 따른 인원수를 막대그래프로 그려 보자.

❶ "위치"–"종류" 피벗 테이블을 생성하고 피벗 테이블 전체를 선택해 복사하여 붙여넣기 옵션 (값)을 선택하여 붙여놓는다. 피벗 테이블의 기능과 서식이 사라지고 글자와 숫자만 붙여넣기 된다.

	A	B	C	총합계
전두엽	23	9	6	38
측두엽	21	4	3	28
다른위치	34	24	17	75
총합계	78	37	26	141

❷ 총합계를 제외한 영역을 선택한다.

	A	B	C	총합계
전두엽	23	9	6	38
측두엽	21	4	3	28
다른위치	34	24	17	75
총합계	78	37	26	141

❸ 『삽입』 탭 「차트」 그룹에서 '세로 막대형' 단추 를 클릭하면 아래와 같은 메뉴가 나온다. '묶음 세로 막대형' 단추 를 누른다.

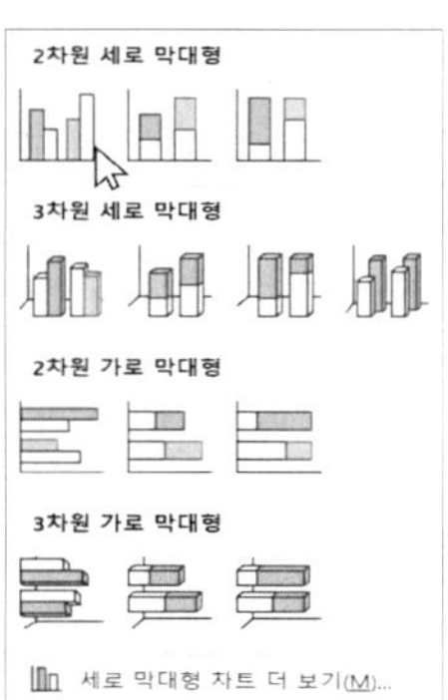

❹ 아래 왼쪽과 같은 차트가 생성된다. 차트 제목을 더블 클릭하면 제목을 바꿀 수 있다. 제목을 "뇌종양"으로 변경하여 아래 오른쪽과 같이 만들어 보자.

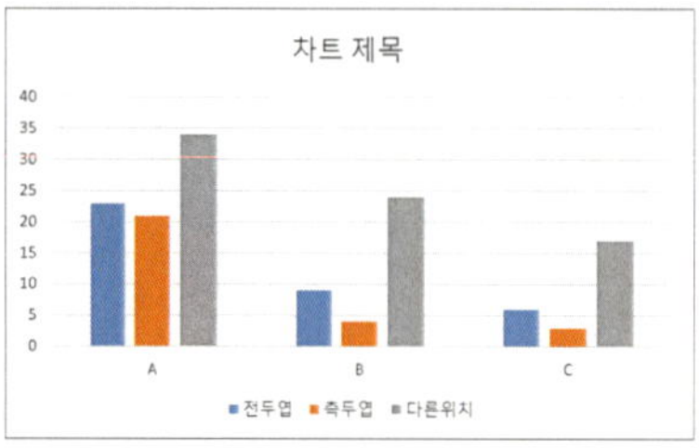

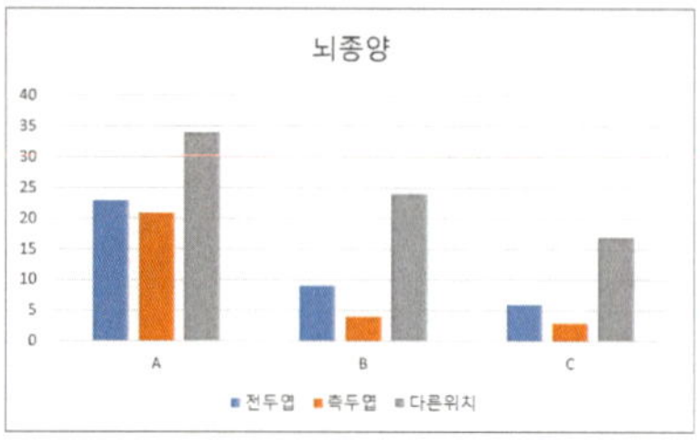

TIP

워크시트의 행은 차트의 데이터 계열이 되고 열은 차트의 항목이 된다. 즉, 여기서는 종양의 "위치" 변수가 데이터 계열로, "종류" 변수가 항목으로 인식된다. 차트를 그릴 때 x축에 항목이 나타난다.

▪ 차트 데이터의 수정

데이터의 내용이 바뀌면 차트도 자동으로 바뀐다. 하지만 새로운 데이터를 추가했거나 기존에 그려진 부분에서 삭제해야 할 행 또는 열이 있을 때 차트 데이터의 범위를 수정하려면 다음과 같은 방법을 따른다.

예제 3.2 계속

예제 3.2에서 다른 위치를 제외하고 전두엽과 측두엽에 대해서만 그래프가 나오도록 수정해보자.

❶ 예제 3.2의 "위치" – "종류" 분할표 워크시트에 포함된 차트를 선택한다. 차트를 선택하면 차트에 포함된 데이터가 아래와 같이 표시된다.

	A	B	C	총합계
전두엽	23	9	6	38
측두엽	21	4	3	28
다른위치	34	24	17	75
총합계	78	37	26	141

❷ 오른쪽 아랫부분에 마우스를 위치하면 그림 (a)와 같이 마우스 화살표가 ↘ 모양으로 바뀐다. 이때 데이터의 범위를 조정할 수 있다. 여기서는 그림 (b)와 같이 종양의 위치 중 다른 위치를 제외한 데이터를 선택해 보자.

	A	B	C	총합계
전두엽	23	9	6	38
측두엽	21	4	3	28
다른위치	34	24	17	75
총합계	78	37	26	141

(a) 데이터 범위 변경 전

	A	B	C	총합계
전두엽	23	9	6	38
측두엽	21	4	3	28
다른위치	34	24	17	75
총합계	78	37	26	141

(b) 데이터 범위 변경 후

❸ 차트가 아래와 같이 변경되었다.

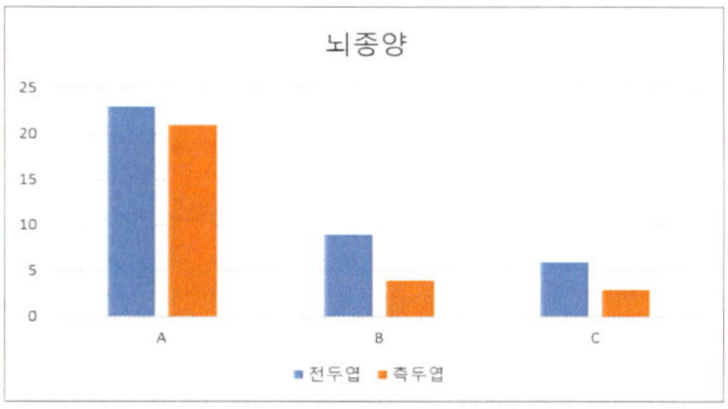

또는 아래와 같은 방법으로도 같은 결과를 얻을 수 있다.

❶ 차트를 오른쪽 클릭하면 아래와 같은 메뉴가 나타난다. [데이터 선택]을 클릭한다.

❷ 아래와 같은 대화상자가 나타난다. 상단의 [차트 데이터 범위]란에서 데이터를 직접 지정할 수 있다. 또한 [범례 항목(계열)]란에서 항목을 추가하거나 제거할 수 있다. '다른 위치'를 선택 후 제거를 클릭하자. [범례 항목(계열)]란에서 '다른 위치'가 사라질 것이다. 그리고 다시 [범례 항목(계열)]란에서 "전두엽"과 "측두엽"을 모두 선택하자. [확인]을 누르면 위와 동일한 결과가 나타난다.

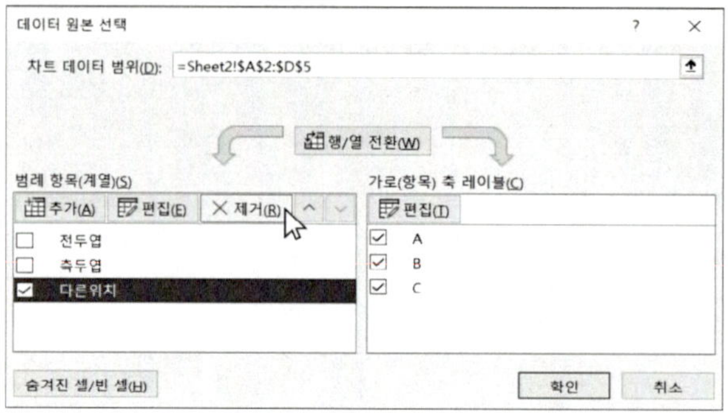

■ 차트 모양의 수정

Excel에서 작성된 차트는 사용자의 필요에 따라 차트의 종류나 제목, 색, 크기, 범례 형태 등을 바꾸어 지정할 수 있다. 아래는 Excel 차트에서 지원하는 모든 기능을 추가한 차트이다. 이러한 항목들을 차트를 선택하면 생성되는 『디자인』 탭에서 추가 · 변경 · 삭제가 가능하다.

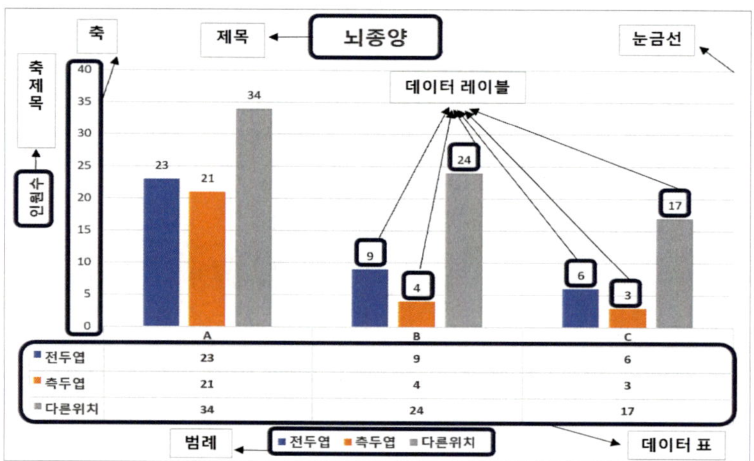

차트를 선택하면 아래와 같이 『디자인』 탭이 나타난다.

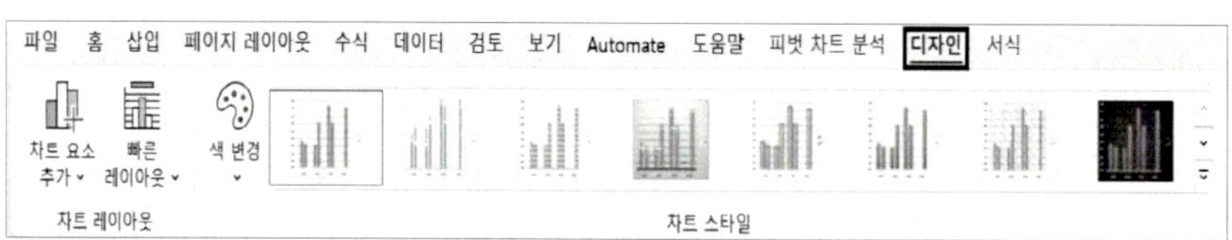

「차트 레이아웃」 그룹의 '차트 요소 추가' 단추 를 클릭하면 다음과 같은 메뉴가 나타난다. 각 메뉴를 선택하면 하위 옵션이 나타나게 된다.

예제 3.2 계속

예제 3.2의 "위치" – "종류" 분할표로 작성한 뇌종양 차트를 여러 모양으로 수정하여 보자.

❶ 데이터 레이블의 추가 : 『디자인』 탭 「차트 레이아웃」 그룹의 차트 요소 추가' 단추 를 클릭 후, 데이터 레이블(D) › 을 선택하면 아래 왼쪽과 같은 옵션이 나타난다. '바깥쪽 끝에'를 선택하면, 아래 오른쪽과 같이 차트가 변경된다.

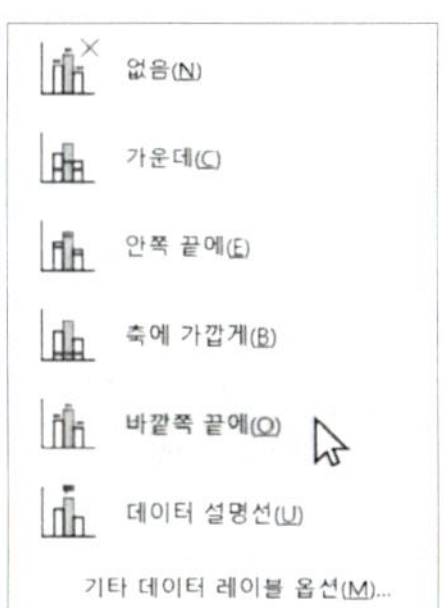

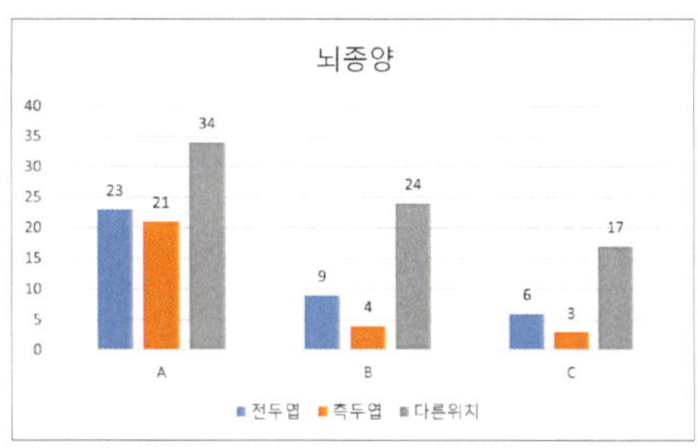

❷ 데이터 표 추가 : 차트를 선택한 후에 『디자인』 탭 「차트 레이아웃」 그룹의 '차트 요소 추가' 단추 를 누르고 데이터 테이블(B) › 를 클릭한 다음 '범례 표지 포함'을 선택하자. 다음과 같이 차트가 변경된다.

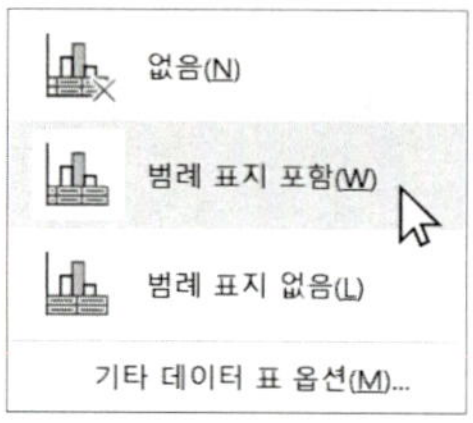

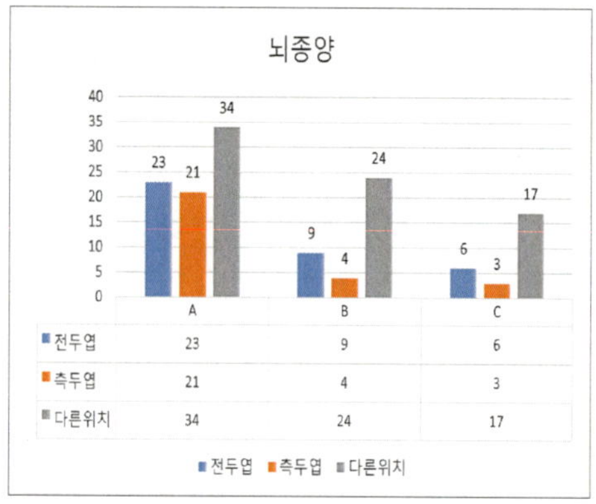

❸ 빠른 레이아웃으로 차트 변경 : 『디자인』 탭 「차트 레이아웃」 그룹의 '빠른 레이아웃' 단추 를 누르면 Excel에서 미리 설정한 레이아웃으로 차트를 변경할 수 있다. 차트를 선택하고 '빠른 레이아웃' 단추 를 눌러 원하는 레이아웃을 선택하면 된다. 아래 그림 (a)는 '빠른 레이아웃' 단추 의 옵션이며, 그림 (b)는 '빠른 레이아웃' 단추 의 옵션인 '레이아웃2'로 변경한 차트이다.

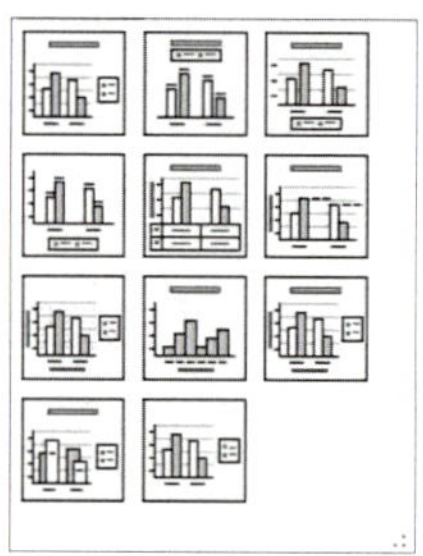

(a)

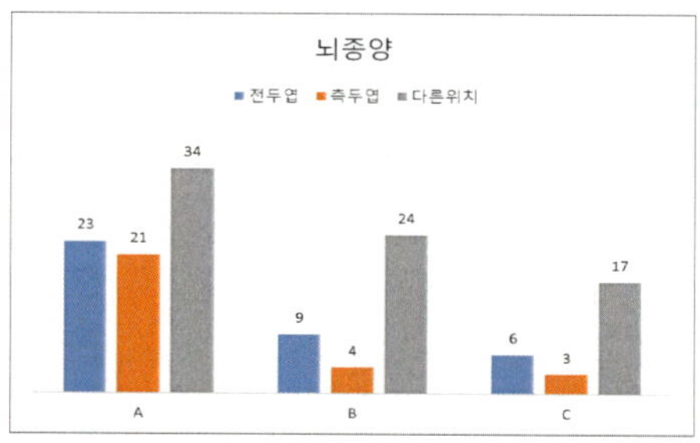

(b)

❹ 스타일 설정 : 차트를 선택한 후에 『디자인』 탭 「차트 스타일」 그룹에서 원하는 스타일을 클릭하면 Excel에서 미리 설정한 스타일로 차트가 변경된다. 아래는 '스타일3'으로 변경한 차트이다.

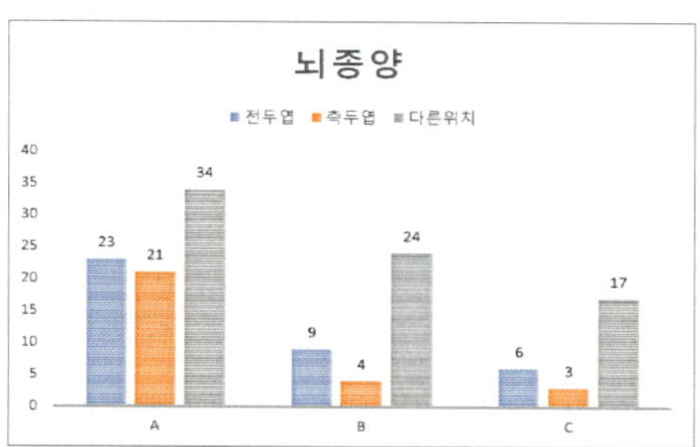

❺ 차트의 색 변경 : 차트 선택한 후에 『서식』 탭 「도형스타일」 그룹에서 도형 윤곽선 이나 도형 채우기 의 를 클릭하여 색을 변경한다. 아래는 “다른위치” 막대를 선택 후에 도형 채우기로 색을 변경한 차트이다. 강조하고 싶은 데이터가 있을 경우 다른 데이터와 차별화되는 색을 지정하여 나타낼 수 있다.

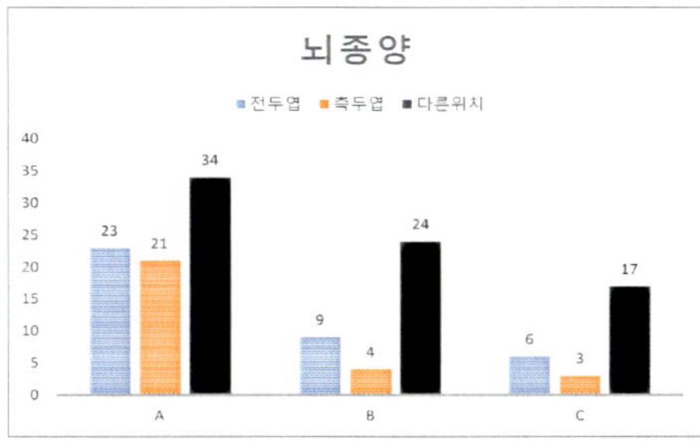

3.1.4 여러 가지 차트

■ 원형 차트

원형 차트는 파이차트(pie chart)라고도 하는데 각 조각의 각도가 도수에 비례하도록 나뉘어 그려진다.

예제 3.2 계속

예제 3.2의 자료에서 종양의 종류가 A일 때 종양의 위치분포를 파이차트로 그려보자.

❶ 예제 3.2의 자료에서 피벗 테이블을 사용하여 작성한 분할표에서 아래와 같은 셀을 선택한다.

	다른위치	전두엽	측두엽	총합계
A	34	23	21	78
B	24	9	4	37
C	17	6	3	26
총합계	75	38	28	141

❷ 『삽입』 탭 「차트」 그룹에서 ‘원형 차트’ 단추 를 선택하고 하위 메뉴에서 ‘2차원 –원형’ 단추 를 누른다.

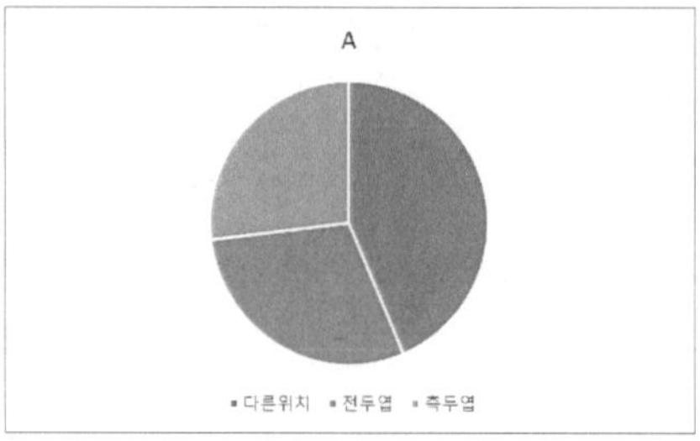

❸ 차트를 선택한 후에 『디자인』 탭 「차트 레이아웃」 그룹의 '차트 요소 추가' 단추 를 누른 후 [데이터 레이블]을 선택하면 아래 왼쪽과 같은 하위 메뉴가 나온다. '기타 데이터 레이블 옵션'을 선택한다. 그러면 아래 오른쪽과 같은 메뉴가 나타난다. '항목 이름', '백분율'을 체크하고 화면을 닫는다.

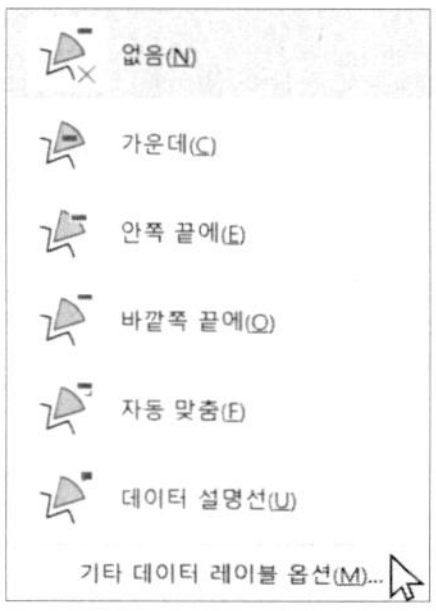

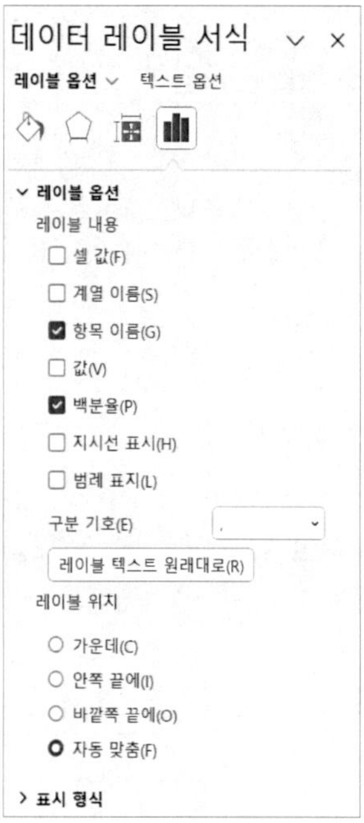

❹ 차트 제목 “A”를 더블 클릭하여 “종양 데이터(종류 A)”라고 변경한다. 다음은 완성된 차트이다.

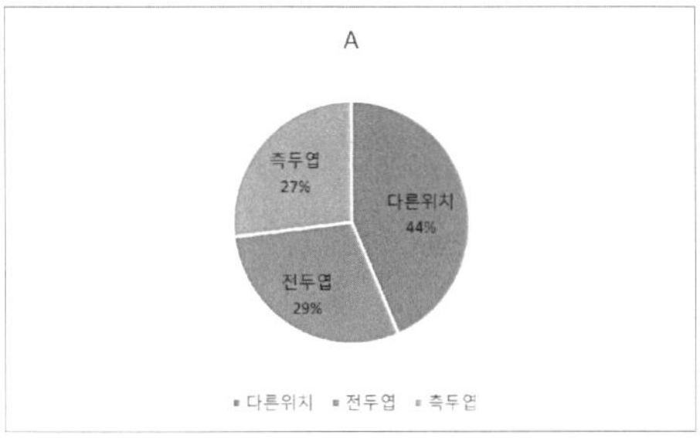

TIP

차트에 백분율 대신에 개수를 표시하고 싶다면 [데이터 레이블 서식]란에서 ‘백분율’의 체크를 해제하고 ‘값’을 체크하면 된다. ‘백분율’과 ‘값’을 모두 체크하여 “측두엽, 21, 27%”와 같이 값과 백분율을 모두 나타낼 수도 있다.

■ 산점도

산점도(scatter plot)는 데이터의 값이 쌍으로 이루어지는 경우에 이러한 이변량 데이터를 그래프로 표현하는 것이다. 한 변수의 값은 가로축(x축)에, 다른 한 변수의 값은 세로축(y축)에 표시된다. 만약 한 변수가 독립변수(x)이고 다른 변수가 종속변수(y)이면 독립변수를 가로축으로 두어야 한다. 예를 들어 수면제의 투여량에 따른 수면시간의 효과를 보고 싶다면, 투여량이 가로축, 수면시간이 세로축으로 되도록 그래프를 작성한다. 이러한 산점도는 두 변수 간의 관계를 보여줄 뿐 아니라 전반적인 관계의 틀을 벗어나는 특이값 등을 탐색할 수 있게 해 준다. 다음과 같은 예를 생각하여 보자.

예제 3.3

다음은 심장 질환자를 대상으로 두 가지 지표 P1, P2를 조사한 결과이다. P1값에 따라 P2가 어떻게 변화하는지 산점도를 이용하여 알아보자.

ID	P1	P2	ID	P1	P2
1	4.29	158	11	3.51	233
2	3.04	125	12	4.24	370
3	6.12	290	13	19.41	531
4	17.3	420	14	16.61	516
5	12.3	303	15	7.21	211
6	13.8	429	16	11.6	439
7	8.73	605	17	2.68	420
8	8.81	522	18	3.91	524
9	5.87	224	19	5.33	451
10	5.12	291	20	4.88	348

Excel을 이용하여 산점도를 그려보자. x축에 그려질 값을 왼쪽 열에 입력하고, y축에 그려질 값을 오른쪽 열에 입력한다. 여기서는 1열에 "P1"를 입력하고 난 후 2열에 "P2"를 입력한다. 입력된 파일을 불러오려면 "예제 3.3" 파일을 다운로드하여 연다.

❶ 데이터에서 열 이름을 포함하여 20개의 P1와 P2값을 모두 선택한다. 즉, A1을 누른 다음 B21까지 드래그한다.

	A	B
1	P1	P2
2	4.29	158
3	3.04	125
4	6.12	290
5	17.30	420
6	12.30	303
7	13.80	429
8	8.73	605
9	8.81	522
10	5.87	224
11	5.12	291
12	3.51	233
13	4.24	370
14	19.41	531
15	16.61	516
16	7.21	211
17	11.60	439
18	2.68	420
19	3.91	524
20	5.33	451
21	4.88	348

❷ 『삽입』 탭 「차트」 그룹에서 '분산형' 단추 를 클릭하고 하위 메뉴에서 '2차원-분산형' 단추 를 누른다. 아래와 같은 차트가 생성된다.

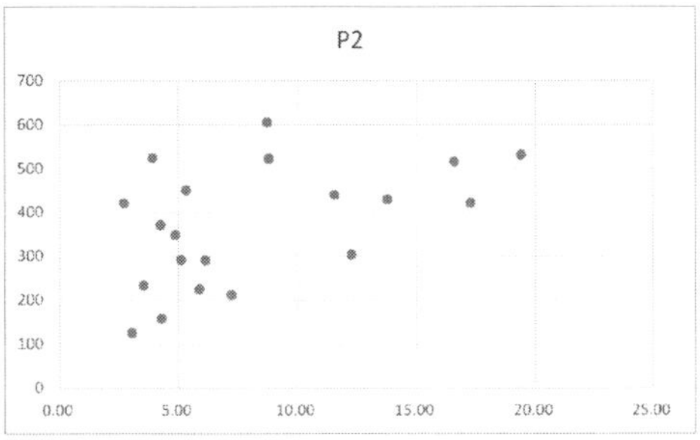

❸ 차트를 선택 후 『디자인』 탭 「차트 레이아웃」 그룹 '차트 요소 추가' 단추 를 누른 후 [축 제목]을 선택하여 '기본 가로'를 선택한다. 같은 방법으로 '기본 세로'도 선택한다. 차트의 세로축과 가로축에 "축 제목"이란 내용으로 축 제목이 생성된다.

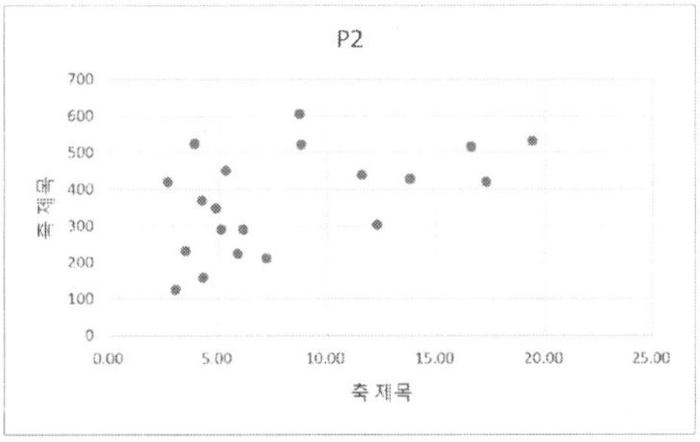

❹ "축 제목"을 더블 클릭하여 각각 "P2"와 "P1"로 변경한다. 또한 차트 제목인 "P2"를 더블 클릭하여 "P2와 P1"로 변경한다. 완성된 차트는 아래와 같다. P1가 증가함에 따라 P2도 증가하는 추세임을 볼 수 있다.

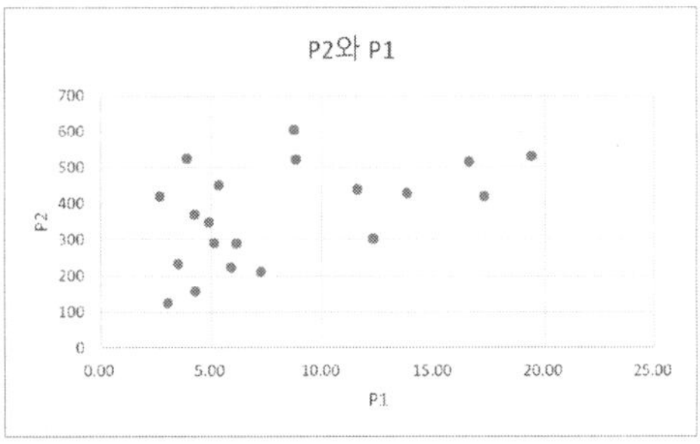

Tip

데이터에서 하나의 독립변수(x)에 대응하는 종속변수(y)의 값이 여러 개일 때는 가장 왼쪽 열에 x값을 입력하고 두 개의 y값을 오른쪽에 나란히 입력한다. 이 세 열의 데이터를 모두 선택한 다음 위의 ❷~❹까지의 단계를 반복하면 두 개의 y값이 하나의 차트에 그려진다. 아래의 그림을 참조하라.

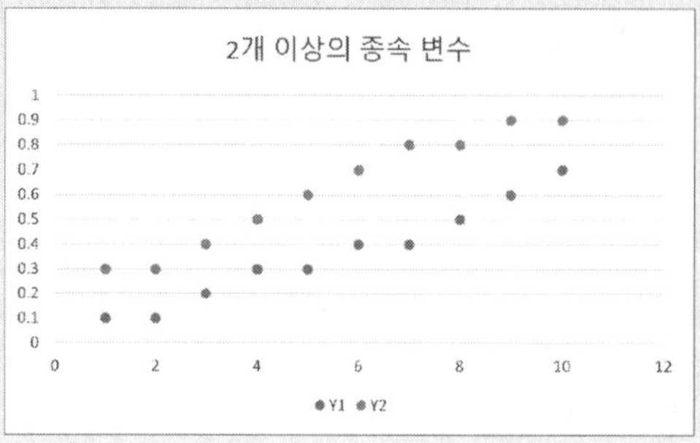

■ 평균-표준편차 차트

흔히 여러 개의 그룹이 있을 때 각 그룹의 데이터의 특성을 전반적으로 비교하기 위해 각 그룹의 평균과 표준편차를 하나의 차트에 그리기도 한다.

예제 3.4

다음의 데이터는 5가지 농도의 포도당 투여에 따른 인슐린의 분비량을 측정한 것이다. 각 농도별로 Excel을 이용하여 평균－표준편차 차트를 그려보자.

농도1	농도2	농도3	농도4	농도5
1.53	3.15	3.89	8.18	5.86
1.61	3.96	3.68	5.64	5.46
3.75	3.59	5.70	7.36	5.90
2.89	1.89	5.62	5.33	6.49
3.26	1.45	5.79	8.82	7.81
	1.56	5.33	5.26	9.03
			7.10	7.49
				8.98

❶ "예제 3.4" 파일에 데이터가 다음과 같이 입력되어 있다.

	A	B	C	D	E	F
1		농도 1	농도 2	농도 3	농도 4	농도 5
2		1.53	3.15	3.89	8.18	5.86
3		1.61	3.96	3.68	5.64	5.46
4		3.75	3.59	5.70	7.36	5.90
5		2.89	1.89	5.62	5.33	6.49
6		3.26	1.45	5.79	8.82	7.81
7			1.56	5.33	5.26	9.03
8					7.10	7.49
9						8.98
10						

❷ 먼저 각 그룹의 평균과 표준편차를 구해야 한다. 먼저 A10과 A11를 클릭하여 각각 "평균"과 "표준편차"라고 쓰자. B10을 클릭한 후 '함수 삽입' 단추 fx를 누르자. [함수 검색]란에서 "평균"을 검색하고 [함수 선택]란에서 'AVERAGE'를 선택한다. 대화상자가 나타나면 [Number1]란에 첫 번째 그룹의 입력 범위를 적는다. 여기서는 "B2:B9"에 해당한다.

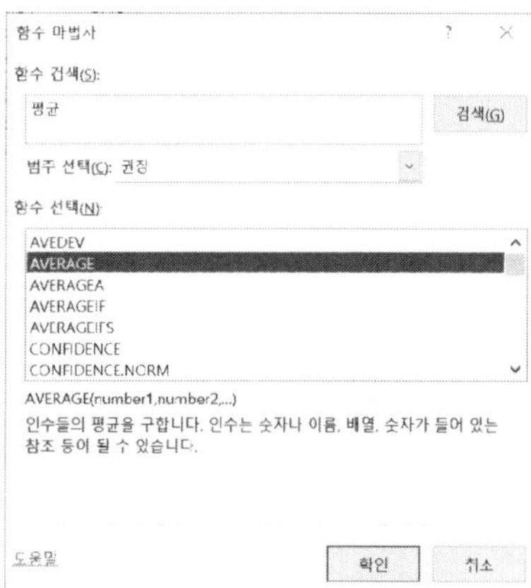

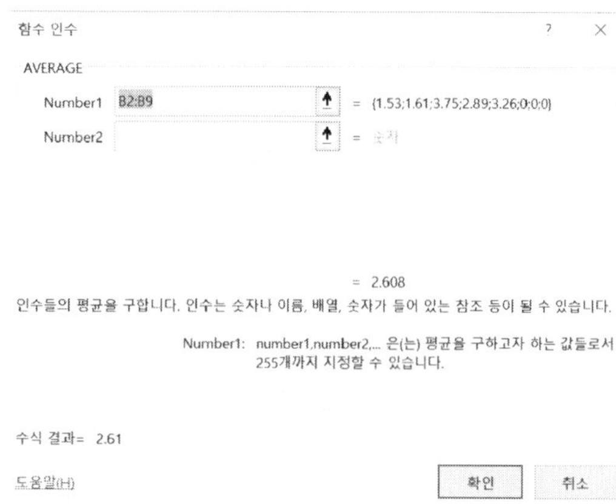

❸ 다음으로 표준편차를 구해보도록 하자. B11을 클릭한 후 '함수 삽입' 단추 fx를 누른다. 나타나는 대화창의 [함수 검색]란에서 "표준 편차"를 검색하고 [함수 선택]란에서 'STDEV.S'를 선택한다. 대화상자가 나타나면 [Number1]란에 첫 번째 그룹의 입력 범위를 적는다. 여기서는 "B2:B9"에 해당한다.

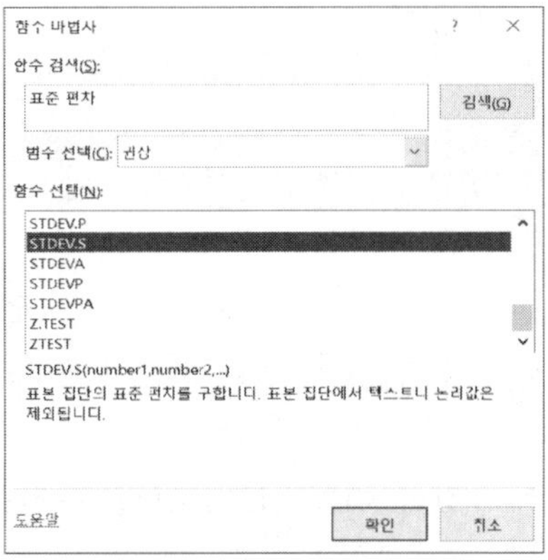

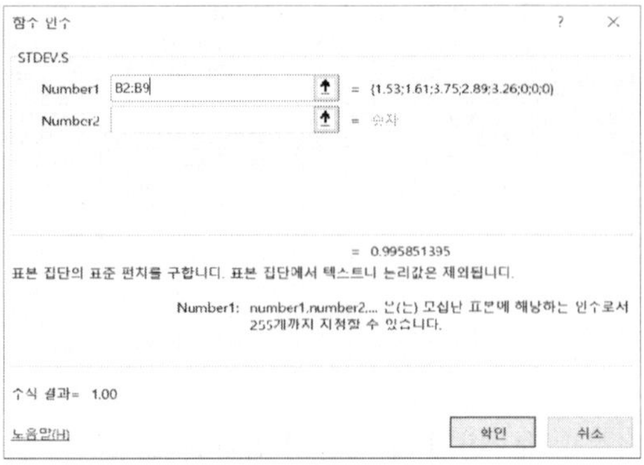

❹ B10:B11셀을 선택하고 F열까지 드래그하여 F11셀까지 값을 채운다. 그리고 A10:F10셀을 선택하고 『삽입』 탭 「차트」 그룹에서 '분산형' 단추를 선택하고 하위 메뉴에서 '분산형' 단추를 누른다. 아래 오른쪽과 같은 차트가 생성된다.

	A	B	C	D	E	F
1		농도 1	농도 2	농도 3	농도 4	농도 5
2		1.53	3.15	3.89	8.18	5.86
3		1.61	3.96	3.68	5.64	5.46
4		3.75	3.59	5.70	7.36	5.90
5		2.89	1.89	5.62	5.33	6.49
6		3.26	1.45	5.79	8.82	7.81
7			1.56	5.33	5.26	9.03
8					7.10	7.49
9						8.98
10	평균	2.61	2.60	5.00	6.81	7.13
11	표준편차	1.00	1.10	0.96	1.43	1.41

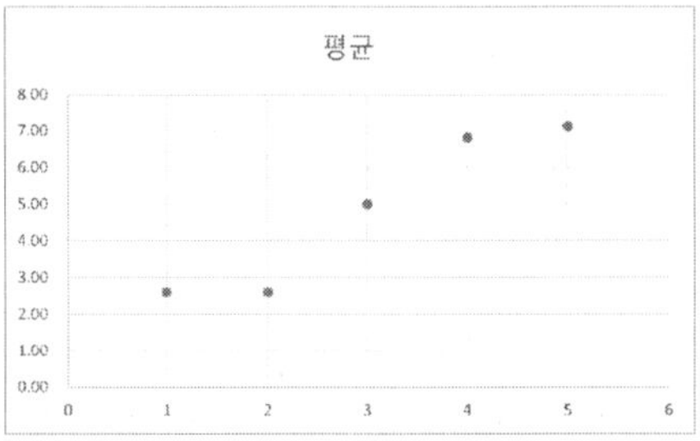

❺ 차트를 선택 후 『디자인』 탭 「차트 레이아웃」 그룹 '차트 요소 추가' 단추를 누른 후 '축 제목'을 선택하여 '기본 가로'를 클릭하고, 동일한 방법으로 '기본 세로'도 클릭하여 축 제목이 나오게 한다. Y축 제목을 "인슐린"으로 X축 제목을 "농도"로 변경한다.

❻ 차트를 선택 후 『디자인』 탭 「차트 레이아웃」 그룹 '차트 요소 추가' 단추를 누른 후 [오차 막대]를 선택하면 다음 그림과 같은 하위 메뉴가 나타난다. '기타 오차 막대 옵션'을 선택하자. 그러면 Excel 창 오른쪽에 오차막대서식 메뉴가 나타난다. [오차량]란에서 '사용자 지정'을 클릭하고 나타나는 옵션창에서 [양의 오류 값]란의 을

눌러 "Sheet1!$B$11:$F$11"라고 입력한다. 마지막으로 [음의 오류 값]란에도 같은 셀을 지정한 후에 [확인]을 클릭한다.

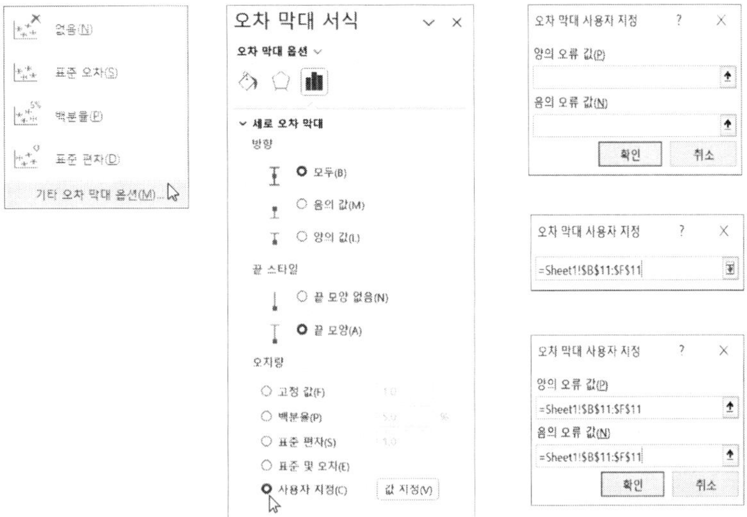

❼ 그림 (a)와 같은 차트가 생성된다. X축 오차 막대는 필요하지 않으므로 그림 (b)와 같이 X축 오차 막대를 선택 후 오른쪽 클릭하여 메뉴창이 나타나면 '삭제'를 클릭한다. 완성된 차트는 그림 (c)와 같다.

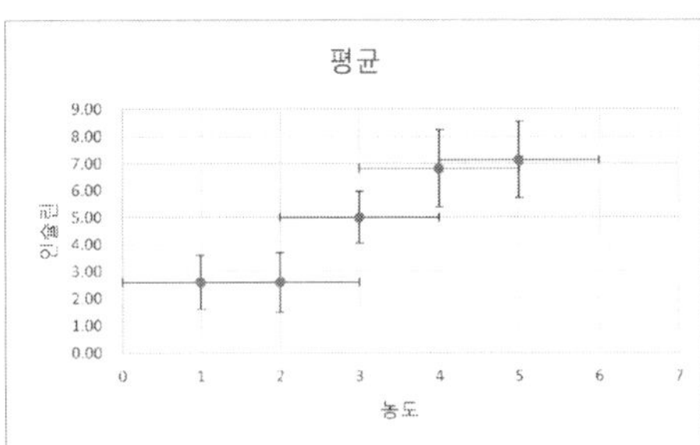

(a)

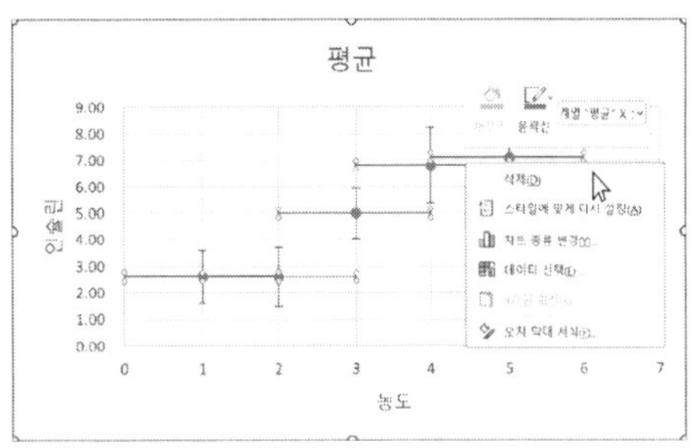

(b)

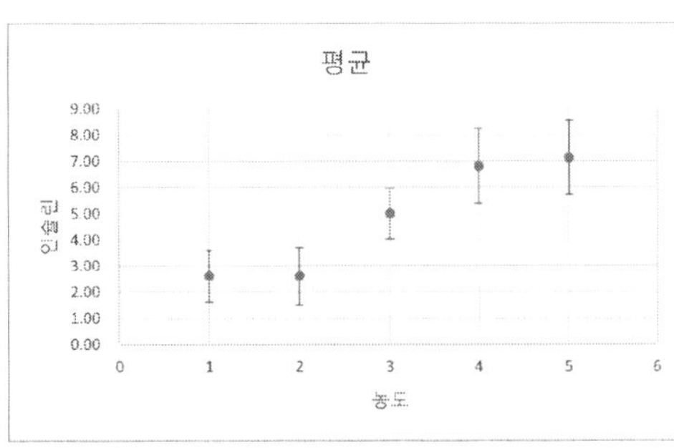

(c)

위의 ❹ 단계에서 분산형 차트 대신 세로 막대형 차트로 그린 후 오차막대를 설정하면 아래와 같은 형태로도 그릴 수 있다.

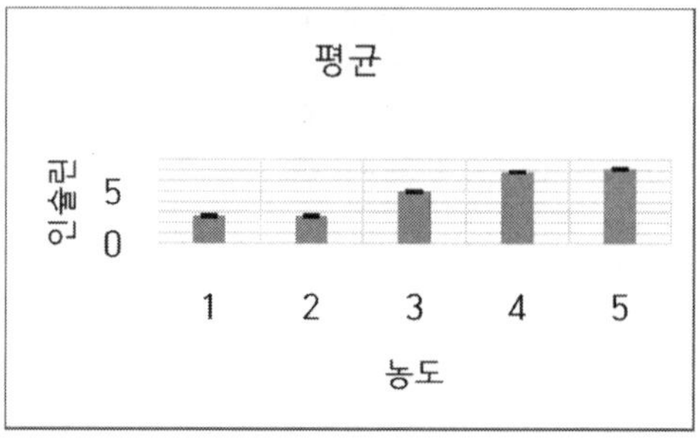

■ 혼합형 차트

많은 변수가 있는 데이터의 경우 한 그래프에 여러 가지 변수를 표현하고자 하는 경우가 있다. 또는 서로 다른 모양의 그래프들을 한 그래프에 담아내고 싶은 경우가 있다. 이 경우 혼합형 차트를 사용할 수 있다.

예제 3.5

29명의 5주간 수치의 변화를 측정하여 평균을 계산하였다. 변화율은 (이번주/지난주 − 1) × 100% 이며, 차이는 전주와의 차이를 계산한 것이다. 이 데이터를 혼합형 차트로 표현하여 보자.

	평균	변화율	차이
0주	49.9	–	–
1주	57.3	15%	7.4
2주	71.5	25%	14.2
3주	76.4	7%	4.9
4주	80.5	5%	4.1
5주	82.4	2%	1.9

❶ 먼저, 평균과 변화율을 한 차트에 담아보자. "예제 3.5" 파일을 연다. 다음과 같이 입력되어 있다.

	A	B	C	D	E	F	G
1		0주	1주	2주	3주	4주	5주
2	평균	49.9	57.3	71.5	76.4	80.5	82.4
3	변화율		15%	25%	7%	5%	2%
4	차이		7.4	14.2	4.9	4.1	1.9

❷ A1:G3를 선택한 후 『삽입』 탭 「차트」 그룹에서 '혼합차트' 단추 를 선택한다. 옵션에서 '묶음 세로 막대형 – 꺾은선형' 단추 를 선택한다.

❸ 다음과 같은 차트가 생성된다. 차트 상단의 "차트 제목"을 더블 클릭하면 제목을 변경할 수 있다. "5주간 변화"로 바꾸자.

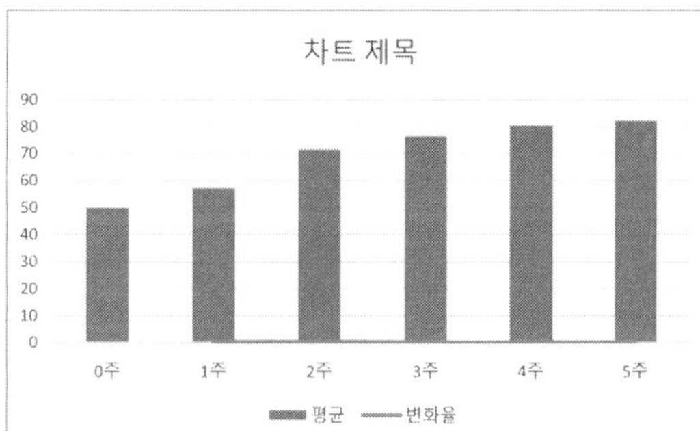

❹ 차트를 선택한 상태에서 오른쪽 클릭 하면 아래 왼쪽과 같은 메뉴가 나온다. '차트 종류 변경'을 선택하자. 아래 오른쪽과 같은 대화상자가 나온다. [평균]의 차트 종류를 '표식이 있는 꺾은선형'으로, [변화율]의 차트 종류를 '묶음 세로 막대형'으로 변경하고 차트 종류 옆에 있는 [변화율]의 '보조 축' 체크 박스를 체크하자. 옵션을 변경함에 따라 수정되는 차트 모양은 [사용자 지정 조합]란에서 미리 보기가 가능하다. 확인 을 클릭하자.

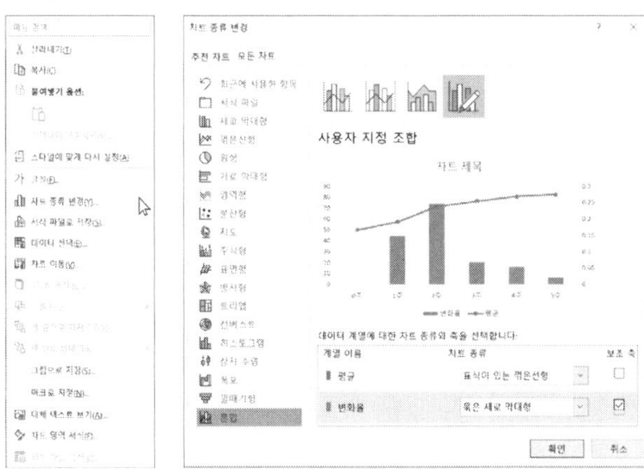

❺ 다음과 같이 차트가 수정된다.

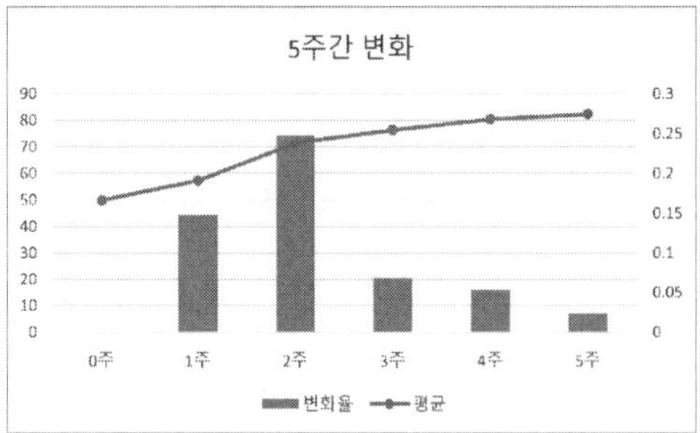

❻ 이번에는 "차이"를 추가해 보자. 차트를 선택한 상태에서 마우스 오른쪽 단추를 클릭하여 [데이터 선택]을 선택하면 아래 오른쪽과 같은 대화상자가 나온다. [범례 항목]란에 [추가(A)]를 클릭한다.

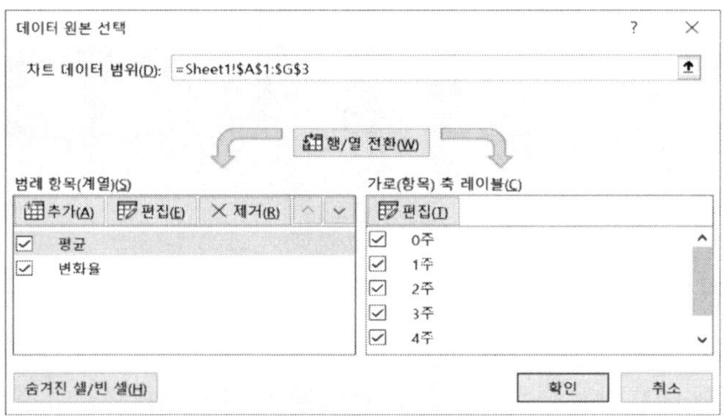

❼ 아래와 같은 대화상자가 나타난다. [계열 이름]은 추가하는 항목의 이름이 되며, [계열 값]은 추가하는 항목의 값이다. 아래와 같이 입력하고 [확인]을 누른다.

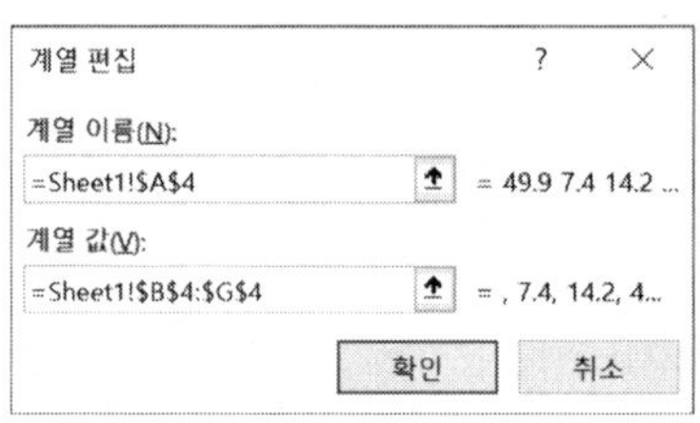

❽ 아래 왼쪽과 같이 [데이터 원본 선택] 대화 상자가 나타날 것이다. 그런데 대화상자의 오른쪽의 [가로(항목) 축 레이블]을 보면 이전에 0~5주가 아닌 1~6주로 입력되어 있다. [가로(항목) 축 레이블]의 [편집(I)]을 눌러 아래 오른쪽과 같이 입력하면 다시 0~5주로 [가로(항목) 축 레이블]이 변화되었을 것이다. [확인]을 누른다.

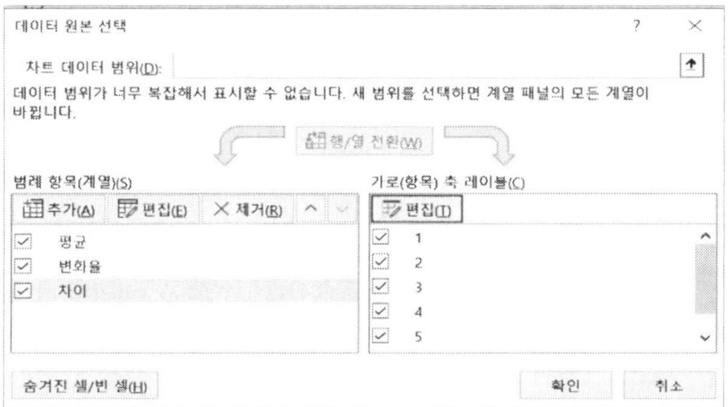

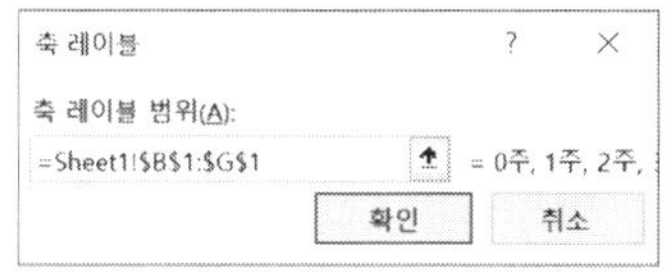

❾ 아래는 완성된 차트이다. 아래의 차트에서 각 데이터의 차트의 종류를 바꾸려면 차트 오른쪽 클릭 후 '차트 종류 변경'을 선택하여 차트의 종류를 변경할 수 있다.

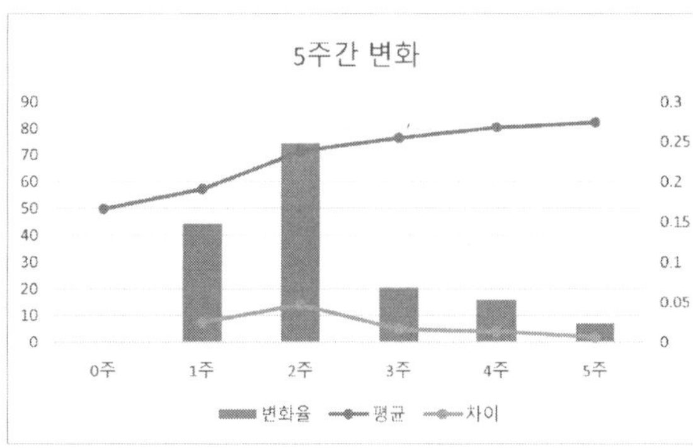

■ 기타 차트 종류

위에서 소개한 차트 이외에도 가로막대형, 영역형, 꺾은선형 등 다양한 형태의 차트를 그릴 수 있다. 다음의 차트들은 Excel에서 가능한 차트 형태를 그린 것이다.

세로 막대형

2차원			3차원			
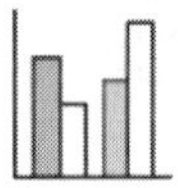	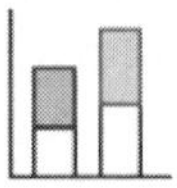	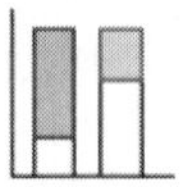				
묶음 세로 막대형	누적 세로 막대형	100% 기준 누적 세로 막대형	묶음 세로 막대형	누적 세로 막대형	100% 기준 누적 세로 막대형	세로 막대형

가로 막대형

2차원			3차원		
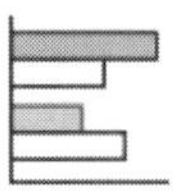	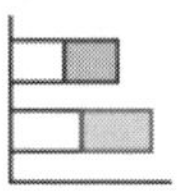	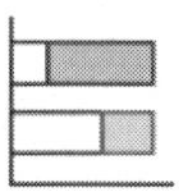	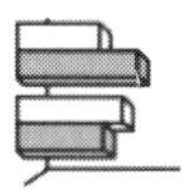		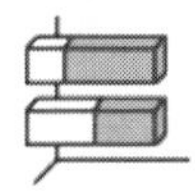
묶음 가로 막대형	누적 가로 막대형	100% 기준 누적 가로 막대형	묶음 가로 막대형	누적 가로 막대형	100% 기준 누적 가로 막대형

꺾은선형

2차원						3차원
			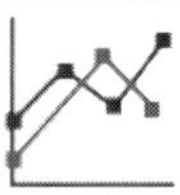	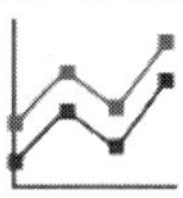	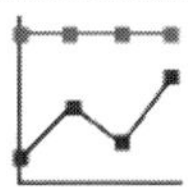	
꺾은선형	누적 꺾은선형	100% 기준 누적 꺾은선형	데이터 표식이 있는 꺾은선형	데이터 표식이 있는 누적 꺾은선형	데이터 표식이 있는 100% 기준 누적 꺾은선형	꺾은선형

원형

2차원				3차원
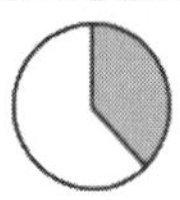	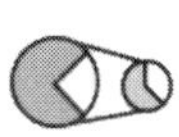	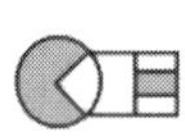	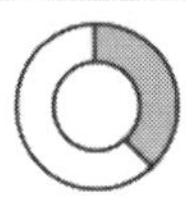	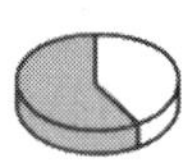
원형	원형 대 원형	원형 대 가로 막대형	도넛형	원형

영역형

2차원			3차원		
영역형	누적 영역형	100% 기준 누적 영역형	영역형	누적 영역형	100% 기준 누적 영역형

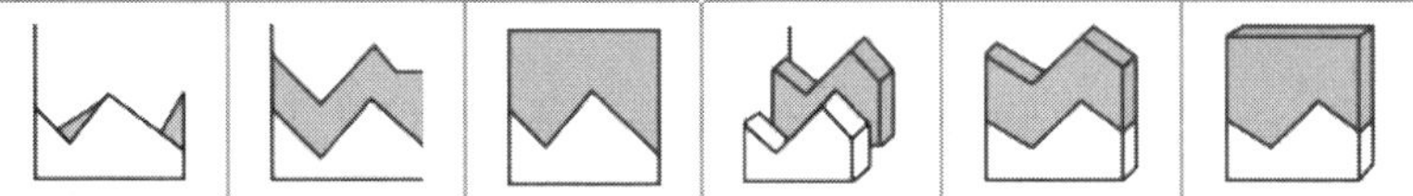

분산형 / 거품형

분산형 2차원					거품형 2차원	
분산형	곡선으로 연결된 분산형	데이터 표식 없이 곡선으로 연결된 분산형	꺾은선으로 연결된 분산형	데이터 표식 없이 꺾은선으로 연결된 분산형	거품형	거품형

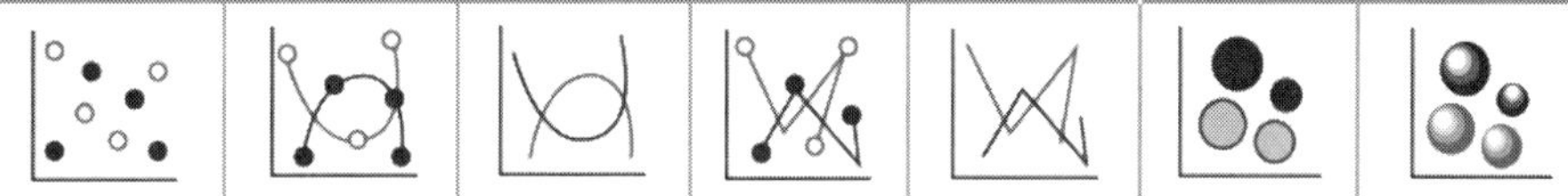

표면형 / 방사형

표면형 2차원		표면형 3차원		방사형 2차원		
표면형 (조감도)	표면형 (골격형 조감도)	표면형	표면형 (골격형)	방사형	데이터 표식이 있는 방사형	채워진 방사형

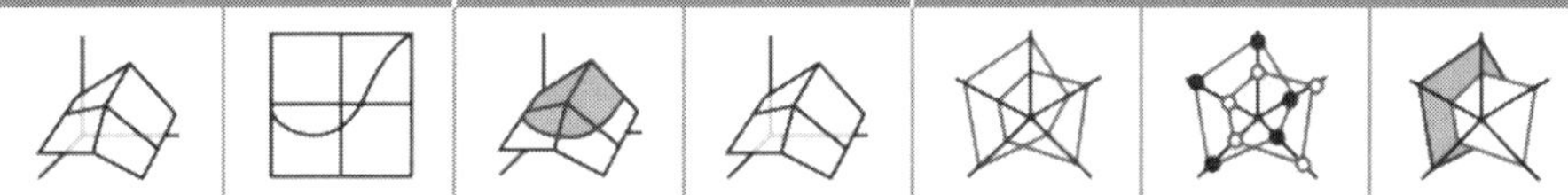

주식형 / 혼합

주식형 2차원				혼합 2차원		
고각-저가-종가	시가-고각-저가-종가	거래량-고각-저가-종가	거래량-시가-고각-저가-종가	묶음 세로 막대형-꺾은선형	묶음 세로 막대형-꺾은선형, 보조축	누적영역형-묶음 세로 막대형

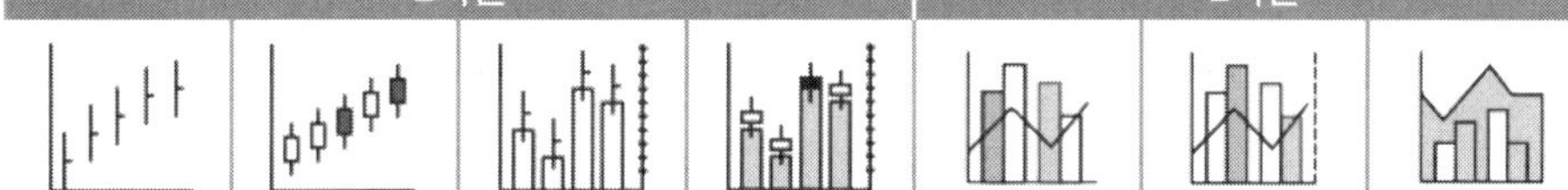

3.2 기술통계량

이 절에서는 데이터를 몇 개의 의미 있는 수치로 요약하여 데이터의 전반적인 특성을 파악하는 방법에 대해 다루기로 하자. 이러한 의미 있는 수치를 "기술통계량(descriptive statistics)"이라고 한다. 이 중에서 데이터의 중심위치와 산포를 나타내는 척도에 관하여 알아보자. 또한 왜도 및 첨도 등 데이터의 형태에 관한 척도 등에 대해서 이들의 개념을 간략히 소개하기로 한다.

3.2.1 중심의 척도

데이터값들을 하나의 수치로 요약하는 문제를 생각해 보자. 가장 먼저 평균을 떠올리게 될 것이다. 평균이란, 데이터들의 중심위치를 나타내는 척도 중의 하나이다. 예제 3.6을 이용하여 중심위치를 표현하는 통계량에 대해서 알아보자.

예제 3.6

다음은 살충제에 노출된 35명의 적혈구 콜린에스테라아제를 측정한 값이다.

10.6	12.5	11.0	9.2	11.6	9.9	11.8	11.6	15.3	12.6
12.6	12.4	12.2	10.9	16.7	15.2	10.2	13.4	9.0	7.7
12.3	11.3	9.9	11.0	10.9	11.7	9.4	9.8	8.6	10.1
12.3	11.4	10.2	12.5	8.7					

■ **평균**

중심위치에 대한 척도로서 가장 쉽게 생각할 수 있는 것은 평균이다. n개의 데이터값 $x_1, x_2, \cdots, x_n$이 있을 때 평균은 $\overline{x} = (x_1 + \cdots + x_n)/n$으로 계산된다. 이는 모든 데이터에 똑같이 $1/n$씩의 가중치를 주어서 중심을 구한 것이다. 평균은 데이터의 분포가 한쪽으로 치우치지 않고 하나의 축을 중심으로 좌우 대칭으로 흩어진 형태의 데이터의 특성을 표현하기 적합하다. 그러나 아주 큰 값 또는 아주 작은 값 등의 특이치가 있을 때에는 이의 영향을 많이 받게 되어 부적절하다. 위의 예제 3.6에서의 평균은 (10.6 + 12.5 + ⋯ + 8.7) / 35 =11.33이다.

■ 중앙값

중앙값(median)은 데이터들을 작은 값부터 큰 값까지 순서대로 배열했을 때 가운데에 위치하는 값이다. 따라서 n개의 데이터가 있을 때 n이 홀수라면 $(n+1)/2$번째 값이 되고, 짝수라면 $n/2$번째 값과 $(n/2)+1$번째 값의 평균이 중앙값이 된다. 양 끝에 아주 큰 값 또는 아주 작은 값이 있더라도 중앙값에는 영향을 미치지 않게 된다는 이점이 있다. 특히 분포의 형태가 좌우대칭이 아니고 어느 한쪽으로 치우쳐져 있을 때 중심위치를 나타내는 척도로서 유용하게 쓸 수 있다. 중위수라고도 부른다.

위의 데이터에서는 최솟값 7.7부터 최댓값 16.7까지 35개의 데이터를 순서대로 늘어놓았을 때 (35+1)/2=18번째의 값인 11.3이 중앙값이 된다. 여기서는 위에서 계산한 평균값과 비슷한 값으로 계산되었다.

■ 사분위수

중앙값과 같이 자주 사용되는 통계량으로 사분위수(quartile)가 있다. 데이터를 작은 것부터 크기순으로 배열했을 때 4등분하는 위치에 오는 값들을 말한다. 이때 전체 데이터의 하위 25%에 해당하는 값을 제1사분위수(Q1), 50%에 해당하는 값을 제2사분위수(Q2), 상위 25%에 해당하는 값을 제3사분위수(Q3)라고 한다. 제2사분위수는 중앙값과 같다.

예제 3.6에서는 35개의 데이터가 있으므로 작은 값부터 늘어놓았을 때 18번째가 중앙값, Q2가 된다(11.3). Q1을 구하는 방식은 두 가지가 있는데 중앙값을 제외한 다음 이보다 작은 값들의 중앙값을 구하거나 중앙값을 포함하여 이보다 작거나 같은 값들의 중앙값을 구하는 방식이다. 제외하는 방식으로는 9번째(즉, 9.9), 포함하는 방식으로 하면 9번째와 10번째의 평균이 (즉, 10.0)이 Q1이 된다. 마찬가지로 27번째 해당하는 값(12.4) 또는 27번째와 28번째의 평균(12.45)이 Q3가 될 수 있다.

■ 최빈값

최빈값(mode)은 가장 빈번히 나타난 데이터값을 말한다. 일반적으로 양적 자료보다는 질적 자료에서 주로 사용되며, 분포가 하나의 봉우리를 갖는 형태가 아니고 두 개(또는 그 이상)의 봉우리 모양으로 흩어진 경우(이봉분포 또는 다봉분포라고 함)에 유용하게 쓰일 수 있다. 위의 데이터에서 가장 자주 나온 값은 12.5와 12.6이다.

3.2.2 산포의 척도

■ 분산과 표준편차

중심위치가 11.33이라 하더라도 11.33 주위에 대부분의 값이 몰려 있는 형태인 것과 값의 차이가 큰 폭으로 넓게 퍼져 있는 형태인 것과는 많은 차이가 있다. 이러한 산포를 나타내는 척도로, 분산(variance)과 표준편차(standard deviation; s.d.)를 들 수 있다.

분산은 각 데이터값과 평균과의 차이 $x_i - \overline{x}$에 근거를 둔 것이다. 평균으로부터 멀리 흩어져 있을수록 이의 절댓값이 커질 것이다. 절댓값 대신 제곱을 써서 이들의 평균을 구한 것이 분산이며, 다음과 같이 정의된다.

$$\text{표본분산} : s^2 = \sum (x_i - \overline{x})^2 / (n-1)$$

여기서 n으로 나누지 않고 $n-1$로 나눈 이유는 통계적 추론을 위한 수학적 성질(불편성: unbiasedness)이 더 좋기 때문이다. 표준편차는 분산의 제곱근으로서, 분산을 구할 때 제곱을 취함으로써 원래의 데이터값의 단위가 달라진 것을 복구한 것이다.

$$\text{표본표준편차} : s = \sqrt{\sum (x_i - \overline{x})^2 / (n-1)}$$

위의 데이터에서 분산과 표준편차는 각각 3.73과 1.93으로 계산된다.

■ 범위

산포를 나타내는 간편한 방법의 하나는 범위(range)를 구하는 것이다. 범위는 (최댓값−최솟값)이므로 간편하게 계산될 수 있는 반면, 양 극단치에 의해 결정되므로 특이치에 의한 영향이 크게 된다. 위의 데이터에서 범위는 16.7−7.7=9이다.

■ 사분위 범위

사분위 범위(interquartile range; IQR)는 제3사분위수와 제1사분위수의 차이, Q3−Q1으로 계산된다. 이 범위는 극단치의 영향을 받지 않으므로 산포의 측도로 많이 사용된다. 예제 3.6에서 사분위 범위는 12.4−9.9=2.5이다.

■ 변동계수

변동계수(coefficient of variation; CV)는 평균에 대한 표준편차의 크기를 나타내는 측도로서, 다음과 같이 정의된다.

$$CV = \frac{s}{x} \times 100\%$$

즉, 일종의 표준화된 산포의 측도라고 할 수 있다. 서로 다른 그룹이나 이질적인 변수 간의 산포를 비교할 때 유용하다. 예를 들어 18명의 환자에 대해 HDL 콜레스테롤을 측정한 데이터와 혈관의 직경변화(vessel diameter change)를 측정한 데이터가 있을 때 산포를 비교하는 문제를 생각해 보자. 콜레스테롤의 단위는 μmol/l이고, 혈관직경변화의 단위는 mm이므로 단지 이들의 표준편차인 1.20과 0.29를 비교하여 콜레스테롤의 산포가 더 크다고 할 수는 없다. 산포를 비교하기 위해 변동계수의 사용이 필요하다. 콜레스테롤의 평균과 표준편차가 각각 5.81과 1.20이고, 혈관직경변화는 평균이 0.12, 표준편차가 0.29였다고 하자. 콜레스테롤의 변동계수는 (1.20 / 5.81)×100%=20.7%이고, 혈관직경변화는 (0.29 / 0.12)×100%=241.7% 가 된다. 따라서 혈관직경변화의 산포가 콜레스테롤의 산포보다 10배 이상 크다는 것을 알 수 있다.

TiP

흔히 평균과 표준편차를 함께 기술하는 경우가 많은데, 만약 중심척도로 중앙값을 썼다면 산포의 척도로 표준편차는 적절하지 않으며, 사분위 범위 또는 이를 2로 나눈 사분위편차(quartile deviation)를 기술하도록 하자.

3.2.3 왜도와 첨도

왜도나 첨도는 데이터의 분포 모양에 대한 정보를 보여주는 통계량들이다. 왜도(歪度; skewness)란, 데이터의 분포 형태가 기울어진 정도를 의미한다. 분포의 형태는 좌우대칭이면 왜도는 0이 되고, 왜도가 +의 값을 가지면 오른쪽으로 긴 꼬리를 가지는 형태, −의 값을 가지면 왼쪽으로 긴 꼬리를 가지는 형태를 보인다. 계산식은 다음과 같다.

$$\text{왜도계수}: \frac{\sum(x_i-\overline{x})^3/n}{(\sum(x_i-\overline{x})^2/n)^{3/2}}$$

다음 그림은 왜도계수의 값에 따른 분포의 형태를 보여준다.

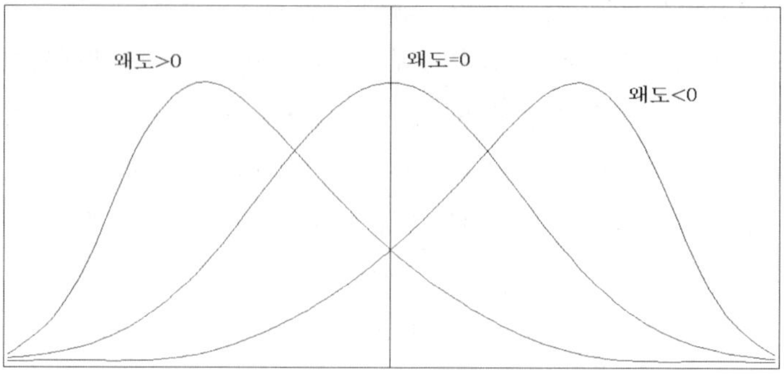

첨도(尖度; kurtosis)란 분포가 평균치 주변에 몰려 있는 형태인지 멀리 퍼져 있는 형태인지 그 뾰족한 정도를 의미한다. 첨도계수의 계산식은 다음과 같다.

$$\text{첨도계수}: \frac{\sum(x_i - \overline{x})^4/n}{(\sum(x_i - \overline{x})^2/n)^2} - 3$$

표준정규분포의 첨도계수는 0이며, 0보다 크면 표준정규분포에 비해 더 뾰족하게 몰려 있는 형태를 가지고, 0보다 작으면 보다 넓게 퍼져 있는 형태의 데이터라고 할 수 있다. 다음의 그림은 첨도계수에 따른 분포의 형태이다. 예제 3.6에서 왜도와 첨도는 각각 0.72, 0.99로 계산되었다. 따라서 이 데이터는 평균보다 큰 값들이 더 많으며, 표준정규분포보다 정점이 높은 형태임을 알 수 있다.

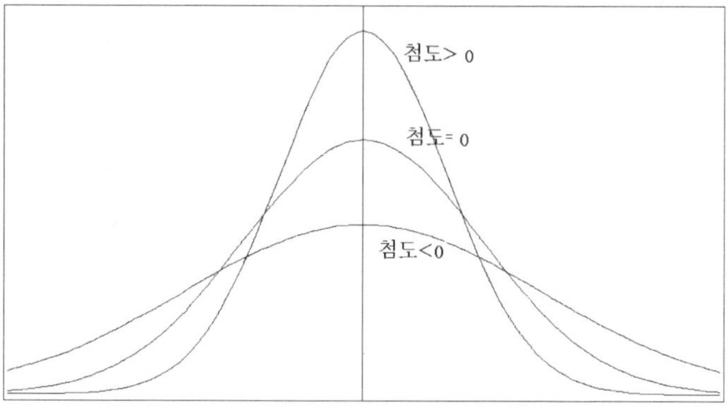

3.2.4 Excel을 이용한 기술통계

■ 기술통계량

데이터 분석 기능을 이용하여 위의 기술통계량들을 쉽게 구할 수 있다.

예제 3.6 계속

예제 3.6에서 적혈구 콜린에스테라제 데이터에 대한 기술통계량을 구해 보자.

❶ 『데이터』 탭 「분석」 그룹에서 [데이터 분석] 을 누른다.

❷ 분석 도구 대화상자에서 '기술 통계법'을 선택하고 [확인]을 누른다.

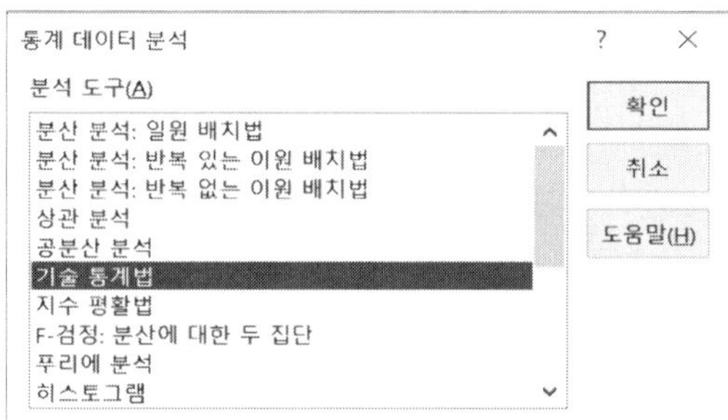

❸ 대화상자에서 [입력 범위]의 [↑]을 눌러 A1:A36 영역을 드래그하여 범위를 선택한다. 범위가 입력되었으면 다시 [↑]을 눌러 대화상자로 돌아온다.

❹ 나머지 옵션을 아래와 같이 선택하자. 우리가 "RBC"라고 쓴 부분까지 포함시켰으므로 '첫째 행 이름표 사용'란을 선택한다. 또한 '요약 통계량'을 선택하자.

각 부분의 옵션에 대한 설명은 다음과 같다.

- 입력 범위 : 데이터의 영역을 드래그하여 선택하면 자동으로 범위가 입력된다. 2.2절에서 설명한 대로 [이름 상자]에서 이름을 지정하였으면, 이름을 입력하는 것으로 대신할 수 있다.
- 데이터의 방향 : 현재 '열'로 되어 있다. 대부분의 경우 이렇게 입력되었겠지만, 만약 데이터가 가로로 길게 입력되었다면 '행'을 선택한다.
- 첫째 행 이름표 사용 : 위의 ❶단계에서 "RBC"라는 명칭까지 범위로 선택했기 때문에 이 란이 선택되어야 한다. 만약 데이터값만(A2:A36) 범위로 지정하였다면 선택을 해제한다.
- 출력범위, 새로운 워크시트, 새로운 통합문서 : 결과를 출력하고 싶은 위치를 지정한다.
- 요약 통계량 : 선택하면 평균, 평균의 표준오차, 중앙값, 최빈값, 표준 편차, 분산, 첨도, 왜도, 범위, 최솟값, 최댓값, 합, 관측수, 가장 큰 값, 가장 작은 값, 신뢰수준 등을 출력한다.
- 평균에 대한 신뢰수준 : 평균에 대한 신뢰수준(여기서는 $t_{\alpha/2}\frac{s}{\sqrt{n}}$ 를 말함)을 출력한다. 95%의 값을 입력하면 유의수준 5%에서 평균에 대한 신뢰수준을 계산한다.
- k번째 큰 값, 작은 값 : 데이터 중에서 k번째 큰 값과 작은 값을 출력한다. 상자에 원하는 k 값을 입력한다.

❺ [확인]을 누르면 새 워크시트에 다음과 같은 요약 통계량이 출력된다.

	A	B
1	*RBC*	
2		
3	평균	11.3285714
4	표준 오차	0.32664764
5	중앙값	11.3
6	최빈값	12.5
7	표준 편차	1.93247349
8	분산	3.73445378
9	첨도	0.98614719
10	왜도	0.71465513
11	범위	9
12	최소값	7.7
13	최대값	16.7
14	합	396.5
15	관측수	35
16	가장 큰 값(1)	16.7
17	가장 작은 값(1)	7.7
18	신뢰 수준(95.0%)	0.66382787

TIP

Excel에서는 함수를 이용하여 각각의 기술통계량을 구할 수 있다. 이런 함수들은 셀에 "="을 입력 후 사용하고자 하는 함수를 셀에 직접 입력하거나 함수 마법사를 이용하여 사용할 수 있다. 함수에 대한 자세한 내용은 2.3절을 참고한다.

통계량	함수
평균	AVERAGE(범위)
중앙값	MEDIAN(범위)
최빈값	MODE(범위)
표본 분산	VAR.S(범위)
표본 표준편차	STDEV.S(범위)
표준 오차	STDEV.S(범위)/SQRT(관측수)
첨도	KURT(범위)
왜도	SKEW(범위)
범위	MAX(범위)–MIN(범위)
최솟값	MIN(범위)
최댓값	MAX(범위)
관측수	COUNT(범위)
N번째 큰 값	LARGE(범위, N)
N번째 작은 값	SMALL(범위, N)
신뢰수준(1–α)	CONFIDENCE.T(α, 표준편차, 관측수)
사분위수	QUARTILE.EXC(범위, 분위수), 또는 QUARTILE.INC(범위, 분위수)

■ 순위와 백분율

분석 도구를 이용하여 데이터의 순위와 백분율을 나타낼 수 있다.

예제 3.6 계속

예제 3.6 데이터에서 적혈구 콜린에스데라제에 대한 순위와 백분율을 구해보자.

❶ 『데이터』 탭 「분석」 그룹에서 [데이터 분석] 을 누른다.

❷ 분석 도구 대화상자에서 '순위와 백분율'을 선택하고 [확인]을 누른다.

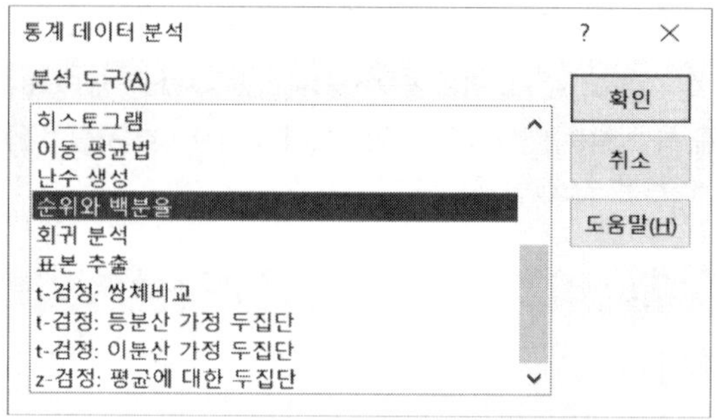

❸ 대화상자에서 [입력 범위]의 ⬆을 눌러 A1:A36 영역을 드래그하여 범위를 선택한다. 범위가 입력되었으면 다시 ⬆을 눌러 대화상자로 돌아온다.

❹ '첫째 행 이름표 사용'란을 체크하고 [확인]을 클릭한다.

❺ 새 워크시트에 다음과 같은 결과가 출력된다. 첫째 열은 입력된 행 번호이고 둘째 열은 데이터 값들이 내림차순으로 정렬된 것이다. 셋째 열이 순위이며, 넷째 열은 백분율이다.

	A	B	C	D
1	포인트	RBC	순위	퍼센트
2	15	16.7	1	100.00%
3	9	15.3	2	97.00%
4	16	15.2	3	94.10%
5	18	13.4	4	91.10%
6	10	12.6	5	85.20%
7	11	12.6	5	85.20%
8	2	12.5	7	79.40%
9	34	12.5	7	79.40%
10	12	12.4	9	76.40%
11	21	12.3	10	70.50%
12	31	12.3	10	70.50%
13	13	12.2	12	67.60%
14	7	11.8	13	64.70%
15	26	11.7	14	61.70%
16	5	11.6	15	55.80%

3.3 연습문제

01 다음의 데이터는 45명의 병원 입원환자의 수면 시간을 기록한 것이다.

7	10	12	4	8	7	3	8	5
12	11	3	8	1	1	13	10	4
4	5	5	8	7	7	3	2	3
8	13	1	7	17	3	4	5	5
3	1	17	10	4	7	7	11	8

① 계급의 수를 적절히 만들어 수면시간에 대한 도수분포표를 작성하라.
② 히스토그램을 그려라.
③ 이 데이터의 순위와 백분율을 구하라. 수면시간이 5시간 미만인 환자는 전체의 몇 퍼센트인가?

02 예제 3.1의 데이터를 이용하여 다음을 작성하라.

① 병의 진행단계에 따른 도수분포표를 작성하라.
② 병의 진행단계에 대한 원형그래프를 그려라.
③ 나이에 대한 줄기와 잎그림을 작성하라.

03 한 연구자가 휴대폰 사용시간에 남녀차이가 있는지 알아보고자 111명을 대상으로 설문을 하였다. 성별에 따른 사용시간은 다음과 같다. 적당한 그래프를 이용하여 데이터를 표현하라.

	남자	여자	계
1시간 미만	32	7	39
1시간~5시간	18	20	38
5시간 이상	25	9	34
계	75	36	111

04 다음은 도시지역에서 두 종류의 오염물질지수를 측정한 데이터이다. 측정일자에 따라 오염물질이 어떻게 변하는지 산점도를 그려라.

측정일	오염물질1	오염물질2
1	100	110
2	115	113
3	80	89
4	79	71
5	63	66
6	84	83
7	81	88
8	72	76
9	61	68
10	97	90

05 취약 X 증후군을 앓고 있는 15명의 남아의 IQ 점수는 다음과 같다.

17 22 17 18 17 19 34 26 14 33 21 29 25 30 31

① 평균과 중앙값, 최빈수를 구하라.
② 범위와 분산, 표준편차를 구하라.
③ 변동계수를 계산하라.

06 육종이 있는 24명의 여성의 유방에서 제거해 낸 신생물의 직경은 다음과 같았다. (단위: cm)

0.6 1.0 2.1 2.5 2.6 3.0 3.8 4.0 4.2 4.5
4.5 5.0 5.0 5.0 6.0 6.5 7.0 8.0 8.2 9.5
9.5 9.8 9.8 13.0

① 평균과 중앙값, 최빈수를 구하라.
② 범위와 표준편차, 사분위수범위를 구하라.
③ 평균-표준편차 그림을 그리시오.

07 다음은 20대 건강한 남자의 혈당치를 잰 것이다. (단위 : mmol/L)

4.7	3.6	3.8	2.2	4.7	4.1	3.6	4.0	4.4	5.1
4.2	4.1	4.4	5.0	3.7	3.6	2.9	3.7	4.7	3.4
3.9	4.8	3.3	3.6	4.6	3.4	4.5	3.3	4.0	3.4
4.0	3.8	4.1	3.8	4.4	4.9	4.9	4.3	6.0	

① 줄기와 잎그림을 그리시오.

② 중앙값과 사분위범위를 구하라.

③ 이 데이터는 어떠한 분포 형태를 가지는지 설명하시오.

08 한 정신과 의사는 환자의 불안감을 낮추기 위한 방안을 연구하였다. 두 가지 방법을 환자에게 적용한 뒤 불안감의 정도를 측정한 결과는 다음과 같다.

방법 1 (18명)	방법 2 (20명)
6 6 7 7 7 7 8 8 8 9 9 9 10 10 10 12 12 13 13	6 8 8 10 10 11 11 12 12 12 13 13 13 14 14 15 15 15 16 17

① 각 방법별로 기초통계량들을 구하라.

② 위의 값들로 봤을 때 두 방법 간에 중심위치에 차이가 있는 것으로 보이는가?

③ 줄기는 공유하면서 방법1은 왼쪽 방향으로, 방법2는 오른쪽 방향으로 잎을 붙인 줄기와 잎그림을 작성하고 분포를 비교하여 보시오.

4장

확률과 확률변수, 확률분포

대부분의 경우 단순한 요약정리뿐 아니라, 표본에서 나타난 정보를 이용하여 모집단의 특성을 추측하는 데에 흥미가 있을 것이다. 이러한 통계적 추론을 하기 위해서는 먼저 확률이론이 필요하다. 이 장에서는 기초적인 확률의 개념을 알아보고, 확률분포 및 표본분포에 대해 설명하겠다. 각 분포에 대해 Excel의 통계함수를 이용하여 확률값을 구하는 방법을 함께 소개할 것이다.

4.1 확률과 조건부 확률

4.1.1 확률의 의미

확률에 대해서는 몇 가지 서로 다른 해석이 있다. 첫 번째는 고전적인 관점으로서 어떤 사상(E)의 확률은 관심되는 집합에서의 결과의 수(m)를 표본공간의 전체집합에서의 결과의 수(N)로 나눈 것으로 생각하는 것이다. 이러한 관점은 각 사상이 발생할 가능성이 동일하다고 가정할 수 있을 때 가능하다. 예를 들어 공정한 주사위에서 각 면이 나올 가능성이 모두 같다고 볼 때 어느 한 면이 나올 확률을 1/6로 계산하게 되는 것이다. 즉, 사상이 N개로 배타적이며 동등하게 발생할 때, 그들 중 m개가 E라는 특성을 가진다면 E의 확률 $P(E) = m/N$로 정의된다. 다음의 예를 보자.

예제 4.1

다음과 같이 1부터 15까지의 숫자가 적혀있는 공들이 상자에 들어있다. 임의로 공을 하나 꺼냈을 때 공에 쓰인 숫자가 7 이상일 확률은 얼마일까?

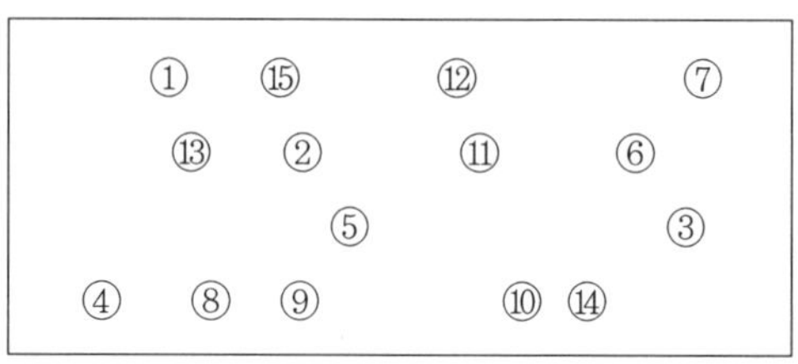

각 번호가 뽑힐 가능성이 동일하므로, 고전적인 관점에서 볼 때 P(7 이상의 숫자가 적힌 공이 꺼내지는 사건) = P(숫자가 7 이상인 공의 수) / P(전체 공의 수) = 9/15 = 0.6으로 계산된다.

또 다른 해석은 경험적인 측면에서 확률을 상대도수의 극한치로 생각하는 것이다. 비슷한 조건에서 수많은 실험(n)을 랜덤하게 실시했을 때, 실험의 결과로서 나타난 사상(E)의 상대적인 도수로 추정된다고 생각한다. 이때는 동일한 조건하에서 여러 차례 이러한 절차가 반복적으로 발생할 수 있다고 가정한다. 즉, 어떤 절차가 무한히 많이 (n회) 반복되었을 때 사상 E가 m회 발생했다면, E의 확률에 대한 추정치는 $P(E) = m/n$이 된다. 다음의 예를 보자.

예제 4.2

어떤 의학저널에서 논문을 랜덤하게 500개 뽑아서 검토한 결과 그중 125개 논문에서 통계적 오류가 발견되었다. 경험적 확률로 생각하면, 이 저널의 의학논문이 통계적인 오류가 있을 확률은 25%(=125/500)로 추정된다.

표본공간 $\Omega = \{\mathrm{E}_1, \mathrm{E}_2, \ldots, \mathrm{E}_\mathrm{n}\}$ 이고, 사상 $E_1, E_2, \ldots, E_n$ 이 서로 배반일 때 확률은 다음과 같은 기본 성질을 만족한다.

❶ $P(E_i) \geq 0$

❷ $P(E_1) + P(E_2) + \cdots + P(E_n) = 1$

❸ $P(E_i \cup E_j) = P(E_i) + P(E_j)$

또한 확률의 합법칙과 곱법칙은 각각 다음과 같다.

❶ $P(A \cup B) = P(A) + P(B) - P(A \cap B)$

❷ $P(A \cap B) = P(A)P(B|A) = P(B)P(A|B)$

4.1.2 조건부 확률과 베이즈 정리

어떤 사상 B가 이미 일어났다면 그러한 조건하에서 사상 A가 일어날 확률 $P(A|B)$가 단순히 A가 일어날 확률 $P(A)$와 달라질 것인가에 관심이 있을 때가 있다. 앞에서 본 바와 같이 $P(A \cap B) = P(B)P(A|B)$이므로, $P(A) \neq 0$일 때 조건부 확률은

$$P(A|B) = \frac{P(A \cap B)}{P(A)}$$

이 된다. 이때 두 사상이 서로 독립이면 $P(A|B) = P(A)$이다.

예제 4.3

다음의 표는 어느 의과대학의 학생들 500명을 대상으로 남녀별로 규칙적인 운동을 하는지 여부를 조사한 표이다. 남자인 경우를 사상 B라고 하고, 규칙적으로 운동하는 것을 사상 A라고 하자. 사상 A와 B가 서로 독립인가?

	운동함	운동하지 않음	계
여자	40	270	310
남자	160	30	190
계	200	300	500

$P(B)=190/500=0.38$, $P(A)=200/500=0.40$, $P(A\cap B)=160/500=0.32$이다. 남자 190명 중에서 운동하는 사람은 160명이므로 $P(A|B)=160/190=0.842$이다. 한편 위의 조건부 확률의 공식으로 이를 계산해 보면, $P(A|B)=\dfrac{P(A\cap B)}{P(B)}=\dfrac{0.32}{0.38}$ $=0.842$로 역시 같게 됨을 알 수 있다. 이때 $P(A|B)$와 $P(A)$가 같지 않으므로 두 사상 A와 B는 서로 독립이 아니다.

이제 베이즈의 정리(Bayes' Theorem)에 대해 알아보자. 베이즈의 정리는 확률의 곱법칙으로부터 유도되는데, 두 사상 $A_{1,}A_2$가 서로 배반이고 $P(A_1\cup A_2)=P(A_1)+P(A_2)=1$일 때,

$$P(A_1|B)=\frac{P(A_1\cap B)}{P(B)}$$
$$=\frac{P(A_1)P(B|A_1)}{P(A_1)P(B|A_1)+P(A_2)P(B|A_2)}$$

임을 말한다. 이때 $P(A_1)$를 사전확률(prior probability), $P(A_1|B)$를 사후확률(posterior probability)이라고 한다.

베이즈의 정리는 n개의 배반사상이 있는 경우로 일반화할 수도 있다. 즉, $P(A_1\cup A_2\cup\ldots\cup A_n)=P(A_1)+P(A_2)+\ldots+P(A_n)=1$이면,

$$P(A_i|B)=\frac{P(A_i\cap B)}{P(B)}$$
$$=\frac{P(A_i)P(B|A_i)}{P(A_1)P(B|A_1)+\ldots+P(A_n)P(B|A_n)}$$

이 된다. 베이즈의 정리를 이용하면 B라는 새로운 정보가 주어졌을 때 그를 고려하여 A가 발생할 확률을 재계산할 수 있으므로 매우 유용하다.

예제 4.4

10명 중 2명꼴로 발병하는 질병의 진단법을 개발하였다. 이 진단법을 사용하면, 질병이 있는 사람의 90%가 양성으로 나타나며, 질병이 없는 사람 중 5%가 양성으로 나타난다고 한다. 어떤

사람이 이 검사를 받아 양성반응을 보였을 때 이 사람이 실제로 병에 걸렸을 확률은 얼마인가?

이 문제에서 다음과 같이 기호를 정의하여 보자.

A_1: 질병에 걸림

A_2: 질병에 걸리지 않음

B : 양성반응이 나타남

양성반응을 보였을 때 이 사람이 실제로 병에 걸렸을 확률은 $P(A_1|B)$이다. 질병에 걸릴 확률과 걸리지 않을 확률은 각각 $P(A_1)=0.2, P(A_2)=0.8$이다. 또한 $P(B|A_1)=0.9$, $P(B|A_2)=0.05$가 되므로, 베이즈의 정리에 의해

$$P(A_1|B) = \frac{P(A_1)P(B|A_1)}{P(A_1)P(B|A_1)+P(A_2)P(B|A_2)}$$
$$= \frac{0.2\times0.9}{(0.2\times0.9)+(0.8\times0.05)}$$
$$= 0.82$$

가 된다. 검사를 받기 전에 질병에 걸렸을 사전 확률은 20%이지만, 진단검사 결과 양성반응이라는 정보를 이용하면 이 사람이 질병에 걸렸을 사후 확률은 82%가 된다. 진단법과 관련해서는 9장에서 구체적으로 설명할 것이다.

4.2 이산형 확률변수와 분포

측정되거나 분류되는 모든 특성을 변수(variable)라고 한다. 어떤 변수가 여러 개의 다른 결과로 나타날 수 있고, 그 특정 결과가 나타나는 것이 확률적으로 결정된다면 이를 확률변수(random variable)라고 한다. 확률변수가 갖는 값과 확률을 대응시켜 주는 관계를 확률분포(probability distribution)라고 한다.

이산형 확률변수(discrete random variable)는 유한하거나 셀 수 있는 수로 된 결과를 가지며, 확률변수가 취할 수 있는 모든 값에 각각이 일어날 확률을 대응하여 확률분포를 구한다.

예제 4.5

동전 던지기를 2회 실시하였을 때 나온 앞면의 횟수를 X라고 하자. 가능한 경우는 0회, 1회, 2회이며 대응하는 확률은 각각 1/4, 1/2, 1/4이다. 따라서 X의 확률분포는 다음과 같다.

x	$f(x)$
0	1/4
1	1/2
2	1/4
합계	1

여기서 $f(x) = P(X=x)$이며, 0과 1 사이의 값을 갖고 모든 가능한 x에 대한 합이 1이어야 한다. $f(x)$를 확률함수(probability function) 또는 확률질량함수(probability mass function)라고 한다. 이산확률변수 X의 기댓값 μ와 분산 σ^2은 각각 다음과 같이 정의된다.

$$\mu = E(X) = \sum xP(X=x)$$

$$\sigma^2 = Var(X) = E[X-E(X)]^2 = \sum[x-E(X)]^2 P(X=x)$$

4.2.1 이항분포

이산형 확률변수의 대표적인 분포인 이항분포(binomial distribution)에 대해 알아보자. 어떤 실험이나 시행의 결과가 성공 또는 실패 중 하나로 나타나며, 시행에서의 성공 확률이 p로 일정하고, 매 실험은 독립이라고 하자. 이를 베르누이 시행(Bernoulli trial)이라고 한다. 이러한 실험을 n번 반복했을 때 성공의 횟수를 X라고 하면, 확률변수 X는 반복수가 n번이고, 성공확률이 p인 이항분포를 따른다. 이를

$$X \sim B(n,p)$$

로 표기한다. 확률함수는

$$f(x) = \binom{n}{x} p^x (1-p)^{n-x}$$

이고, 여기서 $\binom{n}{x} = \frac{n!}{x!(n-x)!}$이다. 기댓값은 np이며, 분산은 $np(1-p)$이다.

예제 4.6

편두통이 있는 환자 15명에게 새로 개발된 진통제를 투약하였다. 이 진통제는 약 80%의 진통효과가 있다고 한다. 15명 중 10명에게 진통효과가 있을 확률과 12명 이하에게 진통효과가 있을 확률을 구하라.

각 시행이 독립적이라면, 효과를 본 환자의 수 X는 $X \sim B(15,\ 0.8)$을 따른다. 따라서, 15명 중 10명에게 진통효과가 나타날 확률은

$$P(X = 10) = \binom{15}{10} 0.8^{10}(1-0.8)^{15-10} = 0.1032$$

이고, 12명 이하일 확률은

$$P(X \leq 12) = \binom{15}{0} 0.8^{0}\ 0.2^{(15-0)} + \cdots + \binom{15}{12} 0.8^{12}\ 0.2^{(15-12)} = 0.6020$$

으로 계산된다.

4.2.2 Excel에서의 이항분포함수

Excel을 이용해서 이항분포의 확률값, 누적확률값 그리고 역함수값을 구하는 과정을 알아보자. Excel에서 이항분포와 관계되는 통계함수는 BINOM.DIST, BINOM.INV, BINOM.DIST.RANGE가 있다. BINOM.DIST 함수는 특정 성공 횟수에 대한 확률값과 누적확률값을 구해주는 함수이며, BINOM.DIST.RANGE는 성공 횟수가 특정 구간 사이에 있을 확률을 구한다. BINOM.INV는 누적 이항 분포가 기준치 이상이 되는 값 중 최소의 값을 구한다.

예제 4.6 계속

함수 마법사를 이용하여 예제 4.6의 계산을 해 보자.

❶ 먼저 15명 중 10명에게 진통효과가 나타날 확률을 구해 보자. '함수 삽입' 단추 f_x를 클릭하여 나타나는 [함수 마법사] 대화창의 [함수 검색]란에서 "BINOM"을 검색하고, [함수 선택]란에서 'BINOM.DIST'를 선택한다.

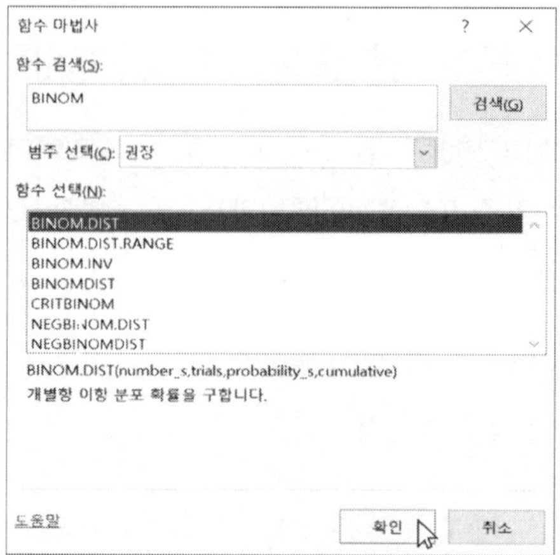

❷ 대화창이 나오면 [Number_s]란에 성공횟수 10, [Trials]란에 전체 시행수 15, [Probability_s]란에 성공확률 0.8 그리고 [Cumulative]란에 "FALSE"를 입력한다. Cumulative가 TRUE이면 누적확률값을 제공하고 FALSE이면 해당하는 확률값을 구해 준다. 이때 함수 마법사를 이용하지 않고 셀에 직접 "=BINOM.DIST(10,15,0.8,FALSE)"를 입력하여도 동일한 결과를 얻을 수 있다.

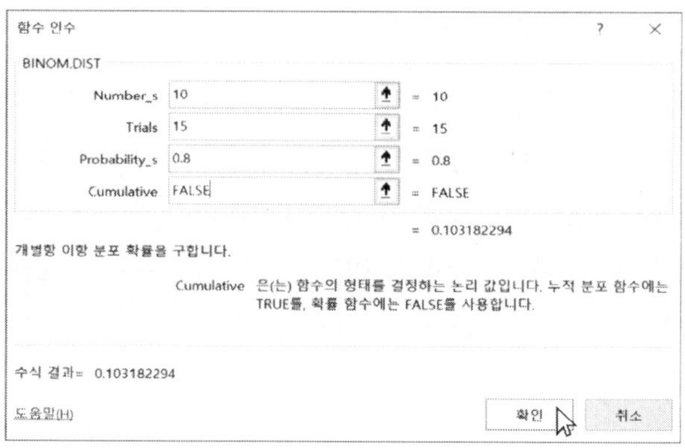

❸ 그 결과 0.1032라는 결과 값이 보이게 되고, 확인을 선택하면 이 값이 셀에 나타나게 된다.

❹ 이제 12명 이하에서 진통효과를 보일 확률을 구하기 위해 다시 BINOM.DIST 대화상자를 열고 입력란 [Number_s]란에 12, [Trials]란에 15, [Probability_s]란에 0.8을 입력한다. 이번에는 누적확률값을 구하는 것이므로 [Cumulative]란에 "TRUE"를 입력한다. 그 결과로 0.6020을 얻게 된다. 이때 함수 마법사를 이용하지 않고 셀에 직접 "=BINOM.DIST(12,15,0.8,TRUE)"를 입력하여도 동일한 결과를 얻을 수 있다.

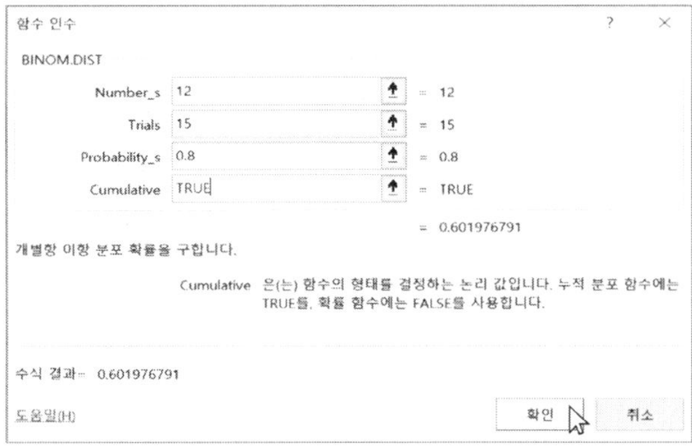

예제 4.6 계속

이번에는 역함수를 이용하여 예제 4.6과 같은 상황에서 시행횟수가 15이고 성공확률이 0.8일 때, 누적확률값이 0.95 이상이 되는 최소의 성공횟수를 구해 보자.

❶ [함수 마법사]를 실행하고 통계함수 중 “BINOM.INV”을 선택하면 대화창이 나온다.

❷ 대화창에서 [Trials]란에 15, [Probability_s]란에 0.8, 그리고 [Alpha]란에 0.95를 입력하면 14라는 결과가 나온다. 즉, 95% 이상의 누적확률값을 가지려면 성공횟수가 14 이상이어야 함을 알 수 있다. 확인을 누르면 그 값이 셀에 입력된다. 셀에 직접 “=BINOM.INV(15,0.8,0.95)”를 입력하여도 동일한 결과를 얻을 수 있다.

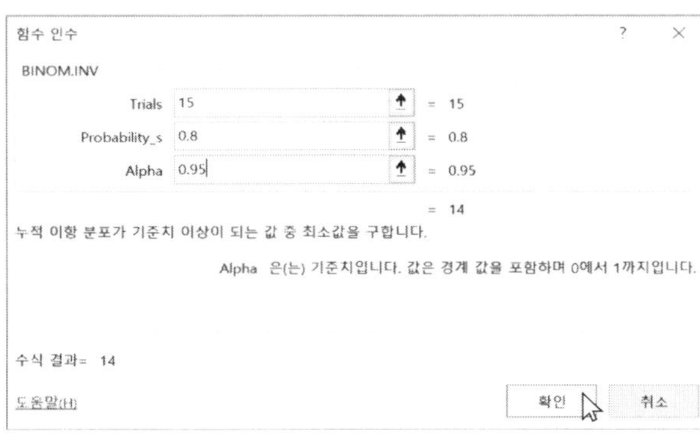

예제 4.6 계속

만약 성공횟수가 어느 범위 안에 들어가는 확률을 구하고자 하면 ‘BINOM.DIST.RANGE’ 함수를 이용할 수 있다. 예컨대 시행횟수가 15이고 성공확률이 0.8일 때 성공횟수가 12에서 15 사이일 확률을 구하고자 한다면 다음과 같이 하면 된다.

❶ [함수 마법사]를 실행하고 'BINOM.DIST.RANGE'를 선택하면 대화창이 나온다.

❷ 대화창에서 [Trials]란에 15, [Probability_s]란에 0.8, 그리고 [Number_s]란에 12을 [Number_s2]란에 15를 입력한다. 결과값은 0.6482이다. 셀에 직접 "=BINOM.DIST.RANGE(15,0.8,12,15)"을 입력하여도 동일한 결과를 얻을 수 있다.

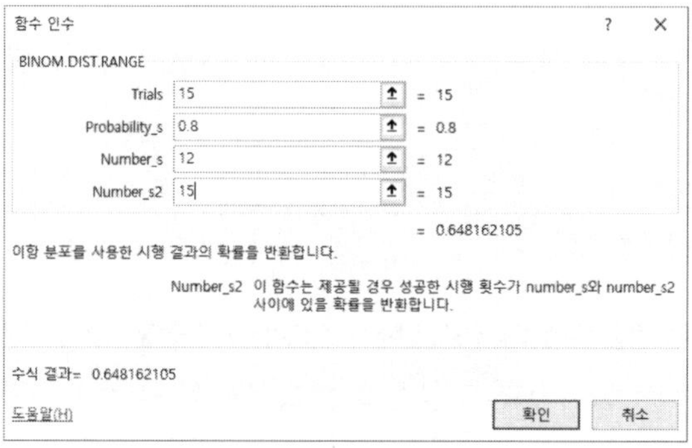

Tip

다음의 표는 이항분포와 관련된 함수를 정리한 것이다.

함수	예제	결과
BINOM.DIST(성공횟수, 시행횟수, 성공확률, 누적구분)	=BINOM.DIST(10, 15, 0.8, FALSE)	성공확률이 0.8인 사건을 15번 시행할 때, 10번 성공할 확률
BINOM.DIST.RANGE(시행횟수, 성공확률, 성공횟수 하한, 성공횟수 상한)	=BINOM.DIST.RANGE(20, 0.8, 3, 7)	성공확률이 0.8인 사건을 20번 시행할 때, 3~7번 성공할 확률
BINOM.INV(시행횟수, 성공확률, 기준치)	=BINOM.INV(15, 0.8, 0.95)	성공확률이 0.8인 사건을 15번 시행할 때, 누적확률이 0.95 이상인 성공횟수 중 최솟값

4.2.3 포와송 분포

이산형 확률분포로서 이항분포 외에 포와송 분포(Poisson distribution)가 종종 사용된다. 포와송 분포는 어떤 단위 구간(시간 또는 공간 등)에서 평균적으로 발생하는 사건(예. 성공)이 있을 때 성공횟수의 분포로 사용된다. 사건은 성공 또는 실패의 두 가지 중 하나로 나타나며, 각 단위구간의 사건은 서로 독립이다. 단위구간 내에서 사건이 발생할 가능성은 일정하다고 가정한다. 단위시간 동안 임상시험에 들어오는 환자의 수, 단위 공간 내에서의 바이러스의 수, DNA에 방사선을 쬐었을 때 발생하는 돌연변이의 개수 등을 포와송 분포로 고려할 수 있다.

즉, 특정 구간 중 어떤 사건이 일어날 횟수에 대한 기댓값을 λ라고 할 때 그 사건의 횟수 X는 포와송 분포를 따른다고 할 수 있다. 다음과 같이 표기하자.

$$X \sim Poisson(\lambda)$$

확률함수는 다음과 같다.

$$f(x) = \frac{\lambda^x e^{-\lambda}}{x!}$$

포와송 분포의 평균과 분산은 모두 λ이다. 포와송 분포는 이항분포에서 n이 매우 크고, p는 매우 작은 경우에 대한 근사로 사용할 수 있다. 예컨대 $n \geq 100$이면서 $np < 10$일 때 같은 경우에 쓸 수 있다. 이때 성공횟수는 평균이 np인 포와송 분포로 근사된다.

예제 4.7

한 보고서에 따르면 2022년 우리나라의 출생률은 인구 1,000명당 5.1명이라고 한다. 어느 지역에 1,000명이 있다고 할 때 한해에 10명이 태어날 확률은 얼마인가? 또한 신생아가 1명 이하로 태어날 확률은 얼마인가?

출생아수는 평균이 5.1인 포와송 분포를 따른다고 볼 수 있다. 즉, 출생아수 X~Poisson(5.1)을 따른다. 따라서 10명이 태어날 확률은

$$P(X=10) = \frac{5.1^{10} e^{-5.1}}{10!} = 0.02$$

이다. 1명 이하가 태어날 확률은

$$P(X \leq 1) = \frac{5.1^0 e^{-5.1}}{0!} + \frac{5.1^1 e^{-5.1}}{1!} = 0.006 + 0.031 = 0.037$$

이 된다.

4.2.4 Excel에서의 포와송 분포함수

Excel에서 이항분포와 관계되는 통계함수는 POISSON.DIST 함수가 있다. 함수 마법사를 이용하여 예제 4.7을 계산해 보자.

예제 4.7 계속

❶ 먼저 10명이 태어날 확률을 구해 보자. '함수 삽입' 단추 *fx* 를 클릭하여 나타나는 [함수 마법사] 대화창의 [함수 검색]란에서 "POISSON"을 검색하고, [함수 선택]란에서 'POISSON.DIST'를 선택한다.

❷ 대화창이 나오면 [X]란에 성공횟수 10, [Mean]란에 평균인 5.1, [Cumulative]란에 "FALSE"를 입력한다. 이때 함수 마법사를 이용하지 않고 셀에 직접 "=BINOM.DIST(10,5.1,FALSE)"를 입력하여도 동일한 결과를 얻을 수 있다.

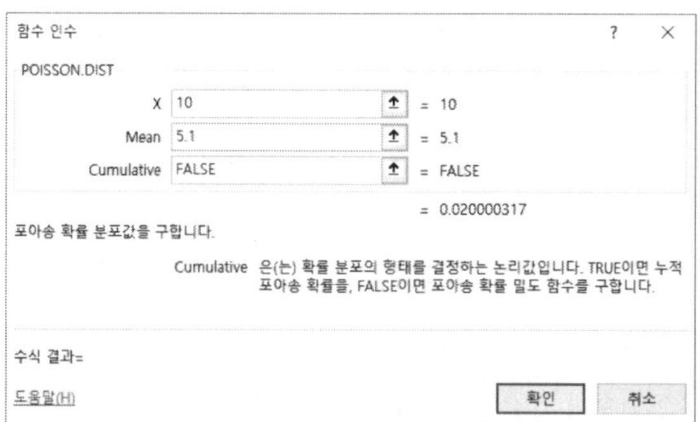

❸ 확인을 선택하면 0.0200이라는 결과값이 보이게 되고, 이 값이 셀에 나타나게 된다.

❹ 1명 이하가 태어날 확률을 구하기 위해서는 화면에서 [X]에 1을, [Mean]에 5.1을 넣고, [Cumulative]란에 "TRUE"를 입력한다. 셀에 직접 "=BINOM.DIST(12,15,0.8,TRUE)"를 입력해도 된다. 0.0372가 계산된다.

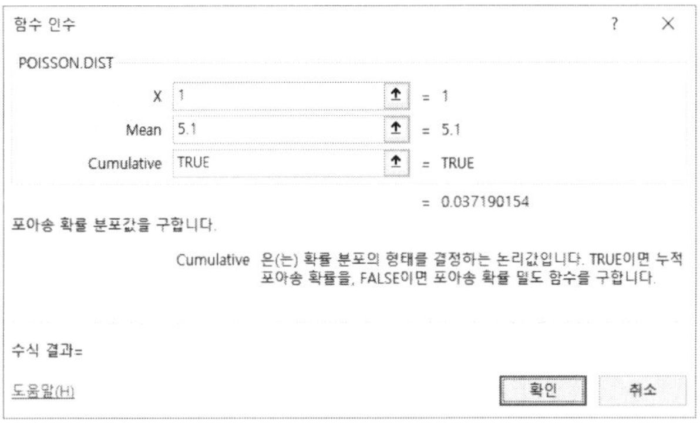

이 밖에도 이산형 확률분포로서 기하분포(geometric distibutution)과 초기하분포(hypergeometric distribution) 등이 있다. 기하분포는 성공과 실패의 두 결과가 있는 독립시행에서 첫 번째 성공이 발생할 때의 시행수에 관한 분포라고 할 수 있다. 초기하분포는 유한한 모집단에서 복원 없이 샘플추출이 될 때의 성공횟수와 같이 독립적인 시행이 아닐 때 사용된다. 이들 분포에 대해서는 구체적인 설명은 하지 않겠다.

4.3 연속형 확률변수와 분포

이산형 확률변수에서는 확률변수가 취하는 값이 이산형의 특정한 값(예. 0, 1, 2, 3)으로 한정되어 있었다. 그러나 연속형 확률변수는 그렇지 않다. 예컨대 0에서 3 사이에서 연속적으로 무한히 많은 값을 취할 수 있다. 특정 값 x에 대해서는 $P(X=x)=0$이 된다. 따라서 이산형 확률변수와 같은 방식으로 각 변수값에 확률을 대응시킬 수는 없으며, 대신 구간에 대한 확률값으로 정의하게 된다. 연속형 변수에 대한 확률함수를 확률밀도함수(probability density function)라고 한다.

4.3.1 정규분포

연속형 확률분포 중에서 가장 많이 쓰이는 정규분포(normal distribution)에 대해서 알아보자. 정규분포는 많은 통계학 이론의 기본이 된다. 실제로 키나 몸무게, 혈압, 콜레스테롤 수치 등을 비롯한 여러 종류의 데이터가 정규분포에 근사하므로 매우 유용하게 사용되고 있다. 또한 모집단이 이산형인 경우에도 정규분포로의 근사가 가능하다.

확률변수 X가 평균이 μ이고 분산이 σ^2인 정규분포를 따른다고 하면, 이때의 확률밀도함수는

$$f(x;\mu,\sigma^2)=\frac{1}{\sqrt{2\pi}\,\sigma}\exp\left(-\frac{(x-\mu)^2}{2\sigma^2}\right)$$

이며,

$$X \sim N(\mu,\ \sigma^2)$$

로 표기한다. 정규분포를 가우스분포(Gaussian distribution)라고도 한다. 평균 μ와 분산 σ^2에 의해서 분포가 확정되는데, 다음 그림과 같이 평균을 중심으로 좌우대칭의 종 모양을 갖는다. 정규분포를 따르는 변수가 평균으로부터 1배의 표준편차 사이에 있을 확률이 약 68%, 2배의 표준편차 사이에 있을 확률이 약 95% (아래 그림의 음영 부분)이며, 3배의 표준편차 사이에 있을 확률은 99%를 넘는다. 즉,

$$P(\mu-\sigma \le X \le \mu+\sigma)=68.27\%$$

$$P(\mu-2\sigma \le X \le \mu+2\sigma)=95.45\%$$

$$P(\mu-3\sigma \le X \le \mu+3\sigma)=99.73\%$$

이다.

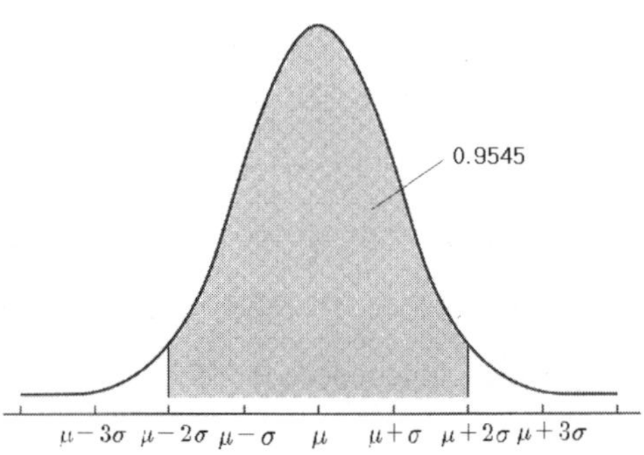

정규분포의 확률밀도함수

확률변수 X가 평균이 μ이고 분산이 σ^2인 정규분포를 따를 때, 이를 변환한 확률변수

$$Z = \frac{X-\mu}{\sigma}$$

는 평균이 0이고 분산이 1인 정규분포를 따르게 된다. 이를 표준정규분포(standard normal distribution)라고 한다. 표준정규분포는 0을 중심으로 대칭이므로, 어떤 값 z에 대해서 $P(Z \le -z) = P(Z \ge z)$이며, 연속확률분포이므로 $P(Z \ge z) = P(Z > z) = 1 - P(Z \le z)$이다. 따라서 $P(Z \le -z) = 1 - P(Z \le z)$가 성립된다. 부록에 있는 표준정규분포표를 이용하여 이 확률을 구할 수 있다.

예제 4.8

변수 Z가 표준정규분포를 따를 때 ① $P(Z \le 1.25)$ ② $P(Z \ge 1.25)$ ③ $P(-a \le Z \le a) = 0.95$인 a값을 구해 보자.

① 1.25에 해당하는 누적확률값을 구하기 위해서 부록의 정규분포표에서 행방향의 1.2와 열방향의 0.05가 만나는 곳을 찾는다. 해당하는 값이 0.8944이므로 $P(Z \le 1.25) = 0.8944$이다.

② $P(Z \ge 1.25) = P(Z \le -1.25)$이므로 행의 -1.2와 열의 0.05가 만나는 곳을 찾으면 구하는 확률값은 0.1056이다(그림에서 음영 부분의 면적).

③ $P(-a \le Z \le a) = P(Z \le a) - P(Z \le -a) = 1 - 2P(Z \le -a)$이므로 $P(Z \le -a) = 0.025$가 되는 a값을 찾으면 된다. 부록의 정규분포표에서 $P(Z \le -1.96) = 0.025$이므로 $a = 1.96$이 된다.

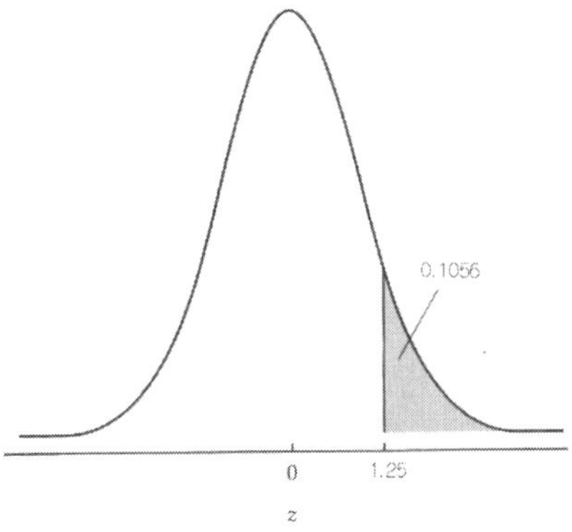

몇 가지 자주 사용되는 값은 다음과 같다.

z	우측꼬리영역 $P(Z \geq z)$	$-z$	좌측꼬리영역 $P(Z \leq -z)$
0.000	0.5	0.000	0.5
1.645	0.05	−1.645	0.05
1.960	0.025	−1.960	0.025
2.576	0.005	−2.576	0.005

예제 4.9

어느 지역의 12~18세의 여성은 헤모글로빈 수치의 평균이 13.3 g/dl, 표준편차가 1.12 g/dl로 알려져 있다. 이 집단에서 12~18세 사이의 여성 한 명을 임의로 뽑았다고 하자. ① 이 여성의 헤모글로빈 수치가 13.0 이상 13.9 이하일 확률은 얼마인가? ② 또한 이 집단에서 상위 5%에 해당하는 헤모글로빈 수치는 얼마일까?

헤모글로빈 수치를 확률변수 X라고 하자. $X \sim N(13.3,\ 1.12^2)$ 이므로 이를 표준화한 $Z = \dfrac{X-13.3}{1.12}$는 표준정규분포 $N(0,1)$을 따르게 된다.

① 헤모글로빈 수치가 13.0 이상 13.9 이하일 확률은

$$\begin{aligned}
&P(13.0 \leq X \leq 13.9) \\
&= P(X \leq 13.9) - P(X \leq 13.0) \\
&= P\left(Z \leq \frac{13.9-13.3}{1.12}\right) - P\left(Z \leq \frac{13.0-13.3}{1.12}\right) \\
&= P(Z \leq 0.54) - P(Z \leq -0.27)
\end{aligned}$$

이다. 정규분포표에서 $P(Z \leq 0.54) = 0.7054$이고 $P(Z \leq -0.27) = 0.3936$이므로 헤모글로빈 수치가 13.0에서 13.9 사이에 포함될 확률은 약 0.31이 된다.

② 상위 5%에 해당하는 헤모글로빈 수치는 $P(X \leq a) = 0.95$가 되는 a값을 구하는 것과 같다. 즉, $P\left(Z \leq \dfrac{a-13.3}{1.12}\right) = 0.95$인 점을 구한다. 정규분포표에서 $P(Z \leq 1.64) = 0.9495$, $P(Z \leq 1.65) = 0.9505$이므로 $P(Z \leq 1.645) = 0.95$로 볼 수 있겠다. 따라서 $\dfrac{a-13.3}{1.12} = 1.645$로부터 $a = 15.14$가 된다. 즉 상위 5%에 해당하는 헤모글로빈 수치는 15.14이다.

4.3.2 Excel에서의 정규분포함수

Excel의 함수를 이용하면 분포표를 찾지 않고도 정확한 확률값을 찾을 수 있다. Excel의 통계함수 중 정규분포와 관련된 것으로 NORM.DIST, NORM.S.DIST, NORM.INV, NORM.S.INV 등이 있다.

예제 4.9 계속

NORM.DIST을 이용하여 정규분포에서의 누적확률값을 구할 수 있다. 앞의 예제 4.9에서 한 명을 뽑았을 때 헤모글로빈 수치가 13.0 이상 13.9 이하일 확률을 구해보자. $P(X \leq 13.9)$와 $P(X \leq 13.0)$을 각각 구해보자.

❶ 먼저 빈 셀을 클릭한 다음, '함수 삽입' 단추 f_x를 누른다.

❷ [함수 마법사] 대화상자의 [함수 검색]에서 "NORM"을 검색하고, 함수 선택에서 'NORM.DIST'를 선택한다.

❸ 대화상자에 4개의 입력란이 있다. [X]란에는 구하고자 하는 값을 쓰고, [Mean]란에 평균, [Standard_dev]란에 표준편차를 쓴다. [Cumulative]란에TRUE를 쓰면 누적분포함수값이 계산된다. $P(X \leq 13.9)$를 구하기 위해 대화창에서 [X]란에 13.9, [Mean]란에 13.3, [Standard_dev]란에 1.12, [Cumulative]란에 "TRUE"를 입력한다. 0.7039라는 결과가 나온다. 확인을 누르면 그 값이 셀에 입력된다. 셀에 직접 "=NORM.DIST (13.9,13.3,1.12,TRUE)"를 입력해도 된다.

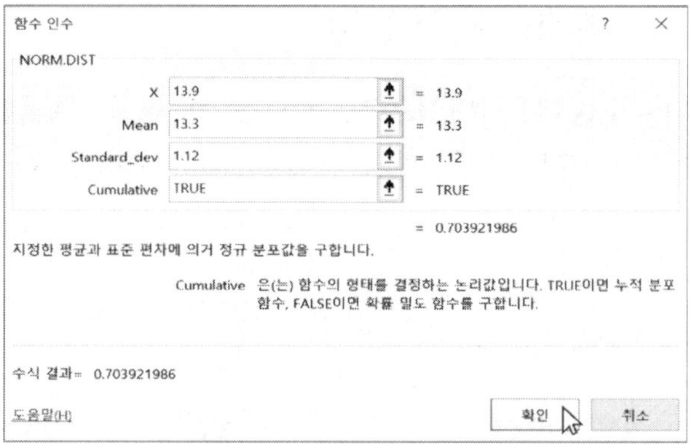

❹ 마찬가지 방법으로 $P(X \leq 13.0)$을 구하기 위해 대화창에서 [X]란에 13을 쓰고 나머지는 앞서와 동일하게 쓴다. 0.3944가 나온다. 따라서 헤모글로빈 수치가 13에서 13.9 사이에 포함될 확률은 0.70−0.39=0.31임을 알 수 있다.

한편 표준정규분포를 이용하려면 함수 마법사를 실행하고 NORM.S.DIST를 선택하여, 대화창에서 [Z]란에 해당하는 표준화값을 써주고 [Cumulative]란에 "TRUE"를 입력한다. 아래의 화면은 표준화한 후의 값인 0.54를 써서 $P(Z \leq 0.54)$의 값 0.7054를 구한 것이다. 마찬가지로 $P(Z \leq -0.27)$을 구하기 위해 다시 NORM.S.DIST 마법사 창을 띄워 [Z]란에 −0.27를, [Cumulative]란에 "TRUE"를 입력하면 0.39356이 계산된다. 셀에 직접 "=NORM.S.DIST(0.54,TRUE)"를 입력해도 같은 결과를 얻을 수 있다.

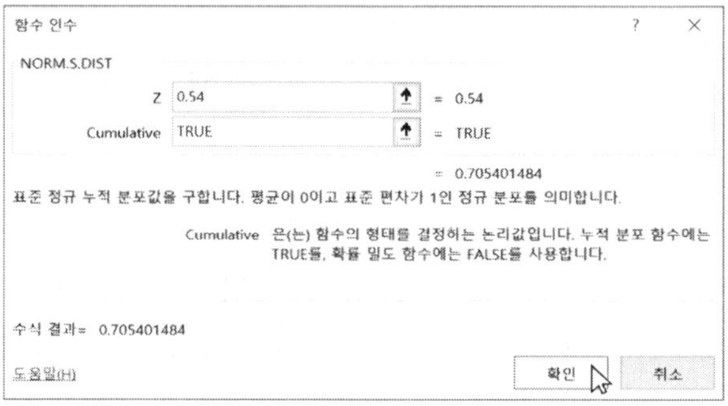

예제 4.9 계속

이번에는 예제 4.9의 ②를 구해 보자. $P(X \leq a) = 0.95$인 a값을 구하는 것인데, 함수 NORM.INV를 이용하여 계산할 수 있다.

❶ 함수 마법사를 실행하고 함수 마법사 대화상자에서 [함수 검색]란에서 “NORM”을 검색하고, 함수 선택에서 ‘NORM.INV’를 선택한다.

❷ 대화창에서 [Probability]란에 0.95, [Mean]란에 13.3, 그리고 [Standard_dev]란에 1.12를 입력하면 15.1422라는 결과가 나온다. 셀에 “=NORM.INV(0.95,13.3,1.12)”를 입력하여도 동일한 결과를 얻을 수 있다.

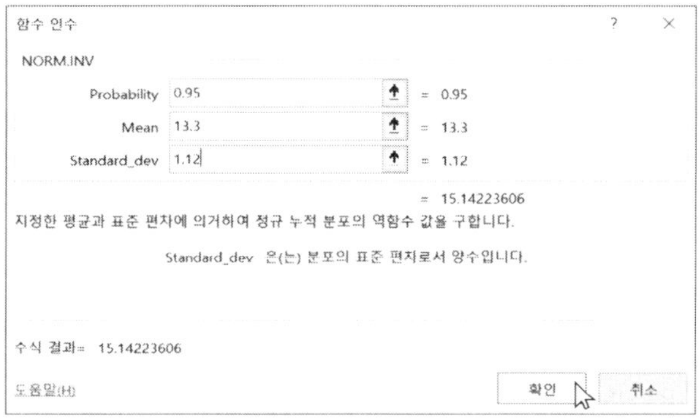

한편 표준정규분포를 이용하여 이 결과를 얻기 위해서는

❶ [함수 마법사]를 실행하고 [함수 검색]에서 “NORM”을 검색하고, [함수 선택]에서 ‘NORM.S.INV’를 선택한다.

❷ 대화창에서 [Probability]란에 0.95를 입력하면 1.6449이라는 결과가 나온다. 또는 “=NORM.S.INV(0.95)”를 입력해도 된다.

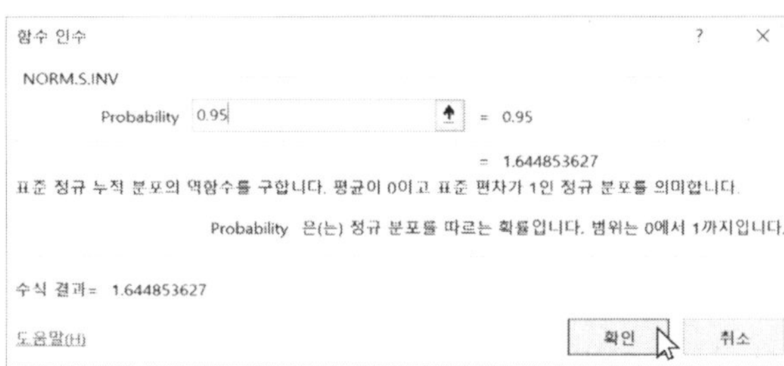

여기서 1.644853627은 Z값을 나타내는데, 이를 X로 다시 정리하면

$$X = 1.6449 \times 1.12 + 13.3 = 15.1422$$

이 된다.

이 밖에도 카이제곱분포, t－분포, F－분포, 지수분포, 이항분포, 포와송분포에 대한 확률값과 역함수값을 구할 수 있는 많은 함수가 있다. t－분포는 5장에서, 카이제곱분포와 F－분포는 11장에서 다룬다. 이 책에서 다루지 않는 분포 관련 함수에 대해서는 Excel의 도움말 기능을 이용하여 스스로 익혀보자.

Tip

다음의 표는 정규분포와 관련된 함수를 정리한 것이다.

함수	예제	결과
NORM.DIST (변수값, 평균, 표준편차, 누적구분)	=NORM.DIST(13.9, 13.3, 1.12, TRUE)	평균이 13.3, 표준편차가 1.12인 정규분포에서 13.9까지의 누적확률
NORM.S.DIST (값, 누적구분)	=NORM.S.DIST(0.54, TURE)	표준정규분포에서의 0.54까지의 누적확률
NORM.INV (확률, 평균, 표준편차)	=NORM.INV(0.95, 13.3, 1.12)	평균이 13.3, 표준편차가 1.12인 정규분포에서 누적확률 0.95에 해당하는 변수값
NORM.S.INV (확률)	=NORM.S.INV(0.95)	표준정규분포에서 누적확률 0.95에 해당하는 변수값

4.4 표본분포

대부분의 경우 우리는 모집단에 대한 정보(예. 모평균 μ)를 알지 못하고, 대신 표본의 정보(예. 표본평균 $\overline{x}$)를 이용하여 모집단의 특성을 추정하고자 한다. 예를 들어 우리나라 성인남자의 평균 콜레스테롤 수치를 알아보고자 무작위로 1,000명을 추출하여 구한 표본평균을 $\overline{x_1}$이라고 하자. 그런데 이 값은 다시 한번 무작위로 1,000명을 조사했을 때의 표본평균 $\overline{x_2}$와는 다를 것이다. 만약 일정한 수의 표본을 뽑아 표본평균을 구하는 이 과정을 무한히 반복한다면, 가능한 모든 표본평균들의 값을 얻게 되어 이 표본평균들의 분포를 구할 수 있을 것이다. 이처럼 표본으로부터 계산되는 통계량에 대한 확률분포를 표본분포(sampling distribution)라고 하며, 통계량을 이용하여 추론하는 데 필요하다.

4.4.1 표본평균의 분포

표본평균의 분포에 대한 특성은 다음과 같은 두 개의 정리로 요약된다.

[정리 1] 평균이 μ, 분산이 σ^2인 정규분포를 따르는 모집단에서 무작위로 n개의 표본을 추출했을 때, 표본평균은 평균이 μ, 분산이 σ^2/n인 정규분포를 따른다.

[정리 2] 평균이 μ, 분산이 σ^2인 임의의 분포를 따르는 모집단에서 n개의 표본을 추출했을 때, 표본크기가 충분히 크면(통상 30 이상) 표본평균은 근사적으로 평균이 μ, 분산이 σ^2/n인 정규분포를 따른다.

위의 [정리 2]를 중심극한정리(Central Limit Theorem)라고 한다. 이는 모집단의 분포가 연속형이거나 이산형이든, 대칭이든 비대칭이든 관계없이 표본 크기가 크기만 하면 표본평균이 정규분포로 근사한다는 것으로 매우 유용한 성질이다.

예제 4.10

한 지역의 20세 남성의 키는 평균이 174.0cm, 표준편차가 5.8cm인 정규분포를 따르는 것으로 알려져 있다. 이 집단에서 10명을 랜덤하게 뽑았을 때 이들의 키의 평균이 180cm 이상이 나올 확률은 얼마인가?

두개골 길이 $X \sim N(174.0, 5.8^2)$으로, 정규모집단에서 추출했으므로 위의 [정리 1]로부터 이의 표본평균은 평균이 174.0, 분산이 $5.8^2/10 = 3.36$인 정규분포를 따르게 된다. 즉 $\overline{X} \sim N(174.0, 3.36)$이고, $Z = \dfrac{\overline{X} - 174.0}{\sqrt{3.36}} \sim N(0,1)$이다. 따라서 구하는 확률은

$$\begin{aligned} & P(\overline{X} \geq 180) \\ &= P(Z \geq \frac{180 - 174.0}{\sqrt{3.36}}) \\ &= P(Z \geq 3.27) \end{aligned}$$

이 된다. $P(Z \geq 3.27) = P(Z \leq -3.27) = 0.0005$ 이므로, 10명의 키의 평균이 180cm 이상이 나올 확률은 0.05%이다.

예제 4.11

건강한 남자의 혈청 철분 수치는 평균이 120이고, 표준편차는 15로 알려져 있다(단위: $\mu g/100$ mL). 50명의 정상인을 무작위로 추출했을 때 평균이 115에서 225 사이에 있을 확률은 얼마인가?

모집단의 분포는 알 수 없으나 표본의 크기가 충분히 크므로 $(n=50)$, 위의 [정리 2]로부터 표본평균은 평균이 120, 분산이 $15^2/50 = 4.5$인 정규분포를 따른다는 것을 알 수 있다. 즉, $\overline{X} \sim N(120, 4.5)$이고, $Z = \dfrac{\overline{X} - 120}{\sqrt{4.5}} \sim N(0,1)$이다. 구하는 확률은

$$
\begin{aligned}
& P(115 \le \overline{X} \le 125) \\
&= P(\overline{X} \le 125) - P(\overline{X} \le 115) \\
&= P\left(Z \le \frac{125-120}{\sqrt{4.5}}\right) - P\left(Z \le \frac{115-120}{\sqrt{4.5}}\right) \\
&= P(Z \le 2.36) - P(Z \le -2.36)
\end{aligned}
$$

이 된다. $P(Z \le 2.36) - P(Z \le -2.36) = 0.9909 - 0.0091 = 0.9818$이므로, 평균이 115에서 225 사이에 있을 확률은 약 98%이다.

4.4.2 표본비율의 분포

표본의 크기가 크면 중심극한정리에 의해 표본비율의 분포도 근사적으로 정규분포를 따르게 된다. 모집단에서의 비율을 p, 표본의 크기를 n이라고 했을 때 n이 크면 표본비율 $\hat{p}$는 근사적으로 평균이 모집단에서의 비율 p이고, 분산이 $p(1-p)/n$인 정규분포를 따른다. 즉,

$$\hat{p} \sim N\left(p, \frac{p(1-p)}{n}\right)$$

이며, 이에 따라 표준화된 통계량은

$$Z = \frac{\hat{p} - p}{\sqrt{\dfrac{p(1-p)}{n}}} \sim N(0,1)$$

이 된다. 이때 n은 크되 p가 너무 크거나 너무 작지 않아야 하는데, np와 $n(1-p)$가 5보다 커야 한다는 등의 기준을 사용하기도 한다.

예제 4.12

어떤 질환은 남성의 약 6%에서 발생한다고 알려져 있다. 임의로 남성 200명을 뽑았을 때 표본에서 이 질환을 가진 사람이 8% 이상 나타날 확률은 얼마인가?

$n = 200$, $p = 0.06$으로 표본의 크기가 충분히 커서 정규근사를 이용하여 구할 수 있다. $p(1-p)/n = 0.06 \times 0.94/200 = 0.00028$이므로 표본의 비율의 분포는 근사적으로

$$\hat{p} \sim N(0.06, 0.00028)$$

이 된다. 구하는 확률은

$$P(\hat{p} \geq 0.08) = P(Z \geq \frac{0.08 - 0.06}{\sqrt{0.00028}}) = P(Z \geq 1.20)$$

이 된다.

부록의 정규분포표로부터 $P(Z \geq 1.20) = P(Z \leq -1.20) = 0.1151$이므로, 표본에서 이 질환을 가진 사람이 8% 이상 나타날 확률은 약 12%가 된다.

4.4.3 Excel을 이용한 표본분포에서의 확률계산

Excel을 이용하여 확률을 계산하기 위해서는 앞서와 마찬가지로 NORM.DIST 등의 정규분포 관련 함수를 이용하면 된다.

예제 4.11 계속

그림 (a)는 예제 4.11의 계산을 위해 디자인한 워크시트이다. 빈칸에는 해당되는 표본 크기, 모집단의 평균과 표준편차를 적으면 된다. 그림 (b)는 작성한 디자인시트로 예제 4.11을 계산한 결과이다.

	A	B	C
1	[표본 평균이 특정 구간 사이에 있을 확률]		
2	표본 크기		
3	모집단	평균	
4		표준편차	
5	표본	평균	= C3
6		표준편차	= C4/SQRT(C2)
7	P(표본평균<=125)		= NORM.DIST(125,C5,C6,TRUE)
8	P(표본평균<=115)		= NORM.DIST(115,C5,C6,TRUE)
9	P(115<=표본평균<=125)		= C7-C8

(a)

	A	B	C
1	[표본 평균이 특정 구간 사이에 있을 확률]		
2	표본 크기		50
3	모집단	평균	120
4		표준편차	15
5	표본	평균	120
6		표준편차	2.121320344
7	P(표본평균<=125)		0.990788937
8	P(표본평균<=115)		0.009211063
9	P(115<=표본평균<=125)		0.981577875

(b)

예제 4.12 계속

예제 4.12를 위해서는 그림 (a)와 같이 디자인하면 된다. 빈칸에는 해당되는 표본 크기와 표본 비율의 평균을 적는다. 그림 (b)는 작성한 디자인시트에 예제 4.12의 수치를 넣어 계산한 것이다. 예제 4.12의 계산값과 다른 것은 예제 4.12에서는 계산의 편의를 위해 근삿값을 사용했지만 디자인 시트에서는 소수점 여섯 자리까지의 숫자를 계산에 이용하였기 때문이다.

	A	B	C
11	[표본 비율이 특정 구간 사이에 있을 확률]		
12	표본 크기		
13	표본 비율	평균	
14		표준편차	= SQRT(C13*(1-C13)/C12)
15	P(표본비율>= 0.08)		= 1-NORM.DIST(0.08,C13,C14,TRUE)

(a)

	A	B	C
11	[표본 비율이 특정 구간 사이에 있을 확률]		
12	표본 크기		200
13	표본 비율	평균	0.06
14		표준편차	0.016792856
15	P(표본비율>= 0.08)		0.116830194

(b)

4.5 연습문제

01 어느 대학의 한 학과는 60명의 여학생과 40명의 남학생으로 구성되어 있다. 이들을 대상으로 조사한 결과 10명의 여학생과 8명의 남학생이 알레르기성 비염 증상이 있었다.

① 이 학생 중에서 1명을 무작위로 뽑았을 때 그 학생이 알레르기성 비염이 있을 확률은 얼마인가?

② 남학생 중에서 한 명을 뽑았을 때 그 학생이 알레르기성 비염이 있을 확률은 얼마인가?

③ 알레르기성 비염이 있으면서 동시에 남학생일 확률이 있을 확률은 얼마인가?

02 임신진단시약에 관한 연구에서 한 시약의 경우 임신했을 때 양성으로 판정될 확률이 80%이고, 임신하지 않았는데도 양성으로 잘못 판정될 확률이 32%인 것으로 나타났다. 임신진단시약을 사용하는 사람 중에서 실제로 임신하는 사람의 비율이 60%라고 하자. 이 임신진단시약을 이용하여 검사했을 때 양성으로 나왔다면, 실제로 임신이 되었을 확률은 얼마인가?

03 어느 나라에서는 인구의 약 85%가 Rh+의 혈액형을 가지고 있다고 한다. 이 중에서 7명을 임의로 선택했다고 하자. 다음의 확률을 구하라.

① 5명이 Rh+의 혈액형을 가지고 있을 확률

② 5명 이상이 Rh+의 혈액형을 가지고 있을 확률

04 어떤 희귀성 질환은 인구 10만 명당 4.5명꼴로 환자가 발생한다고 한다. 어느 지역에 2,000명의 인구가 있을 때 최소한 1명 이상의 환자가 발생할 확률은 얼마인가?

05 어느 병원에서 12시에서 1시 사이에 접수하는 환자는 1분당 3명이라고 한다. 포와송 분포를 이용하여 다음을 구하시오.

① 1분 동안 2명의 환자가 접수할 확률은 얼마인가?

② 1분 동안 2명 이상의 환자가 접수할 확률은 얼마인가?

06 어떤 변수 Z가 평균이 0, 표준편차가 1인 표준정규분포를 따를 때 다음의 값을 구하라.

① $P(Z > 2.6)$
② $P(Z < 1.2)$
③ $P(-1.7 \le Z \le 3.1)$
④ $P(Z \ge b) = 0.8$인 경우의 b값은 얼마인가?

07 어느 대학의 입학시험 점수는 평균이 500이고 표준편차가 100인 정규분포를 따른다고 한다.

① 한 학생을 뽑았을 때 그 학생의 성적이 650점 이상일 확률은 얼마인가?
② 이 시험에서 670점을 넘어야 합격한다면 몇 퍼센트의 학생이 합격하겠는가?
③ 60%의 학생을 합격시키기 위해서는 합격선을 몇 점으로 하면 되겠는가?

08 어느 집단의 성인 남자들의 총콜레스테롤 수치는 평균이 197.5, 표준편차가 39.5로 알려져 있다(단위 : μg/100 mL). 이 집단에서 30명을 무작위로 추출했을 때 표본의 평균이 200 이상일 확률은 얼마인가?

09 어떤 집단에서 하나 이상의 만성병으로 고통받는 사람이 35%라고 알려져 있다. 이 집단에서 200명을 무작위로 추출했을 때 40% 이상이 하나 이상의 만성병을 가지고 있을 확률은 얼마인가?

10 다음과 같은 모의실험을 통해 중심극한정리를 확인하여 보자.

① Excel의 분석 도구 중 난수생성을 이용하여 0과 1 사이의 값을 갖는 균일분포(uniform distribution)에서 30개의 난수를 생성하고 일정한 간격으로 계급구간을 정하여 히스토그램을 그려보자. 어떤 형태를 갖는가?
② 같은 방식으로 변수의 개수를 50개로 설정하여, 50개의 확률변수를 생성한 후 각각의 평균을 구해 보자.
③ ②에서 구한 50개의 평균을 데이터로 하여 히스토그램을 그려보자. 어떤 형태를 갖는가?

TIP

균일분포는 Excel에서 일양분포라고 한다. 구간 내에서 균일한 확률밀도함수를 갖는 분포이다. 난수생성방법에 대해서는 11장을 참조한다.

5장

통계적 추론

통계학에서 중요한 문제 중 하나는 실험이나 조사를 통하여 얻어진 데이터를 이용하여 모집단의 성질을 추측해 내는 것이다. 이와 같이 표본에서 구한 통계량을 이용하여 모집단의 모수에 관한 정보를 유추해 내는 일련의 과정이 통계적 추론이다. 통계적 추론에는 두 가지 형태가 있다. 하나는 모집단의 특성치인 모수의 값을 추정하는 것이고, 다른 하나는 모수의 값에 대한 판단을 내리는 것이다. 이러한 추정과 가설검정에 대해 알아보자.

5.1 추정

우리가 알지 못하는 모수를 추정하는 데에는 모수를 하나의 값으로 추정하는 점추정(point estimation)과 구간의 형태로 추정하는 구간추정(interval estimation)의 두 가지 방법이 있다. 다음의 예를 보자.

예제 5.1

2020년 조사된 바에 의하면 어느 도시의 남성에 대한 우울증 유병률은 5%로 알려졌다. 2023년에 이 도시의 423명의 남성에 대해 우울증 검사를 실시한 결과 이 중 18명이 우울증으로 진단되었다. 2023년 남성 우울증 유병률의 추정치는 얼마인가? 2023년의 우울증 유병률이 2020년보다 낮아졌다고 할 수 있는가?

예제 5.2

한 연구에서 과잉행동장애 아동을 대상으로 영양소 섭취 실태를 조사하였다. 16명을 조사한 결과 섭취한 총에너지(단위: kcal)는 다음과 같았다.

1009	1280	1180	1255	1547	2352	1956	1080
1776	1767	1680	2050	1452	2857	3100	1621

모집단에서 과잉행동장애 아동의 총에너지 섭취량의 평균은 얼마로 추정할 수 있을까?

예제 5.1에서 우리가 관심 있는 것은 우선 모집단에서의 우울증에 걸린 남성의 비율은 얼마인가? 그 비율이 5% 미만인가? 하는 문제이다. 첫 번째 질문은 모비율을 추정하고자 하는 것과 관련되어 있으며, 두 번째 질문은 모비율에 대한 가설을 검정하는 문제가 된다. 직관적으로 생각하면 표본에서 구한 비율 18/423=4.26%를 근거로 하여 이러한 추론을 시행하게 될 것이다. 모비율을 "4.26%"와 같이 하나의 수치로 추정하는 것이 점추정이며, "2.3%에서 6.4% 사이"라고 추정한다면 구간추정이 된다.

한편 예제 5.2에서는 총에너지 섭취량의 모평균을 추정하는 것이 목적이며, 앞서와 마찬가지로 점추정과 구간추정을 할 수 있다. 그렇다면 점추정과 구간추정의 값은 어떻게 구하는지 알아보자.

5.1.1 점추정

모수를 추정하기 위한 통계량은 여러 가지가 있을 수 있다. 예를 들어 예제 5.2로부터 모집단의 평균을 추정하는 문제를 생각하여 보자. 이를 위해서 어떤 통계량을 사용하는 것이 좋을까? 표본평균을 쓰는 것이 최선일까, 아니면 표본의 중앙값이 더 좋을까? 좋은 추정량을 선택하는 기준으로 다음과 같은 것이 있다.

❶ 불편성(unbiasedness) : 편의(bias)가 없는가? 즉, 추정량의 기댓값이 모수와 일치하는가?

❷ 효율성(efficiency) : 표준오차(추정량의 표준편차)가 작은가?

❸ 일치성(consistency) : 표본수가 커질수록 추정량의 값이 모수에 근사하는가?

이러한 불편성, 효율성, 일치성 기준에서 적절하다고 알려진 통계량은 다음과 같다.

■ 모평균(μ)의 추정

평균이 μ, 분산이 σ^2인 모집단에서의 표본 $x_1, x_2, \cdots, x_n$이 있을 때 모평균에 대한 추정치로 표본평균이 적당하다. 결과를 요약하면 다음과 같다.

추정량 : $\hat{\mu} = \overline{x}$

표준오차 : $s.e.(\hat{\mu}) = s.d.(\overline{x}) = \sigma / \sqrt{n}$

표준오차의 추정량 : $\widehat{s.e.}(\hat{\mu}) = s / \sqrt{n}$

여기서 $\overline{x}$는 표본평균이며, s는 표본표준편차이다. 예제 5.2에서 표본평균은 1747.63이다. 따라서 우리는 과잉행동장애아동의 총에너지 섭취량의 평균을 1747.63으로 추정할 수 있다. 이때의 표본표준편차는 604.65이므로, 표본평균에 대한 표준오차의 추정량은 $604.65 / \sqrt{16} = 151.16$이다.

■ 모분산(σ^2)의 추정

평균이 μ, 분산이 σ^2인 모집단에서의 표본 $x_1, x_2, \cdots, x_n$이 있을 때 모분산에 대한 추정치로 표본분산을 사용한다. 또한 모표준편차에 대한 추정량으로는 표본표준편차를 사용한다. 표본분산 및 표본표준편차의 계산 시에 n 대신 $n-1$로 나누는 것은 위에서 설명한 불편성(unbiasedness)이라는 성질을 만족시키기 위해서이다.

$$\text{모분산의 추정량} : \widehat{\sigma^2} = s^2 = \frac{\sum (x_i - \overline{x})^2}{n-1}$$

$$\text{모표준편차의 추정량}: \hat{\sigma} = s = \sqrt{\frac{\sum(x_i - \bar{x})^2}{n-1}}$$

예제 5.2에서 모분산과 모표준편차의 추정치는 각각 365601.6과 604.65이다.

■ **모비율(p)의 추정**

표본의 크기가 n이고, 이 중에서 관심 있는 속성을 가진 표본의 크기가 x개일 때, 모비율에 대한 추정치로 표본의 비율이 적당하다. 결과를 요약하면 다음과 같다.

$$\text{추정량}: \hat{p} = x/n$$

$$\text{표준오차}: s.e.(\hat{p}) = \sqrt{p(1-p)/n}$$

$$\text{표준오차의 추정량}: \widehat{s.e.}(\hat{p}) = \sqrt{\hat{p}(1-\hat{p})/n}$$

예제 5.1에서 모비율의 추정치는 $\hat{p} = 18/423 = 0.0426$이며, 이의 표준오차의 추정량은 $\sqrt{0.0426(1-0.0426)/423} = 0.0098$이다.

5.1.2 Excel을 이용한 점추정

Excel에서 데이터 분석기능을 이용하면 평균, 표준편차와 함께 평균에 대한 표준오차의 추정량을 구할 수 있다.

예제 5.2 계속

"예제 5.2"의 데이터에서 총에너지 섭취량의 모평균에 대한 추정치를 구해보자.

❶ "예제 5.2" 파일을 연다.『데이터』탭「분석」그룹에서 데이터 분석 을 클릭한다. 대화상자가 나타나면 '기술 통계법'을 선택한다.

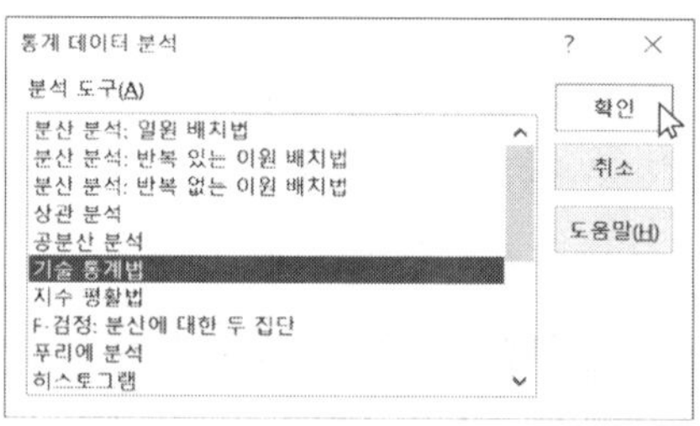

❷ [입력 범위]에 데이터 입력 범위를 설정하고, [출력 옵션] 중에서 '요약 통계량'을 선택한다.

❸ 평균, 분산, 표준편차와 함께 평균의 표준오차 151.1625가 출력된다.

	A	B
1	총에너지	
2		
3	평균	1747.625
4	표준 오차	151.1625
5	중앙값	1650.5
6	최빈값	#N/A
7	표준 편차	604.65
8	분산	365601.6
9	첨도	0.554631
10	왜도	1.018361
11	범위	2091
12	최소값	1009
13	최대값	3100
14	합	27962
15	관측수	16

TiP

점추정과 같이 하나의 값으로 모집단을 대표하게 되면 간단하다는 이점이 있으나, 이 값이 과연 모수와 얼마나 가까운 값인가에 대한 정보는 없다. 표준오차(standard error)는 이러한 점을 보완하기 위하여 제시된다고 하겠다. 즉, 표준오차는 그 통계량의 표준편차이므로 이 값이 작을수록 추정량이 모수에 가까이 있을 확률이 높다.

5.1.3 구간추정

구간추정은 모수가 속할 것으로 기대되는 범위를 추정하는 것이다. 구간이 참값인 모수를 포함할 확률을 일정한 수준(신뢰수준)으로 정해 놓고, 추정량의 분포를 이용하여 표본데이터로부터 구간을 구한다. 이렇게 얻어진 구간을 신뢰구간(confidence interval)이라고 한다. 예컨대, 90% 신뢰수준을 갖는 신뢰구간을 구했다면, 우리가 신뢰구간을 구했을 때 그 안에 참값이 포함될 확률이 90%이다.

같은 모집단에서 같은 수의 표본을 뽑는다고 하더라도, 각 표본데이터에서 구해지는 신뢰구간은 매번 달라질 수 있다. 어떤 경우에는 신뢰구간이 참값(모수)을 포함하지만 때로는 그렇지 않을 수도 있다. 다음의 그림은 동일한 크기의 서로 다른 표본을 10회 뽑았을 때 구해지는 모평균의 90% 신뢰구간에 대한 예이다. 6번째 표본에서 구한 신뢰구간과 같이 모수를 포함하지 않는 구간을 구할 수도 있다.

그러나 이러한 샘플링을 아주 많이 해서 많은 신뢰구간을 구한다면 그중에서 참값을 포함하는 신뢰구간의 비율은 신뢰수준에 가까워질 것이다. 예컨대 "95% 신뢰구간"이라는 것은 가령 이와 같은 샘플링을 1,000번 시행해서 이러한 방법으로 1,000개의 신뢰구간을 구했을 때 이 중 약 950개 정도의 구간은 실제로 참값인 모평균을 포함한다는 의미이다.

■ 모평균(μ)의 신뢰구간

4장에서 평균이 μ, 분산이 σ^2인 정규분포를 따르는 모집단에서 표본 $x_1, x_2, \cdots, x_n$을 추출했을 때, 표본평균 $\overline{x}$는 평균이 μ, 분산이 σ^2/n인 정규분포를 따른다는 것을 설명하였다. 즉, 표준화된 통계량

$$Z = \frac{\overline{x} - \mu}{\sigma/\sqrt{n}}$$

은 평균이 0, 분산이 1인 표준정규분포를 따른다. 예를 들면

$$P(-1.96 \le \frac{\overline{x} - \mu}{\sigma/\sqrt{n}} \le 1.96) = 0.95$$

가 되는데, 이를 μ에 대해 다시 정리하면

$$P(\bar{x} - 1.96\frac{\sigma}{\sqrt{n}} \le \mu \le \bar{x} + 1.96\frac{\sigma}{\sqrt{n}}) = 0.95$$

가 된다. 즉, μ가 $\bar{x} - 1.96\frac{\sigma}{\sqrt{n}}$과 $\bar{x} + 1.96\frac{\sigma}{\sqrt{n}}$ 사이에 있을 확률이 95%가 된다. 이 구간을 μ의 95% 신뢰구간이라고 한다.

일반적으로 모집단이 정규분포를 따를 때 모평균의 $100(1-\alpha)\%$ 신뢰구간은 다음과 같이 구해진다.

$$(\bar{x} - z_{\alpha/2}\frac{\sigma}{\sqrt{n}}\ ,\quad \bar{x} + z_{\alpha/2}\frac{\sigma}{\sqrt{n}})$$

즉, $\bar{x}$를 중심으로 $\pm z_{\alpha/2}\frac{\sigma}{\sqrt{n}}$ 만큼 떨어져 있는 구간이다. 여기서 $z_{\alpha/2}$는 표준정규분포에서 상위 $\alpha/2$에 해당하는 임계치로, $P(Z \ge z_{\alpha/2}) = \alpha/2$를 만족하는 값이다. $z_{\alpha/2}$값은 부록에 있는 표준정규분포표로부터 구할 수 있는데, 예를 들어 95% 신뢰구간을 구하기 위해서는 $z_{0.025} = 1.96$을 쓰고, 90% 신뢰구간을 구하려면 $z_{0.05} = 1.645$의 값을 쓰면 된다. 4장에서 설명한 중심극한정리에 의해서, 표본의 크기가 클 때(보통 30 이상)에는 모집단이 정규분포를 따르지 않더라도 위의 식을 사용할 수 있다.

모분산 σ^2이 알려지지 않은 경우에는, n이 큰 경우에 모분산 대신 표본분산을 사용하여도 확률값에 크게 영향을 주지 않으므로 대체할 수 있다. 즉, n이 크고 모분산을 모를 때, 모평균의 $100(1-\alpha)\%$ 신뢰구간은

$$(\bar{x} - z_{\alpha/2}\frac{s}{\sqrt{n}}\ ,\quad \bar{x} + z_{\alpha/2}\frac{s}{\sqrt{n}})$$

으로 구할 수 있다. 여기서 s는 표본 표준편차이다.

예제 5.3

어느 지역 남성들의 최대근력에 대한 평균값을 추정하고자 한다. 이 지역 사람들의 최대근력값은 정규분포를 하며, 분산이 144일 것으로 가정한다. 실험에 참가한 15명의 남성을 대상으로 평균치를 재어보니 84.3이었다. 이 지역 남성들의 최대근력 평균치에 대한 95% 신뢰구간을 구해보자.

여기서는 $n = 15$, $\bar{x} = 84.3$, $\sigma^2 = 144 = 12^2$이므로, 최대근력의 모평균에 대한 95% 신뢰구간은

$$(84.3 - 1.96 \times 12/\sqrt{15},\ 84.3 + 1.96 \times 12/\sqrt{15})$$

가 되어 (78.2, 90.4)로 계산된다.

■ **모비율(p)의 신뢰구간**

표본의 크기가 n이고 이 중에서 관심 있는 속성을 가진 표본의 크기가 x개일 때, 표본의 비율을 $\hat{p} = x/n$라고 하면, 표본의 크기가 클 때

$$\hat{p} \sim N(p, \frac{p(1-p)}{n})$$

이 된다. 즉,

$$\frac{\hat{p} - p}{\sqrt{p(1-p)/n}} \sim N(0,1)$$

이므로, 이로부터 모비율 p의 신뢰구간을 유도할 수 있다. 단, 이때의 표준오차 $\sqrt{p(1-p)/n}$에서 p는 알지 못하는 모수이므로 대신 이의 추정치 $\sqrt{\hat{p}(1-\hat{p})/n}$를 사용한다. 모비율의 $100(1-\alpha)\%$ 신뢰구간은 다음과 같이 구해진다.

$$(\hat{p} - z_{\alpha/2}\sqrt{\frac{\hat{p}(1-\hat{p})}{n}},\ \hat{p} + z_{\alpha/2}\sqrt{\frac{\hat{p}(1-\hat{p})}{n}})$$

예제 5.1 계속

예제 5.1에서 우울증이 있는 남성의 비율에 대한 95% 신뢰구간을 구해보자. $\hat{p} = 0.0426$, $\sqrt{\hat{p}(1-\hat{p})/n} = 0.0098$이므로 신뢰구간은

$$(0.0426 - 1.960 \times 0098,\ 0.0426 + 1.960 \times 0.098) = (0.0234,\ 0.0618)$$

이 된다. 즉, 모집단에서 우울증이 있는 남성의 비율은 2.34%에서 6.18% 사이로 추정된다.

5.1.4 Excel을 이용한 신뢰구간

Excel에서는 통계함수 CONFIDENCE.NORM을 사용하여 정규분포에서의 모평균의 신뢰구간을 구할 수 있다. CONFIDENCE.NORM은 신뢰구간너비의 반인 $z_{\alpha/2}\frac{\sigma}{\sqrt{n}}$를 계산해 준다.

예제 5.3 계속

예제 5.3에서 최대근력의 모평균에 대한 95% 신뢰구간을 구해보자.

❶ '함수 삽입' 단추 f_x를 눌러 함수 마법사를 실행하고 [함수 검색]에서 "confidence"을 검색하여 [함수 선택]에서 'CONFIDENCE.NORM'을 선택한다. [확인]을 누른다.

❷ 다음과 같은 대화상자가 나타난다. 세 개의 입력란 중 [Alpha]란에는 α(=1−신뢰수준)를 쓰고, [Standard_dev]란에는 표준편차를, [Size]란에는 표본의 크기를 적는다. 여기서는 0.05, 12, 15를 차례로 입력하였다.

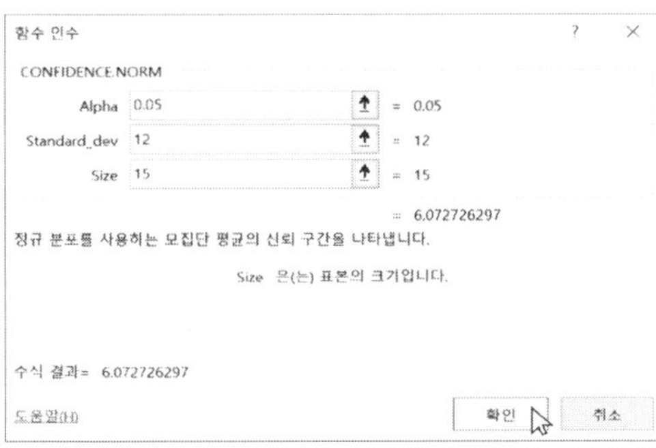

❸ 6.072726297이라는 값이 나타난다. 평균±6.072726297이 95% 신뢰구간이 된다. 즉, 구하는 신뢰구간은 (78.23, 90.37)이 된다.

이때, 모비율의 신뢰구간을 구하기 위해서는 [Standard_dev]란에 $\sqrt{\hat{p}(1-\hat{p})}$ 의 값이나 그에 해당하는 함수를 쓰면 된다. 예를 들어 예제 5.1의 오차수준을 구하기 위해서는

=CONFIDENCE.NORM(0.05, SQRT(0.0426*(1−0.0426)), 423)

을 쓰면 된다.

Tip

다음의 표는 모평균의 신뢰구간을 구하기 위한 함수를 정리한 것이다.
정규분포를 사용할 때는 CONFIDENCE.NORM 함수를, t-분포를 사용할 때는 CONFIDENCE.T 함수를 사용한다. t-분포에 대해서는 5.2절에서 소개할 것이다.

함수	예제	결과
CONFIDENCE.NORM (α, 모표준편차, 표본의 크기)	=CONFIDENCE.NORM(0.05, 12, 15)	표본의 크기가 15이고, 모표준편차가 12일 때 95% 신뢰구간 너비의 반 (신뢰구간은 $\bar{x}\pm$결과값)
CONFIDENCE.T (α, 표본표준편차, 표본의 크기)	=CONFIDENCE.T(0.05, 12, 15)	표본의 크기가 15이고, 모표준편차가 12일 때 95% 신뢰구간 너비의 반(신뢰구간은 $\bar{x}\pm$결과값)

5.2 t-분포

모평균의 신뢰구간을 구할 때 표본이 정규모집단으로부터 왔고, 모분산을 알고 있다면 정규분포를 이용할 수 있었다. 실제로는 모평균을 알지 못하여 추론하게 되는 상황에서는 모분산에 대한 정보도 없는 것이 일반적인 상황이다. 표본의 크기가 작다면, σ를 s로 대체한 통계량은 더 이상 표준정규분포를 따르지 않게 된다.

표본의 크기가 작을 때 평균이 μ, 분산이 σ^2인 정규모집단에서 추출한 표본을 $x_1, x_2, \cdots, x_n$이라고 하면, 다음의 통계량

$$t = \frac{\bar{x} - \mu}{s/\sqrt{n}}$$

는 자유도가 $n-1$인 t−분포(Student's t−distribution)를 따른다고 알려져 있다. 이를 $t(n-1)$로 표현하겠다. 다음의 그림은 자유도 1인 t−분포와 표준정규분포를 같이 그린 것이다. 표준정규분포와 마찬가지로 t−분포도 0을 중심으로 좌우대칭의 종 모양이지만, 보다 평평하고 꼬리부분이 두꺼운 형태이다.

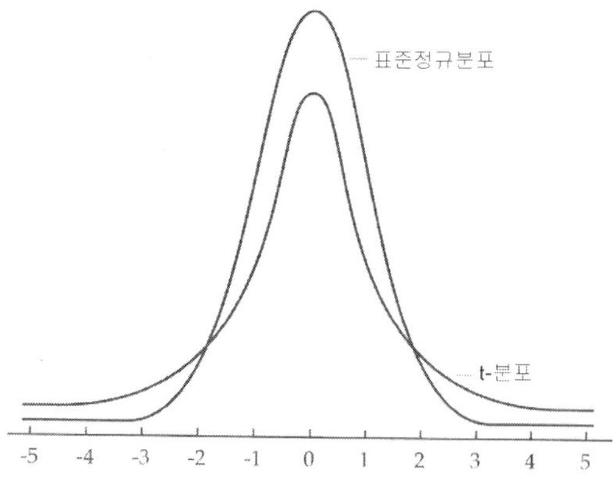

표준정규분포와 t-분포

t−분포는 자유도(degree of freedom)라는 모수에 의해서 분포가 결정되며, 자유도가 커질수록 표준정규분포에 접근한다. 부록의 t−분포표에는 각 자유도별로 상위 α의 확률을 주는 값이 들어있다. 예를 들어 자유도 10일 때 곡선 아래 영역의 상위 2.5%에 해당하는 값은 2.228이다. 즉, $P(t \geq 2.228) = 0.025$이다. 표준정규분포에서 상위 2.5%에 해당하는 Z−값은 1.96이므로, 이보다 바깥쪽에서 임계치가 결정됨을 알 수 있다.

이제 모평균의 신뢰구간을 구하는 문제를 생각해 보자. 정규모집단으로부터 표본을 추출했을 때, 모분산이 알려지지 않았고 표본크기가 크지 않다면, μ에 대한 $100(1-\alpha)\%$ 신뢰구간은

$$(\bar{x} - t_{\alpha/2}(n-1)\ \frac{s}{\sqrt{n}}\ ,\ \ \bar{x} + t_{\alpha/2}(n-1)\ \frac{s}{\sqrt{n}})$$

로 구한다. 여기서 $t_{\alpha/2}(n-1)$은 자유도 $n-1$인 t−분포에서 상위 $\alpha/2$에 해당하는 임계값을 의미한다.

예제 5.4

알루미늄이 포함된 제산제를 처방받은 아동의 집단으로부터 10명의 아동을 무작위로 추출하였다. 이 집단의 혈장알루미늄 수준은 정규분포를 따르는 것으로 생각되지만, 평균과 분산은 알려지지 않았다. 10명의 아동으로부터 구한 표본평균은 37.2 $\mu g/l$, 표본표준편차는 7.13 $\mu g/l$이다. 이 집단의 혈장알루미늄 수준의 평균에 대한 95% 신뢰구간을 구해보자.

표본이 정규모집단에서 왔고, 표본의 크기가 작으며, 모분산이 알려지지 않았으므로 t−분포를 이용한다. 이때의 자유도는 10−1=9이다. 95% 신뢰구간을 구하기 위해 자유도 9에 해당하는 값 $t_{0.025}(9)$를 표에서 찾으면 2.262이다. 따라서 구하는 신뢰구간은

$$(\bar{x}-t_{\alpha/2}(n-1)\frac{s}{\sqrt{n}}\;,\;\; \bar{x}+t_{\alpha/2}(n-1)\frac{s}{\sqrt{n}})$$
$$=(37.2-2.262\frac{7.13}{\sqrt{10}},\;\; 37.2+2.262\frac{7.13}{\sqrt{10}})$$
$$=(32.1,\; 42.3)$$

이 된다.

5.2.1 Excel에서의 t-분포함수

Excel에서 다루고 있는 t－분포에 대한 함수로는 T.DIST, T.DIST.RT, T.DIST.2T, T.INV, T.INV.2T, T.TEST가 있다. T.DIST, T.DIST.RT, T.DIST.2T 는 t－분포에서의 특정한 값에 대한 확률을 구하는 함수로서 각각 누적확률(왼쪽 꼬리확률), 오른쪽 꼬리확률, 양쪽꼬리확률을 구해준다. T.INV, T.INV.2T는 역함수로서 t－분포에서 특정한 확률을 갖는 값을 구하는 함수이다. 각각 왼쪽 꼬리확률에 대한 임계값과 양쪽 꼬리확률에 대한 임계값을 구해준다. T.TEST는 t－검정을 위한 함수로서 6장에서 설명하게 될 것이다.

예제 5.5

Excel 함수를 이용하여 t–분포에서 자유도가 10일 때 ① $P(t \geq 2.228)$, ② $P(|t| \geq 2.228)$, ③ $P(|t| \geq a)$=0.05가 되는 a값을 구해보자.

❶ $P(t \geq 2.228)$을 구하기 위해서 함수 마법사를 실행하고 통계함수 'T.DIST.RT'를 선택한다. 대화창에서 [X]란에 변수값 2.228을, [Deg_freedom] 란에 자유도 10을 넣으면 결과가 0.0250로 나온다. 즉, $P(t \geq 2.228)=$0.0250이다. 셀에 직접 "=T.DIST.RT(2.28, 10)"을 직접 입력해도 된다.

❷ $P(|t| \geq 2.228)$을 구하기 위해서는 통계함수 중 'T.DIST.2T'를 선택한다. 대화창에서 [X]에 변수값 2.228을, [Deg_freedom]란에 자유도 10을 넣으면 결과가 0.0500로 나온다. 즉, $P(|t| \geq 2.228)$=0.0500이다. "=T.DIST.2T(2.28, 10)"을 직접 입력하여도 같은 결과가 나온다.

❸ 양측 꼬리의 확률값이 0.05이 되는 변수값을 찾아보자. $P(|t| \geq a)$=0.05가 되는 a값을 찾는 문제이다. 함수마법사에서 통계함수 'T.INV.2T'를 선택한다. 대화창에 [Proability]란에 0.05를, [Deg_freedom]란에 자유도 10을 입력한다. 결과로 2.2281이 나옴을 확인할 수 있다. 즉, $P(|t| \geq 2.2281) = 0.05$이다. "=T.INV.2T(0.05, 10)"을 직접 입력해도 된다.

Tip

다음의 표는 t-분포에 대한 함수를 정리한 것이다.

함수	예제	결과
T.DIST (변수값, 자유도, TRUE)	=T.DIST(3,5,TRUE)	자유도 5인 t-분포에서 $P(t \le 3)$
T.DIST.2T (변수값, 자유도)	=T.DIST.2T(3, 5)	자유도 5인 t-분포에서 $P(\|t\| \ge 3)$
T.DIST.RT (변수값, 자유도)	=T.DIST.RT(3, 5)	자유도 5인 t-분포에서 $P(t \ge 3)$
T.INV (확률값, 자유도)	=T.INV(0.05, 5)	자유도 5인 t-분포에서 $P(t \le \text{변수값}) = 0.05$를 만족하는 변수값
T.INV.2T (확률값, 자유도)	=T.INV.2T(0.05, 5)	자유도 5인 t-분포에서 $P(\|t\| \ge \text{변수값}) = 0.05$를 만족하는 변수값

5.3 가설검정

5.3.1 가설검정의 개념

신뢰구간이 모수를 추정하는 데 목적을 두는 반면, 가설검정은 모수에 대한 가설의 옳고 그름을 판단하는 절차이다. 가설검정의 절차와 관련 용어를 알아보자.

■ 귀무가설과 대립가설

기존에 치료효과가 70%인 약이 있었다고 하자. 어느 제약회사에서 이에 대한 신약개발 연구를 거듭한 결과 치료효과가 더 좋은 신약을 개발하였다. 다음과 같은 두 개의 주장이 존재할 수 있다.

① 신약의 치료효과는 기존 약의 치료효과와 같다.
② 신약의 치료효과가 기존 약의 치료효과보다 좋다.

이러한 주장을 가설이라고 한다. 가설에는 귀무가설(null hypothesis)과 대립가설

(alternative hypothesis)의 두 가지가 있다. 흔히 귀무가설을 H_0, 대립가설을 H_1으로 표시한다. 이때 연구자가 주장하는 바(②의 주장)를 대립가설로 놓고, 그에 반하는 가설(①의 주장)을 귀무가설로 놓는다. 대부분의 경우 "효과가 없다", "차이가 없다", "변화가 없다"와 같은 것이 귀무가설이 된다. 가설을 입증하기 위해 실험이나 조사를 통해 데이터를 수집한 다음, 이 데이터에서 대립가설을 입증할 강력한 증거가 나오면 대립가설을 채택하고, 증거가 충분하지 못하면 자기주장을 버리고 귀무가설로 돌아간다.

■ 제1종 오류, 제2종 오류, 유의수준과 검정력

실제로는 두 집단의 치료효과의 차이가 없는데도 불구하고(즉, 귀무가설이 참일 때) 임상시험결과 신약의 치료효과의 차이가 우연히 크게 나타날 수 있다. 이 값이 우연히도 매우 크게 나타났다면 연구자는 사실과 다르게 귀무가설을 기각하게 되는 잘못을 범하게 된다. 이러한 종류의 오류를 제1종 오류(type I error)라고 한다. 이러한 오류가 일어날 확률의 최대허용치를 유의수준(significance level)이라고 하며 통상 α로 표기한다.

반대로 치료효과의 차이가 있는데도 불구하고(즉, 귀무가설이 거짓일 때) 관측된 차이가 우연히 매우 작은 값이 될 수 있다. 이때 연구자는 이에 근거하여 귀무가설을 기각하지 않는 오류를 범하게 되는데, 이러한 오류를 제2종 오류(type II error)라고 하며 이러한 오류가 일어날 확률을 β로 표기한다. 귀무가설이 사실이 아닐 때 귀무가설을 기각하게 될 확률은 $1-\beta$가 되는데 이 값을 검정력(power)이라고 한다.

제1종 오류와 제2종 오류가 모두 작을수록 좋지만, 제1종 오류를 줄이면 제2종 오류가 커지고, 제2종 오류를 줄이면 제1종 오류가 커지는 경향이 있다. 따라서 대부분의 경우 보다 심각하다고 생각되는 제1종 오류의 상한선을 먼저 고정하고 (유의수준 정하기), 주어진 유의수준에서 검정력을 최대화하는 검정법을 선택하게 된다.

모집단	검정결과	
	귀무가설 기각않음	귀무가설 기각함
귀무가설이 참	올바른 판정	제1종 오류
귀무가설이 거짓	제2종 오류	올바른 판정

■ p-값

위의 예에서 제약회사에서 두 약을 비교하기 위한 임상시험을 시행한 결과 신약의 치료율이 76%로 기존 약의 치료율보다 6% 더 좋게 나타났다고 하자. 그렇다면 이 6%의 차이는 어느 정도의 증거가 될까? 사실은 치료효과가 같은데도 우연히 더 좋게 나온 것일 수도 있고, 실제로 신약의 치료효과가 더 좋기 때문에 당연히 나타난 결과일 수도 있다. 따라서 우리는 치료효과가 같음에도 불구하고 우연히 6% 이상의 차이가 나타날 확률을 계산할 필요가 있다. 이 확률이 극히 작다면 우연일 확률이 작으므로, 귀무가설을 기각하고 대립가설을 채택할 만한 충분한 증거가 된다고 할 수 있다. 이 확률값을 p-값(p-value)이라고 한다. 즉, p-값이란 귀무가설이 맞는 것을 가정했을 때 관측된 통계량 이상으로 극단적인 값이 나올 확률을 말한다. p-값이 작을수록 귀무가설에 반대되는 강한 증거가 된다.

위의 예에서 만약 임상시험결과 신약이 기존의 약에 비해 10% 더 효과가 높은 것으로 나타났다면 p-값은 더욱 작아지므로 귀무가설을 버리고 대립가설을 채택하는 데 더 강한 증거가 되었을 것이다. 그렇다면 p-값은 얼마나 작아야 할까? 이의 기준으로 삼는 것이 유의수준 α이다. $\alpha = 0.05$로 했으면 관측된 p-값이 0.05보다 작을 때 귀무가설에 반하는 충분한 근거가 있다고 본다. 이를 "유의수준 5%에서 귀무가설은 기각된다." 또는 "유의수준 5%에서 유의하다"라고 표현하게 된다. 만약 $\alpha = 0.01$로 정했다면 p-값이 0.01보다 작아야만 귀무가설을 기각하는 증거로 인정되며 "유의수준 1%에서 귀무가설은 기각된다" 또는 "유의수준 1%에서 유의하다"고 표현한다.

Tip

5% 유의수준에서 유의하다는 결론을 내렸더라도 p-값이 0.048인 것과 0.0001인 것과는 다르다. 따라서 $p < 0.05$ 식의 단순한 표현보다는 $p=0.03$ 식으로 정확한 값을 제시하는 것이 좋다. 이는 후에 여러 실험의 결과들을 모아 종합적으로 분석하는 메타분석(meta analysis) 시에도 유용한 정보로 제공될 수 있다.

■ 단측검정과 양측검정

위에서 설명한 사례의 귀무가설과 대립가설은 다음과 같다.

H_0 : 신약의 치료효과는 기존약의 치료효과와 같다. $(p_1 = p_0)$

H_1 : 신약의 치료효과는 기존약의 치료효과보다 좋다. $(p_1 > p_0)$

이때 연구자의 주장은 "더 좋다"는 것으로, 이와 같이 주장하는 바가 어느 한 방향으로 이루어지는 것을 "단측검정(one-sided test)"이라고 한다. 앞에서 설명한 대로 실험결과 신약의 치료효과가 기존의 약보다 충분히 크게 나타났을 때 대립가설을 채택하게 된다. 반면 다음의 가설을 생각해 보자.

H_0 : 신약의 치료효과는 기존 약의 치료효과와 같다.$(p_1 = p_0)$

H_1 : 신약의 치료효과는 기존 약의 치료효과와 같지 않다.$(p_1 \neq p_0)$

이때에는 임상시험결과 신약의 약효가 충분히 더 좋거나 또는 기존의 약보다 충분히 더 나쁘거나 할 때 대립가설을 채택하게 된다. 이러한 가설은 "양측검정(two-sided test)"이라고 한다. 이와 같이 단측검정과 양측검정은 대립가설의 방향에 따라 결정된다.

이 예에서 연구자가 신약의 치료효과가 더 좋을 것으로 확신하고 충분히 좋은가에만 관심이 있다면 단측검정을 선택한다. 그러나 대부분의 경우에는 반대 방향의 위험도 고려해야 한다. 실제로 의학 연구에서는 종종 연구자가 기대한 것과 다른 결과가 나타날 수 있으므로 양측검정을 사용하는 것이 바람직하다. 단측검정을 할 것인지, 양측검정을 할 것인지는 반드시 표본을 추출하기 전에 결정되어야 한다.

■ 가설검정의 절차

일반적인 가설검정의 절차는 다음과 같다.

① 귀무가설과 대립가설을 설정한다.
② 유의수준 α와 표본의 크기를 정한다.
③ 적절한 검정통계량(test statistic)과 그의 표본분포를 결정한다.
④ 임계값과 기각역을 구한다.
⑤ 표본 데이터를 수집하여 그로부터 검정통계량값과 p-값을 구한다.
⑥ 검정통계량이 기각역에 들어가면(p-값이 α보다 작으면), 귀무가설을 기각한다. 기각역에 들어가지 않으면(p-값이 α보다 크거나 같으면), 귀무가설을 기각하지 않는다.

5.3.2 모평균과 모비율의 검정

■ 모평균(μ)의 검정

모집단의 평균 μ에 대한 가설검정절차를 알아보자. 평균이 μ, 분산이 σ^2인 모집단에서의 표본 $x_1, x_2, \cdots, x_n$이 있다고 하자. 표본의 크기 n이 충분히 크거나(보통 30 이상), 모분산이 알려진 정규모집단으로부터 추출되었다면, 다음과 같은 검정통계량(test statistic)을 이용한다.

$$\sigma^2\text{을 알 때 : } Z = \frac{\bar{x} - \mu_0}{\sigma / \sqrt{n}}$$

$$\sigma^2\text{을 모를 때 : } Z = \frac{\bar{x} - \mu_0}{s / \sqrt{n}}$$

여기서 μ_0는 귀무가설에서 주장되는 모평균이고, s는 표본표준편차이다. 귀무가설하에서 이 통계량이 표준정규분포를 따른다는 것을 이용한다. 유의수준을 α로 했을 때 가설의 형태에 따른 가설검정의 절차는 다음과 같다. 여기서 z_α는 표준정규분포에서 상위 α에 해당하는 임계치로 $P(Z > z_\alpha) = \alpha$인 값을 의미한다.

❶ $H_0 : \mu = \mu_0$ vs. $H_1 : \mu > \mu_0$일 때, $Z > z_\alpha$이면 귀무가설 기각

❷ $H_0 : \mu = \mu_0$ vs. $H_1 : \mu < \mu_0$일 때, $Z < -z_\alpha$이면 귀무가설 기각

❸ $H_0 : \mu = \mu_0$ vs. $H_1 : \mu \neq \mu_0$일 때, $|Z| > z_{\alpha/2}$이면 귀무가설 기각

TIP

정규분포에서 자주 쓰이는 임계치는 다음과 같다.

유의수준(α)	단측검정 시(z_α)	양측검정 시($z_{\alpha/2}$)
0.10	1.282	1.645
0.05	1.645	1.960
0.01	2.326	2.576

예제 5.6

위암 환자 35명의 정상 위조직에 있는 특정 효소의 활동도 수치를 조사하였더니, 평균이 0.696, 표준편차가 0.499로 나타났다(단위: $\mu mol/\min/g$). 모평균이 0.800이라고 할 수 있는지 알아보고 싶다.

양측검정을 한다고 하면, 이때의 가설은

$$H_0 :\ \mu = 0.800 \quad \text{vs.} \quad H_1 :\ \mu \neq 0.800$$

이 된다. 표본의 크기가 크므로 중심극한정리를 이용할 수 있다. 검정통계량은

$$|Z| = \left| \frac{\bar{x} - \mu_0}{s/\sqrt{n}} \right| = \left| \frac{0.696 - 0.800}{0.499/\sqrt{35}} \right| = 1.23$$

로 계산된다. 유의수준을 5%로 했을 때 양측검정의 임계치는 1.96이므로 귀무가설은 기각되지 않는다. 즉, 모평균이 0.800이 아니라고 할 만한 충분한 근거가 없다.

p－값을 구하기 위해서는 표준정규분포에서 검정통계량의 값보다 더 극단적인 값이 나올 확률을 계산하여야 한다. 즉, 표준정규분포에서 1.23보다 크거나 －1.23보다 작을

확률, 즉 $P(|Z|>1.23)$이 p－값이 된다. 부록의 정규분포표로부터 $P(Z\le -1.23)=0.1093$이므로, $P(|Z|>1.23)=0.2186$이 된다. p－값이 0.05보다 크므로 5% 유의수준 하에서 귀무가설이 기각되지 않음을 역시 알 수 있다.

표본의 크기 n이 작고, 모분산을 모를 때에는 모집단이 정규분포를 따른다는 가정하에서

$$t=\frac{\bar{x}-\mu}{s/\sqrt{n}}$$

가 자유도가 $n-1$인 t－분포를 따른다는 사실을 이용하여 검정한다. 즉, $H_0:\mu=\mu_0$일 때 검정통계량은

$$t=\frac{\bar{x}-\mu_0}{s/\sqrt{n}}$$

이며, 자유도가 $n-1$인 t－분포를 따른다. 검정절차는 다음과 같다.

❶ $H_0:\mu=\mu_0$ vs. $H_1:\mu>\mu_0$일 때, $t>t_\alpha(n-1)$이면 귀무가설 기각
❷ $H_0:\mu=\mu_0$ vs. $H_1:\mu<\mu_0$일 때, $t<-t_\alpha(n-1)$이면 귀무가설 기각
❸ $H_0:\mu=\mu_0$ vs. $H_1:\mu\neq\mu_0$일 때, $|t|>t_{\alpha/2}(n-1)$이면 귀무가설 기각

여기서 t_α는 t－분포에서 상위 α에 해당하는 임계치로 $P(t>t_\alpha)=\alpha$인 값을 의미한다. 표본의 크기가 작지만 모집단이 정규분포를 따르지 않는다면, 더 이상 t－분포를 사용할 수 없게 된다. 이 경우에 사용되는 비모수적 방법에 대해서는 10장에서 설명할 것이다.

예제 5.4 계속

이 집단의 아동들의 혈장알루미늄 수준의 모평균이 30을 초과하는지를 알고 싶다고 하자. 이때의 가설은

$$H_0:\mu=30 \quad \text{vs.} \quad H_1:\mu>30$$

이 된다. 10명의 표본에 대한 평균이 37.2, 표준편차가 7.13이었으므로 검정통계량은

$$t=\frac{\bar{x}-\mu_0}{s/\sqrt{n}}=\frac{37.2-30}{7.13/\sqrt{10}}=3.19$$

가 된다. 유의수준을 5%로 했을 때 자유도 9인 경우 단측검정의 임계치 $t_{0.05}(9)=1.833$

이다. 계산된 t－값이 임계치보다 크므로 5% 유의수준하에서 귀무가설은 기각된다. 따라서 이 집단의 혈장알루미늄 수준의 모평균은 30을 초과한다고 할 수 있다. 이때의 p－값은 자유도 9인 t－분포에서 3.19보다 클 확률, $P(t > 3.19)$이 된다. 부록의 t－분포표를 보면 3.19에 해당하는 값은 나와 있지 않지만, $P(t > 3.111) = 0.00625$, $P(t > 3.250) = 0.005$이므로 p－값이 5%보다 작을 것임을 알 수 있다. 따라서 역시 귀무가설이 기각된다는 것을 알 수 있다. Excel의 함수를 이용하면 보다 정확하게 p－값을 계산할 수 있다.

■ 모비율(p)의 검정

표본의 크기 n이 클 때, 모비율 p에 대한 가설 $H_0 : p = p_0$의 검정통계량은 표본의 비율 $\hat{p}$이 근사적으로 정규분포를 따른다는 것을 이용하여 구한다. 즉,

$$\frac{\hat{p} - p}{\sqrt{p(1-p)/n}} \sim N(0,1)$$

을 이용한다. 귀무가설 $H_0 : p = p_0$ 에 대한 검정통계량은

$$Z = \frac{\hat{p} - p_0}{\sqrt{p_0(1-p_0)/n}}$$

이며, 귀무가설하에서 이 검정통계량의 분포는 표준정규분포 $N(0,1)$이다. 따라서 유의수준을 α로 했을 때 가설의 형태에 따른 가설검정의 절차는 다음과 같다.

❶ $H_0 : p = p_0$ vs. $H_1 : p > p_0$일 때, $Z > z_\alpha$이면 귀무가설 기각
❷ $H_0 : p = p_0$ vs. $H_1 : p < p_0$일 때, $Z < -z_\alpha$이면 귀무가설 기각
❸ $H_0 : p = p_0$ vs. $H_1 : p \neq p_0$일 때, $|Z| > z_{\alpha/2}$이면 귀무가설 기각

여기서 z_α는 표준정규분포에서 상위 α에 해당하는 임계치이다.

예제 5.1 계속

예제 5.1의 가설검정을 하여 보자. 이때 보이고자 하는 것은 모비율이 5% 미만이라는 주장이다.

귀무가설과 대립가설은 다음과 같다.

$$H_0 : p = 0.05\ ,\quad H_1 : p < 0.05$$

$\hat{p} = 0.0425$이므로 검정통계량은

$$Z = \frac{\hat{p} - p_o}{\sqrt{p_0(1-p_0)/n}} = \frac{0.0426 - 0.05}{\sqrt{0.05(1-0.05)/423}} = -0.6983$$

이다. 이 값은 유의수준을 5%로 했을 때 단측검정에 대한 임계치 -1.645보다 크므로 5% 유의수준에서 귀무가설은 기각되지 않는다. 즉, 2023년도의 우울증 유병률이 2020년의 유병률보다 유의하게 낮아졌다고 할 수 없다.

5.3.3 Excel을 이용한 모평균 검정

■ 모분산이 알려진 경우(정규분포 이용)

Excel의 통계분석기능에는 한 집단의 모평균이나 모비율에 대한 검정은 포함되어 있지 않다. 그러나 함수를 이용하여 계산할 수 있다. 다음과 같이 워크시트를 디자인하면 모분산이 알려진 경우에 대해서 세 가지 형태의 가설을 모두 검정할 수 있다. 워크시트디자인을 설명하면 다음과 같다.

❶ C5과 C6에 각각 표본 크기와 표본평균을 쓰고, C7에는 알려진 모표준편차를 쓰거나 모표준편차를 모르고 n이 큰 경우 표본표준편차를 쓴다.

❷ C9에 귀무가설에서의 모평균 μ_0를 쓰고, C10에 유의수준을 쓴다. 검정통계량 Z를 계산하기 위해서 C14에 "=(C6−C9)/(C7/SQRT(C5))"을 쓴다.

❸ C17부터 C19까지는 NORM.S.DIST 함수를 이용하여 세 가지 형태의 p−값을 계산하는 식을 쓴다. C17에는 $H_1 : \mu > \mu_0$일 때의 p−값으로

=1−NORM.S.DIST(C14,TRUE)

를 쓰고, C18에는 $H_1 : \mu < \mu_0$에 대한 p−값을 구하기 위해

=NORM.S.DIST(C14,TRUE)

를 쓴다. C19에는 양측검정 $H_1 : \mu \neq \mu_0$에 대한 p−값을 구하기 위해서

=2*(1−NORM.S.DIST(ABS(C14),TRUE))

라고 쓴다. 이때, ABS 함수는 Z−통계량의 절댓값을 구하기 위하여 사용되었다.

	A	B	C	D	E
1		[모평균 검정(Z-검정), 모분산 알려진 경우]			
2					
3		입력			
4					
5		표본크기	"입력"		
6		표본평균	"입력"		
7		표준편차	"입력"		
8					
9		귀무가설하에서의 모평균	"입력"		
10		유의수준	"입력"		
11					
12		결과			
13					
14		Z-통계량	= (C6-C9)/(C7/SQRT(C5))		
15					
16			p-값	대립가설	검정결과
17		1. 단측검정(위쪽)	= 1-NORM.S.DIST(C14, TRUE)	μ >= c9	= IF(C17<C10, "귀무가설을 기각합니다.", "귀무가설을 기각하지 못합니다.")
18		2. 단측검정(아래쪽)	= NORM.S.DIST(C14, TRUE)	μ <= c9	= IF(C18<C10, "귀무가설을 기각합니다.", "귀무가설을 기각하지 못합니다.")
19		3. 양측검정	= 2*(1-NORM.S.DIST(ABS(C14),TRUE))	μ ≠ c9	= IF(C19<C10, "귀무가설을 기각합니다.", "귀무가설을 기각하지 못합니다.")

예제 5.6 계속

다음의 워크시트는 예제 5.6의 효소활동도 수치에 관한 데이터를 디자인시트로 분석한 것이다. Z-통계량은 -1.2330으로 계산되었고, 양측검정의 p-값은 0.2176가 나온다. 귀무가설을 기각하지 못한다는 것을 알 수 있다.

	A	B	C	D	E
1		[모평균 검정(Z-검정), 모분산 알려진 경우]			
2					
3		입력			
4					
5		표본크기	35		
6		표본평균	0.696		
7		표준편차	0.499		
8					
9		귀무가설하에서의 모평균	0.8		
10		유의수준	0.05		
11					
12		결과			
13					
14		Z-통계량	-1.233010616		
15					
16			p-값	대립가설	검정결과
17		1. 단측검정(위쪽)	0.891214098	μ >= 0.8	귀무가설을 기각하지 못합니다.
18		2. 단측검정(아래쪽)	0.108785902	μ <= 0.8	귀무가설을 기각하지 못합니다.
19		3. 양측검정	0.217571803	μ ≠ 0.8	귀무가설을 기각하지 못합니다.

■ 모분산을 모르는 경우(t-분포 이용)

모분산을 모르는 경우에 대해서 세 가지 형태의 가설을 모두 검정하기 위한 워크시트디자인을 해 보자.

❶ C5과 C6에 각각 표본크기와 표본평균을 쓰고, C7에는 표본표준편차를 쓴다.

❷ C9에 귀무가설에서의 모평균 μ_0를 쓰고, C10에 유의수준을 쓴다. C14에는 t-통계량을 계산하기 위해서 "=(C6−C9)/(C7/SQRT(C5))"을 쓴다.

❸ t-분포값을 구하는 함수는 T.DIST를 이용한다. C17에는 $H_1 : \mu > \mu_0$일 때의 p-값을 구하기 위해

=T.DIST.RT(C14,C5−1)

를 쓰고, C18에는 $H_1 : \mu < \mu_0$에 대한 p-값을 구하기 위해

=T.DIST(C14,C5−1,TRUE)

를 쓴다. C19에는 양측검정 $H_1 : \mu \neq \mu_0$에 대한 p-값을 구하기 위해서

=T.DIST.2T(C14,C5−1)

라고 쓴다.

	A	B	C	D	E
1		[모평균 검정(t-검정)]			
2					
3		입력			
4					
5		표본크기	"입력"		
6		표본평균	"입력"		
7		표준편차	"입력"		
8					
9		귀무가설하에서의 모평균	"입력"		
10		유의수준	"입력"		
11					
12		결과			
13					
14		t-통계량	= (C6-C9)/(C7/SQRT(C5))		
15					
16			p-값	대립가설	검정결과
17		1. 단측검정(위쪽)	= T.DIST.RT(C14,C5-1)	μ >= C9	= IF(C17<C10, "귀무가설을 기각합니다.", "귀무가설을 기각하지 못합니다.")
18		2. 단측검정(아래쪽)	= T.DIST(C14,C5-1,TRUE)	μ <= C9	= IF(C18<C10, "귀무가설을 기각합니다.", "귀무가설을 기각하지 못합니다.")
19		3. 양측검정	= T.DIST.2T(C14, C5-1)	μ ≠ C9	= IF(C19<C10, "귀무가설을 기각합니다.", "귀무가설을 기각하지 못합니다.")

예제 5.4 계속

예제 5.4의 혈장알루미늄수준에 대한 데이터 분석을 위한 워크시트디자인은 아래와 같다. 예제에서는 알루미늄의 모평균이 30보다 크다고 할 수 있는지 단측검정을 실시하였다. 이는 디자인시트의 "1. 단측검정(위쪽)"에 해당한다. 디자인시트의 결과로부터 t-값은 3.19330|고 단측 p-값은 0.0055(p<0.05)임을 확인할 수 있다. 양측 p-값도 역시 0.0109로 0.05보다 작다. 따라서 5% 유의수준하에서 단측이나 양측검정 모두 귀무가설이 기각됨을 알 수 있다.

	A	B	C	D	E
1		[모평균 검정(t-검정)]			
2					
3		입력			
4					
5		표본크기	10		
6		표본평균	37.2		
7		표준편차	7.13		
8					
9		귀무가설하에서의 모평균	30		
10		유의수준	0.05		
11					
12		결과			
13					
14		t-통계량	3.193323864		
15					
16			p-값	대립가설	검정결과
17		1. 단측검정(위쪽)	0.005473995	μ >= c9	귀무가설을 기각합니다.
18		2. 단측검정(아래쪽)	0.994526005	μ <= c9	귀무가설을 기각하지 못합니다.
19		3. 양측검정	0.010947991	μ ≠ c9	귀무가설을 기각합니다.

5.3.4 Excel을 이용한 모비율 검정

n이 클 때 모비율의 검정은 정규분포를 이용하므로, 모분산을 아는 경우의 워크시트와 비슷하다. 다음의 워크시트디자인을 이용하면 된다. 표본크기와 표본비율, 모비율, 유의수준에 원하는 값을 쓰고 나머지는 똑같이 쓰면 된다.

	A	B	C	D	E
1		[모비율 검정]			
2					
3		입력			
4					
5		표본크기	"입력"		
6		표본비율	"입력"		
7					
8		귀무가설하에서의 모비율	"입력"		
9		유의수준	"입력"		
10					
11		결과			
12					
13		Z-통계량	= (C6-C8)/SQRT((C8*(1-C8)/C5))		
14					
15			p-값	대립가설	검정결과
16		1. 단측검정(위쪽)	= 1-NORM.S.DIST(C13,TRUE)	p >= c8	= IF(C16<C9, "귀무가설을 기각합니다.", "귀무가설을 기각하지 못합니다.")
17		2. 단측검정(아래쪽)	= NORM.S.DIST(C13,TRUE)	p <= c8	= IF(C17<C9, "귀무가설을 기각합니다.", "귀무가설을 기각하지 못합니다.")
18		3. 양측검정	= 2*(1-NORM.S.DIST(ABS(C13),TRUE))	p ≠ c8	= IF(C18<C9, "귀무가설을 기각합니다.", "귀무가설을 기각하지 못합니다.")

예제 5.1 계속

예제 5.1의 모비율 문제를 분석하기 위한 워크시트이다. 단측 p-값을 구하면 0.24250이라는 수가 계산된다. 0.05보다 상당히 큰 값으로 5% 유의수준하에서 귀무가설을 기각하지 못함을 알 수 있다.

[모비율 검정]

입력			
표본크기	423		
표본비율	0.0426		
귀무가설하에서의 모비율	0.05		
유의수준	0.05		
결과			
Z-통계량	-0.698320994		
	p-값	대립가설	검정결과
1. 단측검정(위쪽)	0.757511764	p >= 0.05	귀무가설을 기각하지 못합니다.
2. 단측검정(아래쪽)	0.242488236	p <= 0.05	귀무가설을 기각하지 못합니다.
3. 양측검정	0.484976473	p ≠ 0.05	귀무가설을 기각하지 못합니다.

TIP 모평균의 추론방법에 대한 가이드라인

하나의 집단에 대해 모평균의 추론을 하기 위하여 경우에 따라 정규분포 또는 t-분포를 사용하였다. 아래의 도표는 가정을 체크하여 적절한 분석방법을 선택할 수 있도록 여러 경우를 정리한 것이다. 여기서 Z-검정은 정규분포를 이용한 방법, t-검정은 t-분포를 이용한 방법을 의미하며, 비모수 검정은 10장에서 설명할 비모수적 방법을 사용해야 함을 의미한다.

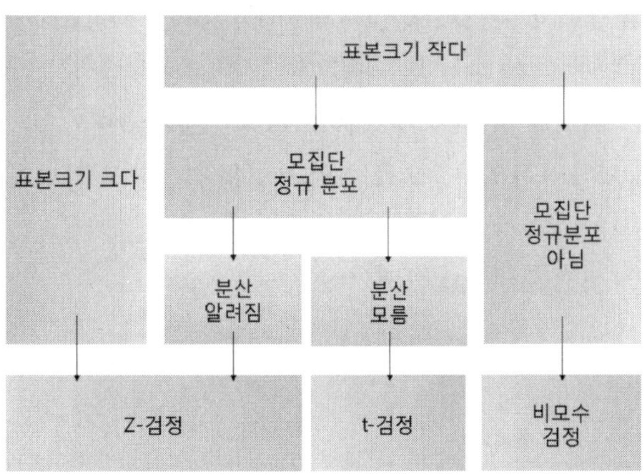

5.4 연습문제

01 다음은 20명의 당뇨환자에게서 이상체중을 계산한 자료이다. (단위:%).

107	119	99	114	120	104	88	114	124	116
110	121	152	100	125	114	95	117	122	100

① 모평균과 모분산의 점추정치를 각각 구하여라.
② 모집단에 대한 적절한 가정을 하고 모평균에 대한 95% 신뢰구간을 구하라.
③ 신뢰구간에 이상체중이 110%인 값이 포함되는가? 이 신뢰구간에 대해 해석하라.

02 E 대학병원의 외과팀은 새로운 수술기법을 개발하였다. 기존의 수술방식으로는 성공률이 30%에 불과하였다. 새로운 수술기법을 200명의 환자에게 적용한 결과 90명이 성공하였다. 이 방법은 기존의 방법보다 우수하다고 할 수 있는가?

① 적절한 귀무가설과 대립가설을 기술하시오.
② 검정통계량을 구하시오.
③ 1%의 유의수준으로 위의 가설을 검정하시오.
④ p−값을 구하고 해석하시오.

03 건강한 성인의 혈액의 pH는 7.4가 유지된다고 알려져 있다. 어떤 치료약이 혈액의 pH를 변화시키는 것이 아닌지 의심되어 36명을 대상으로 약을 복용시키고 일정기간후 혈액의 pH를 조사했더니 평균이 8.0이고 표준편차가 1.8로 나타났다.

① 적절한 귀무가설과 대립가설을 기술하시오.
② 5%의 유의수준으로 위의 가설을 검정하시오.
③ p−값을 구하시오.
④ 결과의 의미를 해석하시오.

04 250명의 중년여성을 뽑아 최대산소소비량을 측정하였더니 평균이 33.0, 표준편차가 12.20이었다.

① 최대산소소비량의 모평균에 대한 95% 신뢰구간을 구하여라.

② 유의수준을 5%라고 했을 때 모평균이 30이라는 가설을 기각할 수 있는가?

05 임신 기간 중 산모의 스트레스가 아기의 체중에 미치는 효과를 연구하기 위해 스트레스의 히스토리가 있는 산모 100명을 뽑았다. 이들 가운데 저체중아를 분만한 비율은 12%였다.

① 모비율에 대한 95% 신뢰구간을 구하라.

② 이 연구결과를 토대로 저체중아 분만비율이 10%보다 크다고 주장할 수 있겠는가?

06 다음은 11명의 건강한 여성에 대한 10일 이상의 평균 일일 에너지섭취량이다.

5260 5470 5640 6180 6390 6515 6805 7515 7515 8230 8770

① 평균과 분산에 대한 점추정치를 구하라.

② 모집단에 대한 적절한 가정을 하고 평균 에너지섭취량에 대한 95% 신뢰구간을 구하라.

③ 모평균이 7725kJ인지에 대해 유의수준 5%로 검정하라.

④ ②의 결과와 ③의 결과를 연관지어 설명하라.

⑤ p－값을 구하라.

07 특정 질병을 가진 그룹의 이완기 혈압이 건강한 여성의 이완기 혈압보다 높은지 알아보고 싶다. 건강한 여성의 이완기혈압은 평균 74.4mmHg이며 표준편차는 8.0mmHg로 알려져 있다. 100명의 30대 여성을 뽑아 검사한 결과 이완기혈압의 평균이 80mmHg로 나타났다고 하자.

① 귀무가설과 대립가설을 기술하라.

② 5% 유의수준으로 양측검정을 실시하라. 이 검정결과로부터 어떤 해석을 할 수 있는가?

③ p－값은 얼마인가?

④ 만약 유의수준을 1%로 했다면 결론이 달라지겠는가?

6장

두 집단의 비교

5장에서 하나의 모집단에서 모평균과 모비율의 추정과 검정방법에 대해서 다루었다. 실제로는 많은 연구에서 둘 또는 그 이상의 집단에 대한 비교를 수행하게 된다. 이 장에서는 두 독립적인 집단의 모평균, 모비율 그리고 모분산을 비교하는 방법을 비교하는 방법에 알아본다. 또한 독립표본이 아닌 짝지은 표본일 때 모평균을 비교하는 방법에 대해서도 알아볼 것이다.

6.1 두 집단의 평균비교: Z-검정

과학적 연구에서는 대조군과 실험군의 결과를 비교하게 되는 경우가 많다. 두 집단의 모평균을 비교하는 문제에 대해 알아보자. 먼저 독립표본과 짝지은 표본을 이해하기 위해 다음의 두 예제를 보자.

예제 6.1

새로 개발된 약물이 혈압에 영향을 미치는지 알아보려고 한다. 100명의 자원자를 랜덤하게 두 그룹으로 나누어, 한 그룹은 약물을, 다른 그룹은 플라시보를 복용시킨 후 일정 시간이 지난 다음 혈압을 측정하여 비교하였다.

예제 6.2

새로 개발된 명상치료가 스트레스를 낮추는 데 효과적이라고 한다. 연구대상자들에게 4주간의 명상치료를 실시하고 치료전과 치료후의 스트레스지수가 다른지 조사하였다.

위의 예제 6.1에서와 같이 한 그룹에는 처리 A를 하고 다른 그룹에는 처리 B를 한 후, 처리 A와 처리 B의 효과에 차이가 있는가를 보는 경우가 있다. 이때 두 그룹의 관측치들은 서로 독립적으로 얻어지게 되며, 통계량의 분포도 서로 독립이 된다. 반면, 예제 6.2에서는 한 사람에 대해 두 번의 측정(치료전, 치료후)을 하여 그 결과를 비교하였다. 각 대상자들은 독립적이지만 한 사람에 대한 전, 후의 두 측정값은 서로 연관이 있으므로 이는 독립표본이라 할 수 없다. 이러한 표본을 짝지은 표본(paired sample)이라고 한다.

이 절에서는 먼저 정규분포를 이용하여 독립표본에서의 모평균을 비교하는 방법을 설명한다. t-분포를 이용한 독립표본과 짝지은 표본의 분석방법에 대해서는 각각 6.2절과 6.3절에서 설명하겠다.

6.1.1 모분산이 알려진 정규모집단의 경우

정규분포를 이용하여 두 집단의 모평균을 비교하는 방법에 대해 알아보자. 다음과 같은 가정이 필요하다.

❶ $x_1, x_2, \cdots, x_{n_1}$은 평균 μ_1, 분산 σ_1^2인 정규분포를 따르는 모집단에서 나온 표본이다.

❷ $y_1, y_2, \cdots, y_{n_2}$는 평균 μ_2, 분산 σ_2^2인 정규분포를 따르는 모집단에서 나온 표본이다.

❸ 두 표본은 서로 독립이다.

여기서 n_1과 n_2는 각각 두 모집단으로부터의 표본의 크기이다. 우리가 관심 있는 것은 두 모평균의 차이, $\mu_1 - \mu_2$이다. 이의 추정량은 표본평균의 차이 $\bar{x} - \bar{y}$이 된다. $\bar{x} - \bar{y}$의 표본분포를 이용하여 $\mu_1 - \mu_2$의 추정과 검정을 시행할 수 있다. 위의 세 조건을 만족할 때 $\bar{x} - \bar{y}$는 평균이 $\mu_1 - \mu_2$, 분산이 $\sigma_1^2/n_1 + \sigma^2/n_2$인 정규분포를 따르는 것으로 알려져 있다. 따라서 이를 표준화한

$$Z = \frac{(\bar{x} - \bar{y}) - (\mu_1 - \mu_2)}{\sqrt{\frac{\sigma_1^2}{n_1} + \frac{\sigma_2^2}{n_2}}}$$

은 표준정규분포 $N(0,1)$을 따르게 된다.

이로부터 모평균의 차이 $\mu_1 - \mu_2$의 $100(1-\alpha)\%$ 신뢰구간은 다음과 같이 구해진다.

$$\left((\bar{x} - \bar{y}) - z_{\alpha/2}\sqrt{\frac{\sigma_1^2}{n_1} + \frac{\sigma_2^2}{n_2}},\quad (\bar{x} - \bar{y}) + z_{\alpha/2}\sqrt{\frac{\sigma_1^2}{n_1} + \frac{\sigma_2^2}{n_2}} \right)$$

여기서 $z_{\alpha/2}$는 표준정규분포에서 상위 $\alpha/2$의 확률에 해당하는 임계치이다.

두 모평균의 차이 δ에 대한 가설 $H_0 : \mu_1 - \mu_2 = \delta$을 검정하기 위해서는 다음과 같은 검정통계량

$$Z = \frac{(\bar{x} - \bar{y}) - \delta}{\sqrt{\frac{\sigma_1^2}{n_1} + \frac{\sigma_2^2}{n_2}}}$$

가 귀무가설하에서 표준정규분포 $N(0,1)$을 따른다는 것을 이용한다. 유의수준을 α로 했을 때 가설의 형태에 따른 검정의 절차는 다음과 같다.

❶ $H_0 : \mu_1 - \mu_2 = \delta$ vs. $H_1 : \mu_1 - \mu_2 > \delta$일 때, $Z > z_\alpha$이면 귀무가설 기각

❷ $H_0 : \mu_1 - \mu_2 = \delta$ vs. $H_1 : \mu_1 - \mu_2 < \delta$일 때, $Z < -z_\alpha$이면 귀무가설 기각

❸ $H_0 : \mu_1 - \mu_2 = \delta$ vs. $H_1 : \mu_1 - \mu_2 \neq \delta$일 때, $|Z| > z_{\alpha/2}$이면 귀무가설 기각

여기서 $\delta = 0$으로 놓으면 두 모평균의 동일성 $\mu_1 = \mu_2$에 관한 검정이 된다. z_α는 표준정규분포에서 상위 α에 해당하는 임계치로, $P(Z \geq z_\alpha) = \alpha$를 만족하는 값이다.

예제 6.3

어떤 약물이 혈압에 영향을 미치는지 알아보기 위한 연구에서 총 49명이 시험에 참가하여 그중 25명은 실험군에, 24명은 대조군에 랜덤하게 배정되었다. 실험약물을 복용한 25명의 혈압은 평균 120mmHg이고, 플라시보를 복용한 24명의 혈압은 평균 115mmHg로 측정되었다. 혈압은 정규분포를 따른다고 하고, 두 집단의 모분산은 모두 64로 가정하자. 두 그룹 혈압의 모평균 차이에 대한 신뢰구간을 구하고, 두 그룹의 모평균이 같다고 할 수 있는지 검정하여 보자.

분산이 알려진 정규모집단이므로 표본평균의 차이 $\overline{x} - \overline{y}$는 평균이 $\mu_1 - \mu_2$, 분산이 $\sigma_1^2/n_1 + \sigma_2^2/n_2 = (64/25) + (64/24)$인 정규분포를 따른다고 할 수 있다. 이로부터 두 모평균의 차이 $\mu_1 - \mu_2$의 95% 신뢰구간은 다음과 같이 구할 수 있다.

$$\left((120 - 115) - 1.96\sqrt{\frac{64}{25} + \frac{64}{24}},\quad (120 - 115) + 1.96\sqrt{\frac{64}{25} + \frac{64}{24}} \right)$$
$$= (0.52,\ 9.48)$$

귀무가설과 대립가설을 다음과 같이 놓자.

$$H_0 : \mu_1 - \mu_2 = 0 \text{ vs. } H_1 : \mu_1 - \mu_2 \neq 0$$

검정통계량은 다음과 같이 계산된다.

$$Z = \frac{(\overline{x} - \overline{y}) - \delta}{\sqrt{\sigma_1^2/n_1 + \sigma_2^2/n_2}} = \frac{(120 - 115) - 0}{\sqrt{64/25 + 64/24}} = 2.187$$

유의수준을 5%로 하였을 때 $z_{0.025} = 1.96$이므로 $|Z| > z_{0.025}$가 되어 귀무가설은 기각된다. 즉, 약물복용 그룹과 플라시보 그룹 간에는 혈압의 모평균에 유의한 차이가 있다.

6.1.2 표본 크기가 큰 경우

두 집단의 표본의 크기가 모두 큰 경우에는, 모분산을 모르더라도 각 그룹의 모분산 σ_1^2, σ_2^2을 표본분산 s_1^2, s_2^2으로 각각 대체하여 정규분포를 이용한 신뢰구간 및 가설검정을 할 수 있다. 즉,

$$Z = \frac{(\overline{x} - \overline{y}) - (\mu_1 - \mu_2)}{\sqrt{\frac{s_1^2}{n_1} + \frac{s_2^2}{n_2}}}$$

가 근사적으로 표준정규분포를 따른다는 사실을 이용한다. 이로부터 모평균의 차이 $\mu_1 - \mu_2$의 $100(1-\alpha)\%$ 신뢰구간은 다음과 같이 된다.

$$\left((\overline{x} - \overline{y}) - z_{\alpha/2}\sqrt{\frac{s_1^2}{n_1} + \frac{s_2^2}{n_2}}, \quad (\overline{x} - \overline{y}) + z_{\alpha/2}\sqrt{\frac{s_1^2}{n_1} + \frac{s_2^2}{n_2}} \right)$$

두 모평균의 차이 $H_0 : \mu_1 - \mu_2 = \delta$ 에 대한 가설검정을 위한 검정통계량은

$$Z = \frac{(\overline{x} - \overline{y}) - \delta}{\sqrt{\frac{s_1^2}{n_1} + \frac{s_2^2}{n_2}}}$$

이며, 귀무가설하에서 표준정규분포를 따른다. 검정절차는 모분산을 알고 있는 경우에서와 같다. 여기서 z_α는 표준정규분포에서 상위 α에 해당하는 임계치이다.

❶ $H_0 : \mu_1 - \mu_2 = \delta$ vs. $H_1 : \mu_1 - \mu_2 > \delta$일 때, $Z > z_\alpha$이면 귀무가설 기각

❷ $H_0 : \mu_1 - \mu_2 = \delta$ vs. $H_1 : \mu_1 - \mu_2 < \delta$일 때, $Z < -z_\alpha$이면 귀무가설 기각

❸ $H_0 : \mu_1 - \mu_2 = \delta$ vs. $H_1 : \mu_1 - \mu_2 \neq \delta$일 때, $|Z| > z_{\alpha/2}$이면 귀무가설 기각

예제 6.4

다음은 도시와 농촌 두 지역 거주자의 단백질 섭취량을 비교한 데이터이다. 거주 지역에 따라 단백질 섭취량이 다른지 알아보고자 한다.

지역	데이터	기초통계량
도시 (36명)	94.4 50.6 47.0 46.4 41.9 67.1 26.0 45.3 47.7 35.9 42.4 70.4 81.6 72.6 33.8 59.1 148.3 48.0 52.6 38.8 60.2 74.2 43.8 131.4 44.3 68.9 58.1 32.9 21.1 36.2 175.5 52.3 52.4 184.7 40.2 55.8	표본평균:63.39 표본표준편차:38.54
농촌 (64명)	55.7 38.0 53.4 108.4 68.3 47.8 48.5 65.3 46.7 45.8 47.1 102.3 41.5 58.8 76.2 68.4 72.4 108.2 41.3 78.8 93.2 50.6 71.8 47.7 63.7 45.5 81.3 74.0 53.1 36.1 110.6 74.9 59.5 77.5 41.8 81.4 56.8 60.4 65.5 117.9 70.6 98.5 81.3 54.5 72.8 59.3 54.7 75.1 112.1 66.1 51.1 54.1 63.4 59.3 91.7 52.6 42.2 89.6 69.0 42.6 76.0 51.7 61.1 66.4	표본평균:66.44 표본표준편차:20.09

표본의 크기가 충분히 크므로, 정규분포를 이용하여 보자.

$\overline{x}-\overline{y}=63.39-66.44=-3.05$이므로, $\mu_1-\mu_2$의 95% 신뢰구간은 다음과 같다.

$$\left(-3.05-1.96\sqrt{\frac{38.54^2}{36}+\frac{20.09^2}{64}}, 3.05+1.96\sqrt{\frac{38.54^2}{36}+\frac{20.09^2}{64}}\right)$$
$$=(-16.58, 10.46)$$

귀무가설과 대립가설은 다음과 같이 두자.

$$H_0 : \mu_1-\mu_2=0 \text{ vs. } H_1 : \mu_1-\mu_2\neq 0$$

표본의 크기가 충분히 크므로, 정규근사를 이용할 수 있다. 검정통계량은

$$Z=\frac{(\overline{x}-\overline{y})-\delta}{\sqrt{\frac{s_1^2}{n_1}+\frac{s_2^2}{n_2}}}=\frac{(63.39-66.44)-0}{\sqrt{\frac{38.54^2}{36}+\frac{20.09^2}{64}}}=-0.44$$

가 된다. 유의수준을 5%로 하였을 때 $z_{0.025}=1.96$이므로 $|Z|<z_{0.025}$가 되어 귀무가설은 기각되지 않는다. 즉, 두 지역의 단백질 섭취량은 유의한 차이가 없다.

6.1.3 Excel을 이용한 두 집단의 비교: Z-검정

예제 6.4 계속

Excel의 데이터 분석기능을 이용하여 예제 6.4의 데이터의 모평균비교를 위한 Z-검정을 해 보자. "예제 6.4" 파일을 연다.

	A	B
1	도시	농촌
2	94.4	55.7
3	50.6	38.0
4	47.0	53.4
5	46.4	108.4
6	41.9	68.3
7	67.1	47.8
8	26.0	48.5
9	45.3	65.3
10	47.7	46.7
11	35.9	45.8
12	42.4	47.1
13	70.4	102.3
14	81.6	41.5
15	72.6	58.8

❶ 『데이터』 탭 「분석」 그룹에서 [데이터 분석] 을 클릭하면 다음과 같은 대화상자가 나온다. 'z－검정: 평균에 대한 두 집단'을 선택하고 [확인]을 누른다.

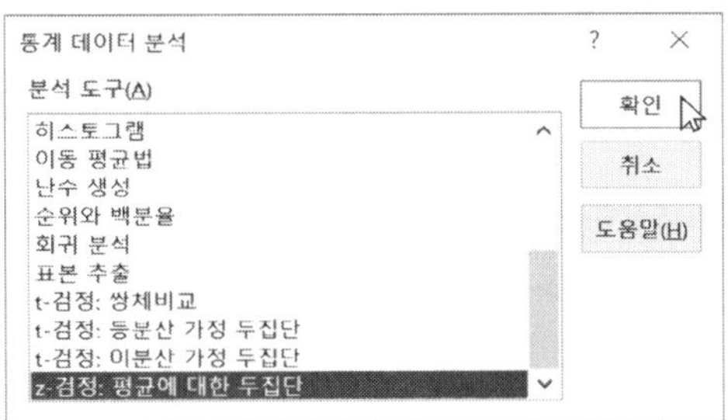

❷ 각 입력란을 클릭하여 적합한 값을 넣는다. 구체적인 내용은 다음과 같다. 모두 입력 후 [확인]을 누른다.

- 변수1 입력 범위 : 첫 번째 집단의 범위를 입력한다. 이 예에서는 "A:A"를 적어서 A열의 전 범위를 선택하였다. [↑]을 눌러 범위를 드래그하여 선택할 수도 있다.
- 변수2 입력 범위 : 두 번째 집단의 범위를 입력한다. "B:B"를 적어서 B열의 전 범위를 선택하였다.

• 가설 평균차 : 검정하고자 하는 모평균의 차이 δ값을 쓴다. 이 예에서는 0이 된다.
• 변수 1의 분산－기지값 : 첫 번째 변수에 대해 알려진 모분산값을 쓴다. 여기서는 모분산 대신 도시의 표본분산 $38.54^2 = 1485.36$을 썼다.
• 변수 2의 분산－기지값 : 두 번째 변수에 대해 알려진 모분산값을 쓴다. 여기서는 $20.09^2 = 403.57$를 쓴다.
• 이름표 : 입력 범위에 변수이름을 포함시켰으므로 이 란을 체크한다.
• 유의수준 : 원하는 유의수준을 입력한다(0.05, 0.01, 0.10 등). 기본값은 0.05이다.

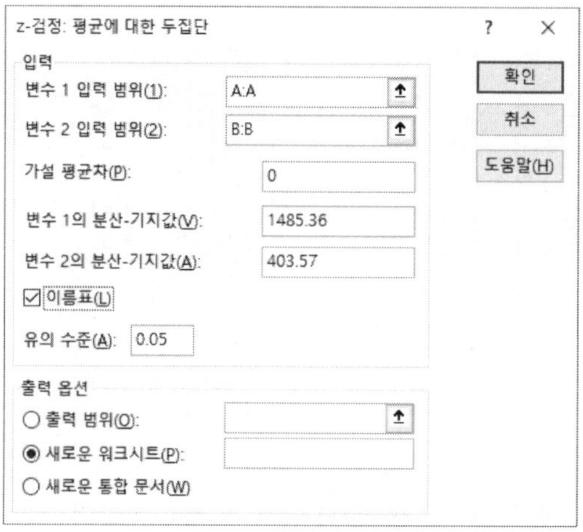

❸ 다음과 같은 결과가 새로운 시트에 나타난다. 평균이 계산되었고 입력한 분산(기지의 분산)과 표본수(관측수), 가설 평균차가 출력된다. 나머지 결과의 설명은 다음과 같다.

• z 통계량 : Z값이 －0.4424로 계산되었다.
• P(Z<=z) 단측검정 : 단측 p－값을 계산한다. 즉 여기서는 가설이 $H_0 : \mu_1 - \mu_2 = 0$ 대 $H_1 : \mu_1 - \mu_2 < 0$일 때의 p－값이다. 결과는 p－값이 0.3284로 0.05보다 커서 5% 유의수준하에서 귀무가설은 기각되지 않는다.
• z 기각치 단측검정 : 유의수준 5%에서 단측검정에 대한 임계치 $z_{0.05}$값을 나타낸다. 우리가 알고 있는 바와 같이 1.645(≒1.644854)라는 값이 출력된다. z 통계량 값이 -1.645보다 작지 않으므로 가설은 기각되지 않는다.
• P(Z<=z) 양측검정 : 양측검정에서의 p－값을 계산한다. $H_0 : \mu_1 - \mu_2 = 0$ 대 $H_1 : \mu_1 - \mu_2 \neq 0$에 대한 p－값이다. 0.6582로 0.05보다 크므로 양측검정 시 귀무가설이 기각되지 않는다.

- z 기각치 양측검정 : 유의수준 5%에서 양측검정에 대한 임계치 $z_{0.025}$값을 나타낸다. 우리가 알고 있는 바와 같이 1.96(≒1.959964)이라는 값이 출력된다. z 통계량의 절댓값이 이보다 크지 않으므로 양측검정에서의 귀무가설이 기각되지 않는다.

	A	B	C
1	z-검정: 평균에 대한 두 집단		
2			
3		도시	농촌
4	평균	63.38611	66.4375
5	기지의 분산	1485.36	403.57
6	관측수	36	64
7	가설 평균차	0	
8	z 통계량	-0.44244	
9	P(Z<=z) 단측 검정	0.329087	
10	z 기각치 단측 검정	1.644854	
11	P(Z<=z) 양측 검정	0.658174	
12	z 기각치 양측 검정	1.959964	

Tip

출력결과에서 단측검정의 p-값은 표본평균의 차이가 δ보다 클 때에는 대립가설이 $H_1 : \mu_1 - \mu_2 > \delta$인 단측검정의 p-값이며, 표본평균의 차이가 δ보다 작게 나올 때에는 대립가설이 $H_1 : \mu_1 - \mu_2 < \delta$인 단측검정의 p-값이 된다.

6.2 두 집단의 평균비교: t-검정

모분산이 알려져 있지 않으면서 표본수도 적을 때, 두 모집단이 각각 정규분포를 따른다는 가정을 할 수 있다면 t-분포를 이용한 추론이 가능하다. 두 집단의 모분산이 동일하다는 가정을 할 수 있을 때와 그렇지 않을 때의 두 가지 경우에 따라 검정방법이 달라진다.

6.2.1 모분산이 같은 경우

두 모집단이 동일한 분산을 갖는다고 가정할 수 있다면, 모분산은 두 표본의 표본분산으로부터 합동으로 추정할 수 있다. 직관적으로 모분산의 추정량으로서 두 그룹의 표본분산을 각 그룹의 표본수에 비례하여 병합한 다음과 같은 합동분산(pooled variance)의 추정량을 생각할 수 있다.

$$s_p^2 = \frac{(n_1-1)s_1^2+(n_2-1)s_2^2}{n_1+n_2-2}$$

여기서 s_1, s_2는 각각 두 그룹에서의 표본 표준편차이다. 다음과 같은 통계량

$$t = \frac{(\bar{x}-\bar{y})-(\mu_1-\mu_2)}{s_p\sqrt{\frac{1}{n_1}+\frac{1}{n_2}}}$$

가 자유도 n_1+n_2-2인 t−분포를 따른다는 것을 이용하여 추론하게 된다. 여기서 $\bar{x}$, $\bar{y}$는 각 그룹의 표본평균을, n_1, n_2는 각 그룹의 표본수를 의미한다.

두 모평균의 차이 $\mu_1-\mu_2$의 $100(1-\alpha)\%$ 신뢰구간은

$$\left((\bar{x}-\bar{y})-t_{\alpha/2}(n_1+n_2-2)\times s_p\sqrt{\frac{1}{n_1}+\frac{1}{n_2}},\ (\bar{x}-\bar{y})+t_{\alpha/2}(n_1+n_2-2)\times s_p\sqrt{\frac{1}{n_1}+\frac{1}{n_2}}\right)$$

으로 구해진다. 여기서 $t_{\alpha/2}(n_1+n_2-2)$는 자유도 n_1+n_2-2인 t−분포에서 상위 $\alpha/2$의 확률을 갖는 임계치를 의미한다.

한편 $H_0: \mu_1-\mu_2=\delta$에 대한 검정통계량은

$$t = \frac{(\bar{x}-\bar{y})-\delta}{s_p\sqrt{\frac{1}{n_1}+\frac{1}{n_2}}}$$

이며, 귀무가설하에서 자유도 n_1+n_2-2인 t−분포를 따르게 된다. 이를 이용하여 유의수준을 α로 했을 때 가설의 형태에 따른 검정의 절차는 다음과 같다.

❶ $H_0: \mu_1-\mu_2=\delta$ vs. $H_1: \mu_1-\mu_2>\delta$ 일 때,

$t > t_\alpha(n_1+n_2-2)$이면 귀무가설 기각

❷ $H_0: \mu_1-\mu_2=\delta$ vs. $H_1: \mu_1-\mu_2<\delta$ 일 때,

$t < -t_\alpha(n_1+n_2-2)$이면 귀무가설 기각

❸ $H_0: \mu_1-\mu_2=\delta$ vs. $H_1: \mu_1-\mu_2\neq\delta$ 일 때,

$|t| > t_{\alpha/2}(n_1+n_2-2)$이면 귀무가설 기각

여기서 $t_\alpha(n_1+n_2-2)$는 자유도 n_1+n_2-2인 t−분포에서 상위 α의 확률을 갖는 임계

치를 의미한다.

예제 6.5

다음은 환자군과 대조군의 배뇨량을 비교하기 위한 연구로부터 얻어진 자료이다. 각 그룹에서의 관측치들은 정규분포를 따르는 모집단으로부터 독립적으로 얻어진 것이며, 두 그룹에서의 모분산은 같다고 가정하자.

환자군	263	288	432	890	450	1270	220	350	283	274	표본수: 16 표본평균: 429.0 표본표준편차: 294.7
	580	285	524	135	500	120					
대조군	60	119	153	588	124	196	14	23	43	854	표본수: 12 표본평균: 220.6 표본표준편차: 261.8
	400	73									

먼저 환자군과 대조군의 모평균의 차이 $\mu_1 - \mu_2$의 90% 신뢰구간을 구해 보자.

$$\overline{x} - \overline{y} = 429.0 - 220.6 = 208.4$$

$$s_p = \sqrt{\frac{(16-1)(294.7)^2 + (12-1)(261.8)^2}{16+12-2}} = 281.24$$

이며, 자유도는 $n_1 + n_2 - 2 = 16 + 12 - 2 = 26$이다. $t_{0.05}(26) = 1.706$이므로 모평균 차이의 90% 신뢰구간은

$$\left(208.4 - 1.706 \times 281.24\sqrt{\frac{1}{16} + \frac{1}{12}},\ 208.4 + 1.706 \times 281.24\sqrt{\frac{1}{16} + \frac{1}{12}}\right)$$
$$= (25.17,\ 391.63)$$

으로 계산된다.

5% 유의수준으로 단측검정을 해보자. 귀무가설과 대립가설은 각각 $H_0 : \mu_1 = \mu_2$, $H_1 : \mu_1 > \mu_2$이고, 검정통계량은

$$t = \frac{(429.0 - 220.6) - 0}{281.24\sqrt{\frac{1}{16} + \frac{1}{12}}} = 1.9405$$

가 된다. 이 값은 자유도 26인 $t-$분포의 임계값 $t_{0.05}(26) = 1.706$보다 크므로 5% 유의수준에서 귀무가설은 기각된다. 즉, 환자군의 배뇨량은 대조군보다 유의하게 높다고 할 수 있다.

6.2.2 모분산이 같지 않은 경우

두 모집단이 동일한 분산을 갖는다고 가정할 수 없을 때에는 위에서와 같이 합동분산을 이용하는 방법을 쓸 수 없다. 대신 각각의 분산을 이용하여 다음과 같은 통계량

$$t = \frac{(\overline{x} - \overline{y}) - (\mu_1 - \mu_2)}{\sqrt{\dfrac{s_1^2}{n_1} + \dfrac{s_2^2}{n_2}}}$$

이 근사적으로 $t-$분포를 따른다는 것을 이용하여 추론하게 된다. 이때의 자유도 v는 다음과 같다.

$$v = \frac{(w_1 + w_2)^2}{\dfrac{w_1^2}{n_1 - 1} + \dfrac{w_2^2}{n_2 - 1}}$$

여기서 $w_1 = s_1^2/n_1, w_2 = s_2^2/n_2$이다. 이것을 Satterthwaite의 근사라고 한다. 계산된 v의 값이 정수가 아닐 때에는 이 값에 가장 가까운 정수를 사용하거나 보간법(interpolation)을 사용한다. 이보다 보수적이며 간단한 방법으로서 $n_1 - 1$과 $n_2 - 1$중 작은 값으로 자유도를 쓰기도 한다.

모평균의 차이 $\mu_1 - \mu_2$의 $100(1-\alpha)\%$ 신뢰구간은 다음과 같다.

$$\left((\overline{x} - \overline{y}) - t_{\alpha/2}(v)\sqrt{\frac{s_1^2}{n_1} + \frac{s_2^2}{n_2}},\quad (\overline{x} - \overline{y}) + t_{\alpha/2}(v)\sqrt{\frac{s_1^2}{n_1} + \frac{s_2^2}{n_2}} \right)$$

여기서 $t_{\alpha/2}(v)$는 자유도 v인 $t-$분포에서 상위 $\alpha/2$의 확률값을 갖는 임계치이다.

한편, $H_0 : \mu_1 - \mu_2 = \delta$에 대한 검정통계량은

$$t = \frac{(\overline{x} - \overline{y}) - \delta}{\sqrt{\dfrac{s_1^2}{n_1} + \dfrac{s_2^2}{n_2}}}$$

이며, 귀무가설하에서 자유도 v인 $t-$분포를 따른다. 유의수준을 α로 했을 때 가설의 형태에 따른 검정의 절차는 다음과 같다.

❶ $H_0 : \mu_1 - \mu_2 = \delta$ vs. $H_1 : \mu_1 - \mu_2 > \delta$ 일 때,

$t > t_\alpha(v)$이면 귀무가설 기각

❷ $H_0 : \mu_1 - \mu_2 = \delta$ vs. $H_1 : \mu_1 - \mu_2 < \delta$ 일 때,

$t < -t_\alpha(v)$이면 귀무가설 기각

❸ $H_0 : \mu_1 - \mu_2 = \delta$ vs. $H_1 : \mu_1 - \mu_2 \neq \delta$ 일 때,

$|t| > t_{\alpha/2}(v)$이면 귀무가설 기각

여기서 $t_\alpha(v)$는 자유도 v인 t−분포에서 상위 α의 확률값을 갖는 임계치를 의미한다.

예제 6.6

다음은 증상의 정도에 따라 나누어진 두 그룹의 타이록신 수준을 측정한 값이다(단위 : $nmol/l$). 두 그룹의 모분산은 알려져 있지 않으며, 분산이 같다고 생각할 만한 근거는 없다. 중증인 경우 타이록신 수준이 높아지는지 알아보자.

그룹	수치	
경증	35 40 85 55 58 59 60 62 49 50	표본수: 10 표본평균 : 55.3 표본표준편차 : 13.68
중증	30 10 8 12 20 24 60 84 96 22	표본수: 10 표본평균 : 36.6 표본표준편차 : 31.88

두 모집단의 타이록신의 분포는 각각 정규분포를 따른다고 가정하자. 다음과 같은 단측가설을 생각해보자.

$$H_0 : \mu_1 - \mu_2 = 0 \quad \text{vs.} \quad H_1 : \mu_1 - \mu_2 > 0$$

검정통계량은 다음과 같이 계산된다.

$$t = \frac{(\overline{x} - \overline{y}) - \delta}{\sqrt{\dfrac{s_1^2}{n_1} + \dfrac{s_2^2}{n_2}}} = \frac{(55.3 - 36.6) - 0}{\sqrt{\dfrac{13.68^2}{10} + \dfrac{36.6^2}{10}}} = 1.70$$

한편, $w_1 = s_1^2/n_1 = 13.67^2/10 = 18.71$, $w_2 = s_2^2/n_2 = 31.88^2/10 = 101.60$이고

$$v = \frac{(w_1 + w_2)^2}{\dfrac{w_1^2}{n_1 - 1} + \dfrac{w_2^2}{n_2 - 1}} = \frac{(18.71 + 101.60)^2}{\dfrac{18.71^2}{9} + \dfrac{101.60^2}{9}} = 12.21$$

이므로, 자유도는 이에 가장 가까운 정수 12가 된다. 자유도 12인 t−분포의 상위 5% 임계

치 $t_{0.05}(12) = 1.78$이므로 $t < t_{0.05}(12)$가 되어 유의수준 5%에서 귀무가설은 기각되지 않는다. 만약 양측검정을 실시한다면 $|t|$값을 $t_{0.025}(12) = 2.18$을 비교하게 되고, $|t| < t_{0.025}(12)$이므로 역시 귀무가설은 기각되지 않는다.

6.2.3 Excel을 이용한 두집단의 비교: t-검정

■ 모분산이 같은 경우

예제 6.5 계속

Excel의 데이터 분석기능을 이용하여 환자군과 대조군의 배뇨량을 비교하기 위한 예제 6.5의 데이터를 분석하여 보자. 이 예에서는 분산이 같다고 가정하였다. 등분산 가정 t-검정을 실시한다. "예제 6.5" 파일을 열자.

	A	B
1	환자군	대조군
2	263	60
3	288	119
4	432	153
5	890	588
6	450	124
7	1270	196
8	220	14
9	350	23
10	283	43
11	274	854
12	580	400
13	285	73
14	524	
15	135	
16	500	
17	120	

❶ 『데이터』 탭 「분석」 그룹에서 데이터 분석 을 클릭하고 대화상자에서 't-검정: 등분산 가정 두집단'을 선택한다.

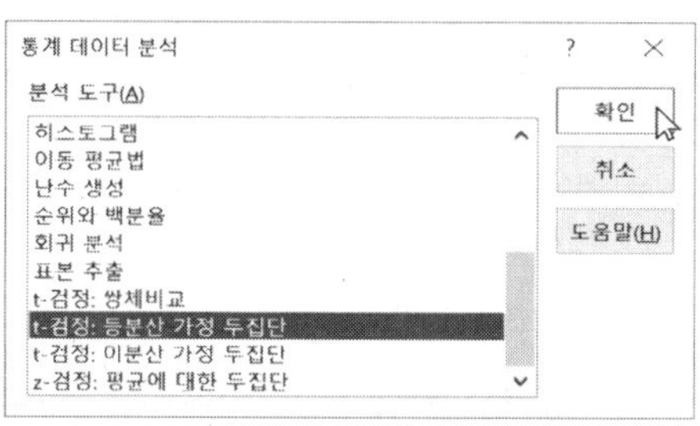

❷ 각 입력란을 클릭하여 적합한 값을 넣는다. 구체적인 내용은 다음과 같다. 모두 입력 후 확인 을 누른다.

- 변수 1 입력 범위 : 첫 번째 집단의 범위를 입력한다. 이 예에서는 "$A$1:$A$17"이 된다(앞의 예와 같이 A:A로 입력해도 된다).
- 변수 2 입력 범위 : 두 번째 집단의 범위를 입력한다. 이 예에서는 "$B$1:$B$13"이 된다.
- 가설 평균차 : 검정하고자 하는 모평균의 차이 δ값을 쓴다. 이 예에서는 0이다.
- 이름표 : 입력 범위에 변수이름을 포함시켰으면 이 란을 체크한다.
- 유의수준 : 원하는 유의수준을 입력한다.

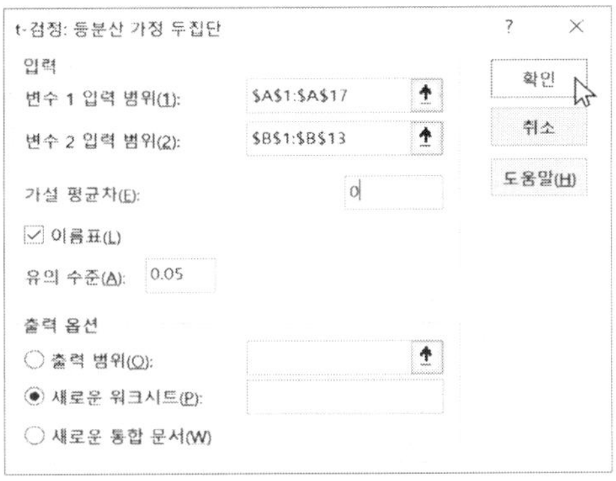

❸ 다음과 같은 결과가 새로운 워크시트에 나타난다. 출력결과를 순서대로 보면 평균과 분산, 관측수가 나와 있다. 나머지 결과를 설명하면 다음과 같다.

	A	B	C
1	t-검정: 등분산 가정 두 집단		
2			
3		*심장질환군*	*정상군*
4	평균	429	220.5833
5	분산	86831.46667	68549.17
6	관측수	16	12
7	공동(Pooled) 분산	79096.65064	
8	가설 평균차	0	
9	자유도	26	
10	t 통계량	1.940550716	
11	P(T<=t) 단측 검정	0.031614589	
12	t 기각치 단측 검정	1.70561792	
13	P(T<=t) 양측 검정	0.063229179	
14	t 기각치 양측 검정	2.055529439	

- 공동(pooled) 분산 : 합동분산의 추정치 s_p^2의 값이 출력된다.
- 가설 평균차 : 검정하고자 하는 모평균의 차이를 입력한 것이다.
- 자유도 : t－분포의 자유도 $n_1 + n_2 - 2 = 26$이 출력된다.
- t 통계량 : t－값이 계산된다. 1.9406으로 계산되었다.

- P(T<=t) 단측검정 : 단측검정에서의 p-값이 계산된다. p-값이 0.031으로 0.05보다 작으므로 5% 유의수준하에서 귀무가설은 기각된다.
- t 기각치 단측 검정 : 유의수준 5%에서 자유도 26인 t-분포의 단측검정에 대한 임계치 $t_{0.05}(26)$을 나타낸다. 이 값과 t-통계량 값을 비교했을 때 $t > t_{0.05}(26)$이므로 귀무가설이 기각되어 두 집단의 모평균은 유의한 차이가 있다고 할 수 있다.
- P(T<=t) 양측 검정 : 양측 검정에서의 p-값이 계산된다. 여기서는 p-값이 0.0632로 0.05보다 크므로, 양측검정을 실시한다면 단측검정의 결과와는 달리 5% 유의수준하에서 귀무가설은 기각되지 않음을 알 수 있다.
- t 기각치 양측 검정 : 유의수준 5%에서 자유도 26인 t-분포의 양측 검정에 대한 임계치 $t_{0.025}(26)$을 나타낸다. $|t| < t_{0.025}(26)$이 되어 가설이 기각되지 않음을 확인할 수 있다.

Tip

Excel의 Z-검정, t-검정 관련 분석 도구는 신뢰구간을 따로 제공하지 않는다. 신뢰구간을 구하기 위해서는 함수를 이용하여 따로 계산식을 써야 한다. 유사한 방식을 5장에서 다루었으므로 여기서는 따로 설명하지 않겠다.

■ 모분산이 같지 않은 경우

예제 6.6 계속

예제 6.6의 타이록신 수준을 비교분석에서는 분산이 같지 않다고 가정하였다. 이분산 가정 t-검정을 실시하여 보자. "예제 6.6" 파일에 데이터가 있다.

	A	B
1	경증	중증
2	35	30
3	40	10
4	85	8
5	55	12
6	58	20
7	59	24
8	60	60
9	62	84
10	49	96
11	50	22

❶ 『데이터』 탭 「분석」 그룹에서 [데이터 분석] 을 클릭하고 대화상자에서 't－검정: 이분산 가정 두집단'을 선택한다.

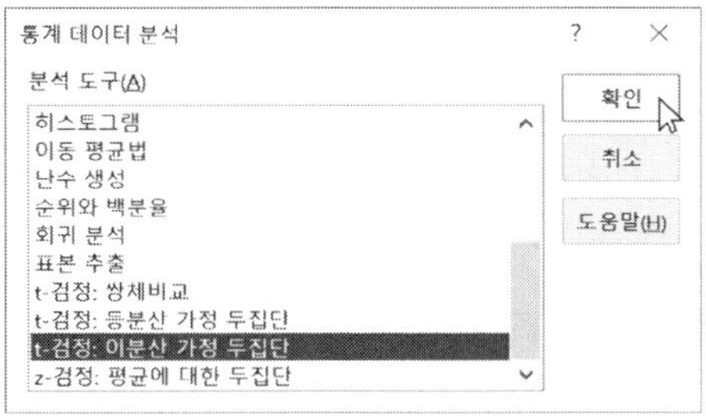

❷ 각 입력란을 클릭하여 아래와 같은 값을 넣는다. 입력란의 내용은 등분산 가정일 때와 같다. 모두 입력 후 [확인]을 누른다.

❸ 결과의 출력형식도 등분산 가정일 때와 비슷하다. 출력결과로 각 그룹에서의 평균과 분산, 관측수, 자유도가 출력되었다. "t－통계량"은 1.7048, 단측 p－값은 0.0570, 양측 p－값은 0.1140으로 나온 것을 확인할 수 있다. 따라서 유의수준을 5%로 했을 때 단측검정과 양측검정 모두에서 유의한 차이라고 할 수 없다. 그 밖에 자유도 12인 t－분포에서 단측검정과 양측검정의 임계치가 각각 1.7823, 2.1788로 출력되었다.

	A	B	C
1	t-검정: 이분산 가정 두 집단		
2			
3		*경증*	*중증*
4	평균	55.3	36.6
5	분산	187.1222	1016.044
6	관측수	10	10
7	가설 평균차	0	
8	자유도	12	
9	t 통계량	1.704821	
10	P(T<=t) 단측 검정	0.056978	
11	t 기각치 단측 검정	1.782288	
12	P(T<=t) 양측 검정	0.113957	
13	t 기각치 양측 검정	2.178813	

Tip

t−검정과 관련된 함수로서 T.TEST가 있다. T.TEST의 구문은

= T.TEST(배열1, 배열2, 양단측구분, 종류)

이다. 여기서 배열1에 첫째 집단의 데이터 범위, 배열2에 두 번째 집단의 데이터 범위를 쓴다. 단, 각 집단의 이름은 데이터 범위에서 제외한다. 양단 구분에는 단측검정일 때 1, 양측검정일 때 2를 쓰고, 종류에는 짝지은 검정일 때 1, 등분산 t−검정은 2, 이분산 t−검정일 때 3을 쓴다. 예를 들어 예제 6.6의 단측검정을 실시하기 위해서는 "=T.TEST(A2:A11, B2:B11, 1, 3)"을 셀에 입력하면 된다.

6.3 짝지은 t-검정

두 평균을 비교하는 문제에 있어서 한 집단에는 어떤 처리를 하고 다른 한 집단에는 다른 처리를 한 후 두 집단에서 어떤 특성치의 차이가 있는가를 보기도 하지만, 때로는 한 집단의 환자들을 대상으로 처리 전과 처리 후의 특성치를 관측하여 차이를 알아보는 경우가 있다. 예를 들면 다이어트 전과 후의 체질량지수 비교라든지, 마취 전과 후의 혈압을 비교하기 위한 연구가 있을 수 있다. 또 쌍둥이를 대상으로 한 실험 등과 같이 대상자를 주요 특성에 맞게 짝을 지어준 다음 랜덤하게 두 약제 중 하나를 처방하여 처리를 비교하는 수가 있다.

짝지은 설계는 비교하고자 하는 처리 외에 결과에 영향을 줄 가능성이 있는 제3의 인자들을 제어할 수 있으므로, 더 공평하게 두 처리 효과를 비교할 수 있다는 장점이 있다. 또한, 변이를 줄이는 효과도 있다. 짝지은 데이터의 경우 독립된 두 표본의 문제가 아니므로 6.2에서와 같은 독립표본에 대한 t−검정은 적절치 않게 된다. 이러한 데이터를 분석하는 방법에 대해 알아보자.

6.3.1 짝지은 t-검정

다음과 같이 n명의 환자에 대해 짝을 이룬 데이터가 있다고 하자.

번호	처리 전	처리 후	차이
1	x_1	y_1	d_1
2	x_2	y_2	d_2
:	:	:	:
:	:	:	:
n	x_n	y_n	d_n

여기서 $d_i = x_i - y_i \ (i = 1, ..., n)$이다. 이때 한 환자에 대한 전후 데이터는 서로 독립이 아니나, 각 환자 간의 데이터는 독립적으로 구해진 것이다. 각 관측치 간의 차이 $d_1, d_2, \cdots, d_n$이 서로 독립적이며, 모평균이 μ_d, 분산이 σ_d^2인 정규분포로부터 왔다고 가정하자. 이제 문제는 하나의 모집단에서의 모평균에 대한 추론과 같게 된다. $d_i \ (i = 1, ..., n)$들의 표본평균이 $\bar{d}$, 표본표준편차가 s_d라고 하면,

$$t = \frac{\bar{d} - \mu_d}{s_d \ / \sqrt{n}}$$

는 자유도 $n-1$인 $t-$분포를 따른다. $H_0 : \mu_d = \delta$하에서 검정통계량

$$t = \frac{\bar{d} - \delta}{s_d \ / \sqrt{n}}$$

가 자유도 $n-1$인 $t-$분포를 따르게 되므로, 유의수준 α에 대한 검정절차는 다음과 같다.

❶ $H_0 : \mu_d = \delta$ vs. $H_1 : \mu_d > \delta$ 일 때, $t > t_\alpha(n-1)$ 이면 귀무가설 기각

❷ $H_0 : \mu_d = \delta$ vs. $H_1 : \mu_d < \delta$ 일 때, $t < -t_\alpha(n-1)$ 이면 귀무가설 기각

❸ $H_0 : \mu_d = \delta$ vs. $H_1 : \mu_d \neq \delta$ 일 때, $|t| > t_{\alpha/2}(n-1)$ 이면 귀무가설 기각

여기서 $t_\alpha(n-1)$는 자유도 $n-1$인 t−분포에서 상위 α의 확률을 갖는 임계치를 의미한다. 5장에서와 마찬가지로 모분산 σ_d^2을 알고 있거나, 알지 못하더라도 표본의 크기가 큰 경우에는 정규분포를 이용하여 검정할 수 있다.

예제 6.7

어떤 비만치료제의 효과를 알아보기 위해 10명의 여성에게 4개월간 치료제를 복용하게 한 후, 치료에 참여하기 전의 체중과 마치고 난 후의 체중을 비교하였다. 결과는 다음과 같다. 이 프로그램은 체중감소 효과가 있다고 할 수 있는가?

번호	참여 전 체중	참여 후 체중	차이
1	90	83	7
2	80	70	10
3	85	80	5
4	70	69	1
5	75	75	0
6	85	80	5
7	80	81	−1
8	70	67	3
9	77	69	8
10	88	85	3

차이에 대한 표본평균 $\bar{d} = 4.1$이고, 표본표준편차 $s = 3.57$로 계산된다. 다음과 같이 단측검정으로 설정해보자.

$$H_0 : \mu_d = 0 \quad \text{vs.} \quad H_1 : \mu_d > 0$$

각 관측치 간의 차이 $d_1, d_2, \cdots, d_{10}$가 서로 독립적이고 동일한 정규분포를 따른다고 가정하자. 검정통계량은 다음과 같이 구해진다.

$$t = \frac{\bar{d} - \delta}{s_d / \sqrt{n}} = \frac{4.1 - 0}{3.57 / \sqrt{10}} = 3.63$$

자유도 9인 $t-$분포의 임계치 $t_{0.05}(9) = 1.833$이므로 $t > t_{0.05}(9)$가 되어 5% 유의수준 하에서 귀무가설은 기각된다. 즉, 이 치료제는 유의한 체중감소효과가 있다고 할 수 있다.

6.3.2 Excel을 이용한 짝지은 t-검정

Excel의 데이터 분석에서는 't−검정: 쌍체비교'라는 이름으로 짝지은 t−검정을 제공한다.

예제 6.7 계속

예제 6.7의 데이터를 분석하여 보자. 1열에는 참여 전 체중을 입력하고 2열에는 참여 후의 체중을 입력한다. "예제 6.7" 파일에 데이터가 입력되어 있다.

	A	B
1	참여전 체중	참여후 체중
2	90	83
3	80	70
4	85	80
5	70	69
6	75	75
7	85	80
8	80	81
9	70	67
10	77	69
11	88	85

❶ 『데이터』 탭 「분석」 그룹에서 [데이터 분석] 을 클릭하면 다음과 같은 대화상자가 나온다. 't－검정: 쌍체비교'를 선택한다.

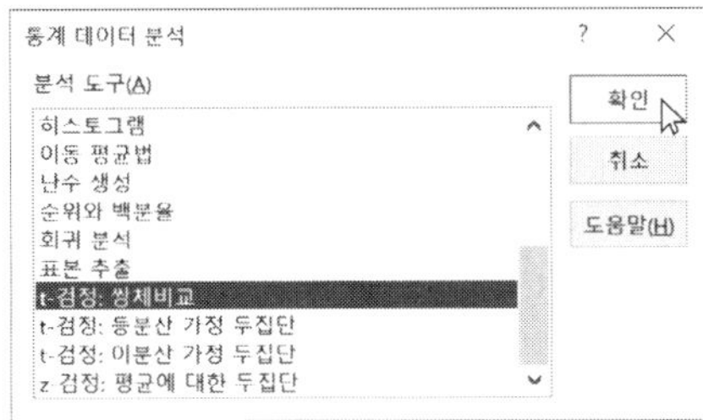

❷ 각 입력란에 값을 넣는다. 여기서는 가설 평균차 δ를 0으로 하고, 유의수준을 5%로 하였다. 각 입력란은 독립된 두 표본의 t－검정 때와 마찬가지이다. 모두 입력 후 [확인] 을 누른다.

❸ 새로운 워크시트로 결과가 출력된다. 참여 전과 후의 체중에 대한 평균, 분산, 관측수가 출력되고, 그들 간의 피어슨 상관계수가 출력된다(상관계수에 대해서는 8장에서 설명할 것이다). 입력된 가설평균차는 0이며, 자유도는 9, 검정통계량인 t－값은 3.6287로 출력되었다. 단측 검정에서의 p－값은 0.0028, 양측 p－값은 0.0055로 매우 작고 따라서 귀무가설은 기각된다. 단측과 양측검정에서의 t－분포의 임계치 $t_{0.05}(9)$와 $t_{0.025}(9)$은 각각 1.8331, 2.2622이다.

	A	B	C
1	t-검정: 쌍체 비교		
2			
3		*참여전 체중*	*참여후 체중*
4	평균	80	75.9
5	분산	49.77777778	44.76666667
6	관측수	10	10
7	피어슨 상관 계수	0.866184041	
8	가설 평균차	0	
9	자유도	9	
10	t 통계량	3.628650139	
11	P(T<=t) 단측 검정	0.002748583	
12	t 기각치 단측 검정	1.833112933	
13	P(T<=t) 양측 검정	0.005497166	
14	t 기각치 양측 검정	2.262157163	

6.4 두 집단의 분산비교

이번에는 두 집단의 모분산을 비교하는 방법에 대해 알아보자. 모분산의 비교는 위에서와 같이 두 집단의 모평균을 비교할 때 두 집단의 분산이 같다는 가정이 타당한지 알아보기 위해서도 필요하지만, 분산 자체의 비교에 목적이 있는 경우도 있다.

6.4.1 모분산의 비교

모분산을 비교하기 위해서 먼저 다음과 같은 가정이 필요하다.

❶ $x_1, \cdots, x_{n_1}$은 평균 μ_1, 분산 σ_1^2인 정규분포를 따르는 모집단에서 나온 표본이다.
❷ $y_1, \cdots, y_{n_2}$는 평균 μ_2, 분산 σ_2^2인 정규분포를 따르는 모집단에서 나온 표본이다.
❸ 두 표본은 서로 독립이다.

모분산의 비교를 위해서 관심 있는 것은 두 모분산의 비, 즉 σ_1^2/σ_2^2이다. 이의 추정량으로 표본분산의 비 s_1^2/s_2^2을 생각할 수 있다. 이때

$$F = \frac{s_1^2/s_2^2}{\sigma_1^2/\sigma_2^2}$$

은 자유도 n_1-1, n_2-1인 F−분포를 따른다. $H_0 : \sigma_1^2 = \sigma_2^2$라는 귀무가설하에서 다음과 같은 검정통계량

$$F = \frac{s_1^2}{s_2^2}$$

이 자유도 n_1-1, n_2-1인 F−분포를 따른다는 것을 이용하여 검정한다. F−분포는 t−분포와 달리 두 개의 자유도를 가지며, 각각 분자의 자유도, 분모의 자유도라고도 불린다. 정규분포나 t−분포와 달리 분포형태가 좌우대칭이 아니고 오른쪽으로 치우친 모양이다.

유의수준을 α로 했을 때 가설의 형태에 따른 검정의 절차는 다음과 같다.

❶ $H_0 : \sigma_1^2/\sigma_2^2 = 1$ vs. $H_1 : \sigma_1^2/\sigma_2^2 > 1$일 때,

$F > F_\alpha(n_1-1, n_2-1)$이면 귀무가설 기각

❷ $H_0 : \sigma_1^2/\sigma_2^2 = 1$ vs. $H_1 : \sigma_1^2/\sigma_2^2 < 1$일 때,

$F < F_{1-\alpha}(n_1 - 1, n_2 - 1)$이면 귀무가설 기각

❸ $H_0 : \sigma_1^2/\sigma_2^2 = 1$ vs. $H_1 : \sigma_1^2/\sigma_2^2 \neq 1$일 때,

$F > F_{\alpha/2}(n_1 - 1, n_2 - 1)$ 또는 $F < F_{1-\alpha/2}(n_1 - 1, n_2 - 1)$ 이면 귀무가설 기각

여기서 $F_\alpha(\nu_1, \nu_2)$는 자유도가 ν_1과 ν_2일 때 F−분포의 상위 α의 확률값을 갖는 임계치를 말한다. $F_{1-\alpha/2}(n_1 - 1, n_2 - 1) = 1/[F_{\alpha/2}(n_2 - 1, n_1 - 1)]$로 구할 수 있다. F−분포의 임계치는 부록의 F−분포표로부터 찾을 수 있다.

TIP

정규분포나 t-분포는 좌우대칭의 형태를 가지고 있으나 F-분포는 그렇지 않다. 따라서 기각역을 설정할 때 상위 α, 하위 α의 확률을 따로 생각해야 한다. 결과는 같지만, 분산이 큰 쪽을 첫 번째 그룹으로 놓으면, F-통계량이 단측검정일 때 $F_\alpha(n_1-1, n_2-1)$, 양측검정일 때 $F_{\alpha/2}(n_1-1, n_2-1)$ 값보다 큰지 확인하면 되므로 더 쉽게 판정할 수 있다.

예제 6.5 계속

예제 6.5의 배뇨량 비교데이터에서 등분산 가정을 한 바 있다. 두 그룹의 모분산이 같다는 가정이 옳은지 검정하여 보자.

귀무가설과 대립가설은 각각 다음과 같다.

$$H_0 : \sigma_1^2/\sigma_2^2 = 1 \quad \text{vs.} \quad H_1 : \sigma_1^2/\sigma_2^2 \neq 1$$

이때 두 그룹에서의 표본표준편차가 각각 294.7과 261.8이므로 검정통계량 F−값은

$$F = \frac{s_1^2}{s_2^2} = \frac{294.7^2}{261.8^2} = 1.267$$

이다. 여기서는 편의상 유의수준을 10%로 하여 보자. 표본수가 각각 16, 12이므로 자유도는 각각 15, 11이 된다. 이러한 자유도를 가진 F−분포에서 상위 5%에 해당하는 임계치 $F_{0.05}(15, 11)$은 2.72이며, 하위 5%인 $F_{0.95}(15, 11) = 1/F_{0.05}(11, 15) = 1/2.51 = 0.40$이고 계산된 F−값은 이 사이에 있으므로 귀무가설은 기각되지 않는다. 즉, 두 그룹의 모분산은 유의하게 다르지 않다.

TIP

F-분포의 임계치는 함수마법사에서 F-분포의 역함수계산인 F.INV 및 F.INV.RT를 이용하여 구할 수 있다. 한편 p-값은 F.DIST와 F.DIST.RT를 이용하여 구할 수 있다. 예컨대 위의 예에서 유의수준 5%일 때의 임계치 $F_{0.05}(15,11)$을 구하려면 =F.INV.RT(0.05,15,11)을 쓰면 된다. 이의 용법에 대해서는 11장을 참조하길 바란다.

예제 6.6 계속

예제 6.6의 타이록신 데이터에서 경증그룹에서의 분산이 중증그룹에서의 분산보다 작다고 할 수 있는지 검정하여 보자.

귀무가설과 대립가설은 각각 다음과 같다.

$$H_0 : \sigma_1^2/\sigma_2^2 = 1 \quad \text{vs.} \quad H_1 : \sigma_1^2/\sigma_2^2 < 1$$

이때 두 그룹에서의 표본 표준편차가 각각 13.68과 31.88이므로 검정통계량 F-값은

$$F = \frac{s_1^2}{s_2^2} = \frac{13.68^2}{31.87^2} = 0.184$$

이다. 표본수가 각각 10, 10이므로 자유도는 각각 9, 9가 된다. 이러한 자유도를 가진 F-분포에서 하위 5%에 해당하는 임계치 $F_{0.95}(9,9)$은 0.315이다. 계산된 F-값은 이 임계치보다도 작으므로 귀무가설은 기각된다. 즉, 경증그룹의 분산은 중증그룹의 분산보다 유의하게 작다.

6.4.2 Excel을 이용한 모분산의 비교

예제 6.6 계속

예제 6.6의 타이록신 데이터의 분산비교를 해보자. "예제 6.6" 파일을 연다.

❶ 『데이터』 탭 「분석」 그룹에서 [데이터 분석]을 클릭하고, 대화상자에서 'F-검정: 분산에 대한 두 집단'을 선택한다.

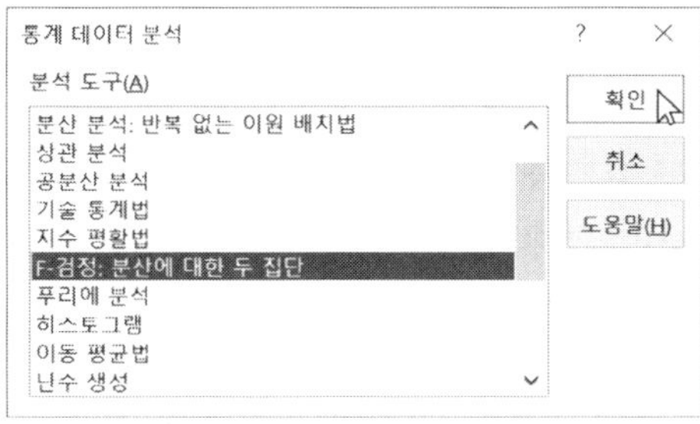

❷ 대화상자에 [변수 1 입력 범위], [변수 2 입력 범위], [유의수준] 등을 입력한다. 입력방법은 t−검정의 경우와 동일하다.

❸ 출력결과는 다음과 같다. 두 그룹에서의 표본평균과 표본분산, 관측수, 자유도가 차례로 출력된다. 단측검정 결과만이 출력되는데 나머지 결과는 다음과 같이 해석할 수 있다.

- F 비 : F값, 즉 s_1^2/s_2^2이 0.1842로 출력된다.
- P(F<=f) 단측검정 : 단측검정 시의 p−값이다. 이때의 가설은 $H_0 : \sigma_1^2/\sigma_2^2 = 1$ vs. $H_1 : \sigma_1^2/\sigma_2^2 < 1$이다. 여기서는 0.0095로 매우 작으므로 5% 유의수준하에서 귀무가설이 기각됨을 알 수 있다.
- F 기각치 : 단측검정 : 해당 자유도를 가진 F−분포의 하위 5% 임계치를 말한다. 여기서는 $F_{0.05}(9,9)$가 된다.

	A	B	C
1	F-검정: 분산에 대한 두 집단		
2			
3		경증	중증
4	평균	55.3	36.6
5	분산	187.1222	1016.044
6	관측수	10	10
7	자유도	9	9
8	F 비	0.184167	
9	P(F<=f) 단측 검정	0.00952	
10	F 기각치: 단측 검정	0.314575	

④ 양측검정의 p−값은 단측검정의 p−값에 2를 곱하면 된다. 이 문제에서는 단측 p−값이 0.00952이므로 양측 p−값은 $2 \times 0.00952 = 0.01904$가 된다. 양측검정의 F 기각치를 구하고 싶다면 입력화면에서 유의수준을 α 대신 $\alpha/2$에 해당하는 값을 써주면 된다. 예컨대 5% 유의수준의 양측검정을 원하면 유의수준 입력칸에 0.05 대신 0.025를 쓴다. 이때에도 양측 p−값은 2배를 해줘야 한다. 다음은 0.025로 했을 때의 결과화면이다. 앞의 결과와 비교하여 보자.

	A	B	C
1	F-검정: 분산에 대한 두 집단		
2			
3		경증	중증
4	평균	55.3	36.6
5	분산	187.1222	1016.044
6	관측수	10	10
7	자유도	9	9
8	F 비	0.184167	
9	P(F<=f) 단측 검정	0.00952	
10	F 기각치: 단측 검정	0.248386	

TIP

Excel의 분산비검정 절차에서는 표본분산비 s_1^2/s_2^2이 1보다 클 때는 대립가설이 $H_1 : \sigma_1^2/\sigma_2^2 > 1$에 대한 단측검정 결과를 주고, 표본분산비가 1보다 작을 때는 $H_1 : \sigma_1^2/\sigma_2^2 < 1$에 대한 단측검정 결과를 제공한다.

6.5 두 집단의 비율비교

두 집단에서 추출된 표본이 어떤 특성을 갖는 비율을 비교하는 문제를 생각해 보자. 예컨대, 두 지역의 특정 질환에 대한 유병률에 차이가 있는가, 또는 두 시술법의 성공률에 차이가 있는가 등을 알아보는 경우이다.

6.5.1 두 집단의 모비율비교

두 집단에서 표본의 크기가 각각 n_1, n_2이고 이 중에서 관심 있는 속성을 가진 표본의 수가 각각 x_1, x_2라고 하자. 각각의 표본비율을

$$\hat{p}_1 = x_1/n_1, \quad \hat{p}_2 = x_2/n_2$$

라고 하자. n_1, n_2가 모두 충분히 큰 경우에는 중심극한정리에 의해 $\hat{p}_1, \hat{p}_2$가 각각 정규분포를 따르며 이에 따라 $\hat{p}_1 - \hat{p}_2$도 근사적으로 다음과 같은 정규분포를 따르게 된다.

$$\hat{p}_1 - \hat{p}_2 \sim N\left(p_1 - p_2, \ \frac{p_1(1-p_1)}{n_1} + \frac{p_2(1-p_2)}{n_2}\right)$$

이를 이용하여 $p_1 - p_2$의 추론을 할 수 있다. 두 집단의 모비율의 차이 $p_1 - p_2$에 대한 신뢰구간을 구하기 위해서는 $\hat{p}_1 - \hat{p}_2$의 표준오차를 추정해야 한다. 표준오차의 추정치로는 $\sqrt{\frac{\hat{p}_1(1-\hat{p}_1)}{n_1} + \frac{\hat{p}_2(1-\hat{p}_2)}{n_2}}$ 를 사용한다.

모비율의 차이 $p_1 - p_2$의 $100(1-\alpha)\%$ 신뢰구간은 다음과 같다.

$$\left((\hat{p}_1 - \hat{p}_2) - z_{\alpha/2}\sqrt{\frac{\hat{p}_1(1-\hat{p}_1)}{n_1} + \frac{\hat{p}_2(1-\hat{p}_2)}{n_2}}\ ,\ (\hat{p}_1 - \hat{p}_2) + z_{\alpha/2}\sqrt{\frac{\hat{p}_1(1-\hat{p}_1)}{n_1} + \frac{\hat{p}_2(1-\hat{p}_2)}{n_2}}\right)$$

두 집단의 모비율을 비교하기 위한 가설 $H_0 : p_1 = p_2$를 생각해보자. 귀무가설하에서는 두 모비율이 같게 되며, 이 공통모비율의 추정량은

$$\hat{p} = \frac{x_1 + x_2}{n_1 + n_2}$$

이 된다. 또한 귀무가설하에서 $\hat{p}_1 - \hat{p}_2$의 표준오차는

$$\sqrt{\frac{\hat{p}(1-\hat{p})}{n_1} + \frac{\hat{p}(1-\hat{p})}{n_2}}$$

이 된다. 검정통계량

$$Z = \frac{(\hat{p}_1 - \hat{p}_2)}{\sqrt{\frac{\hat{p}(1-\hat{p})}{n_1} + \frac{\hat{p}(1-\hat{p})}{n_2}}}$$

이 귀무가설하에서 표준정규분포를 따른다는 것을 이용한다. 가설검정의 절차는 다음과 같다. 여기서 z_α는 표준정규분포에서 상위 α에 해당하는 임계치이다.

❶ $H_0 : p_1 = p_2$ vs. $H_1 : p_1 > p_2$ 일 때, $Z > Z_\alpha$이면 귀무가설 기각

❷ $H_0 : p_1 = p_2$ vs. $H_1 : p_1 < p_2$ 일 때, $Z < -Z_\alpha$ 이면 귀무가설 기각

❸ $H_0 : p_1 = p_2$ vs. $H_1 : p_1 \neq p_2$ 일 때, $|Z| > Z_{\alpha/2}$ 이면 귀무가설 기각

예제 6.8

한 질병에 대한 두 지역의 유병률을 비교하기 위해 각 지역에서 50명씩을 추출한 뒤 질병이 있는지 조사한 결과 A지역은 50명 중 15명, B지역은 50명 중 10명에게 이 질병이 있었다. 두 지역의 유병률이 유의하게 다르다고 할 수 있을까?

A지역의 유병률에 대한 표본비율은 $\widehat{p_1} = 15/50 = 0.3$ 이고, B지역의 표본비율은 $\widehat{p_2} = 10/50 = 0.2$ 이다. 먼저 모비율의 차이 $p_1 - p_2$ 에 대한 95% 신뢰구간을 구해 보자. $p_1 - p_2$ 의 표준오차의 추정치는

$$\sqrt{\frac{\widehat{p_1}(1-\widehat{p_1})}{n_1} + \frac{\widehat{p_2}(1-\widehat{p_2})}{n_2}} = \sqrt{\frac{0.3 \times 0.7}{50} + \frac{0.2 \times 0.8}{50}} = 0.086$$

이다. $p_1 - p_2$ 의 95% 신뢰구간은 $(0.1 - 1.96 \times 0.086,\ 0.1 + 1.96 \times 0.086) = (-0.069,\ 0.269)$ 이 된다. 유의수준을 5%로 하는 양측검정을 실시하여 보자. 귀무가설과 대립가설은 각각

$$H_0 : p_1 = p_2 \qquad H_1 : p_1 \neq p_2$$

이다. 귀무가설이 참이라면, 공통비율의 추정치는 $\hat{p} = (15 + 10)/(50 + 50) = 0.25$ 이고, 검정통계량은

$$Z = \frac{0.1}{\sqrt{\frac{0.25 \times 0.75}{50} + \frac{0.25 \times 0.75}{50}}} = 1.1547$$

이다. |Z|이 1.96보다 작으므로 5% 유의수준에서 귀무가설은 기각되지 않는다. 즉, 두 지역의 유병률은 유의한 차이가 없다.

Tip

이러한 데이터를 분석하기 위한 또 다른 방법으로 9장에서 다룰 카이제곱검정법이 있다. 양측검정 시 두 방법의 결과는 같다. 다만, 단측검정을 하고 싶다면 여기서 설명한 정규분포를 이용한 비율비교방법을 써야 한다.

6.5.2 Excel을 이용한 두 집단의 비율비교

Excel의 데이터분석 도구에는 두 집단의 모비율비교를 위한 기능이 포함되어 있지 않으며, 다음과 같이 워크시트를 디자인하여 구할 수 있다.

❶ C8과 C9에 집단 1에 대한 표본크기(n_1)와 관심있는 사건의 발생 횟수(x_1)를 입력하고, C10에 표본비율을 계산하는 수식 "=C9/C8"을 쓴다. 마찬가지 방식으로 집단 2에 대해서도 D8과 D9에 표본크기, 사건 발생 횟수를 입력하고 D10에서 표본비율을 구한다.

❷ 두 모비율이 같다고 했을 때의 공통비율추정치를 계산하기 위해 C16에 "= (C9+D9)/(C8+D8)"를 쓴다. 이 공통비율을 이용하여 C17에 표준오차추정식을 쓴다. 유의수준을 쓰고 이에 근거하여 Z－통계량을 계산하는 식을 C19에 쓴다.

❸ 세 가지 형태의 가설에 대한 p－값을 계산하는 식을 C22:C24에 쓴다. p－값을 계산하는 방식은 5장에서 설명한 바와 같다.

	A	B	C	D	E
1		[두 집단의 모비율 차이 검정]			
2					
3		입력			
4					
5		유의수준	"입력"		
6					
7			집단 1	집단 2	
8		표본 크기	"입력"	"입력"	
9		사건 발생 횟수	"입력"	"입력"	
10		표본 비율	= C9/C8	= D9/D8	
11					
12					
13		결과			
14					
15					
16		공통 비율 추정치	= (C9+D9)/(C8+D8)		
17		표준오차	= SQRT((C16*(1-C16)/C8)+(C16*(1-C16)/D8))		
18					
19		Z-통계량	= (C10-D10)/C17		
20					
21			p-값	대립가설	검정결과
22		1. 단측검정(위쪽)	= 1-NORM.S.DIST(C19,TRUE)	$p_1 > p_2$	= IF(C22<C5, "귀무가설을 기각합니다.", "귀무가설을 기각하지 못합니다.")
23		2. 단측검정(아래쪽)	= NORM.S.DIST(C19,TRUE)	$p_1 < p_2$	= IF(C23<C5, "귀무가설을 기각합니다.", "귀무가설을 기각하지 못합니다.")
24		3. 양측검정	= 2*(1-NORM.S.DIST(ABS(C19),TRUE))	$p_1 \neq p_2$	= IF(C24<C5, "귀무가설을 기각합니다.", "귀무가설을 기각하지 못합니다.")

예제 6.8 계속

예제 6.8에서 두 지역의 유병율을 비교하기 위해 위에서 작성한 워크시트에 각 지역의 표본크기와 사건발생횟수를 입력한 결과는 아래와 같다. z－통계량이 1.1547, 양측 검정 시 p－값이 0.2482으로 계산되어 귀무가설이 기각되지 않음을 알 수 있다.

[두 집단의 모비율 차이 검정]

입력			
유의수준	0.05		
	집단 1	집단 2	
표본 크기	50	50	
사건 발생 횟수	15	10	
표본 비율	0.3	0.2	
결과			
공통 비율 추정치	0.25		
표준오차	0.08660254		
Z-통계량	1.154700538		
	p-값	대립가설	검정결과
1. 단측검정(위쪽)	0.124106539	$p_1 > p_2$	귀무가설을 기각하지 못합니다.
2. 단측검정(아래쪽)	0.875893461	$p_1 < p_2$	귀무가설을 기각하지 못합니다.
3. 양측검정	0.248213079	$p_1 \neq p_2$	귀무가설을 기각하지 못합니다.

Tip 두 그룹의 모평균의 추론방법에 대한 가이드라인

아래의 도표는 가정을 검토하여 적절한 분석방법을 선택할 수 있도록 정리한 것이다. 여기서 Z-검정은 정규분포를 이용한 방법, t-검정은 t-분포를 이용한 방법을 의미하며, 비모수 검정은 10장에서 설명할 비모수적 방법을 사용해야 함을 의미한다.

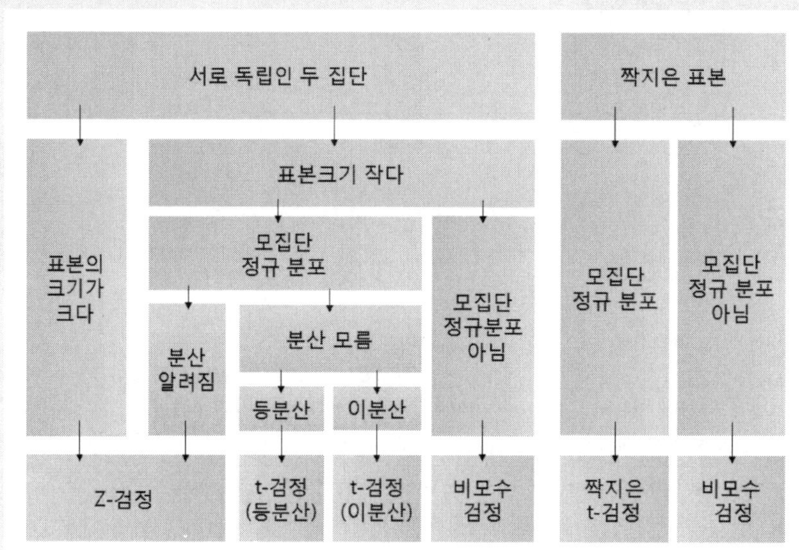

6.6 연습문제

01 고령의 당뇨 환자에서 발목반사의 소실을 연구하고자 한다. 한 병원에서 당뇨환자와 당뇨가 아닌 검진대상자들의 발목반사 반응수치를 조사하였더니 다음과 같았다.

집단	표본수	평균	표준편차
대조군	50	2.2	1.1
환자군	50	1.7	1.2

① 환자군과 대조군의 무릎반사 반응수치의 평균차이에 대한 95% 신뢰구간을 구하라.

② 대조군에 비해 환자군의 무릎반사 반응수치가 유의하게 낮은지 유의수준 5%로 검정하라.

02 메타볼릭신드롬을 가진 사람과 그렇지 않은 사람의 식습관을 비교하기 위해 남성을 대상으로 각 100명씩을 조사하여 기초통계를 구하였다. 적절한 분석 방법으로 두 그룹에 대해 각 영양소의 섭취량을 비교하시오.

	환자군 (N=100)		대조군(N=100)	
	평균	표준편차	평균	표준편차
단백질섭취량	72.3	25.5	68.9	25.7
지방섭취량	37.0	21.7	35.7	20.3
탄수화물섭취량	356.1	109.0	346.0	100.5

03 한 의과대학에서는 교육의 효율성을 높이기 위해 AI를 활용한 교육방식을 도입하였다. 32명의 학생을 랜덤하게 두 그룹으로 나눈 후 한 그룹은 기존의 방식을, 다른 그룹은 AI를 활용한 교육방식을 적용하고 4주 강의 후 시험을 실시한 결과는 다음과 같다.

그룹	수치
기존방식	60 70 80 75 65 85 90 90 80 88 78 50 40 50 95 45
AI활용방식	55 75 78 80 95 60 80 85 70 80 75 55 90 85 45 50

① 두 교육방식의 효과가 다르다고 할 수 있는가?

② 두 교육방식의 분산이 다르다고 할 수 있는가?

04 위의 3번과 관련된 연구로서 이번에는 다른 방식을 도입하였다. 한 학생에게 두 가지 방식을 4주씩 적용하여 8주간 실험하고 결과를 비교하였다. 총 10명을 대상으로 진행하였다. 이때 학습효과를 배제하기 위해 랜덤하게 홀수/짝수를 뽑게 한 후, 홀수를 뽑으면 기존방식 적용 후 AI 활용방식을 적용하였고, 짝수를 뽑으면 AI 활용방식 적용 후 기존방식을 적용하도록 하였다. 각 방식의 수업이 끝날 때마다 시험을 실시하여 결과를 기록하였다. 다음에 답하시오.

학생번호	1	2	3	4	5	6	7	8	9	10
기존방식	60	70	80	75	65	85	90	90	45	60
AI 활용방식	55	75	78	80	70	95	90	85	55	62

① 두 교육방식의 효과가 다르다고 할 수 있는가?
② 위의 검정을 하기 위해 필요한 가정은 무엇인가?

05 다음은 10명의 환자를 대상으로 보청기 착용 전과 1개월간 착용 후에 불편감을 점수로 매기게 한 결과이다. 보청기 착용이 불편감에 영향을 미치는지 유의수준 5%로 검정하라.

환자 번호	착용전	착용후
1	79	70
2	87	80
3	73	72
4	77	70
5	80	73
6	64	66
7	64	63
8	60	62
9	90	80
10	80	75

06 어떤 감염병과 나이의 관계를 알기 위해 감염 집단 36명의 나이와 비감염 집단 20명의 나이를 측정하였다. 감염집단은 평균이 27.5세 표준편차가 5.5세이었으며, 비감염 집단은 평균이 38.5세, 표준편차가 21.5세였다.

① 감염집단과 비감염집단의 나이 차이에 대한 95% 신뢰구간을 구하시오.
② 감염집단과 비감염집단의 나이에 유의한 차이가 있다고 할 수 있는가? 유의수준 5%로 검정하시오.

07 프로프라놀롤은 베타차단제를 대표하는 약물로 주로 고혈압과 불안 등의 치료를 위해 처방되는 약물이다. 다음은 프로프라놀롤을 받은 환자와 대조군 환자의 누적 체중감소량에 대한 자료이다. 두 집단의 평균 체중감소량에 차이가 있는지 검정하라.

집단	표본수	평균	표준편차
프로프라노롤	12	120	10.0
대조군	16	80	8.0

08 임산부와 임산부가 아닌 여성의 혈당에 대한 변이가 다른지 알아보고자 각 20명씩을 대상으로 12시간 공복 후 혈당검사를 실시하였다. 그 결과는 다음과 같다.

그룹	표본수	표준편차
임산부	20	17.2
비임산부	20	10.19

① 임산부의 혈당은 비임산부에 비해 변이가 크다고 할 수 있는가? 유의수준 5%로 가설검정을 실시하여라.

② 이때 필요한 가정에 대해 논의하시오.

09 고혈압이 있는 집단과 없는 집단의 임신합병증 발생률을 비교하려고 한다. 고혈압이 있는 산모 36명 중 25명에게서 임신합병증이 발생한 반면, 고혈압이 없는 산모 155명 중 55명에게서 임신합병증이 발생하였다.

① 임신합병증 비율의 차이에 대한 95% 신뢰구간을 구하여라.

② 두 집단의 발병비율이 같은지 여부를 유의수준 5%로 검정하라.

10 한 연구에 따르면 우리나라 청소년들의 스마트폰 사용시간이 많아 과의존 현상이 심각하다고 한다. 중학교와 고등학교 학생을 각 1000명씩 조사한 결과 중학생은 347명, 고등학생의 경우 295명이 스마트폰 과의존으로 나타났다. 중학생의 스마트폰 과의존 비율이 고등학생보다 유의하게 높다고 할 수 있는가?

7장

여러 집단의 비교

앞 장에서 두 집단의 모평균을 비교하는 방법에 대해 배웠다. 만약 비교하고자 하는 집단이 셋 이상일 때 평균을 비교하려면 어떻게 해야 할까? 이러한 분석에 이용되는 기법으로 분산분석법(analysis of variance)이 있다. 결과에 영향을 미치는 것으로 생각되는 요인(factor)이 하나인 경우에 사용되는 일원분산분석(one-way ANOVA)과 요인이 두 개인 경우 사용되는 이원분산분석(two-way ANOVA)에 대해 차례로 알아보자.

7.1 일원분산분석

지금까지 두 가지 집단을 비교하는 문제에 대해 다뤘다. 실제 연구에서는 여러 개의 치료방법 중에서 가장 효과가 좋은 것은 어떤 치료방법인지 알아보고자 하는 경우와 같이 여러 개의 처리집단의 평균을 비교해야 하는 경우가 흔히 발생한다. 이러한 분석에 이용되는 기법으로 분산분석법(analysis of variance; ANOVA)이 있다. 다음의 예를 보자.

예제 7.1

한 비만연구에서 30명의 비만인 남성을 선정한 후 이들을 임의로 세 가지 형태의 체중감량 프로그램 중 하나에 참여시켰다. 1년 동안 이러한 시행을 한 후 체중변화량을 측정하여 프로그램의 종류에 따라 체중변화량에 차이가 있는가를 알아보았다. 결과는 다음과 같다.

	프로그램 1	프로그램 2	프로그램 3
데이터	−4.4	−2.4	1.1
	0.4	2.4	7.4
	1.1	3.1	6.1
	−0.5	−1.5	4.5
	4.5	6.5	10.5
	−2.5	−0.6	2.4
	3.1	5.1	8.1
	5.6	7.5	7.7
	−1.1	0.9	3.9
	2.1	4.1	7.1
평균	0.83	2.51	5.88
표준편차	3.12	3.38	2.87

프로그램 3의 평균 체중변화량은 5.88로서 프로그램 1(평균 0.83)이나 프로그램 2 (평균 2.51)보다 체중감량의 효과가 좋아 보인다. 이러한 차이가 의미있는 차이인지 확인해야 할 것이다. 이때 "체중변화량"이라는 결과에 영향을 줄 만한 것은 "프로그램의 종류"라는 하나의 요인이며, 이에는 3개의 수준(프로그램 1, 2, 3)이 있다. 이와 같이 결과에 영향을 미치는 요인이 하나일 때 사용되는 일원분산분석법(One-way ANOVA)에 대해 알아보자.

7.1.1 일원분산분석법

k개의 수준(처리)을 가지는 요인이 있다고 하자. k개의 모집단은 독립이며 정규분포를 따른다고 가정한다. i번째 처리($i=1,\cdots,k$)의 데이터는 평균이 μ_i, 분산이 σ^2인 (동일분산을 가정함) 모집단으로부터 n_i개의 표본을 랜덤하게 추출하였다고 하자. 각 관측치는 서로 독립임을 가정한다. 데이터의 형태는 다음과 같다.

	처리1	처리2	…	처리k
데이터	y_{11} y_{12} ⋮ ⋮ y_{1n_1}	y_{21} y_{22} ⋮ ⋮ y_{2n_2}	…	y_{k1} y_{k2} ⋮ ⋮ y_{kn_k}
표본수 표본평균 표본표준편차	n_1 $\overline{y}_1$ s_1	n_2 $\overline{y}_2$ s_2	…	n_k $\overline{y}_k$ s_k
전체	$n=n_1+n_2+\cdots+n_k$ $\overline{y}=(y_{11}+\cdots+y_{kn_k})/n$			

다음과 같은 모형을 상정한다.

$$y_{ij}=\mu_i+\epsilon_{ij} \quad (i=1,2,\cdots,k;\ j=1,2,\cdots,n_i)$$

여기서 ϵ_{ij}는 평균 0, 분산 σ^2인 정규분포를 따르는 오차항이다. 이때 귀무가설과 대립가설은 다음과 같다.

$$H_0: \ \mu_1=\mu_2=\cdots=\mu_k \ \text{ vs. } \ H_1: \ \mu_i\text{들이 모두 같지는 않다.}$$

이러한 가설을 검정하기 위해 먼저 각 데이터와 전체 데이터들의 평균 $\overline{y}$의 차이(편차)를 다음과 같이 분해한다.

$$y_{ij}-\overline{y}=(\overline{y}_i-\overline{y})+(y_{ij}-\overline{y}_i)$$

즉, 편차 =처리효과+ 잔차의 형태이다. 이의 양변을 제곱하여 더하면

$$\sum_i\sum_j(y_{ij}-\overline{y})^2=\sum_i n_i(\overline{y}_i-\overline{y})^2+\sum_i\sum_j(y_{ij}-\overline{y}_i)^2$$

와 같은 관계를 얻게 된다. 이는

$$SST \;=\; SSt \;+\; SSE$$

로 정리할 수 있다. 여기서

$SST = \sum_i \sum_j (y_{ij} - \overline{y})^2$는 총제곱합(total sum of squares),

$SSt = \sum_i n_i (\overline{y_i} - \overline{y})^2$는 처리제곱합(treatment sum of squares),

$SSE = \sum_i \sum_j (y_{ij} - \overline{y_i})^2$는 오차제곱합(error sum of squares)

이다. 즉, 전체의 변동을 처리에 따른 변동(처리제곱합)과 그 외의 변동(오차제곱합)으로 분해한 것이다. k개 처리의 모평균이 모두 같다면 전체 변동 중에서 처리에 의한 변동은 상대적으로 작아지고 모평균들의 차이가 클수록 처리에 의한 변동은 상대적으로 커진다. 따라서 처리제곱합이 오차제곱합에 비해 충분히 크다면 모든 처리의 평균이 같다는 귀무가설을 기각할 수 있을 것이다. 분산의 추정치로는 처리제곱합과 오차제곱합을 각각 그들의 자유도 $k-1$, $n-k$로 나눈 평균제곱합을 이용한다. 이들을 각각

$$MSt = SSt/(k-1), \quad MSE = SSE/(n-k)$$

라고 하자. 이들의 비가 크면 귀무가설을 기각한다. 다음과 같은 검정통계량

$$F = \frac{SSt\ /(k-1)}{SSE/(n-k)} = \frac{MSt}{MSE}$$

가 귀무가설하에서 자유도 $(k-1, n-k)$인 F−분포를 따른다는 것을 이용하여 검정한다. 유의수준을 α로 할 때 가설검정 절차는 다음과 같다.

❶ $H_0: \ \mu_1 = \mu_2 = \cdots = \mu_k$ vs. $H_1: \ \mu_i$들이 모두 같지는 않다.
$F > F_\alpha(k-1, n-k)$ 이면 귀무가설 기각

여기서 $F_\alpha(k-1, n-k)$는 자유도 $(k-1, n-k)$인 F−분포의 상위 α의 확률에 해당하는 임계치이다.

이상의 제곱합들과 자유도, 평균제곱합, F−값 등을 구하여 표로 정리한 것이 분산분석표(ANOVA table)이다. 일원분산분석표의 일반적인 형태는 다음과 같다.

분산분석표 : 일원분산분석

	제곱합	자유도	평균제곱합	F
처리	SSt	$k-1$	$MSt = SSt\ /\ (k-1)$	$\mathrm{F} = MSt\ /\ MSE$
오차	SSE	$n-k$	$MSE = SSE\ /\ (n-k)$	
계	$SST = SSt + SSE$	$n-1$		

TIP 평균제곱합의 의미

왜 이러한 방법을 "분산"분석이라고 할까? 평균제곱합의 의미를 다음과 같이 생각하면 보다 쉽게 이해할 수 있다. 6장에서 모분산이 동일하다고 가정했을 때 t-검정을 하기 위해서 먼저 합동분산의 추정치를 구하였다. 이를 그대로 확장하면 k개 그룹이 있을 때 합동분산의 추정치는

$$s_w^2 = \frac{(n_1-1)s_1^2 + \cdots + (n_k-1)s_k^2}{n_1 + \cdots + n_k - k}$$

와 같이 될 것이다. 한편 만약 귀무가설이 사실이어서 모든 그룹의 모평균이 같다면 분산추정치로

$$s_B^2 = \frac{n_1(\overline{y}_1 - \overline{y})^2 + \cdots + n_k(\overline{y}_k - \overline{y})^2}{k-1}$$

을 생각할 수 있다. 모평균이 모두 같으면 이들 두 값이 일치하므로 s_B^2/s_w^2가 1이 되고, 모평균의 차이가 클수록 이들의 비는 1보다 커지게 된다. 이때 s_w^2을 급내(within-groups)분산이라고 하며, s_B^2을 급간(between-groups)분산이라고 한다. 이들 식을 정리하면 각각 위에서 정의한 평균제곱합 MSE, MSt와 같은 값이다. 따라서 "분산분석"에서의 F-값은 급간분산과 급내분산의 비, "분산비"가 되는 것이다.

예제 7.1 계속

예제 7.1의 체중감량 데이터에서 각 프로그램의 효과가 모두 같은지 여부를 검정하여 보자. 세 개의 그룹이 있고 각 그룹은 10개씩의 데이터가 있다.

이때의 모형은 $y_{ij} = \mu_i + \epsilon_{ij}\ (i=1,2,3;\ j=1,2,\cdots,10)$이다. 귀무가설과 대립가설은 각각 다음과 같다.

$$H_0:\ \mu_1 = \mu_2 = \mu_3 \quad \text{vs.} \quad H_1:\ \mu_i\text{가 모두 같지는 않다.}$$

각 그룹의 평균은 0.83, 2.51, 5.88이고 전체평균은 3.07이므로

$$SST = \sum_i \sum_j (y_{ij} - \overline{y})^2 = (-4.4 - 3.07)^2 + \cdots + (7.1 - 3.07)^2 = 396.54$$

$$SSt = \sum_i n_i (\overline{y_i} - \overline{y})^2$$

$$= 10(0.83 - 3.07)^2 + 10(2.51 - 3.07)^2 + 10(5.88 - 3.07)^2 = 132.27$$

$$SSE = \sum_i \sum_j (y_{ij} - \overline{y_i})^2 = (-4.4 - 0.83)^2 + \cdots + (7.1 - 5.88)^2 = 264.27$$

이 된다. F－값은

$$F = \frac{132.27/2}{264.27/27} = 6.76$$

이다. 자유도 (2, 27)인 F－분포의 상위 5% 임계치 $F_{0.05}(2,27) = 3.35$이므로 $F > F_{0.05}(2,27)$가 되어 유의수준 5% 하에서 귀무가설은 기각된다. 즉, 세 그룹의 평균이 모두 같다고 할 수는 없다. 분산분석표는 다음과 같이 작성된다.

	제곱합	자유도	평균제곱합	F
처리	132.27	2	66.14	$F = 6.76$
오차	264.27	27	9.79	
계	396.54	29		

7.1.2 Excel을 이용한 일원분산분석

Excel의 분석기능에서는 '분산 분석 : 일원 배치법'이라는 이름으로 일원분산분석을 지원한다.

예제 7.1 계속

예제 7.1의 데이터에서 Excel을 이용하여 분산분석을 하여 보자. "예제 7.1" 파일을 연다. 세 개의 열에 각각 10개의 수치가 입력되어 있다.

	A	B	C
1	프로그램 1	프로그램 2	프로그램 3
2	-4.4	-2.4	1.1
3	0.4	2.4	7.4
4	1.1	3.1	6.1
5	-0.5	-1.5	4.5
6	4.5	6.5	10.5
7	-2.5	-0.6	2.4
8	3.1	5.1	8.1
9	5.6	7.5	7.7
10	-1.1	0.9	3.9
11	2.1	4.1	7.1

❶ 『데이터』 탭 「분석」 그룹에서 데이터 분석 을 클릭하고 '분산 분석 : 일원 배치법'을 선택한다.

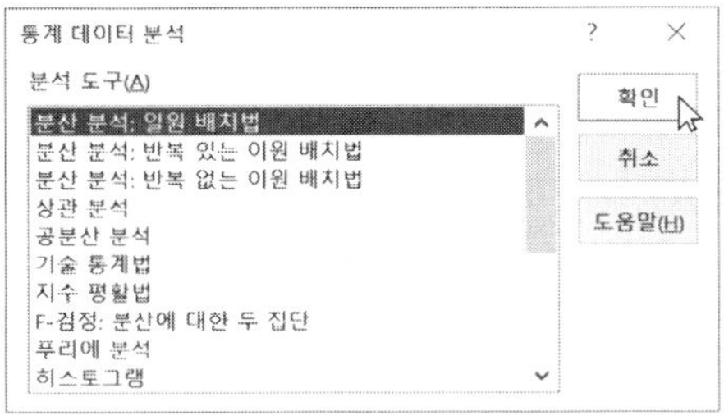

❷ 데이터가 들어있는 $A$1:$C$11까지의 범위를 입력범위로 쓴다. 첫 행에 변수이름을 포함시켰으므로 '첫째 행 이름표 사용' 확인란을 선택한다. [유의 수준]란에 원하는 유의수준을 입력하고 확인 을 누른다.

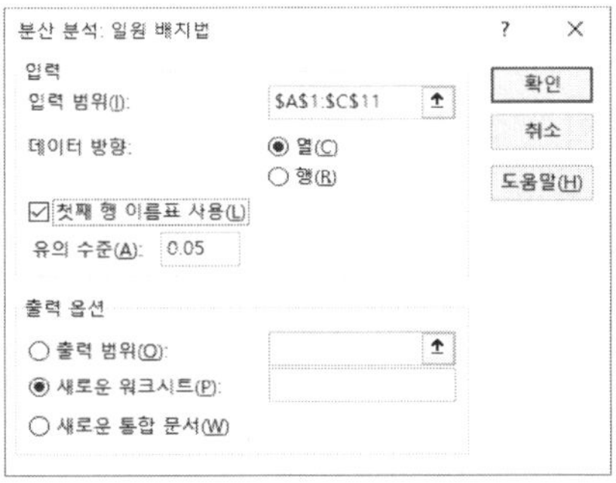

❸ 출력결과는 다음과 같다. 위쪽의 표는 각 그룹에 대한 기초통계량을 요약한 것이고 아래의 표는 분산분석표이다. 위에서 설명한 것과 같은 형태의 분산분석표를 출력한다. F−값은 "F 비"로 출력되며, 자유도 2, 27인 F−분포의 상위 5% 임계치 $F_{0.05}(2,27)$가 "F 기각치"로 출력된다. $F > F_{0.05}(2,27)$가 되어 유의수준 5%하에서 귀무가설은 기각된다. p−값이 0.0042로 0.05보다 작으므로 5% 유의수준하에서 귀무가설이 기각됨을 알 수 있다.

	A	B	C	D	E	F	G
1	분산 분석: 일원 배치법						
2							
3	요약표						
4	인자의 수준	관측수	합	평균	분산		
5	프로그램 1	10	8.3	0.83	9.686778		
6	프로그램 2	10	25.1	2.51	11.42989		
7	프로그램 3	10	58.8	5.88	8.246222		
8							
9							
10	분산 분석						
11	변동의 요인	제곱합	자유도	제곱 평균	F 비	P-값	F 기각치
12	처리	132.2727	2	66.13633	6.757135	0.004175	3.354131
13	잔차	264.266	27	9.78763			
14							
15	계	396.5387	29				

7.2 다중비교

일원분산분석을 행할 때의 귀무가설은 $H_0 : \mu_1 = \mu_2 = \cdots = \mu_k$로 모든 그룹의 평균이 동일하다는 것이다. 귀무가설을 기각함으로써 우리는 대립가설에서 주장한 바와 같이 모평균들이 모두 같지는 않다는 결론을 얻을 수 있을 뿐이며, 구체적으로 모든 그룹의 평균이 전부 서로 유의하게 다른지 아니면 그중의 일부 그룹들 간의 평균이 서로 다른지 구체적으로 알 수가 없다. 따라서 분산분석결과 귀무가설이 기각되면, 이러한 유의한 차이가 어디서 일어났는지를 알기 위해 추가적인 검정이 필요하게 된다. 이러한 분석과정을 다중비교(multiple comparison)라고 한다.

7.2.1 본페로니 방법

이러한 비교를 하기 위해 만약 전체 그룹 가운데 두 그룹씩 묶어서 가설 $H_0 : \mu_i = \mu_j$ vs. $H_1 : \mu_i \neq \mu_j$에 대해 앞 장에서 배운 t−검정을 한다고 해 보자. k개의 그룹이 있다면 ${}_kC_2$회의 t−검정을 하게 된다. 그런데 이러한 반복되는 검정방식은 귀무가설이 옳은데도 이를 기각할 확률(1종 오류)을 우리의 기대보다 크게 만든다. 따라서 전체 유의수준을 α로 만들어 주기 위해서는 각각의 검정에서의 유의수준을 작게 조정할 필요가 생기게 된다. 한 예로 각각의 검정에서의 유의수준을

$$\alpha^* = \frac{\alpha}{{}_kC_2} = \frac{2\alpha}{k(k-1)}$$

와 같이 조정할 수 있는데, 이러한 보정방법을 본페로니 보정(Bonferroni correction) 방법이라고 한다.

가설 $H_0 : \mu_i = \mu_j$ vs. $H_1 : \mu_i \neq \mu_j$를 검정하기 위해서는 다음과 같은 검정통계량

$$t_{ij} = \frac{\overline{y_i} - \overline{y_j}}{\sqrt{s_w^2 \left(\frac{1}{n_i} + \frac{1}{n_j}\right)}}$$

이 자유도 $n-k$인 t−분포를 따른다는 사실을 이용한다. 여기서 $s_w^2 (= MSE)$는 오차평균제곱(또는 급내분산)이다. 이때의 계산된 p−값이 조정된 유의수준 α^*보다 작을 때 귀무가설을 기각하게 된다.

예제 7.1 계속

예제 7.1에서 어느 프로그램 간의 차이가 유의하게 나타났는지를 알고 싶다. 본페로니 방법을 이용하여 다중비교를 하여 보자.

먼저 3개의 프로그램이 있으므로 ${}_3C_2 = 3$회의 검정이 수행된다. 전반적인 유의수준을 5%로 유지하고 싶다면 조정된 유의수준은 $\alpha^* = 0.05/3 = 0.017$이 된다. 먼저 프로그램 1과 프로그램 2를 비교해보자. 귀무가설과 대립가설은 $H_0 : \mu_1 = \mu_2$ vs. $H_1 : \mu_1 \neq \mu_2$이다. $n_1 = n_2 = 10$이고 앞 절의 분산분석결과로부터 $\overline{y_1} = 0.83$, $\overline{y_2} = 2.51$, $s_w^2 = 9.79$이므로, 통계량은 다음과 같다.

$$t_{12} = \frac{(0.83 - 2.51) - 0}{\sqrt{9.79(\frac{1}{10} + \frac{1}{10})}} = -1.20$$

자유도 27인 t−분포에서 양측 검정을 위한 p−값(즉, 1.20보다 크거나 −1.20보다 작을 확률)은 0.24이다(Excel을 이용하여 p−값을 구하는 방법은 뒤에 있다). 이 값이 조정된 유의수준 0.017보다 크므로 귀무가설은 기각되지 않는다. 즉, 프로그램 1과 프로그램 2의 체중변화량에는 유의한 차이가 없다.

프로그램 1과 프로그램 3 간의 비교는

$$t_{13} = \frac{0.83 - 5.88}{\sqrt{9.79(\frac{1}{10+} \frac{1}{10})}} = -3.61$$

이고, p−값은 0.001이다. 따라서 귀무가설은 기각되어 프로그램 1과 프로그램 3 간에 유의한 차이가 있음을 알 수 있다. 한편, 프로그램 2와 프로그램 3 간의 비교는

$$t_{23} = \frac{2.51 - 5.88}{\sqrt{9.79(\frac{1}{10} + \frac{1}{10})}} = -2.41$$

로 p−값이 0.023으로 조정된 유의수준 0.017보다 크므로 귀무가설은 기각되지 않는다. 즉, 프로그램 2와 프로그램 3은 체중변화량에 유의한 차이가 없다.

7.2.2. Excel을 이용한 다중비교

Excel에서 일원분산분석을 수행했을 때의 결과를 이용하여 본페로니 방법으로 수정된

결과를 구해보자. 앞에서 다룬 수식이나 함수의 기능을 그대로 사용하면 된다.

예제 7.1 계속

❶ 먼저 분산분석결과가 나온 시트의 A18 셀에 "[다중비교]"라는 제목을 달고 A20:A22에 각각 "t12", "t13", "t23"을 적는다. B19:E19에는 각각 "평균차", "차이의 표준오차", "t-값", "p-값"이라고 적는다.

❷ B20을 클릭하여 "=D5-D6"을 쓴다. 이 값은 프로그램 1의 평균(D5)에서 프로그램 2의 평균(D6)을 뺀 값이다. -1.68이 계산된다. 다음에 분모에 해당하는 값 $\sqrt{s_w^2(\frac{1}{n_1}+\frac{1}{n_2})}$를 계산하기 위해 셀 C20을 클릭하고 "=SQRT(D13*(1/B5+1/B6))"을 입력한다(오차평균제곱합이 D13에, 프로그램 1의 표본수가 B5에, 프로그램 2의 표본수가 B6에 있다). 1.39911이 계산된다.

❸ t-값을 계산하기 위해서 D20을 클릭한 후 "=B20/C20"을 입력하여 t-값 -1.20076을 얻는다.

❹ 마지막으로 p-값을 계산한다. 함수 마법사를 이용해도 되지만, 여기서는 함수를 직접 쓰기로 하자. E20을 클릭하고 "=T.DIST.2T(ABS(D20), $C$13)"를 쓴다. 여기서 D20에는 t-값이, C13에는 자유도가 들어 있다. 양측 p-값을 구하기 위해 T.DIST.2T를 이용하였다. 함수 T.DIST.2T에서의 변수값은 양수만 입력가능하므로 ABS 함수(절댓값 함수)를 이용하여 변수값이 항상 양수가 되도록 하였다. 0.24027이 계산되었다. 나머지 칸들을 마찬가지 방식으로 입력하여 계산한다.

18	[다중비교]				
19		평균차	차이의 표준오차	t-값	p-값
20	t12	=D5-D6	=SQRT(D13*(1/B5+1/B6))	=B20/C20	=T.DIST.2T(ABS(D20), $C$13)
21	t13	=D5-D7	=SQRT(D13*(1/B5+1/B7))	=B21/C21	=T.DIST.2T(ABS(D21), $C$13)
22	t23	=D6-D7	=SQRT(D13*(1/B6+1/B7))	=B22/C22	=T.DIST.2T(ABS(D22), $C$13)

❺ 결과는 아래 그림과 같다.

18	[다중비교]				
19		평균차	차이의 표준오차	t-값	p-값
20	t12	-1.68	1.399116123	-1.200758087	0.240273817
21	t13	-5.05	1.399116123	-3.609421632	0.001231538
22	t23	-3.37	1.399116123	-2.408663544	0.023106062

7.2.3 그 밖의 방법들

다중비교방법으로는 Bonferroni 방법 외에도 Tukey의 방법, Scheffé의 방법, Duncan의 방법 등이 있다. 이 중 Tukey의 방법은 반복수가 같을 때 사용되는데(즉, $n_i = n_j, i \neq j$), 스튜던트화 범위(studentized range)

$$Q = (\overline{y}_{\max} - \overline{y}_{\min}) / \sqrt{MSE}$$

의 분포를 이용하여 $H_0 : \mu_i = \mu_j$ vs. $H_1 : \mu_i \neq \mu_j$에 대한 가설들을 검정하게 된다. 여기서 $\overline{y}_{\max}$, $\overline{y}_{\min}$은 각각 처리평균의 최댓값과 최솟값이다. 스튜던트화 범위 Q의 분포는 처리수준수 k와 MSE의 자유도 $n-k$에 의존하게 되는데 이의 분포표는 부록에 실려 있다. 두 처리평균의 차이를 계산하여

$$|\overline{y}_i - \overline{y}_j| \quad > \quad q_\alpha(k, n-k)\sqrt{MSE/n_i}$$

이면 귀무가설을 기각하고 i번째 처리와 j번째 처리 간에 유의한 차이가 있다고 판정한다. 여기서 $q_\alpha(k, n-k)$는 처리수 k, 오차자유도 $n-k$에서의 스튜던트화 범위 분포의 상위 α의 확률을 갖는 임계치이다.

Scheffé의 방법을 이용하면 모든 처리대비(treatment contrast)에 대해 검정할 수 있다. 예컨대, 대조군 하나와 여러 개의 처리군이 있다면 대조군과 처리군 전체에 대한 비교도 가능하다. 일반적인 처리대비에 관해서는 전문서적에 미루기로 하고, 여기서는 두 처리평균의 차이에 대해서만 설명하겠다. 두 처리평균의 차이를 계산하여

$$|\overline{y}_i - \overline{y}_j| \quad > \quad \sqrt{(k-1)F_\alpha(k-1, n-k)} \times \sqrt{MSE(1/n_i + 1/n_j)}$$

일 때 귀무가설을 기각하고 i번째 처리와 j번째 처리 간에 유의한 차이가 있다고 판정한다. 여기서 $F_\alpha(k-1, n-k)$는 자유도가 $(k-1, n-k)$인 F－분포에서 상위 α의 확률을 갖는 임계치를 의미한다.

Bonferroni 방법의 단점은 검정력(power)이 작아서 보수적인 결론을 내리기 쉽다는 데 있다. 다시 말해서 실제로는 의미 있는 차이가 있음에도 불구하고 귀무가설을 기각시키지 못할 확률이 높은 편이다. Tukey나 Scheffé의 방법도 보수적이지만 자주 사용되는 기법이며, 이보다 덜 보수적인 방법으로 SNK(Student－Newman－Keuls) 방법이 있다.

이와 같이 여러 다중비교방법이 있지만 어떤 방법이 가장 좋은지 합의된 바는 없다. 어떤 방법을 선택하느냐에 따라 결과도 조금씩 달라질 수 있다. 따라서 결과를 표기할 때에는 어떤 방법을 사용했는지 명시하는 것이 바람직하다.

7.3 이원분산분석

일원분산분석에서는 결과에 영향을 미치는 것으로 생각되는 요인이 하나였다. 요인이 두 개인 경우에는 이원분산분석(two-way ANOVA)을 사용할 수 있다. 다음의 예를 보자.

예제 7.2

세 종류의 호르몬 처리와 성별에 따라 혈액 칼슘값에 차이가 있는지를 알아보기 위해 남녀 각 15명씩을 선정하여 이들을 세 가지 호르몬 처리방법 중 하나에 랜덤하게 배정하고 혈액 칼슘을 측정한 결과는 다음과 같다.

성별 \ 처리	처리 1	처리 2	처리 3
남	16.87 16.18 17.12 16.83 17.19	19.07 18.77 17.63 16.99 18.04	32.45 28.71 34.65 28.79 24.46
여	15.86 14.92 15.63 15.24 14.80	17.20 17.64 17.89 16.78 16.72	30.54 32.41 28.97 28.46 29.65

여기서 관심 있는 요인은 "호르몬 처리방법"과 "성별"이라는 두 가지 요인이다. 또한, 호르몬 처리방법에 따른 차이가 성별에 따라 달라지는지도 알고 싶다. 이를 분석하기 위한 이원분산분석법 및 교호작용에 대해 알아보자.

7.3.1 이원분산분석법 : 반복이 있을 때

두 가지 요인 A, B의 영향을 알아보기 위한 2－요인실험을 한다고 하자. 요인 A는 I개의 수준으로 되어 있으며 요인 B는 J개의 수준이 있다고 하고, $I\times J$개의 조합에 대해 각각 n번씩 반복하였다고 하자. 데이터의 형태는 다음 표와 같다.

요인 A \ 요인 B	수준 1	수준 2	···	수준 J
수준 1	y_{111} ⋮ y_{11n}	y_{121} ⋮ y_{12n}	···	y_{1J1} ⋮ y_{1Jn}
수준 2	y_{211} ⋮ y_{21n}	y_{221} ⋮ y_{22n}	···	y_{2J1} ⋮ y_{2Jn}
⋮	⋮	⋮		⋮
수준 I	y_{I11} ⋮ y_{I1n}	y_{I21} ⋮ y_{I2n}	···	y_{IJ1} ⋮ y_{IJn}

이로부터 구해지는 각 셀의 평균값을 다음과 같이 표기하자.

요인 A \ 요인 B	수준 1	수준 2	···	수준 J	전체
수준 1	$\bar{y}_{11\cdot}$	$\bar{y}_{12\cdot}$	···	$\bar{y}_{1J\cdot}$	$\bar{y}_{1\cdot\cdot}$
수준 2	$\bar{y}_{21\cdot}$	$\bar{y}_{22\cdot}$	···	$\bar{y}_{2J\cdot}$	$\bar{y}_{2\cdot\cdot}$
⋮	⋮	⋮	⋮	⋮	⋮
수준 I	$\bar{y}_{I1\cdot}$	$\bar{y}_{I2\cdot}$	···	$\bar{y}_{IJ\cdot}$	$\bar{y}_{I\cdot\cdot}$
전체	$\bar{y}_{\cdot 1\cdot}$	$\bar{y}_{\cdot 2\cdot}$	···	$\bar{y}_{\cdot J\cdot}$	$\bar{y}_{\cdots}$

이원분산분석 모형은 다음과 같다.

$$y_{ijk} = \mu + \alpha_i + \beta_j + (\alpha\beta)_{ij} + \epsilon_{ijk}$$
$$(i = 1,2,\cdots,I;\ j = 1,2,\cdots,J;\ k = 1,\cdots,n)$$

여기서 μ는 전체 평균이며, α_i는 요인 A의 i번째 주효과, β_j는 요인 B의 j번째 주효과를 나타낸다. $(\alpha\beta)_{ij}$는 요인 A의 i번째 수준과 요인 B의 j번째 수준 간의 교호작용(interaction)을 의미한다. ϵ_{ijk}는 서로 독립이며 평균 0, 분산 σ^2인 정규분포를 따르는 오차항이다. 이때 $\sum_i \alpha_i = 0$, $\sum_j \beta_j = 0$, $\sum_i (\alpha\beta)_{ij} = \sum_j (\alpha\beta)_{ij} = 0$으로 제약한다.

요인 A와 요인 B의 주효과와 교호작용에 대한 귀무가설과 대립가설은 다음과 같다.

❶ $H_0 : \alpha_1 = \alpha_2 = \cdots = \alpha_I = 0$ vs. $H_1 : \alpha_i$들이 모두 같지는 않다.

❷ $H_0 : \beta_1 = \beta_2 = \cdots = \beta_J = 0$ vs. $H_1 : \beta_j$들이 모두 같지는 않다.

❸ $H_0 : (\alpha\beta)_{ij} = 0$ vs. $\quad H_1 : (\alpha\beta)_{ij}$들이 모두 0은 아니다.

$$(i = 1, \cdots, I;\ j = 1, \cdots, J)$$

여기서 ❶과 ❷의 귀무가설은 각각 요인 A와 요인 B의 각 수준의 효과가 모두 동일하다(주효과가 없다)는 것이며, ❸의 귀무가설은 두 요인 간의 교호작용이 없다는 것을 의미한다.

TIP 교호작용(interaction)이란?

요인 A의 효과와 요인 B의 효과를 한 번에 알아보기 위한 요인실험에서는 우선 두 요인 간의 교호작용이 있는지 파악해야 한다. 교호작용이란 요인 A의 수준에 따라 요인 B의 효과가 달라지는 것을 말한다. 예를 들어 예제 7.2에서 세 가지 처리(요인 A)에 따른 남녀(요인 B)의 혈액칼슘값의 평균을 그래프로 그린다고 하자. 가능한 그래프의 형태로 다음과 같은 세 가지 형태의 그래프를 생각하여 보자. 그림 (a)는 처리 1에서의 남녀 간의 혈액칼슘 차이가 처리 2나 3에서의 차이와 같다. 이러한 경우는 두 요인 간의 교호작용이 없는 경우이다. 반면 그림 (b)의 경우는 처리 1에서는 남자의 수치가 높으나 처리 3에서는 여자의 수치가 더 높은 것으로 나타난다. 따라서 이러한 경우에 모든 처리수준을 합쳐서 남녀 간의 평균을 비교하는 것(주효과의 검정)은 잘못된 일이며, 각 처리수준별로 남녀 간의 차이를 설명할 수 있을 뿐이다. 한편 그림 (c)의 경우도 모든 처리에 대해 남자가 여자보다 칼슘수치가 높기는 하지만, 그 차이가 처리에 따라 달라지므로 교호작용이 있는 경우이다.

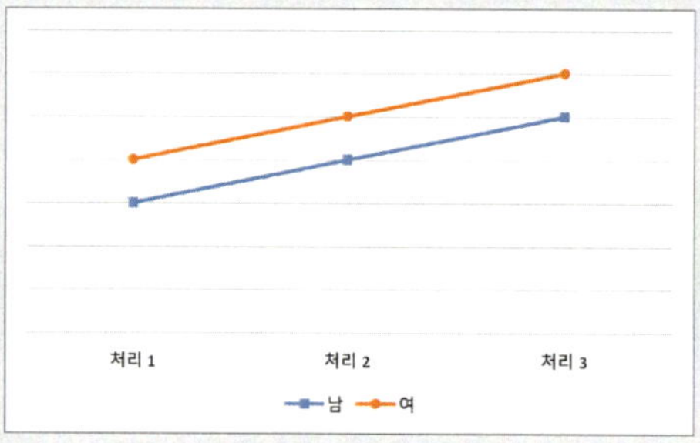

(a) 교호작용이 없는 경우

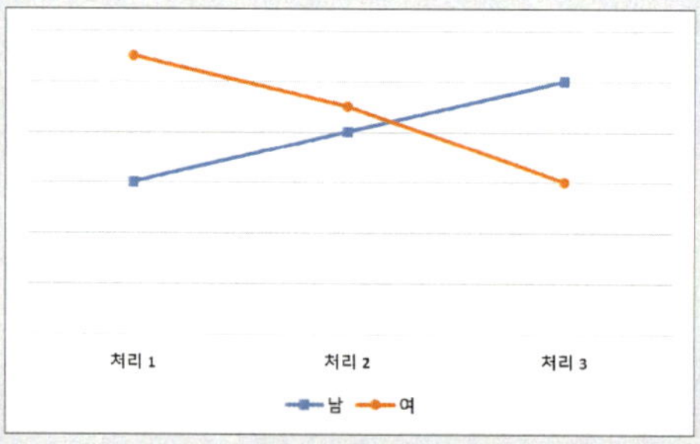

(b) 교호작용이 있는 경우 1

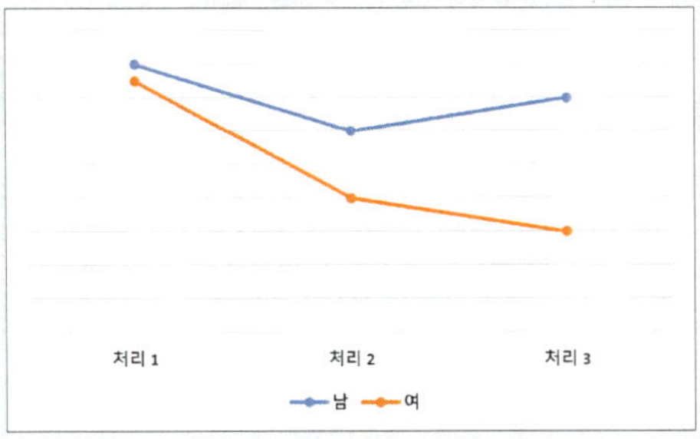

(c) 교호작용이 있는 경우 2

일원분산분석에서와 마찬가지로 이러한 가설을 검정하기 위해서는 전체 제곱합을 분해하는 것이 필요하다. 총제곱합 SST는 요인 A의 주효과에 대한 제곱합(SS_A)과 요인 B의 주효과에 대한 제곱합(SS_B), 그리고 요인 A와 B의 교호작용효과에 대한 제곱합($SS_{A\times B}$)과 오차제곱합(SSE)으로 나뉜다.

$$SST = SS_A + SS_B + SS_{A\times B} + SSE$$

여기서 $SST = \sum_i \sum_j \sum_k (y_{ijk} - \bar{y}_{...})^2$,

$$SS_A = nJ\sum_i (\bar{y}_{i..} - \bar{y}_{...})^2,$$

$$SS_B = nI\sum_j (\bar{y}_{.j.} - \bar{y}_{...})^2,$$

$$SS_{A\times B} = n\sum_i \sum_j (\bar{y}_{ij.} - \bar{y}_{i..} - \bar{y}_{.j.} + \bar{y}_{...})^2,$$

$$SSE = \sum_i \sum_j \sum_k (y_{ijk} - \bar{y}_{ij.})^2$$

이다.

이에 대한 분산분석표는 다음과 같다.

분산분석표 : 이원분산분석(반복이 있을 때)

	제곱합	자유도	평균제곱합	F 비
요인 A	SS_A	$I-1$	MS_A	$F_A = MS_A/MSE$
요인 B	SS_B	$J-1$	MS_B	$F_B = MS_B/MSE$
교호작용 A×B	$SS_{A\times B}$	$(I-1)(J-1)$	$MS_{A\times B}$	$F_{A\times B} = MS_{A\times B}/MSE$
오차	SSE	$IJ(n-1)$	MSE	
계	SST	$IJn-1$		

$$MS_A = SS_A/(I-1),$$
$$MS_B = SS_B/(J-1),$$
$$MS_{A\times B} = SS_{A\times B}/[(I-1)(J-1)],$$
$$MSE = SSE/[IJ(n-1)]$$

각각의 가설에 해당하는 F－값을 계산하여 이 값이 충분히 크면 귀무가설을 기각한다. 유의수준 α일 때 가설에 따른 검정절차는 다음과 같다.

❶ 요인 A의 주효과 검정 ($H_0 : \alpha_1 = \alpha_2 = \cdots = \alpha_I = 0$) :
  $F_A > F_\alpha(I-1, IJ(n-1))$일 때 귀무가설 기각

❷ 요인 B의 주효과 검정 ($H_0 : \beta_1 = \beta_2 = \cdots = \beta_J = 0$) :
  $F_B > F_\alpha(J-1, IJ(n-1))$일 때 귀무가설 기각

❸ 교호작용효과의 검정 ($H_0 : (\alpha\beta)_{ij} = 0$) :
  $F_{A\times B} > F_\alpha((I-1)(J-1), IJ(n-1))$일 때 귀무가설 기각

여기서 $F_\alpha(v, w)$는 자유도 (v, w)인 F－분포의 상위 α의 확률에 해당하는 임계치이다.

먼저 교호작용효과를 검정하고 그 결과가 유의하지 않으면 주효과에 대한 검정을 한다. 만일 교호작용의 효과가 유의하게 나타나면, 요인 A와 요인 B의 주효과에 대한 검정은 의미가 없게 되며, 다만 두 요인의 각 조합수준에서의 효과를 비교 설명할 수 있다.

예제 7.2 계속

예제 7.2 데이터의 각 처리조합별 평균은 다음과 같다.

성별 \ 처리	처리 1	처리 2	처리 3	전체
남	$\bar{y}_{11.} = 16.84$	$\bar{y}_{12.} = 18.1$	$\bar{y}_{13.} = 29.81$	$\bar{y}_{1..} = 21.58$
여	$\bar{y}_{21.} = 15.29$	$\bar{y}_{22.} = 17.25$	$\bar{y}_{23.} = 30.01$	$\bar{y}_{2..} = 20.85$
전체	$\bar{y}_{.1.} = 16.06$	$\bar{y}_{.2.} = 17.67$	$\bar{y}_{.3.} = 29.91$	$\bar{y}_{...} = 21.22$

또한

$$SST = \sum_{i=1}^{2}\sum_{j=1}^{3}\sum_{k=1}^{5}(y_{ijk} - \bar{y}_{...})^2$$
$$= (16.87 - 21.22)^2 + (16.18 - 21.22)^2 + \cdots + (29.65 - 21.22)^2$$
$$= 1230.843$$

$$SS_A = 5 \times 3 \times \sum_{i=1}^{2} (\overline{y}_{i..} - \overline{y}_{...})^2$$
$$= 5 \times 3 \times ((21.58 - 21.22)^2 + (20.85 - 21.22)^2)$$
$$= 4.063$$

$$SS_B = 5 \times 2 \times \sum_{j=1}^{3} (\overline{y}_{.j.} - \overline{y}_{...})^2$$
$$= 5 \times 2 \times ((16.06 - 21.22)^2 + (17.67 - 21.22)^2 + (29.91 - 21.22)^2)$$
$$= 1146.642$$

$$SS_{A \times B} = 5 \times \sum_{i=1}^{2}\sum_{j=1}^{3} (\overline{y}_{ij.} - \overline{y}_{i..} - \overline{y}_{.j.} + \overline{y}_{...})^2$$
$$= 5 \times ((16.84 - 21.58 - 16.06 + 21.22)^2 + \cdots + (30.01 - 20.85 - 29.91 + 21.22)^2)$$
$$= 3.845$$

$SSE = SST - SS_A - SS_B - SS_{A \times B} = 76.292$로 계산된다.

이를 토대로 한 이원분산분석표는 다음과 같다.

	제곱합	자유도	평균제곱합	F 비
성별	4.063	1	4.063	1.278
처리	1146.642	2	573.321	180.350
교호작용	3.845	2	1.923	0.605
오차	76.292	24	3.180	
계	1230.843	29		

자유도 (1, 24)인 F－분포의 상위 5%의 확률에 해당하는 임계치 $F_{0.05}(1,24) = 4.26$이고, 자유도 (2, 24)인 F－분포의 상위 5% 임계치 $F_{0.05}(2,24) = 3.40$이다.

먼저 교호작용효과를 검정하자. F－값이 0.605으로 $F < F_{0.05}(2,24)$가 되어 유의수준 5%하에서 귀무가설은 기각되지 않으며, 따라서 성별과 처리 간의 유의한 교호작용효과는 없다. 주효과에 대한 검정결과를 보면, 성별 간의 차이가 없다는 가설에 대한 F－값이 1.28로서 $F_{0.05}(1,24) = 4.26$보다 작으므로 귀무가설은 기각할 수 없다. 즉, 남녀 간의 혈액칼슘수치는 유의한 차이가 없다. 반면 처리 간의 차이가 없다는 가설에 대한 F－값은 180.350으로 상위 5%에 해당되는 임계치 $F_{0.05}(2,24) = 3.40$보다 매우 크므로 처리 간에는 유의한 차이가 있다고 할 수 있다.

7.3.2 Excel을 이용한 이원분산분석 : 반복이 있을 때

Excel의 데이터 분석기능에서는 '분산 분석: 반복 있는 이원 배치법'에서 이원분산분석을 제공한다. 이원분산분석은 데이터의 입력형태에 주의해야 한다.

예제 7.2 계속

"예제 7.2" 파일을 연다. 데이터의 입력은 다음과 같이 되어야 한다.

	A	B	C	D
1		처리 1	처리 2	처리 3
2	남	16.87	19.07	32.45
3		16.18	18.77	28.71
4		17.12	17.63	34.65
5		16.83	16.99	28.79
6		17.19	18.04	24.46
7	여	15.86	17.2	30.54
8		14.92	17.64	32.41
9		15.63	17.89	28.97
10		15.24	16.78	28.46
11		14.8	16.72	29.65

❶ 『데이터』 탭 「분석」 그룹에서 데이터 분석 으로 가서 '분산 분석: 반복 있는 이원 배치법'을 선택한다.

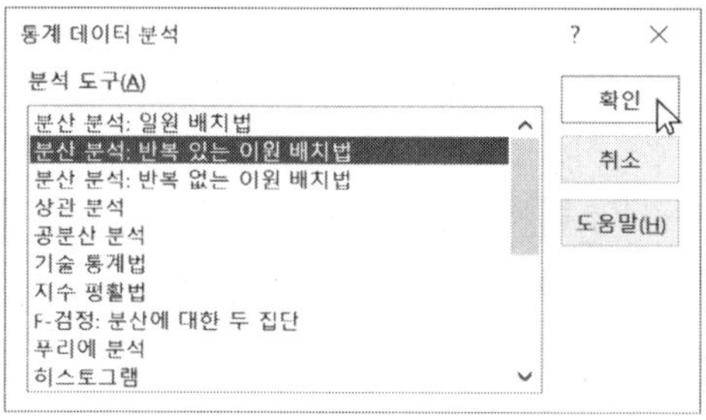

❷ 각 입력란을 클릭하여 아래와 같은 값을 넣는다. [입력범위]에 "$A$1:$D$11"을 적거나 범위를 선택한다. [표본당 행수]에 각 처리조합(예를 들어 남자이면서 처리1인 데이터)들이 차지하는 행의 수를 입력한다. 각 행은 데이터의 반복을 나타내므로 각 표본의 행수는 같아야 한다. 여기서는 한 조합에 대해 측정값 5개가 입력되었으므로 5를 적는다. 원하는 유의수준을 입력한다. 모두 입력 후 확인 을 누른다.

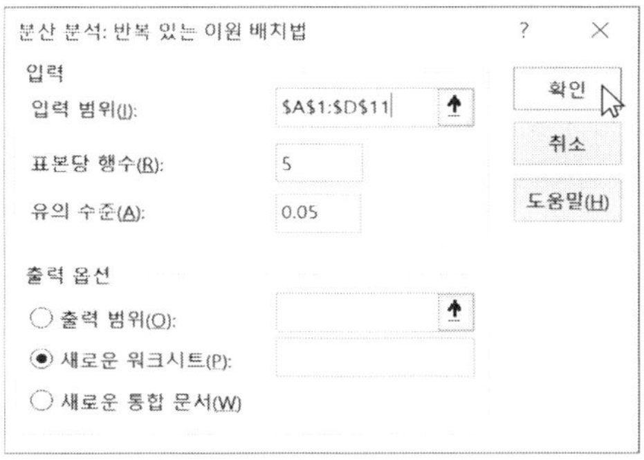

❸ 성별, 처리별 수준에 따른 기초통계량과 전체 데이터의 기초통계량을 요약한 테이블이 출력된다. 가장 아래쪽에 이원분산분석표가 출력된다. 변동의 요인에서 "인자 A(행)"는 행 방향의 요인, 즉, 성별에 대한 것이고, "인자 B(열)"가 열 방향으로 입력된 요인, 즉 처리에 대한 것이다.

일원분산분석과 마찬가지로 F－값은 "F 비"로, F－분포의 상위 5% 임계치가 "F 기각치"로 출력된다. 또한 해당하는 p－값을 제공한다. 먼저 교호작용에 대한 p－값은 0.5542로 크므로 교호작용은 유의하지 않다는 것을 알 수 있다. 성별의 경우, p－값이 0.2694이므로 5% 유의수준하에서 성별에 따른 차이가 없다는 귀무가설은 기각되지 않으며, 처리의 p－값이 $3.47E-15 = 3.47\times 10^{-15} \simeq 0$으로 매우 작으므로 귀무가설은 기각된다.

	A	B	C	D	E	F	G
1	분산 분석: 반복 있는 이원 배치법						
2							
3	요약표	처리 1	처리 2	처리 3	계		
4	남						
5	관측수	5	5	5	15		
6	합	84.19	90.5	149.06	323.75		
7	평균	16.838	18.1	29.812	21.58333		
8	분산	0.15937	0.7116	15.31702	41.18327		
9							
10	여						
11	관측수	5	5	5	15		
12	합	76.45	86.23	150.03	312.71		
13	평균	15.29	17.246	30.006	20.84733		
14	분산	0.205	0.26648	2.41363	46.44386		
15							
16	계						
17	관측수	10	10	10			
18	합	160.64	176.73	299.09			
19	평균	16.064	17.673	29.909			
20	분산	0.827582	0.63729	7.890743			
21							
22							
23	분산 분석						
24	변동의 요인	제곱합	자유도	제곱 평균	F 비	P-값	F 기각치
25	인자 A(행)	4.06272	1	4.06272	1.278047	0.269434	4.259677
26	인자 B(열)	1146.642	2	573.321	180.3548	3.47E-15	3.402826
27	교호작용	3.84542	2	1.92271	0.604845	0.554275	3.402826
28	잔차	76.2924	24	3.17885			
29							
30	계	1230.843	29				

7.3.3 이원분산분석법 : 반복이 없을 때

요인이 두 개인 실험에서 반복이 없는 경우를 생각해 보자. 이때에는 두 요인 간의 교호작용을 구할 수 없게 되며, 모형은 다음과 같이 된다.

$$y_{ij} = \mu + \alpha_i + \beta_j + \epsilon_{ij} \quad (i=1,2,\cdots,I;\ j=1,2,\cdots,J)$$

여기서 μ는 전체 평균이며, α_i는 요인 A의 i번째 주효과, β_j는 요인 B의 j번째 주효과로 $\sum_i \alpha_i = 0$, $\sum_j \beta_j = 0$으로 제약한다. 또한 ϵ_{ij}는 서로 독립이며 평균 0, 분산 σ^2인 정규분포를 따르는 오차항이다. 이에 대한 분산분석표는 다음과 같다.

분산분석표 : 이원분산분석(반복이 없을 때)

	제곱합	자유도	평균제곱합	F 비
요인 A	SS_A	$I-1$	MS_A	$F_A = MS_A / MSE$
요인 B	SS_B	$J-1$	MS_B	$F_B = MS_B / MSE$
오차	SSE	$IJ-I-J+1$	MSE	
계	SST	$IJ-1$		

여기서 SST, SS_A, SS_B와 MS_A, MS_B에 대한 정의는 반복이 있는 이원분산분석에서 $n=1$로 놓았을 때와 같으며, $SSE = SST - SS_A - SS_B$이고 $MSE = SSE/(IJ-I-J+1)$이 된다. 이에 따라 오차항의 자유도가 바뀌었음을 유의하자.

주효과의 검정절차는 다음과 같다. 여기서 $F_\alpha(J-1, IJ-I-J+1)$는 자유도가 $J-1, IJ-I-J+1$인 F-분포에서 상위 α에 해당하는 임계치를 의미한다.

❶ 요인 A의 주효과 검정 ($H_0 : \alpha_1 = \alpha_2 = \cdots = \alpha_I = 0$) :

$F_A > F_\alpha(I-1, IJ-I-J+1)$일 때 귀무가설 기각

❷ 요인 B의 주효과 검정 ($H_0 : \beta_1 = \beta_2 = \cdots = \beta_J = 0$) :

$F_B > F_\alpha(J-1, IJ-I-J+1)$일 때 귀무가설 기각

여기서 $F_\alpha(v,w)$는 자유도 (v,w)인 F-분포의 상위 α의 확률에 해당하는 임계치이다.

예제 7.3

환자들에 대한 동기부여 실험을 하였다. 대상자들을 동기부여 수준에 따라 세 수준으로 나누고 다섯 가지 방법으로 실험을 하여 평가하였다. 즉 평가점수에 영향을 미치는 요인으로 초기동기부여 수준과 실험방법을 고려한 것이다. 반복은 없었다. 그 결과는 다음과 같다. 각 방법 간의 차이가 있는가? 또한 초기동기 부여의 수준에 따른 차이가 있는가?

초기 동기 부여 수준	실험방법					평균
	방법 1	방법 2	방법 3	방법 4	방법 5	
없 음	58	68	60	68	64	63.6
매우 낮음	62	70	65	80	69	69.2
낮 음	67	78	68	81	70	72.8
평균	62.33	72	64.33	76.33	67.67	68.53

$$SST = \sum_{i=1}^{3}\sum_{j=1}^{5}(y_{ij} - \bar{y}_{..})^2 = 643.73,\ SS_A = 5\sum_{i=1}^{3}(\bar{y}_{i.} - \bar{y}_{..})^2 = 214.93,$$

$$SS_B = 3\sum_{j=1}^{5}(\bar{y}_{.j} - \bar{y}_{..})^2 = 389.07,\ SSE = SST - SS_A - SS_B = 39.73$$

로 계산된다. 이원분산분석표는 다음과 같다.

	제곱합	자유도	평균제곱합	F 비
동기부여	214.93	2	107.47	21.64
방법	389.07	4	97.27	19.58
오차	39.73	8	4.97	
계	643.73	14		

부록 A의 F−분포표로부터 자유도 (2, 8)인 F−분포의 상위 5% 임계치는 $F_{0.05}(2,8) = 4.46$이고, 자유도 (4, 8)인 F−분포의 상위 5% 임계치는 $F_{0.05}(4,8) = 3.84$이다. 따라서 초기동기부여 수준 간에 차이가 없다는 가설에 대한 F−값이 21.64로 $F_{0.05}(2,8) = 4.46$보다 더 크므로 귀무가설은 기각된다. 즉, 초기동기부여의 수준에 따라 유의한 차이가 있다. 또한 방법 간의 차이가 없다는 가설에 대한 F−값은 19.58로 $F_{0.05}(4,8) = 3.84$보다 크므로, 방법 간에도 유의한 차이가 있다고 할 수 있다.

7.3.4 Excel을 이용한 이원분산분석 : 반복이 없을 때

예제 7.3 계속

Excel의 데이터 분석기능에서 반복이 없는 이원분산분석을 하여 보자. 먼저 예제 7.3의 데이터를 입력하자.

	A	B	C	D	E	F
1		방법 1	방법 2	방법 3	방법 4	방법 5
2	없음	58	68	60	68	64
3	매우 낮음	62	70	65	80	69
4	낮음	67	78	68	81	70

❶ 『데이터』 탭 「분석」 그룹의 데이터 분석 에서 '분산 분석 : 반복 없는 이원 배치법'을 선택한다.

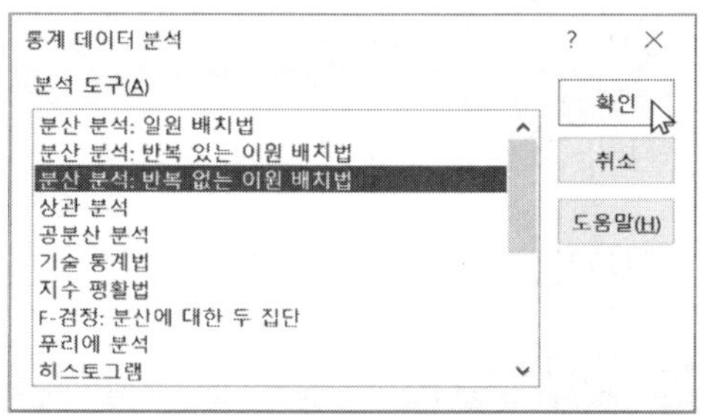

❷ [입력 범위]에 "$A$1:$F$4"을 적는다. '이름표'를 체크하는 것을 잊지 말자. 만약 행 이름이나 열 이름을 포함시키지 않고 영역을 선택하였다면 '이름표'를 해제한다. 그러나 행 이름과 열 이름을 쓰지 않으면 출력결과가 ROW1 또는 COLUMN1 형식이 되어 불편하다. 유의수준과 출력 옵션을 지정하고 확인 을 누른다.

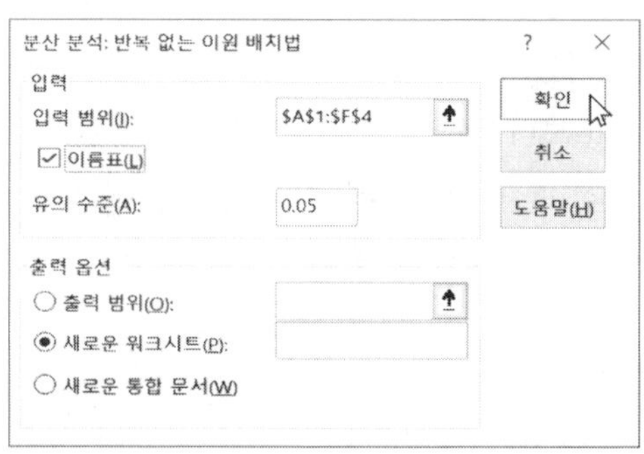

❸ 각 요인의 수준별 기초통계량을 요약한 테이블이 나온 후 분산분석표가 출력된다. 변동요인 중 "인자 A(행)"은 행 방향의 요인, 즉 동기부여수준에 대한 것이고, "인자 B(열)"이 열 방향으로 입력된 요인, 즉 방법에 대한 것이다. F－값은 "F 비"로, F－분포의 상위 5% 임계치가 "F 기각치"로 출력되며, 해당하는 p－값을 제공한다. 동기부여수준에 대한 p－값은 0.0006로 매우 작으므로 5% 유의수준에서 동기부여수준에 따른 차이가 없다는 귀무가설은 기각된다. 또한 방법 간의 비교에서도 p－값이 0.0003로 매우 작으므로 귀무가설은 기각된다. 이들 p－값은 두 요인에서 모두 0.01보다도 작으므로 유의수준을 1%로 정하였더라도 귀무가설은 기각됨을 알 수 있다.

	A	B	C	D	E	F	G
1	분산 분석: 반복 없는 이원 배치법						
2							
3	*요약표*	*관측수*	*합*	*평균*	*분산*		
4	없음	5	318	63.6	20.8		
5	매우 낮음	5	346	69.2	46.7		
6	낮음	5	364	72.8	39.7		
7							
8	방법 1	3	187	62.33333	20.33333		
9	방법 2	3	216	72	28		
10	방법 3	3	193	64.33333	16.33333		
11	방법 4	3	229	76.33333	52.33333		
12	방법 5	3	203	67.66667	10.33333		
13							
14							
15	분산 분석						
16	*변동의 요인*	*제곱합*	*자유도*	*제곱 평균*	*F 비*	*P-값*	*F 기각치*
17	인자 A(행)	214.9333	2	107.4667	21.63758	0.000593	4.45897
18	인자 B(열)	389.0667	4	97.26667	19.58389	0.000341	3.837853
19	잔차	39.73333	8	4.966667			
20							
21	계	643.7333	14				

TIP 모평균의 추론방법에 대한 가이드라인

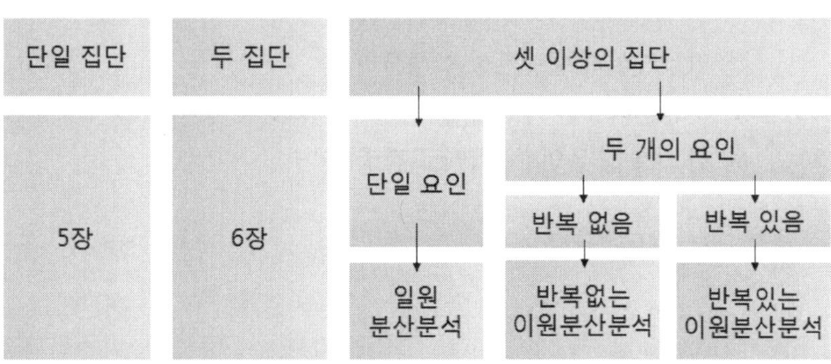

7.4 연습문제

01 다음은 세 가지 방식의 처리 후 혈청 프로게스테론 농도를 측정한 동물실험의 결과이다. 이 세 가지의 처리의 효과를 비교하고자 한다.

비처리	처리A	처리B
115	300	550
120	420	600
80	260	480
45	220	626
90	135	385
44	130	475

① 귀무가설과 대립가설을 기술하라.

② 일원분산분석을 하기 위해 필요한 가정은 무엇인가?

③ 위의 가설을 유의수준 5%로 검정하고 분산분석표를 작성하라.

④ 다중비교를 실시하라.

02 면역이상에 대한 한 연구에서 세 그룹의 환아에 대한 혈청 항원의 농도에 대해 조사하였다.

그룹	농도
A	365 400 300 325 385 380 215 400 343 415
B	165 345 230 370 285 315 195 270 305 220
C	380 510 315 565 715 380 390 245 155 335

① 귀무가설과 대립가설을 세우라.

② 분산분석표를 작성하라.

③ 위 가설을 유의수준 1%로 검정하라.

03 제조사와 실험실에 따라 어떤 약물의 특정성분함유량이 달라지는지 알아보려고 한다. 각각의 평균을 조사한 결과는 다음과 같다. 적절한 분석을 실시하고 해석하라.

	실험실1	실험실2	실험실3
A사	33	32	31
B사	35	38	39
C사	30	29	30

04 다음의 데이터는 명상요법의 효과를 알아보기 위해 36명의 대상자에게 명상요법을 실시하고 안정감을 평가한 데이터이다. 시간대와 유도방법에 따라 안정감에 관한 점수가 달라지는가?

시간 \ 유도방법	A	B	C
오전	23 25 22 20	15 23 19 20	17 25 19 20
오후	29 32 30 30	16 24 20 20	15 22 20 17
야간	20 35 30 22	18 14 16 10	10 8 12 10

① 이원분산분석모형을 써라.
② 분산분석표를 작성하라.
③ 적절한 가설을 세우고 유의수준 5%로 검정하라.

05 다음은 36명의 청소년 대상자에게 불안을 일으키게 하는 세 가지 스트레스 상황에 따른 세 가지 약물의 효과에 대한 실험결과이다. 이원분산분석을 실시하고 결과를 해석하라.

상황 \ 약물	A	B	C
1	4 5 5 6	1 3 3 2	1 0 2 2
2	6 6 5 6	6 6 6 5	6 3 3 4
3	5 4 4 4	7 4 5 7	4 5 5 6

8장

인과관계의 이해

이 장에서는 연속형 변수간의 연관성에 대한 추론에 대해 알아본다. 두 연속형 변수간의 관계를 살펴보기 위해서 산점도를 그려볼 수 있을 것이다. 더 나아가서 변수간의 관계의 정도나 이를 통한 예측을 하기 위해서는 상관분석과 회귀분석을 할 수 있다. 이들 방법론을 차례로 알아보고, 회귀분석을 실시한 후에 이의 적용이 적절했는지 확인하는 방법인 회귀진단에 대해서도 알아보자.

8.1 상관분석

두 연속형 변수 간에 관련이 있는지 알아보기 위해 연구자가 가장 쉽게 할 수 있는 일은 두 변수의 산점도를 그리는 것이다. 산점도를 통해 변수간에 어떠한 경향이 있는지 파악할 수 있다. 그러면 이러한 관계를 적당한 숫자를 이용하여 나타내는 방법은 없을까? 연속적인 두 변수가 있을 때 이들 간의 연관 정도를 알기 위해 상관분석(correlation analysis)을 사용할 수 있다. 다음의 예를 보자.

예제 8.1

건강 상태와 삶의 만족도 간의 관계를 알아보기 위해 37개국에 대해 본인이 자각하는 건강 상태(자각 건강)와 삶의 만족도를 조사하였다. 여기서 자각 건강은 건강이 좋음 이상으로 보고한 인구비율(%)이며, 삶의 만족도는 10점 척도로 측정된 만족도의 평균값이다. 결과는 다음과 같다(cf. OECD, 2023).

국가	자각 건강	삶의 만족도	국가	자각 건강	삶의 만족도	국가	자각 건강	삶의 만족도
1	34.0	5.8	14	57.0	6.5	27	75.0	7.3
2	74.0	7.2	15	68.0	7.9	28	60.0	6.1
3	37.0	6.1	16	67.0	6.7	29	50.0	5.8
4	67.0	4.9	17	66.0	7.3	30	65.0	6.5
5	89.0	7.0	18	79.0	5.8	31	67.0	6.5
6	66.0	6.0	19	58.0	6.0	32	75.0	6.5
7	88.0	7.0	20	77.0	7.6	33	76.0	7.3
8	60.0	6.2	21	84.0	7.0	34	81.0	7.5
9	80.0	5.7	22	73.0	6.5	35	73.0	6.8
10	71.0	7.2	23	47.0	6.2	36	85.0	7.1
11	74.0	6.8	24	46.0	6.4	37	86.0	7.3
12	62.0	6.9	25	72.0	7.4			
13	70.0	7.5	26	75.0	7.5			

건강 상태와 삶의 만족도 간의 산점도는 다음과 같다. 자각건강비율이 증가할 때 삶의 만족도 점수가 높아지는 경향이 있음을 알 수 있다. 이러한 연관의 정도를 알아보기 위한 측도로서 상관계수(correlation coefficient)를 사용할 수 있다.

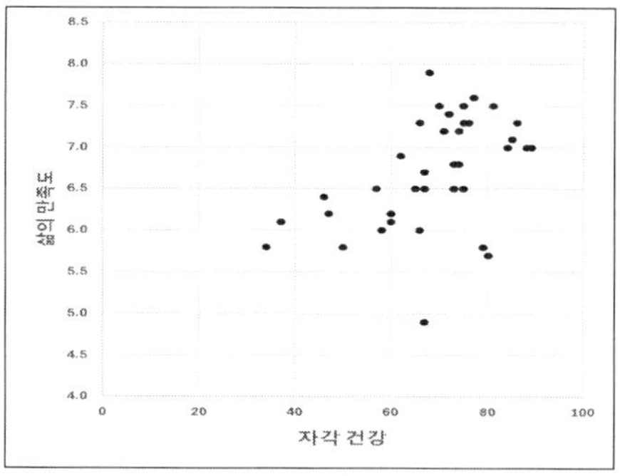

8.1.1 표본상관계수

두 변수 (x, y)의 관계를 알아보기 위해 n개의 데이터 쌍 $(x_1, y_1), \cdots, (x_n, y_n)$을 구했다고 하자. 표본상관계수(sample correlation coefficient)는 다음과 같이 구해진다.

$$r = \frac{\sum_{i=1}^{n}(x_i - \overline{x})(y_i - \overline{y})}{\sqrt{\sum_{i=1}^{n}(x_i - \overline{x})^2 \sum_{i=1}^{n}(y_i - \overline{y})^2}}$$

이는 다음과 같이 간단히 표현할 수 있다.

$$r = \frac{S_{xy}}{\sqrt{S_{xx}}\sqrt{S_{yy}}}$$

여기서 S_{xx}, S_{yy}, S_{xy}는 각각

$$S_{xx} = \sum_{i=1}^{n}(x_i - \overline{x})^2,$$

$$S_{yy} = \sum_{i=1}^{n}(y_i - \overline{y})^2,$$

$$S_{xy} = \sum_{i=1}^{n}(x_i - \overline{x})(y_i - \overline{y})$$

이다. 표본상관계수는 피어슨(Pearson)에 의해 제안되었기 때문에 피어슨의 상관계수라고도 불린다.

표본상관계수는 두 변수 간의 직선 관계의 강도를 나타낸다. 표본상관계수는 −1부터 +1 사이의 값을 갖는데, 그 절댓값이 1에 가까우면 높은 직선관계가 있는 것이고, 0에 가까우면 직선 관계가 거의 없는 것으로 평가할 수 있다. 또한 부호는 관계의 방향을 나타내는

것으로 상관계수가 양수이면 한 변수가 증가할 때 다른 변수도 같이 증가하는 경향이 있고, 음수이면 한 변수가 증가할 때 다른 변수는 감소하는 경향을 보인다. 이를 그림으로 정리하면 다음과 같다.

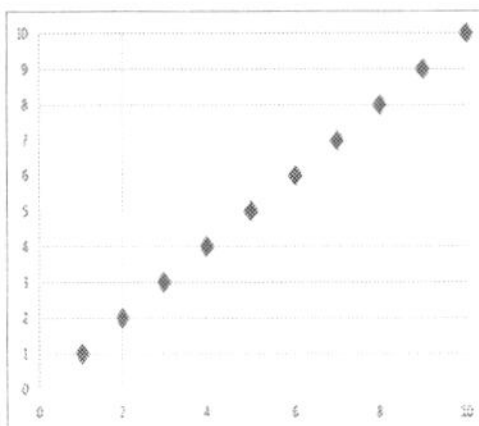

(a) r=1

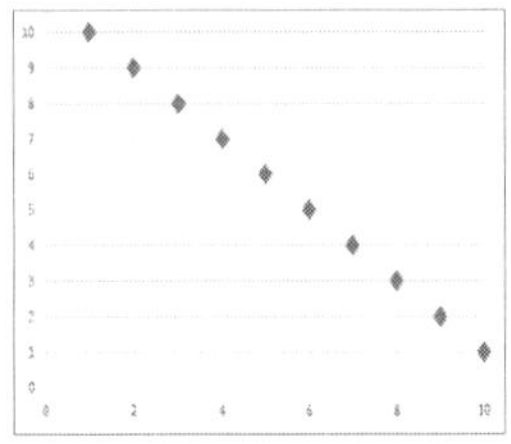

(b) r=−1

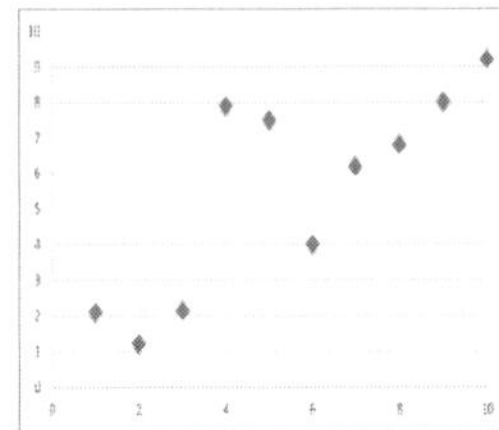

(c) r=0.8

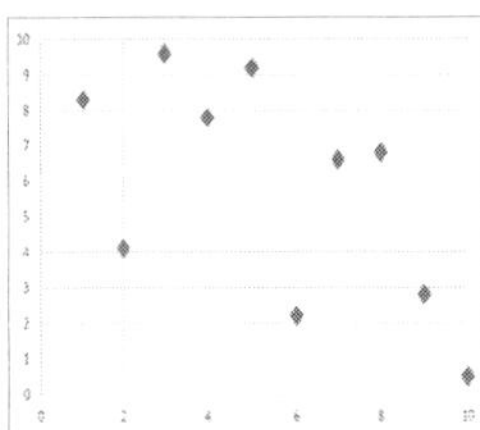

(d) r=−0.6

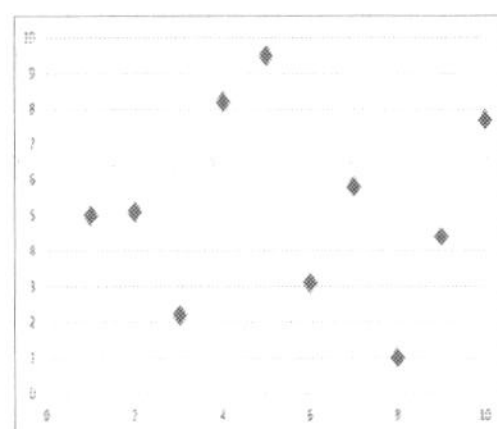

(e) r=0

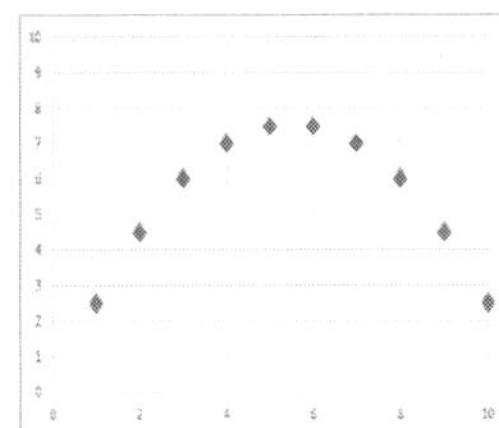

(f) r=0

그림 (a)와 그림 (b)는 각각 완전한 양의 상관과 음의 상관을 나타내며, 직선보다 흩어진 그림 (c)와 그림 (d)는 두 변수 간에 어느 정도 직선의 관련성이 있음을 보인다. 관련성이 높으면 높을수록 직선에 가까워지고, 관련성이 낮을수록 원에 가까워진다. 그림 (e)처럼 점들이 거의 둥글게 퍼져 있을 때 표본상관계수는 0에 가깝게 되고 두 변수 간의 관련성도 찾아보기 힘들다. 반면 그림 (f)는 두 변수 간의 관계가 완전한 곡선의 관계로써 설명될 수 있음에도 불구하고 표본상관계수는 0이 된다. 이는 표본상관계수가 직선 관계의 정도를 측정하는 것으로 곡선의 관계를 찾아내지 못하기 때문이다. 따라서 두 변수 간의 연관성을 알아보고자 할 때는 단순히 상관계수의 값만 구할 것이 아니라 산점도를 그려 데이터의 특성을 대략적으로 파악하는 것이 필요하다.

예제 8.1 계속

예제 8.1의 데이터에서 자각 건강과 삶의 만족도 간의 표본상관계수를 구해 보자.

자각건강의 평균 $\overline{x}= 68.5$, 삶의 만족도의 평균 $\overline{y}= 6.7$이고

$$S_{xx} = (34-68.5)^2 + \cdots + (86-68.5)^2 = 6349.2$$

$$S_{yy} = (5.8-6.7)^2 + \cdots + (7.3-6.7)^2 = 16.25$$
$$S_{xy} = (34-68.5)(5.8-6.7) + \cdots + (86-68.5)(7.3-6.7) = 155.64$$

이다. 표본상관계수는

$$r = \frac{155.64}{\sqrt{6349.2}\,\sqrt{16.25}} = 0.4846$$

가 된다. 산점도에서 짐작할 수 있듯이 직선의 경향은 있으나 상관이 매우 높은 것은 아니다.

8.1.2 상관계수의 검정

모집단에서의 상관계수를 ρ라고 하고 이에 대한 검정을 생각하여 보자. 두 변수 (x, y)가 이변량 정규분포를 따른다고 가정할 때, 모상관계수가 0이라는 귀무가설하에서 다음과 같은 통계량

$$t = r\sqrt{\frac{n-2}{1-r^2}}$$

이 자유도가 $n-2$인 t−분포를 따르는 것으로 알려져 있다. 여기서 r은 표본상관계수이고, n은 표본수이다. 따라서 유의수준을 α로 할 때의 가설과 검정절차는 다음과 같다.

❶ $H_0:\ \rho = 0$ vs. $H_1:\ \rho > 0$일 때, $t > t_{\alpha}(n-2)$이면 귀무가설 기각
❷ $H_0:\ \rho = 0$ vs. $H_1:\ \rho < 0$일 때, $t < -t_{\alpha}(n-2)$이면 귀무가설 기각
❸ $H_0:\ \rho = 0$ vs. $H_1:\ \rho \neq 0$일 때, $|t| > t_{\alpha/2}(n-2)$이면 귀무가설 기각

여기서 $t_{\alpha}(n-2)$와 $t_{\alpha/2}(n-2)$는 각각 자유도 $n-2$인 t−분포에서의 상위 α와 $\alpha/2$의 확률을 주는 값을 의미한다.

예제 8.1 계속

예제 8.1의 데이터에서 모상관계수가 0인가에 대해서 유의수준 5%로 양측검정하여 보자.

검정통계량은

$$t = 0.4846 \times \sqrt{\frac{37-2}{1-(0.4846)^2}} = 3.277$$

이고 $|t| = 3.277 > t_{0.025}(35) = 2.03$이어서 상관계수가 0이라는 귀무가설을 기각하게 된다. 따라서 자각건강과 삶의 만족도 간에는 유의한 선형관계가 있다고 할 수 있다.

8.1.3 Excel을 이용한 상관계수 계산

Excel의 데이터분석기능에서 상관계수를 계산할 수 있다. 가설검정결과를 제공하지는 않으므로 함수를 이용하여 구해야 한다.

예제 8.1 계속

❶ 예제 8.1의 데이터에 대해서 Excel을 이용하여 상관분석을 해보자. "예제 8.1" 파일을 연다.

	A	B	C
1	국가	자각 건강	삶의 만족도
2	1	34	5.8
3	2	74	7.2
4	3	37	6.1
5	4	67	4.9
6	5	89	7
7	6	66	6
8	7	88	7
9	8	60	6.2
10	9	80	5.7
11	10	71	7.2
12	11	74	6.8
13	12	62	6.9
14	13	70	7.5

❷ 『데이터』 탭 「분석」 그룹에서 데이터 분석 을 클릭하여 '상관분석'을 선택한다.

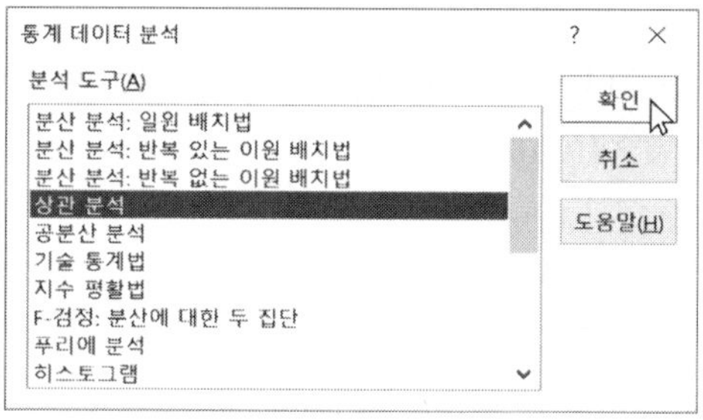

❸ [입력 범위]에 "$B$1:$C$38"을 입력하고 '첫째 행 이름표 사용'을 선택한다. 그리고 [출력 옵션]을 적절히 선택하고 확인을 누른다.

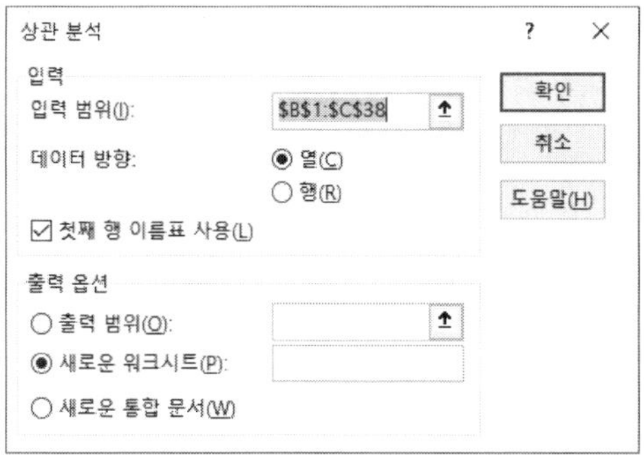

❹ 실행결과는 다음과 같은 행렬 형태의 표(상관계수행렬)로 나타난다. B2는 "자각건강"과 "자각건강" 자신의 상관계수이므로 1이 된다. 역시 C3도 "삶의 만족도" 자신과의 상관관계를 나타내므로 1이다. 이와 같이 상관계수행렬의 대각원소는 항상 1이 된다. 우리가 관심이 있는 "자각건강"과 "삶의 만족도"의 상관계수는 B3에 0.48457로 나온다. (X, Y)의 상관계수는 (Y, X)의 상관계수와 같으므로 C2는 B3과 같게 되어 생략되어 있다.

	A	B	C
1		*자각 건강*	*삶의 만족도*
2	자각 건강	1	
3	삶의 만족	0.484575331	1

❺ 이제 모상관계수의 검정을 해보자. A5와 A6, A7에 각각 "표본수", "검정통계량", "p－값"이라고 쓰고, B5에는 표본수 37을 입력한다. 검정통계량을 계산하기 위해서 B6에 "=B3*SQRT((B5－2)/(1－B3^2))"를 입력한다(표본상관계수가 B3에 있음). 또한 양측검정에 대한 유의확률을 계산하기 위해 B7에 "=T.DIST.2T(ABS(B6), B5－2)"를 입력한다.

1		자각 건강	삶의 만족도
2	자각 건강	1	
3	삶의 만족도	0.484575330565348	1
4			
5	표본수	37	
6	검정통계량	=B3*SQRT((B5-2)/(1-B3^2))	
7	p-값	=T.DIST.2T(ABS(B6), B5-2)	

❻ 아래와 같은 결과를 얻게 된다. "p－값"이 매우 작으므로(<0.01) 두 변수 간 상관계수가 0이라는 귀무가설을 기각하게 된다.

	A	B	C
1		자각 건강	삶의 만족도
2	자각 건강	1	
3	삶의 만족도	0.484575331	1
4			
5	표본수	37	
6	검정통계량	3.277265322	
7	p-값	0.002371254	

TIP

변수가 많을 때 각 변수 간의 상관계수를 한꺼번에 구하기 위해서는 이웃한 열에 변수들을 입력하고 입력범위에 전체 데이터 범위를 써주기만 하면, 각각의 상관계수들이 행렬 형태로 구해진다. 마찬가지로 대각원소는 물론 모두 1이 되고, 두 변수에 해당하는 비대각 원소들을 읽으면 된다.

8.2 단순회귀분석

회귀분석(regression analysis)은 연속형인 두 변수가 있을 때 이들 간의 관계를 이용하여, 한 변수의 값에 대해서 알고 있을 때 다른 변수의 값을 예측하고자 하는 방법이다. 두 변수 가운데 알고 있는 변수가 변화의 원인이라고 하면 예측되는 변수는 이의 결과라고 할 수 있다. 이때 원인이 되는 변수를 설명변수 또는 독립변수라고 하고, 결과가 되는 변수를 반응변수 또는 종속변수라고 한다.

회귀분석은 두 변수 간의 관계가 선형식으로 표현되느냐 그렇지 않느냐에 따라 선형회귀분석(linear regression analysis)과 비선형회귀분석(non－linear regression analysis)으로 나뉠 수 있는데 여기서는 선형회귀분석만을 언급하겠다.

설명변수가 하나인 경우를 단순회귀분석(simple regression), 설명변수가 여러 개인 경우를 다중회귀분석(multiple regression)이라고 한다. 먼저 단순회귀분석에 대해 알아보자.

8.2.1 단순회귀모형

회귀분석의 목적은 두 변수 간에 선형관계가 있을 때 이러한 관계를 표현하는 1차식을 추정하는 데 있다고 할 수 있다. 다음의 예를 보자.

예제 8.2

다음은 오염된 물고기를 통해 메틸 수은에 노출된 12명의 메틸 수은 섭취량(methyl mercury intake; MMI, μg Hg/day)과 전체 혈액 내 수은량(mercury in whole blood; MWB, ng/g) 값에 대한 자료이다.

MMI(X)	MWB(Y)
180	90
200	120
230	125
410	290
600	310
550	290
275	170
580	375
105	70
250	105
460	205
650	480

메틸 수은의 섭취량(MMI)에 따라 전체 혈액 내 수은량(MWB)이 어떻게 변화하는지에 관심이 있다. 이들 간에 선형관계가 있다고 하면 이를 이용하여 메틸 수은 섭취량이 알려졌을 때 전체 혈액 내에는 수은량이 얼마나 축적되는지 예측할 수 있게 될 것이다. 아래의 산점도는 두 변수 간에 어떠한 선형관계가 있음을 시사한다.

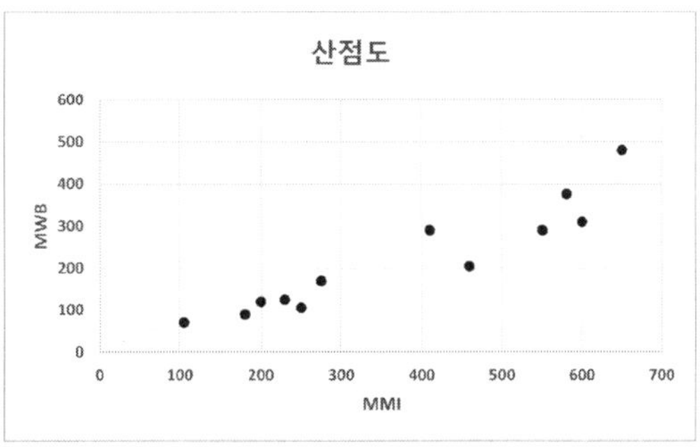

n개의 표본에서 설명변수와 반응변수의 쌍 $(x_1, y_1), \ldots, (x_n, y_n)$의 데이터를 얻었다고 하자. 다음과 같은 선형관계식을 가정할 수 있다.

$$y_i = \alpha + \beta x_i + \epsilon_i \quad (i = 1, \cdots, n)$$

여기서 $\epsilon_i \, (i = 1, \cdots, n)$는 오차항으로 평균이 0이고 분산이 σ^2인 정규분포를 따르며 각각의 ϵ_i들은 서로 독립이다. 이때 α, β를 회귀계수라고 한다. α는 절편, β는 기울기가 될 것이다.

이제 주어진 데이터로부터 이들 회귀계수를 추정하여 적절한 직선의 관계식을 찾으면 된다. 어떤 직선이 최적의 직선일까? 가장 좋은 직선은 실제 관측값과 직선에 의한 예측값과의 차이를 최소화하는 직선일 것이다. 이러한 기준으로 흔히 사용되는 방법이 최소제곱법(least squares method)이다. 즉, 오차들의 제곱합

$$\sum_{i=1}^{n} (y_i - (\alpha + \beta x_i))^2$$

을 최소로 하는 α, β를 찾는다. α, β의 추정치 a, b는 오차의 제곱합을 α와 β에 대해서 편미분하여 얻게 되며 각각

$$b = \frac{\sum_{i=1}^{n} (x_i - \overline{x})(y_i - \overline{y})}{\sum_{i=1}^{n} (x_i - \overline{x})^2} = \frac{S_{xy}}{S_{xx}},$$

$$a = \overline{y} - b\overline{x}$$

로 구해진다. 따라서 추정된 회귀식은

$$\hat{y_i} = a + bx_i \qquad (i = 1, \cdots, n)$$

가 된다.

예제 8.2 계속

예제 8.2에서 회귀계수 α, β를 추정하여 회귀식을 구해 보자.

우선 MMI와 MWB의 평균은 각각

$$\overline{x} = 374.1667 \;, \; \overline{y} = 219.1667$$

이고,

$$S_{xy} = (180-374.1667)(90-219.1667)+\cdots+(650-374.1667)(480-219.1667)$$

$$= 253441.67$$

$$S_{xx} = (180-374.1667)^2+\cdots+(650-374.1667)^2 = 395541.67$$

이므로, 회귀계수의 추정치는

$$b = \frac{253441.67}{395541.67} = 0.6407$$

$$a = 219.1667 - 0.6407 \times 374.17 = -20.5791$$

이다. 따라서 적합된 회귀모형식은

$$y_i = -20.5791 + 0.6407 x_i$$

가 된다. 즉, MMI가 1μg Hg/day 증가할 때 MWB가 0.6407 ng/g만큼 상승한다고 해석할 수 있으며 적합된 직선을 그려보면 다음과 같다.

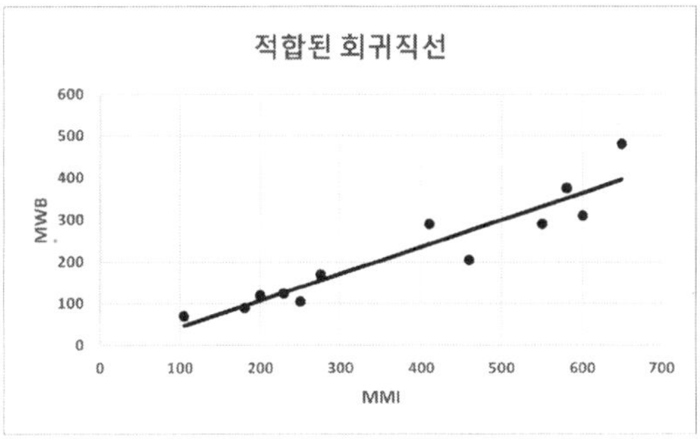

8.2.2 단순회귀계수의 추론

만약 회귀계수 β가 0이라면 두 변수 사이에 아무런 직선 관계가 없음을 의미한다. 따라서 추정된 회귀계수를 이용하여 이를 검정해 볼 필요가 있다. 예컨대 위의 예에서 회귀계수가 0.64로 추정되었는데 회귀식이 의미가 있으려면 이것이 0과 유의하게 다르다고 할 수 있어야만 한다. 이의 검정은 다음과 같은 검정통계량

$$t = \frac{b}{s.e.(b)} = \frac{b}{\sqrt{s^2/S_{xx}}}$$

가 $H_0 : \beta = 0$이라는 귀무가설하에서 자유도 $n-2$인 t-분포를 따른다는 것을 이용한다. 여기서 $s^2 = \sum_{i=1}^{n}(y_i - a - bx_i)^2/(n-2)$으로 오차분산의 추정량이며, $S_{xx} = \sum_{i=1}^{n}(x_i - \overline{x})^2$이다.

유의수준 α에서 귀무가설과 대립가설의 형태에 따른 기각역은 다음과 같이 정리된다.

❶ $H_0 : \beta = 0$ vs. $H_1 : \beta > 0$ 일 때, $t > t_\alpha(n-2)$이면 귀무가설 기각

❷ $H_0 : \beta = 0$ vs. $H_1 : \beta < 0$ 일 때, $t < -t_\alpha(n-2)$이면 귀무가설 기각

❸ $H_0 : \beta = 0$ vs. $H_1 : \beta \neq 0$ 일 때, $|t| > t_{\alpha/2}(n-2)$이면 귀무가설 기각

한편 β의 $100(1-\alpha)\%$ 신뢰구간은 다음과 같다.

$$\left(b - t_{\alpha/2}(n-2) \times \sqrt{\frac{s^2}{S_{xx}}},\quad b + t_{\alpha/2}(n-2) \times \sqrt{\frac{s^2}{S_{xx}}}\right)$$

여기서 $t_\alpha(n-2)$와 $t_{\alpha/2}(n-2)$는 자유도 $n-2$인 t-분포에서 각각 상위 α와 $\alpha/2$의 확률을 갖는 임계치이다.

Tip

만약 $\beta = 0$에 관한 검정 대신 어떤 값 $\beta = \beta_0$에 대해 검정하고 싶다면 $H_0 : \beta = \beta_0$라는 귀무가설하에서 $t = \dfrac{b - \beta_0}{\sqrt{s^2/S_{xx}}}$가 자유도 $n-2$인 t-분포를 따른다는 것을 이용한다.

예제 8.2 계속

예제 8.2의 메틸수은자료에 대해서 β의 95% 신뢰구간과 가설검정을 수행하여 보자.

오차분산의 추정치는

$$s^2 = \frac{(90 - 94.76)^2 + \cdots + (480 - 395.91)^2}{10} = 2150.00$$

이다. $S_{xx} = 395541.67$, $\dfrac{s^2}{S_{xx}} = 0.0054$로 계산된다. 자유도는 $12 - 2 = 10$이고 $t_{0.025}(10) = 2.228$이므로, β의 95% 신뢰구간은

$$(0.6407-2.228\times\sqrt{0.0054}\ ,\ 0.6407+2.228\times\sqrt{0.0054})$$
$$=(0.48,\ 0.80)$$

이 된다. 가설을 $H_0:\beta=0$ vs. $H_1:\beta\neq 0$라고 했을 때 검정통계량은

$$t=\frac{b}{\sqrt{s^2/S_{xx}}}=\frac{0.6407}{\sqrt{0.0054}}=8.70$$

이다. $|t|>t_{\alpha/2}(n-2)$가 되어 귀무가설은 기각된다.

8.2.3 예측치에 대한 추론

회귀분석의 목적 중 하나는 특정 설명변수의 값에 대해 반응변수가 취할 것으로 기대되는 값 $E(y)$를 예측하는 것이다. 예를 들어 예제 8.2에서 MMI가 410일 때, 이 점에서의 평균반응변수 $E(y)$의 신뢰구간은 어떻게 구할 수 있을까?

설명변수가 $x=x_0$값일 때 y의 추정치인 $\hat{y}$의 분산은

$$Var(\hat{y})=\sigma^2\left\{\frac{1}{n}+\frac{(x_0-\overline{x})^2}{\sum_{i=1}^{n}(x_i-\overline{x})^2}\right\}$$

으로 알려져 있으며, $\hat{y}$은 정규분포를 따르는 것으로 알려져 있다. 이에 근거하여 $x=x_0$일 때 반응변수의 평균값 $E(y)$의 $100(1-\alpha)\%$ 신뢰구간은

$$(a+bx_0)\pm t_{\alpha/2}(n-2)\sqrt{s^2\left\{\frac{1}{n}+\frac{(x_0-\overline{x})^2}{\sum_{i=1}^{n}(x_i-\overline{x})^2}\right\}}$$

이 된다. 이것은 설명변수가 $x=x_0$일 때 평균반응, $E(Y)=\alpha+\beta x_0$에 대한 신뢰구간이다. 예를 들면 복용량 $x=x_0$를 처방한 모든 환자에 대해 평균적으로 나타나게 되는 효과지속시간(반응변수값)에 대한 신뢰구간을 의미한다.

이번에는 어느 한 개체에 대해 설명변수 값 $x=x_p$가 주어졌을 때 반응변수 y_p가 취할 수 있는 범위를 구하는 문제를 생각해 보자. 예를 들어 어떤 특정 환자에게 미리 정한 복용량 $x=x_p$를 처방했을 때 이의 효과지속시간을 예측하는 문제이다. 이는 $y=\alpha+\beta x_p+\epsilon$에 대한 예측으로, 한 개체에 대한 추가적인 변동을 고려해야 하므로 평균반응에 대해 구할 때보다 분산이 커지게 된다. 이의 $100(1-\alpha)\%$ 예측구간은

$$(a+bx_p) \pm t_{\alpha/2}(n-2)\sqrt{s^2\left\{1+\frac{1}{n}+\frac{(x_p-\overline{x})^2}{\sum_{i=1}^{n}(x_i-\overline{x})^2}\right\}}$$

이 된다. 따라서 새로운 개체에 대한 반응변수 값의 예측구간은 반응변수의 기댓값 $E(Y)$의 신뢰구간보다 넓게 된다.

TIP 신뢰대

위의 각 설명변수의 값에 대해서 신뢰구간을 계산하여 연결하면 신뢰구간의 상한과 하한으로 이루어지는 영역이 만들어진다. 이를 신뢰대(confidence band)라고 한다. 아래 그림과 같이 변수의 평균 근처에서 상한과 하한의 차이가 가장 좁고, 평균에서부터 멀어질수록 넓어지는 모양을 하고 있다.

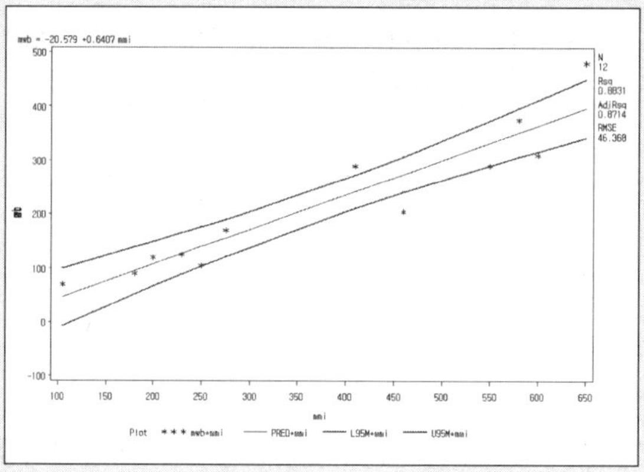

예제 8.2 계속

예제 8.2의 데이터에서 데이터에 포함되어 있던 수준인 $x=410$일 때의 평균 반응에 대한 95% 신뢰구간과 한 개체에 대한 반응값의 95% 예측구간을 구해 보자.

위에서 계산된 결과를 이용하면

$$s^2 = 2150.00,$$
$$\sum_{i=1}^{n}(x_i-\overline{x})^2 = 395541.67,$$
$$(x_0-\overline{x})^2 = (410-374.1667)^2 = 1284.03$$

이다. 먼저 $x=410$일 때

$$(a+bx_0)=-20.5791+0.6407\times 410=242.11$$

$$\widehat{Var}(\hat{y})=\sqrt{2150.00\left(\frac{1}{12}+\frac{1284.03}{395541.67}\right)}=13.64$$

이므로 평균반응 $E(Y)$의 95% 신뢰구간은

$$\begin{aligned}&(242.11-2.228\times 13.64,\ \ 242.11+2.228\times 13.64)\\&=(211.43,\ \ 272.21)\end{aligned}$$

이 된다. 즉, MMI가 410일 때 MWB의 평균값이 211.43에서 272.21 사이에 있을 확률은 95%이다.

이번에는 특정 물고기에 대해서 $x=410$이 주어졌을 때 분산의 추정치를 구해 보자.

$$\sqrt{2150.00\left\{1+\frac{1}{12}+\frac{1284.03}{395541.67}\right\}}=48.33$$

이 되므로 95% 예측구간은

$$\begin{aligned}&(242.11-2.228\times 48.33,\ \ 242.11+2.228\times 48.33)\\&=(134,43,\ \ 349.79)\end{aligned}$$

가 된다. 즉, 신뢰수준 95%에서 MMI가 410일 때 이 물고기에 대한 MWB 값은 134.43에서 349.79 사이의 한 값이라고 할 수 있다.

8.2.4 결정계수

회귀직선의 적합도를 평가하는 방법으로 회귀가 전체변동을 얼마만큼 설명하고 있는지 알아보는 방법이 있다. 이를 위하여 분산분석법에서 했던 것처럼 총제곱합을 분해하여 보자. 각 관측치 y_i와 전체평균 $\overline{y}$ 간의 차이를 추정된 $\hat{y}_i$을 통해서 분해하여 보면

$$y_i-\overline{y}=(\hat{y}_i-\overline{y})+(y_i-\hat{y}_i)$$

로 된다. 여기서 $\hat{y}_i-\overline{y}$는 회귀식으로 설명되는 부분이다. 관측치과 추정치의 차이 $y_i-\hat{y}_i$은 전체변동에서 회귀식으로 설명할 수 없는 부분을 나타내며, 이를 잔차(residual)라고 한다. 이제 위의 식에 양변을 제곱하고 관측치 전체를 고려하면

$$\sum_{i=1}^{n}(y_i-\overline{y})^2=\sum_{i=1}^{n}(\hat{y}_i-\overline{y})^2+\sum_{i=1}^{n}(y_i-\hat{y}_i)^2$$

$$SST \quad = \quad SSR \quad + \quad SSE$$

로 나타낼 수 있다. 여기서 SST를 총제곱합, SSR을 회귀제곱합, SSE를 오차제곱합이라고 한다. 회귀제곱합을 전체제곱합으로 나누면

$$R^2 = \frac{SSR}{SST} = 1 - \frac{SSE}{SST}$$

가 된다. 만약 데이터의 변동 중에서 회귀로 설명되는 부분이 많다면 R^2은 1에 가깝게 되고, 거의 설명을 못한다면 0에 가깝게 될 것이다. 따라서 R^2을 이용하여 회귀선의 적합성을 판단할 수 있게 되는데, 이를 결정계수(coefficient of determination)라고 한다.

예제 8.2 계속

예제 8.2의 자료에 적합된 회귀식에 대한 결정계수를 구해 보자.

이 예에서 제곱합은 각각

$$\begin{aligned} SST &= (90 - 219.17)^2 + \cdots + (480 - 219.17)^2 = 183891.67 \\ SSR &= (37.10 - 219.17)^2 + \cdots + (286.97 - 219.17)^2 = 162391.69 \\ SSE &= (90 - 37.10)^2 + \cdots + (480 - 286.97)^2 = 21499.98 \end{aligned}$$

로 계산되고, 결정계수는

$$R^2 = \frac{162391.69}{183891.67} = 0.88$$

이 된다. 즉, 전체변동의 88%가량이 회귀직선에 의해 설명되므로 우리가 구한 회귀직선은 유용하다고 판단된다.

8.2.5 Excel을 이용한 단순회귀분석

예제 8.2 계속

이제 Excel을 통해 회귀분석을 실시하여 보자. "예제 8.2" 파일을 연다. 예제 8.2는 "MMI", "MWB" 두 개의 변수에 대해 각각 12개의 수치가 입력되어 있다.

❶ 『데이터』 탭 「분석」 그룹에서 [데이터 분석] 을 클릭하여 '회귀분석'을 선택하고 [확인]을 누른다.

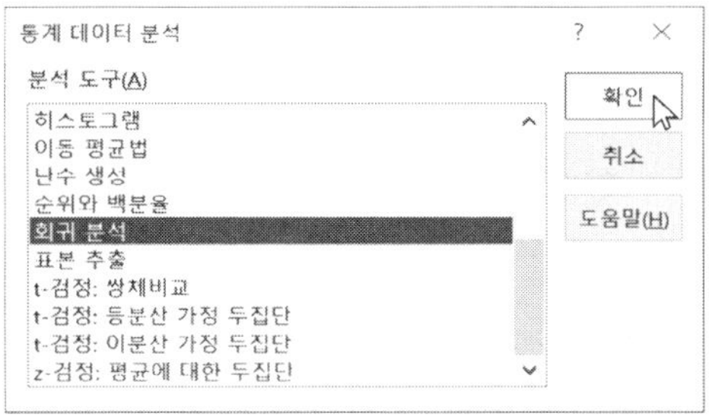

❷ [Y축 입력 범위]에는 반응변수가 들어있는 "$B$1: $B$13"을, [X축 입력 범위]에는 설명변수의 범위 "$A$1:$A$13"을 입력한다. '이름표'를 체크한다. '상수에 0을 사용' 체크박스는 a=0으로 하고 회귀식을 적합할 것인지 묻는 것이다. 상수항이 반드시 0이 되어야만 하는 특수한 경우가 아니라면 체크하지 않는다. '신뢰수준'은 회귀계수에 대한 $100(1-\alpha)\%$ 신뢰구간을 구할 때 이용된다. [잔차]에서는 각 체크박스를 선택하면 잔차, 표준화잔차를 출력하여 주고 잔차그림과 관측치와 추정치를 함께 그려준다. [정규 확률]에서 '정규 확률도'를 선택하면 종속변수가 정규분포를 따르는지 평가할 수 있는 그림을 그려준다. 모두 입력 후 확인을 누른다.

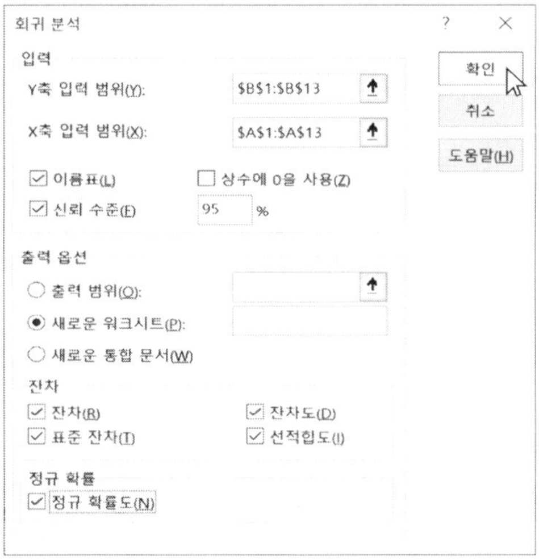

❸ 주요 출력결과는 다음과 같다.

- 회귀분석 통계량 : "다중상관계수"란 독립변수가 여러 개가 있을 때 독립변수들의 선형결합과 종속변수의 상관계수를 뜻하는데, 여기서는 독립변수가 하나이므로 앞에서 배운 표본상관계수와 같게 된다. 상관계수가 0.9397로 매우 높다. "결정계수"가 0.8831로 회귀가 설명하는 부분이 약 88.3%임을 나타낸다.

• 분산분석 : 분산분석에서는 회귀모형이 의미가 있는지를 F－검정하게 된다. 귀무가설은 $H_0 : \beta = 0$이다. p－값이 5.66×10^{-6}으로 무척 작으므로 회귀모형은 의미가 있다고 할 수 있다. 단순선형모형에서는 이 값이 β에 대한 유의성 검정의 p－값과 같게 된다. 분산분석에 관한 것은 다중회귀분석에서 다시 다루겠다.

• 회귀계수의 추론 : 출력결과의 마지막 표에서는 회귀계수에 대한 검정통계량과 95% 신뢰구간을 제공한다. 여기서 "Y절편"에 해당하는 행은 회귀식에서의 절편항 α에 대한 것이며, 설명변수인 "MMI"에 해당하는 행이 β에 관한 것이다. 위에서 계산한 대로 회귀계수 추정치 b가 0.6407로 나와 있으며, $\beta = 0$에 대한 양측검정의 p－값이 5.66×10^{-6}으로 매우 작으므로 가설은 기각된다. "하위 95%"와 "상위 95%"는 각각 회귀계수의 95% 신뢰구간의 하한과 상한을 말한다. β의 경우 신뢰구간이 (0.4764, 0.8050)으로 나와 있다.

	A	B	C	D	E	F	G
1	요약 출력						
2							
3	*회귀분석 통계량*						
4	다중 상관계수	0.939725197					
5	결정계수	0.883083446					
6	조정된 결정계수	0.871391791					
7	표준 오차	46.3680709					
8	관측수	12					
9							
10	분산 분석						
11		*자유도*	*제곱합*	*제곱 평균*	*F 비*	*유의한 F*	
12	회귀	1	162391.6867	162391.6867	75.53108737	5.6597E-06	
13	잔차	10	21499.97999	2149.997999			
14	계	11	183891.6667				
15							
16		*계수*	*표준 오차*	*t 통계량*	*P-값*	*하위 95%*	*상위 95%*
17	Y 절편	-20.57905825	30.66188745	-0.671160844	0.517320289	-88.89800096	47.73988446
18	MMI	0.640745813	0.07372638	8.690862292	5.6597E-06	0.476473202	0.805018424

❹ 아래쪽의 "잔차출력"에는 각 관측치에 대한 반응변수의 예측치와 잔차, 표준 잔차에 관한 표가 들어 있다. 표준 잔차가 모두 ±2 사이에 들어 있음을 알 수 있다. 잔차에 관한 설명은 8.4절에서 하기로 한다.

잔차 출력

관측수	예측치 MWB	잔차	표준 잔차
1	94.75518803	-4.755188033	-0.107558568
2	107.5701043	12.42989571	0.281154345
3	126.7924787	-1.792478668	-0.04054444
4	242.126725	47.87327504	1.082855368
5	363.8684294	-53.86842937	-1.218460986
6	331.8311387	-41.83113873	-0.946187055
7	155.6260402	14.37395976	0.325127526
8	351.0535131	23.94648689	0.541650469
9	46.69925208	23.30074792	0.527044367
10	139.6073949	-34.60739492	-0.782791721
11	274.1640156	-69.16401559	-1.564434968
12	395.90572	84.09428	1.902145663

❺ 화면의 오른쪽에는 원래의 데이터에 대한 산점도와 반응변수의 예측값을 함께 그린 그림이 여러 장 겹쳐서 나타난다. 적합된 회귀직선을 그리려면 그림 (a)와 같이 예측치를 클릭한 후 마우스의 오른쪽 단추를 눌러 '추세선 추가'를 선택한다. 그림 (b)와 같이 우측에 옵션 상자가 나타나면 '선형'을 선택한다. 그림 (c)는 MMI 선 적합도 차트를 선택하고 적합된 회귀직선을 추가한 차트이다.

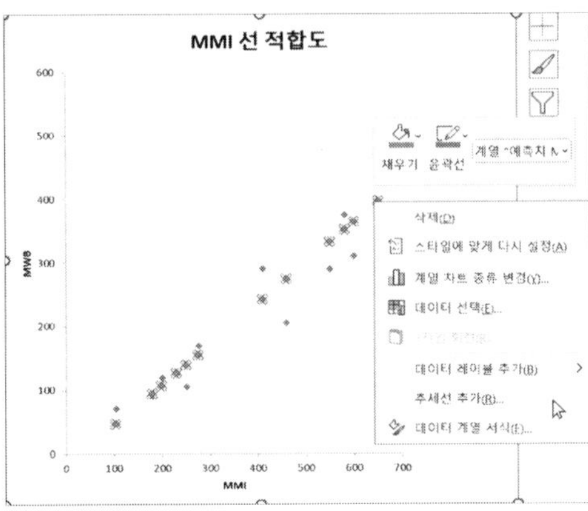

(a)

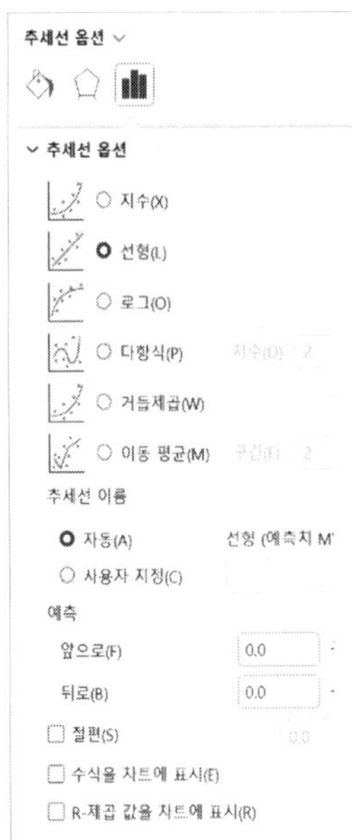

(b)

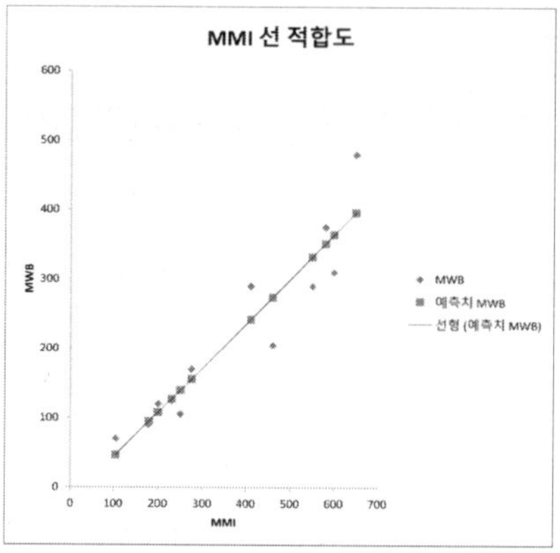

(c)

❻ 이 밖에 옵션에 의해 정규확률도와 잔차 그림이 출력된다. 정규확률 그림은 반응변수의 예측치와 그 값에 따른 백분율을 그린 것으로, 이의 플롯이 직선의 경향을 갖고 있으면 정규분포를 만족한다고 볼 수 있다. 잔차 그림과 정규확률도의 해석에 대해서는 8.4절에서 설명할 것이다.

8.3 다중회귀분석

단순회귀분석은 두 연속변수 간의 관계를 파악하는 방법이다. 그런데 반응변수를 예측하기 위해서는 단 하나의 설명변수를 이용하는 것보다는 여러 개의 설명변수가 있는 것이 더 유리할 수 있다. 이와 같이 여러 개의 연속변수가 있을 때 그들 사이의 관계를 알아보기 위한 것으로서 단순회귀분석의 개념을 확장한 다중회귀분석에 대해 알아보자. 다중회귀분석은 설명변수들 사이의 관계 또는 여러 설명변수가 회귀직선에 미치는 영향도 고려해야 하기 때문에 다소 복잡한 요소를 갖고 있으며, 다중회귀에서의 회귀계수는 단순회귀의 회귀계수의 의미와는 약간 다르다. 복잡한 유도과정보다는 개념과 해석에 주안점을 두어 설명하겠다.

8.3.1 다중회귀모형

i번째 표본에서 반응변수 y_i 에 대해서 k개의 설명변수 $x_{1i},\cdots,x_{ki}$가 있다고 하자. 다중회귀의 모형식은 다음과 같다.

$$y_i = \alpha + \beta_1 x_{1i} + \cdots + \beta_k x_{ki} + \epsilon_i, \ (i = 1, \cdots, n)$$

여기서 오차항 ϵ_i는 평균이 0이고 분산이 σ^2인 정규분포를 따르며 서로 독립인 것을 가정한다. 모형에서는 각 설명변수들과 반응변수 간의 선형관계를 가정하고 있다. 다음의 예를 생각하여 보자.

예제 8.3

삶의 만족도에 영향을 미치는 요인을 알아보고자 한다. 37개국의 국민을 대상으로 고용률(%), 대기오염(㎍/㎥), 자각건강(%), 야간 단독보행 안전(%) 및 삶의 만족도(점)에 대해 조사하였다. 데이터의 일부는 다음과 같다. 전체 데이터는 "예제 8.3" 파일에 입력되었다(cf. OECD, 2023).

국가	고용률	대기오염	자각건강	야간단독보행안전	삶의 만족도
1	66.0	27.0	34.0	82.0	5.8
2	67.0	20.0	74.0	80.0	7.2
3	77.0	14.0	37.0	77.0	6.1
4	48.0	27.0	67.0	59.0	4.9
5	70.0	7.0	89.0	78.0	7.0
6	59.0	20.0	66.0	42.0	6.0
7	67.0	8.0	88.0	78.0	7.0
8	56.0	23.0	60.0	41.0	6.2
9	58.0	23.0	80.0	50.0	5.7
10	72.0	12.0	71.0	86.0	7.2
11	65.0	13.0	74.0	56.0	6.8
12	74.0	17.0	62.0	77.0	6.9
13	74.0	10.0	70.0	85.0	7.5
14	74.0	6.0	57.0	79.0	6.5
15	72.0	6.0	68.0	88.0	7.9
16	65.0	11.0	67.0	74.0	6.7
17	77.0	12.0	66.0	76.0	7.3
18	56.0	15.0	79.0	69.0	5.8
19	70.0	17.0	58.0	74.0	6.0
20	78.0	6.0	77.0	85.0	7.6

반응변수는 삶의 만족도이고 나머지 4개 변수가 설명변수가 된다. 고용률(x_1), 대기오염(x_2), 자각건강(x_3), 야간 단독보행 안전(x_4)를 이용하여 삶의 만족도(y)를 예측하기 위한 다중회귀모형은 다음과 같다.

$$y_i = \alpha + \beta_1 x_{1i} + \beta_2 x_{2i} + \beta_3 x_{3i} + \beta_4 x_{4i} + \epsilon_i \ \ (i = 1, \cdots, 37)$$

이제 이를 적합하기 위해 회귀계수의 추정과 검정방법에 대해 알아보자.

8.3.2 다중회귀계수의 추론

다중회귀에서도 단순회귀와 마찬가지로 회귀계수 $\beta_1, \beta_2, \cdots, \beta_k$를 추정하기 위해서 최소제곱법을 이용한다. 즉,

$$\sum_{i=1}^{n}(y_i - \alpha - \beta_1 x_{1i} - \cdots - \beta_k x_{ki})^2$$

을 최소화하는 회귀계수를 구한 것이 회귀계수의 추정치 $a, b_1, \cdots, b_k$가 된다. 다중회귀 모형식을 행렬로 표현하면

$$\begin{bmatrix} y_1 \\ \vdots \\ y_n \end{bmatrix} = \begin{bmatrix} 1 & x_{11} \cdots & x_{k1} \\ \vdots & \vdots \quad \vdots & \vdots \\ 1 & x_{1n} \cdots & x_{kn} \end{bmatrix} \begin{bmatrix} \alpha \\ \vdots \\ \beta_k \end{bmatrix} + \begin{bmatrix} \epsilon_1 \\ \vdots \\ \epsilon_n \end{bmatrix}$$

이 되며, 이를

$$\underline{y} = X\underline{\beta} + \underline{\epsilon}$$

으로 쓸 수 있다. 여기서 $\underline{y}$는 반응변수의 벡터이고 $\underline{\beta}$는 회귀계수를 나타내는 벡터이며 $\underline{\epsilon}$은 오차를 나타내는 벡터이다. 또한 X는 설명변수의 값으로 구성된 행렬이다. 회귀계수의 추정치를 나타내는 벡터를 $\underline{b} = (a, b_1, \cdots, b_k)'$라고 할 때

$$\underline{b} = (X'X)^{-1}X'\underline{y}$$

로 구해진다. 이렇게 하여 구해진 추정식은

$$\hat{y_i} = a + b_1 x_{1i} + b_2 x_{2i} + \cdots + b_k x_{ki}$$

가 된다.

이제 각각의 회귀계수 $\beta_j \ (j = 1, \cdots, k)$에 대해서 가설 $H_0 : \beta_j = 0$을 검정하는 방법을 알아보자. 이의 검정은 귀무가설하에서 다음과 같은 검정통계량

$$t = \frac{b_j}{s.e.(b_j)} = \frac{b_j}{\sqrt{s^2 \times c_{jj}}}$$

가 자유도가 $n-k-1$인 t-분포를 따른다는 사실을 이용한다. 여기서 c_{jj}는 $(X'X)^{-1}$의 $(j+1, j+1)$번째 원소이고,

$$s^2 = \sum_{i=1}^{n}(y_i - a - b_1 x_{1i} - \cdots - b_k x_{ki})^2 / (n-k-1)$$

는 오차분산의 추정치이다.

유의수준을 α라고 했을 때 귀무가설과 대립가설의 형태에 따른 기각역은 다음과 같다. 여기서 $t_\alpha(n-k-1)$과 $t_{\alpha/2}(n-k-1)$은 각각 자유도 $n-k-1$인 t-분포에서 상위 α와 $\alpha/2$의 확률을 주는 값이다.

❶ $H_0 : \beta_j = 0$ vs. $H_1 : \beta_j > 0$일 때, $t > t_\alpha(n-k-1)$이면 귀무가설 기각

❷ $H_0 : \beta_j = 0$ vs. $H_1 : \beta_j < 0$일 때, $t < -t_\alpha(n-k-1)$이면 귀무가설 기각

❸ $H_0 : \beta_j = 0$ vs. $H_1 : \beta_j \neq 0$일 때, $|t| > t_{\alpha/2}(n-k-1)$이면 귀무가설 기각

한편 β_j의 $100(1-\alpha)\%$ 신뢰구간은 다음과 같다.

$$(b_j - t_{\alpha/2}(n-k-1)\sqrt{s^2 \times c_{jj}},\quad b_j + t_{\alpha/2}(n-k-1)\sqrt{s^2 \times c_{jj}})$$

TIP

단순회귀분석에서와 마찬가지로 만약 $\beta_j = 0$에 관한 검정 대신 어떤 값 $\beta_j = \beta_{j0}$에 대해 검정하고 싶다면 $H_0 : \beta_j = \beta_{j0}$이라는 귀무가설하에서 $t = \dfrac{b_j - \beta_{j0}}{\sqrt{s^2 \times c_{jj}}}$이 자유도 $n-k-1$인 t-분포를 따른다는 것을 이용한다.

다중회귀분석에서 회귀계수의 추정은 직접 계산하기는 어렵고 대부분 통계 프로그램을 이용하여 구하게 된다. 여기서도 예제를 통한 풀이과정은 생략하고 Excel을 이용하여 구한 회귀계수의 해석에 초점을 맞추겠다.

예제 8.3 계속

예제 8.3의 데이터를 가지고 Excel을 이용하여 다중회귀분석을 했을 때 얻은 결과(부분)는 다음과 같다. Excel에서 다중회귀분석을 하는 방법은 이 절의 마지막에서 다루기로 하고, 여기서는 회귀계수와 관련된 부분을 해석하여 보기로 한다.

	계수	표준 오차	t 통계량	P-값	하위95%	상위95%
Y 절편	1.450487	1.150382	1.260875	0.216470	-0.892764	3.793738
고용률	0.048298	0.012535	3.852967	0.000528	0.022765	0.073832
대기오염	-0.013456	0.014999	-0.897105	0.376363	-0.044009	0.017097
자각건강	0.022215	0.005410	4.106479	0.000259	0.011196	0.033234
야간단독.	0.007626	0.006301	1.210137	0.235090	-0.005210	0.020461

위의 표에는 각 회귀계수의 추정치와 개별 회귀계수에 대한 검정결과가 있다. 여기서 "계수"라고 되어 있는 부분이 각 설명변수에 대한 회귀계수의 추정치이다. 따라서 적합된 회귀식은

$$\hat{y}_i = 1.4505 + 0.0483x_{1i} - 0.0135x_{2i} + 0.0222x_{3i} + 0.0076x_{4i}$$

가 된다. 고용률(x_1), 대기오염(x_2), 자각건강(x_3), 야간 단독보행 안전(x_4), 삶의 만족도(y)이다.

다중회귀분석에서의 회귀계수 해석은 단순회귀분석과는 다르다. 예를 들어 고용률의 회귀계수 추정치는 0.0483인데, 이것이 의미하는 것은 나머지 설명변수들의 값이 고정되어 있을 때 고용률 변화에 따른 삶의 만족도 변화를 의미한다. 즉, 다른 변수들의 영향을 제거한 뒤에 순수하게 고용률이 1% 증가하면 삶의 만족도 점수가 0.0483점 높아진다는 것을 의미한다. 따라서 이 회귀계수는 나머지 설명변수 없이 고용률만 가지고 삶의 만족도에 대해 단순 회귀분석할 때의 결과와는 다르다. 다른 회귀계수도 마찬가지로 방식으로 해석하면 된다.

"표준오차"에는 회귀계수의 표준오차, 즉 $\sqrt{s^2 \times c_{jj}}$ 가 계산되어 있다. 회귀계수의 검정을 위한 통계량이 "t 통계량"으로 주어져 있다. 예컨대 고용률의 회귀계수에 대해서 p−값은 0.0005로 0.05보다 작으므로 5% 유의수준하에서 회귀계수는 유의하다. 자각건강의 p-값도 0.0003으로 매우 작아서 자각건강의 회귀계수도 유의하다. 반면 대기오염과 야간 단독보행안전의 회귀계수는 유의하지 않다. "하위95%"와 "상위95%"는 각각 회귀계수에 대한 95% 신뢰구간의 하한과 상한을 가리킨다. 예를 들어 고용률의 회귀계수에 대한 95% 신뢰구간은 (0.0228, 0.0738)이다.

8.3.3 다중회귀식의 적합성

■ **결정계수와 조정된 결정계수**

다중회귀모형에서 총제곱합을 분해하여 보면

$$\sum_{i=1}^{n}(y_i - \bar{y})^2 = \sum_{i=1}^{n}(\hat{y}_i - \bar{y})^2 + \sum_{i=1}^{n}(y_i - \hat{y}_i)^2$$

$$SST \quad = \quad SSR \quad + \quad SSE$$

이 된다. 여기서 SST는 총제곱합을 의미하며, SSR은 회귀제곱합, SSE는 오차제곱합이다. 이러한 제곱합의 분할은 다음과 같은 분산분석표로 요약된다.

분산분석표 : 다중회귀

	제곱합	자유도	평균제곱합	F
회귀	SSR	k	$MSR = SSR/k$	$F = MSR/MSE$
오차	SSE	$n-k-1$	$MSE = SSE/(n-k-1)$	
계	$SST = SSR + SSE$	$n-1$		

단순회귀모형에서와 마찬가지로 총제곱합 중에서 회귀제곱합이 차지하는 비율인 결정계수를 이용하여 회귀식의 적합도를 볼 수 있다. 즉,

$$R^2 = \frac{SSR}{SST} = 1 - \frac{SSE}{SST}$$

를 구하여 이 값이 1에 가까울수록 회귀식이 데이터를 잘 설명한다고 할 수 있다. 그런데 결정계수는 단순히 설명변수의 수만 늘어나면 추가된 설명변수가 전체 변동을 설명하는데 그다지 영향을 주지 않아도 증가하는 경향이 있다. 이를 보정한 것이 조정된 결정계수(adjusted coefficient of determination)이며,

$$R_{adj}^2 = 1 - \left[(1 - R^2)\frac{n-1}{n-k-1}\right]$$

로 정의된다. 조정된 결정계수를 이용하면 설명변수의 수가 다를 때 두 회귀모형의 적합성을 비교할 수 있다.

■ 회귀직선의 유의성 검정

단순회귀에서는 설명변수가 하나이므로 β에 대한 검정이 곧 회귀직선의 유의성 검정이 된다. 다중회귀에서는 개별적인 회귀계수에 대한 검정 외에 전체적으로 설명변수 $x_1, \cdots, x_k$가 반응변수 y를 설명하는 모형이 통계적으로 유의한지 살펴보게 된다. 이를 위해 다음과 같은 가설을 생각한다.

$$H_0 \ : \ \beta_1 = \cdots = \beta_k = 0 \ \text{vs.} \ H_1 \ : \ \beta_j \text{들이 모두 0은 아니다.}$$

귀무가설하에서 검정통계량

$$F = \frac{MSR}{MSE}$$

는 자유도가 $(k,\ n-k-1)$인 F－분포를 따르게 된다. 따라서 유의수준 α에서

$$F \ge F_\alpha(k, n-k-1)$$

이면 귀무가설을 기각하게 된다. 여기서 $F_\alpha(k, n-k-1)$는 자유도가 $k, n-k-1$인 F분포에서 상위 α의 확률을 갖는 임계치를 의미한다.

예제 8.3 계속

예제 8.3의 분석 결과로 나온 분산분석표는 다음과 같다.

분산 분석					
	자유도	제곱합	제곱 평균	F 비	유의한F
회귀	4	11.8981	2.974526	21.87339	8.89635E-09
잔차	32	4.351626	0.135988		
계	36	16.24973			

결정계수는

$$R^2 = \frac{SSR}{SST} = \frac{11.8981}{16.2497} = 0.7322$$

이며, 조정된 결정계수는

$$R^2_{adj} = 1 - \left[(1-0.7322)\frac{(37-1)}{(37-4-1)}\right] = 0.6987$$

이 된다. 따라서 4개의 설명변수를 이용하여 총변동의 약 70%를 설명할 수 있다. 검정통계량 F－값은 21.8734로 큰 값을 보인다. 이의 p－값은 “유의한 F”라고 출력된다. 즉, 이의 p－값이 8.9×10^{-9}으로 매우 작으므로 모든 회귀계수가 0이라는 귀무가설은 기각되고, 구해진 다중회귀식은 유의하다.

TiP 설명변수의 선택문제

다중회귀분석에서의 관건 중의 하나는 어떤 설명변수들을 넣고 모형을 만들 것인가에 관한 문제이다. 관련이 있을 것으로 생각되는 모든 변수들을 모형에 넣는 것보다는 반응변수를 가장 잘 예측할 수 있는 소수의 변수들을 선택하는 것이 좋을 것이다. 특히 데이터를 수집, 관리하는 데 드는 비용의 문제도 있거니와 다중공선성의 문제를 일으킬 가능성이 있다. 다중공선성에 대해서는 8.4.3에서 설명할 것이다.

최적의 변수조합을 선택하는 방법으로 설명변수를 하나씩 추가로 모형에 도입하여 그 기여도에 따라 모형에 포함시킬지 여부를 결정하는 변수추가법(forward selection)과 이와 반대로 모든 변수를 고려한 모형에서 출발하여 불필요한 변수를 제거해 나가는 절차인 변수소거법(backward selection), 추가와 소거절차를 반복하는 방식으로 변수선택을 하는 단계적 선택법(stepwise selection) 등이 있다. 어느 절차를 선택하느냐에 따라 최종 결과가 달라지기도 한다. 또 임상적으로 의미 있는 변수라면 통계적으로 유의하지 않더라도 모형에 포함시킬 수 있다.

8.3.4 Excel을 이용한 다중회귀분석

예제 8.3에 대해서 Excel을 이용하여 다중회귀를 실행하여 보자.

예제 8.3 계속

❶ "예제 8.3" 파일을 연다. 37개 국가에 대한 데이터가 들어있다. 단순회귀분석에서와 같이『데이터』탭「분석」그룹에서 데이터 분석 을 클릭하고 '회귀분석'을 선택한다.

	A	B	C	D	E	F
1	국가	고용률	대기 오염	자각건강	야간단독보행안전	삶의 만족도
2	1	66	27	34	82	5.8
3	2	67	20	74	80	7.2
4	3	77	14	37	77	6.1
5	4	48	27	67	59	4.9
6	5	70	7	89	78	7
7	6	59	20	66	42	6
8	7	67	8	88	78	7
9	8	56	23	60	41	6.2
10	9	58	23	80	50	5.7
11	10	72	12	71	86	7.2
12	11	65	13	74	56	6.8
13	12	74	17	62	77	6.9
14	13	74	10	70	85	7.5
15	14	74	6	57	79	6.5
16	15	72	6	68	88	7.9
17	16	65	11	67	74	6.7
18	17	77	12	66	76	7.3

❷ 각 입력란을 클릭하여 다음과 같은 값을 넣는다. [X축 입력 범위]에서 설명변수가 들어있는 범위인 "$B$1:$E$38"를 모두 입력해야 함을 유의한다. [상수에 0을 사용]은 선택하지 않는 것이 일반적이다.

❸ 회귀분석 실행결과는 다음과 같다. 먼저 요약 통계량으로 "다중 상관계수"와 "결정계수", "조정된 결정계수" 등이 출력되고, 분산분석표와 회귀계수에 대한 추정 및 검정 결과가 나온다. 이의 해석은 위에서 설명한 바와 같다.

	A	B	C	D	E	F	G
1	요약 출력						
2							
3	*회귀분석 통계량*						
4	다중 상관	0.855689					
5	결정계수	0.732203					
6	조정된 결	0.698729					
7	표준 오차	0.368766					
8	관측수	37					
9							
10	분산 분석						
11		*자유도*	*제곱합*	*제곱 평균*	*F 비*	*유의한 F*	
12	회귀	4	11.8981	2.974526	21.87339	8.89635E-09	
13	잔차	32	4.351626	0.135988			
14	계	36	16.24973				
15							
16		*계수*	*표준 오차*	*t 통계량*	*P-값*	*하위 95%*	*상위 95%*
17	Y 절편	1.450487	1.150382	1.260875	0.216470	-0.892764	3.793738
18	고용률	0.048298	0.012535	3.852967	0.000528	0.022765	0.073832
19	대기오염	-0.013456	0.014999	-0.897105	0.376363	-0.044009	0.017097
20	자각건강	0.022215	0.005410	4.106479	0.000259	0.011196	0.033234
21	야간단독	0.007626	0.006301	1.210137	0.235090	-0.005210	0.020461

❹ 예측치와 잔차들은 아래의 표에 들어 있다.

	A	B	C	D	E	F	G
25	잔차 출력					확률 출력	
26							
27	*관측수*	*예측치 삶의 만족도*	*잔차*	*표준 잔차*		*백분율*	*삶의 만족도*
28	1	5.655466318	0.14453	0.41571		1.351351351	4.9
29	2	6.671292134	0.52871	1.52069		4.054054054	5.7
30	3	6.390191446	-0.2902	-0.83466		6.756756757	5.8
31	4	5.343790816	-0.4438	-1.27645		9.459459459	5.8
32	5	7.309083764	-0.3091	-0.889		12.16216216	5.8
33	6	5.817413466	0.18259	0.52516		14.86486486	6
34	7	7.128518157	-0.1285	-0.36965		17.56756757	6
35	8	5.491236863	0.70876	2.03857		20.27027027	6.1
36	9	6.100757785	-0.4008	-1.15268		22.97297297	6.1
37	10	6.999541557	0.20046	0.57657		25.67567568	6.2
38	11	6.485871811	0.31413	0.90351		28.37837838	6.2
39	12	6.760295302	0.1397	0.40182		31.08108108	6.4
40	13	7.09320985	0.40679	1.17003		33.78378378	6.5

❺ 각 설명변수와 반응변수 간의 원래 산점도와 예측치와의 산점도가 "선 적합도"라는 이름으로 들어 있다. 또한 각 설명변수에 대한 잔차 그림과 정규확률도가 제공되는데, 이에 대해서는 8.4절에서 설명한다.

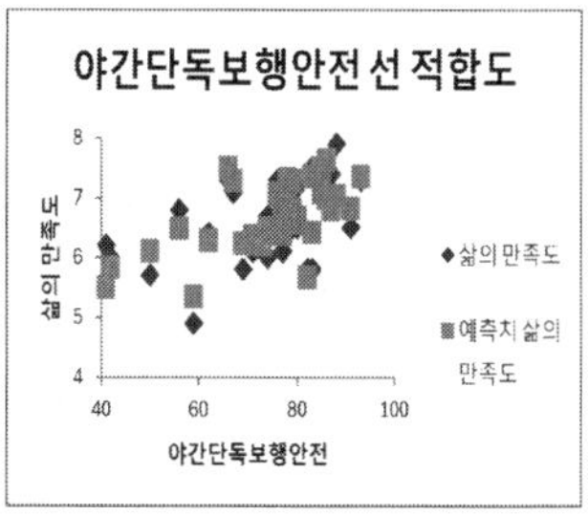

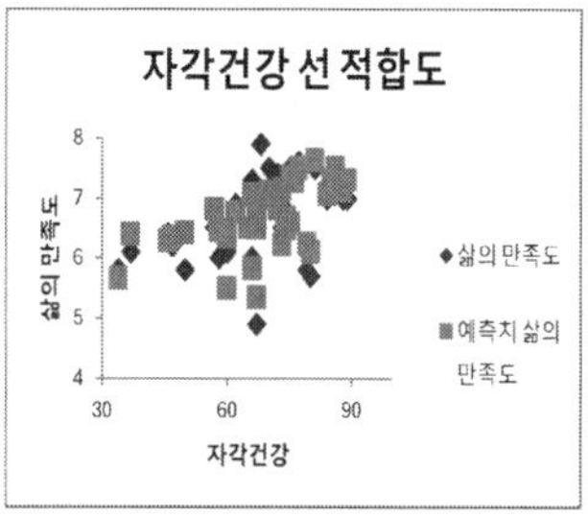

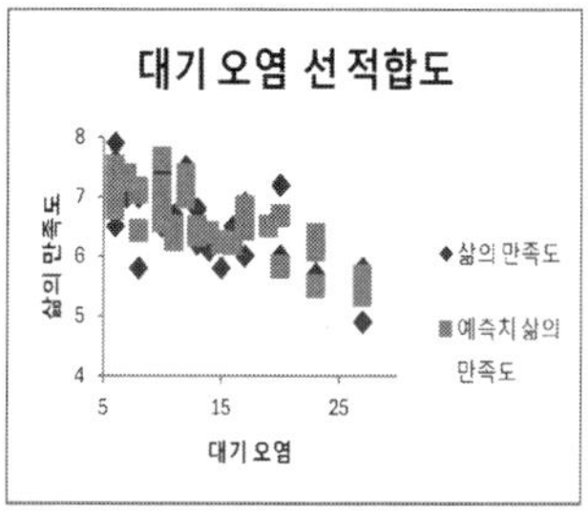

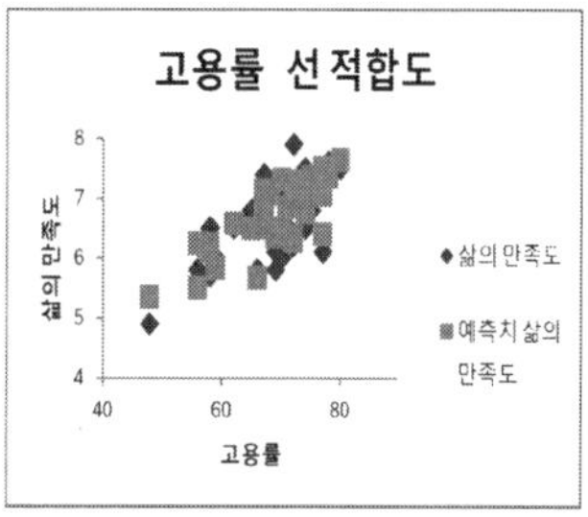

8.3.5 가변수의 사용

지금까지 설명변수가 모두 연속형 변수인 경우에 대해서 설명하였다. 그런데 때로는 성별이나 흡연여부 등의 질적인 변수를 회귀모형에 포함시켜야 하는 경우가 발생한다. 회귀모형에 질적변수를 포함하기 위해서는 이를 수량화해야 하는데 가변수(dummy variable)를 이용한다. 가변수란 변수에 양적인 의미는 없는 수치(0 또는 1)를 대치하여 범주를 구분하도록 만든 변수이다. 예를 들어 문제해결시간(y)을 예측하기 위해서 지능지수(x_1)와 성별(x_2)을 설명변수로 하는 다중회귀모형을 만든다고 하자. 성별의 수량화를 위해서 x_2의 값에 남자=0, 여자=1의 값을 부여하여 가변수로 만든다. 회귀모형은

$$y = \alpha + \beta_1 x_1 + \beta_2 x_2 + \epsilon$$

이고, 이의 기대치는

$$\begin{aligned} &\text{남자} : E(y) = \alpha + \beta_1 x_1 \\ &\text{여자} : E(y) = \alpha + \beta_1 x_1 + \beta_2 = (\alpha + \beta_2) + \beta_1 x_1 \end{aligned}$$

이다. 즉, 남자와 여자는 상수 β_2만큼 차이가 나는 것이고, x_1에 대한 기울기는 같다. β_2의 추정치가 0보다 크면 여자의 문제해결시간이 β_2만큼 더 많이 걸린다는 의미이고, 0보다 작으면 남자의 문제해결시간이 더 많이 걸린다는 뜻이 될 것이다. 또한 회귀계수 β_2를 검정하면, 남녀의 차이가 유의한지를 검정하는 것이 된다.

예제 8.4

임신기간에 따른 출생 시 체중을 예측하고자 한다. 여기에 영향을 줄 수 있는 변수로서 산모의 흡연여부를 고려하였다. 흡연여부는 흡연자인 경우 1, 비흡연자인 경우 0으로 코딩되었다. 32명의 산모에 대해서 조사하였으며 데이터의 일부는 아래와 같다. 전체 데이터는 "예제 8.4" 파일에 있다.

사례	임신기간	흡연여부	출생시 체중
1	38	1	2940
2	38	0	3130
3	36	1	2420
4	34	0	2450
5	39	1	2760
6	35	1	2440
7	40	0	3226
8	42	1	3301
9	37	0	2729
10	40	0	3410

다음의 그림은 이의 산점도이다. 흡연인 경우 사각형, 비흡연인 경우 다이아몬드형으로 그래프를 그렸다. 임신기간이 길어질수록 출생 시 체중이 늘어나는 경향이 있으며, 흡연인 경우 출생 시 체중이 비흡연인 경우보다 다소 낮게 나타나는 것을 알 수 있다.

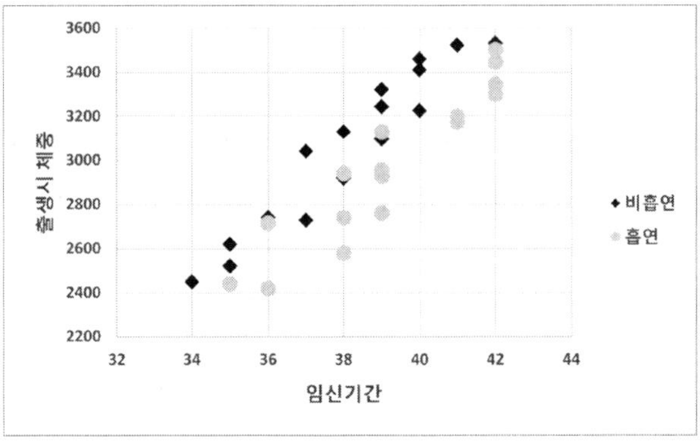

Excel을 이용하여 다중회귀를 실시하여 보자. "예제 8.4" 파일을 연다. 예제 8.4는 "사례", "임신기간", "흡연여부", "출생 시 체중" 네 개의 변수에 대해 각각 32개의 수치가 입력되어 있다.

	A	B	C	D
1	사례	임신기간	흡연여부	출생시체중
2	1	38	1	2940
3	2	38	0	3130
4	3	36	1	2420
5	4	34	0	2450
6	5	39	1	2760
7	6	35	1	2440
8	7	40	0	3226
9	8	42	1	3301
10	9	37	0	2729
11	10	40	0	3410
12	11	36	1	2715
13	12	39	0	3095
14	13	39	1	3130
15	14	39	0	3244

❶ 『데이터』 탭 「분석」 그룹에서 데이터 분석 을 클릭한 후 대화상자에서 '회귀분석'을 선택한다.

❷ 각 입력란을 클릭하여 아래와 같은 값을 넣는다. [Y축 입력 범위]란에 출생 시 체중의 데이터 범위를 입력하고, [X축 입력 범위]란에 흡연여부와 임신기간의 데이터 범위를 입력한다. 나머지 옵션을 원하는 대로 선택하자.

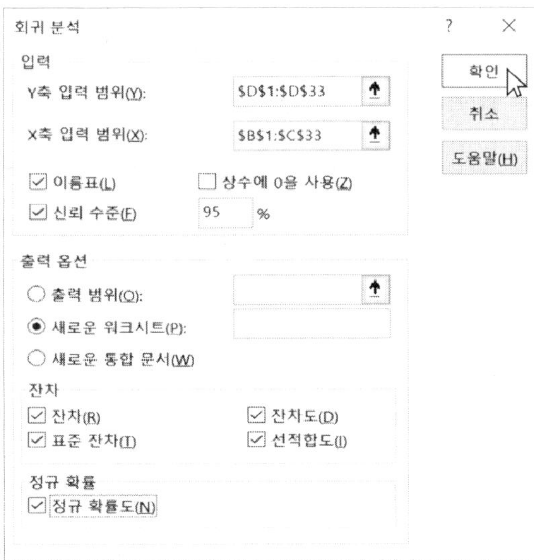

❸ 실행결과는 다음과 같다. 결정계수가 89.9%, 조정된 결정계수가 89.2%로 높은 설명력을 가진다.

회귀분석 통계량	
다중 상관계수	0.94837
결정계수	0.899406
조정된 결정계수	0.892469
표준 오차	114.5261
관측수	32

❹ 회귀계수에 대한 추정 및 검정결과는 다음과 같다.

	계수	표준 오차	t 통계량	P-값	하위 95%	상위 95%
Y 절편	-2446.398	346.1708	-7.067027	8.96E-08	-3154.397	-1738.4
임신기간	144.4268	9.048779	15.96092	6.7E-16	125.92	162.9337
흡연여부	-239.7035	41.61685	-5.75977	3.08E-06	-324.8195	-154.5875

따라서 적합된 회귀모형식은

$$\hat{y_i} = -2446.40 + 144.43x_{1i} - 239.70x_{2i}$$

이다. 여기서 x_1은 임신기간, x_2는 흡연여부이며, y는 출생 시 체중이다. p－값이 모두 매우 작아 회귀계수가 모두 유의하다. 흡연여부가 동일할 때 임신기간이 1주 증가하면 신생아의 출생 시 체중은 144.43 g 증가하며, 임신기간이 동일할 때 산모가 흡연하면 흡연하지 않는 경우보다 출생 시 체중이 239.70 g 감소하며, 이 차이는 유의하다는 것을 알 수 있다. 나머지 부분은 앞서와 같은 요령으로 해석하면 된다.

TIP 범주가 셋 이상일 때의 가변수화

예를 들어 종양의 유형이 A형, B형, C형 중 하나에 해당하는 경우에 이 값을 1, 2, 3 식으로 수량화하는 것은 옳지 않다. 이때에는 두 개의 가변수를 만들어서 이 범주들을 표현할 수 있다. 두 개의 가변수를 x_1, x_2라고 놓자. A형인 경우에는 $x_1 = 1, x_2 = 0$으로 놓고, B형인 경우에는 $x_1 = 0, x_2 = 1$로 입력한다. C형의 경우에는 $x_1 = 0, x_2 = 0$으로 하여 두 변수의 조합으로 세 가지 유형을 모두 달리 표현한다. 이제 x_1에 대한 회귀계수의 검정은 A형과 C형이 유의한 차이가 있는지에 관한 것이 될 것이다. 또 x_2에 대한 회귀계수의 검정은 B형과 C형이 유의한 차이가 있는지에 관한 것이 된다. 기준이 되는 범주(여기서는 C형)를 모두 0으로 코딩하도록 하면 편리하지만, 어느 것으로 정하든 회귀계수의 부호만 달라질 뿐 해석에는 영향을 미치지 않는다. 일반적으로 범주의 수가 k일 때 $k-1$개의 가변수를 사용한다.

8.4 회귀진단

통계적 모형의 적용이 적절하지 않았다면, 그 모형에 따른 추론도 역시 옳은 것이라고 할 수 없게 된다. 따라서 회귀모형을 사용한 것이 타당한 것이었는지 비판적으로 검토해 보는 작업이 필요하다. 이러한 일련의 과정을 회귀진단(regression diagnostics)이라고 한다. 이에는 잔차분석(residual analysis), 영향력(influence) 평가, 그리고 다중공선성(multicollinearity) 문제 등이 있다. 이 절에서는 주로 잔차 그림을 이용한 검토 방법에 대해 알아보겠다.

8.4.1 잔차분석

■ 잔차

단순회귀모형, 또는 다중회귀모형에서는 선형성 가정 외에 오차항 ϵ_i에 대한 가정을 했었는데 이를 정리하면 다음과 같다.

① ϵ_i의 평균이 0이다.

② ϵ_i의 분산은 모두 σ^2으로 같다(등분산성 가정).

③ ϵ_i들은 서로 독립이다(독립성 가정).

④ ϵ_i는 정규분포를 따른다(정규성 가정).

이러한 가정이 만족되고 있는지 점검하기 위해서는 오차의 추정량인 잔차(residual) e_i를 이용할 수 있다. 잔차는 개별 관측치에서 추정치를 뺀 값

$$e_i = y_i - \hat{y}_i$$

을 말한다. 회귀모형이 잘 적합되었다면 잔차도 오차항 ϵ_i와 유사한 성격을 갖고 있을 것이다. 따라서 잔차가 오차항의 성격을 가지고 있는가를 점검해 봄으로써 모형이 잘 적합되었는지 알아볼 수 있다.

잔차의 성질을 보완하기 위한 변형으로 표준화잔차(standardized residual)와 스튜던트화 잔차(studentized residual)가 있다. 표준화잔차는 반응변수의 척도에 따른 영향을 받지 않도록 잔차를 표준화한 것으로, 잔차를 그의 표준편차로 나눈 값이다. 스튜던트화 잔차는 개별 잔차의 분산이 다르게 되는 점을 보정한 것으로

$$t_i = \frac{e_i}{s\ \sqrt{(1-h_{ii})}}$$

로 구한다. 여기서 s는 오차항의 분산추정치(=MSE)의 제곱근이며, h_{ii}는 행렬 $H = X(X'X)^{-1}X'$의 i번째 대각원소이다. 단순회귀분석의 경우에는

$$h_{ii} = 1/n + [(x_i - \overline{x})^2 / \sum_{i=1}^{n} (x_i - \overline{x})^2]$$

이 된다.

■ 잔차 그림

먼저 수평축을 예측값(또는 설명변수 값)으로 하고, 수직축은 잔차나 표준화잔차로 하여 산점도를 그린 것을 잔차 그림(residual plot)이라고 한다. 회귀분석의 가정에 부합되는 잔차 그림은 그림 (a)와 같이 수평축의 0을 중심으로 수평한 형태로 일정한 추세나 경향이 없이 흩어진 모습을 하고 있어야 한다.

그림 (b)는 반응변수의 예측값이 증가함에 따라 잔차의 흩어진 폭도 넓어지는 경향을 보인다. 이는 예측값이 증가함에 따라 오차의 퍼진 정도가 증가함을 의미하므로 오차항의 등분산성에 대한 가정을 위배하는 경우이다. 이런 데이터는 분산안정화 변환(variance stabilizing transformation)을 한 뒤 분석하여야 한다. 예컨대 반응변수의 표준편차가 평균반응에 비례하는 경우에 로그변환을 사용할 수 있다.

그림 (c)의 경우는 반응변수의 값이 증가함에 따라 잔차가 음의 값에서 양의 값으로, 다시 음의 값으로 변화하는 양상을 보이고 있다. 이러한 데이터는 선형성을 만족하지 못하는 것으로, 선형회귀직선보다는 2차식을 적합해야 한다. 마찬가지로 잔차가 양의 값에서 음의 값, 다시 양의 값으로 변화할때도 2차식이 적절한 경우이다.

그림 (d)는 수평축을 관측된 순서로 하여 그린 것이다. 관측순서에 따른 잔차의 변화가 이 그림에서와 같이 일정한 양상을 보이고 있으면, 오차가 서로 독립적이지 않고 일정한 규칙을 갖고 있음을 의미한다.

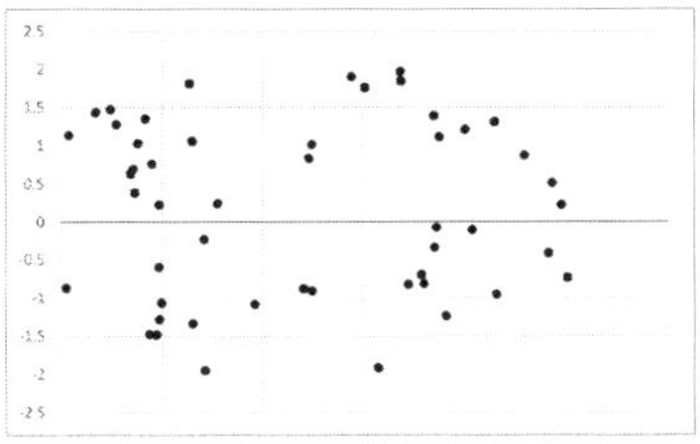

(a)

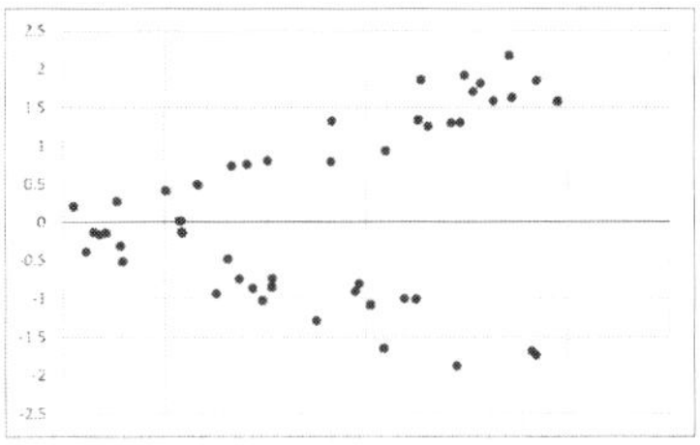

(b)

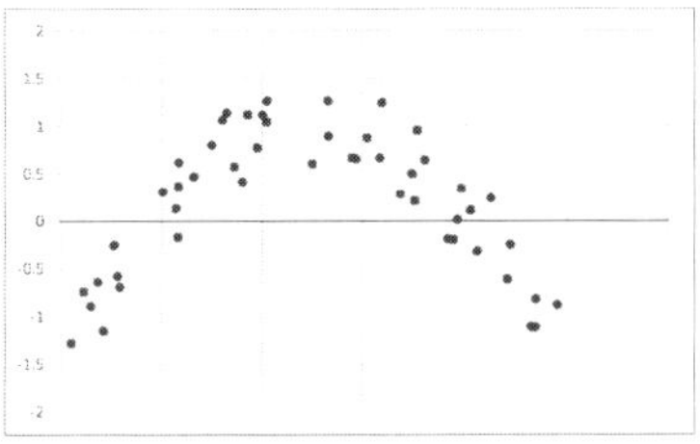

(c)

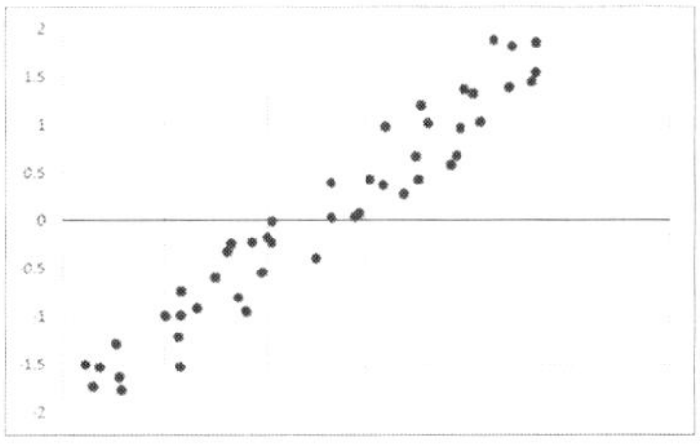

(d)

회귀분석에서 오차항에 대한 가정이 위배될 때, 대부분의 경우에는 반응변수나 설명변수에 대한 변환을 통하여 이를 극복할 수 있게 된다. 변수변환의 방법으로는 제곱근변환, 로그변환, 역수변환 등이 사용될 수 있다.

■ 오차의 독립성 검정

이외에 오차항의 독립성을 평가하는 한 측도로 더빈–왓슨(Durbin–Watson) 통계량이 있다. 더빈–왓슨 통계량은 잔차들의 상관계수를 측정하게 되는데,

$$DW = \frac{\sum_{i=2}^{n}(e_i - e_{i-1})^2}{\sum_{i=1}^{n} e_i^2}$$

으로 정의된다. 더빈–왓슨 통계량이 2에 가까우면 인접 오차항들 사이에 상관관계가 없는 것을 의미하며, 4에 가까우면 음의 상관관계가 있고 0에 가까우면 양의 상관관계가 있는 것으로 평가한다.

8.4.2 특이값의 영향

특정 관측치를 포함하느냐 제외하느냐에 따라 적합된 회귀모형이 크게 바뀐다면 그 회귀모형은 안정적이라고 할 수 없다. 각 관측치에 대해서 회귀분석결과에 어떤 영향을 주는지 또는 얼마만큼의 역할을 하는지 알아보는 과정을 영향력 평가라고 한다.

잔차 그림과 산점도를 통해서 영향력을 평가할 수 있다. 다음의 산점도를 살펴보자. 그림에서 실선으로 표시된 것은 모든 자료를 포함하여 구한 회귀선을 나타내며, 점선은 우측상단에 있는 점을 제외했을 때 적합된 회귀선이다. 만약 우측상단의 점을 포함시키면 이 값 하나로 인해 회귀직선을 위쪽으로 끌어올리는 역할을 하게 된다. 따라서 이렇게 구해진 회귀선은 전체 자료의 경향을 왜곡하고 오차제곱합을 크게 하는 경향이 있다. 이러한 점들을 특이값(outlier)이라고 한다.

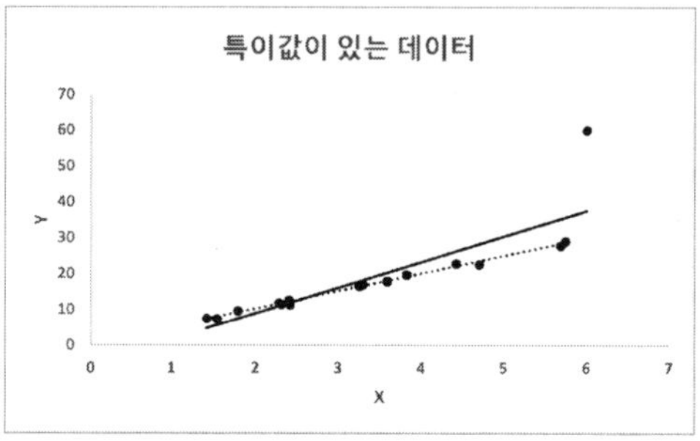

Excel에서는 산점도에서 특이값으로 보이는 점에 대해 마우스 포인터를 가져가면 아래의 그림과 같이 "계열 "Y" 요소 "6" (6, 60)"식으로 자료의 위치와 좌표를 보여 준다. 이 값을 찾으면 이 값을 제외하고 다시 한번 회귀분석을 실행하면 아래 점선과 같이 다른 기울기의 회귀선을 적합해 줄 것이다.

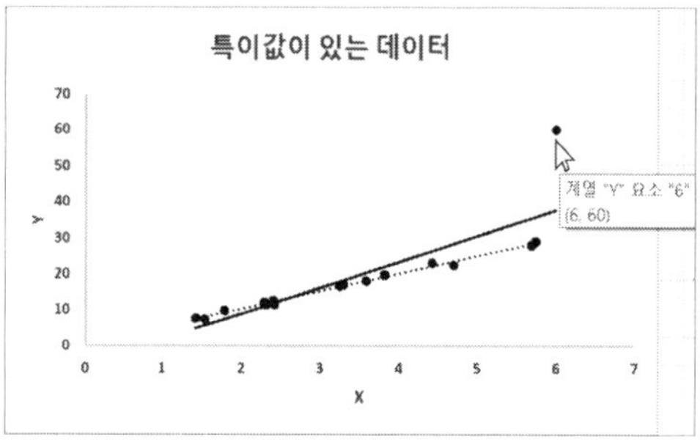

특이값은 자료를 입력하거나 계산 시에 잘못하여 생길 수도 있지만, 연구분야에서 특정한 정보를 줄 수 있다. 따라서 특이값이 발생하는 이유가 계산이나 입력의 오류나 실험의 오류에 의한 것이 아니라면, 특이값을 파악하는 것이 전체 데이터에 대한 통계분석 측면뿐만 아니라 연구 분야에 중요한 정보를 줄 수도 있다. 따라서 특이값을 제외한 분석결과와도 비교하고, 그 특이값이 어떤 이유에서 발생되었는지 살펴보는 것이 필요하다.

8.4.3 다중공선성

다중회귀분석의 적용에 있어서 중요한 문제 중 하나는 설명변수 간의 다중공선성(multicollinearity)이 존재할 수 있다는 데 있다. 다중공선성은 설명변수들이 서로 높은 상관관계를 가지고 있을 때 발생하는데, 설명변수들 사이에 선형종속관계가 있어서 한 설명변수가 다른 설명변수들의 선형결합으로 표현되는 것이다. 즉, 설명변수 $x_1, \cdots, x_k$가 있을 때 이들 사이에

$$d_0 + d_1 x_1 + \cdots + d_k x_k \cong 0$$

인 관계가 있을 때이다. 다중공선성이 있으면, 관련된 설명변수 중 적어도 하나는 추가적인 정보를 주지 못하게 된다. 이 경우에는 어느 설명변수를 포함하느냐에 따라 회귀계수의 추정치가 달라진다.

다중공선성이 있는지 알아보기 위한 측도로 분산확대인자(variance inflation factor)가 있다. 설명변수 x_j에서의 분산확대인자는

$$VIF_j = \frac{1}{1 - R_j^2}$$

로 계산되는데, 여기서 R_j^2은 설명변수 x_j를 반응변수로 놓고 나머지 설명변수로 회귀시켰을 때의 다중 결정계수이다. 예를 들어 3개의 설명변수 x_1, x_2, x_3가 있을 때 R_1^2은 x_1을 반응변수, x_2와 x_3를 설명변수로 해서 다중회귀식을 적합 시켰을 때의 결정계수가 된다. VIF_j가 클 때 (예컨대 10 이상일 때), x_j와 다른 설명변수 간에 매우 높은 상관이 있다고 할 수 있다. 이러한 때에는 다중공선성을 가장 크게 하는 설명변수를 제거하는 등의 조처를 하여야 한다.

8.4.4 Excel을 이용한 회귀진단

Excel을 이용하여 잔차 분석을 하기 위해서는 회귀분석의 [통계 데이터 분석] 대화상자에서 옵션으로 다음과 같이 잔차에 관한 부분을 선택하여 주면 잔차와 표준화잔차 및 잔차 그림 등이 출력된다.

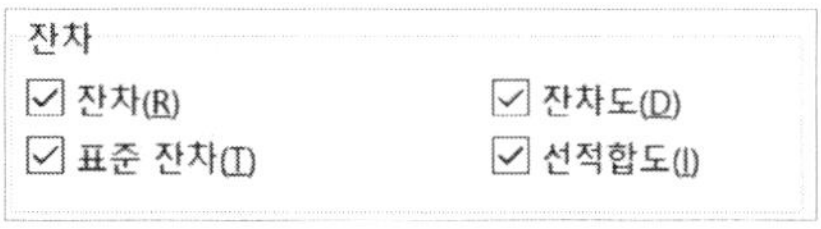

예제 8.3 계속

예제 8.2의 단순회귀모형 적합에 대한 잔차 분석을 하여 보자.

❶ 예제 8.2의 단순회귀분석 결과로부터 얻은 잔차 그림과 표준화잔차 그림은 다음과 같다. 잔차 그림은 옵션을 선택함으로써 자동으로 그려진 것이고, 표준화잔차 그림은 "표준 잔차" 출력결과를 입력 자료로 하여 산점도를 그린 것이다(3장에서 설명한 차트마법사를 이용하여 쉽게 그릴 수 있다). 표준화잔차가 모두 ±2 사이에 골고루 퍼져 있으므로 별다른 특이값이 없으며, 등분산성의 가정도 위배되지 않는 것으로 보인다.

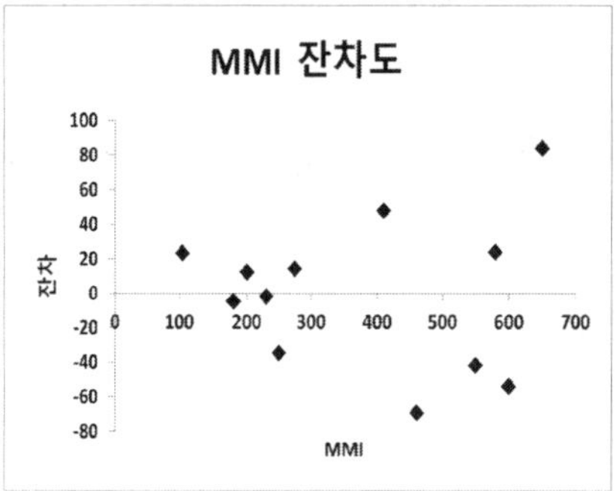

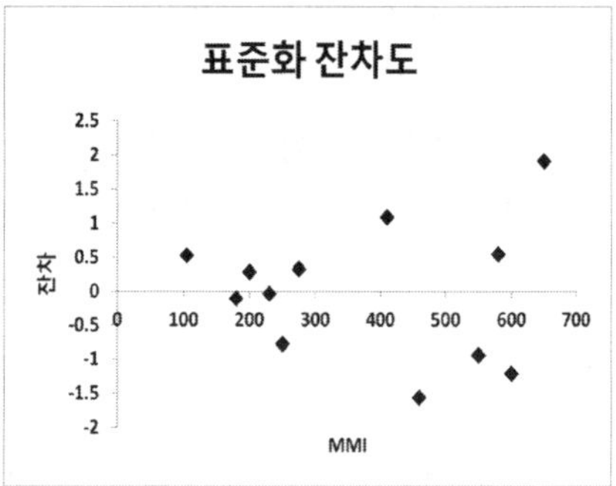

❷ 오차항의 독립성 검토를 위한 더빈－왓슨 통계량을 계산하자. 먼저 적당한 위치를 설정하여 통계량을 계산하자. 잔차 출력 결과가 있는 시트에서 아래의 A41:B43과 같이 입력하자. 여기서는 잔차가 C25부터 C36 사이에 있으므로 이를 이용하여 그림 (a)와 같이 C41에 분자항의 계산을 위한 식 "=SUMXMY2(C26:C36, C25:C35)"을 입력하고, 분모항을 계산하기 위하여 C42에 "=SUMSQ (C25:C36)"을 입력하자. C43에 "=C41/C42"라고 입력하자. 계산된 더빈－왓슨 통계량은 그림 (b)와 같이 2.081로 2에 가깝게 나타난다. 따라서 오차항의 독립성 가정을 만족한다고 할 수 있다.

	A	B	C	D	E
40					
41	DW 검정	분자항	= SUMXMY2(C26:C36,C25:C35)		
42		분모항	= SUMSQ(C25:C36)		
43		통계량	= C41/C42		

(a)

	A	B	C
40			
41	DW 검정	분자항	44747.24
42		분모항	21499.98
43		통계량	2.081269

(b)

TIP

함수 SUMXMY2(X배열, Y배열)는 $\sum(x_i - y_i)^2$를 계산하는 함수이다. 또한 SUMSQ(X배열)은 $\sum x_i^2$을 구해주는 함수이다.

❸ 출력된 정규확률도는 다음과 같다. 직선의 경향이 있음을 알 수 있으며 따라서 반응변수(또는 오차항)에 대한 정규성의 가정을 만족한다고 하겠다.

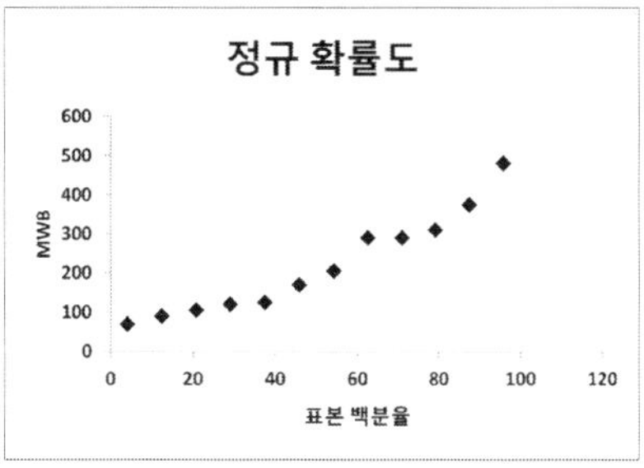

예제 8.4 계속

예제 8.4의 다중회귀모형에서의 회귀진단을 하여 보자.

❶ 아래의 표준화잔차 그림은 잔차옵션을 선택하고 출력된 표준 잔차를 토대로 예측값을 수평축으로 하여 산점도를 그린 것이다. 여기서도 각 관측치의 표준화잔차가 대부분 0을 중심으로 ±2 사이에 있으며 수평축과 평행하게 있으므로 오차항의 평균 및 분산에 대한 가정을 만족하며 주목할 만한 특이값은 없는 것으로 보인다.

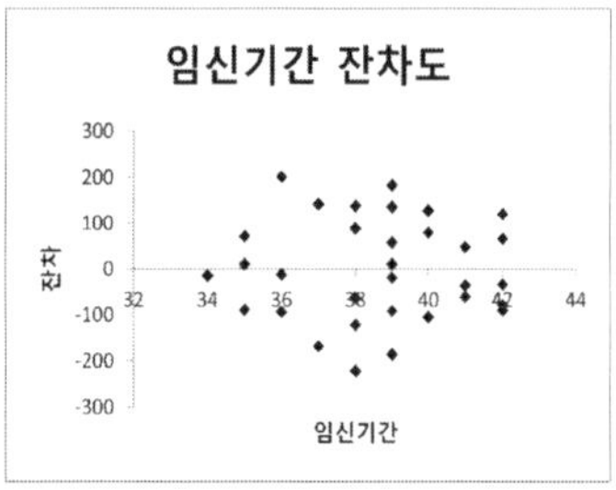

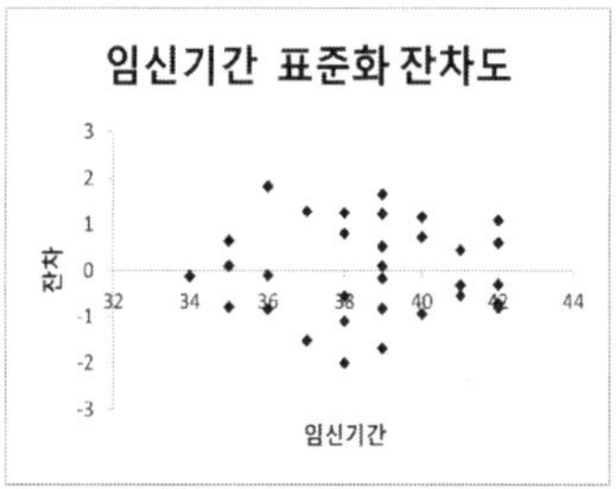

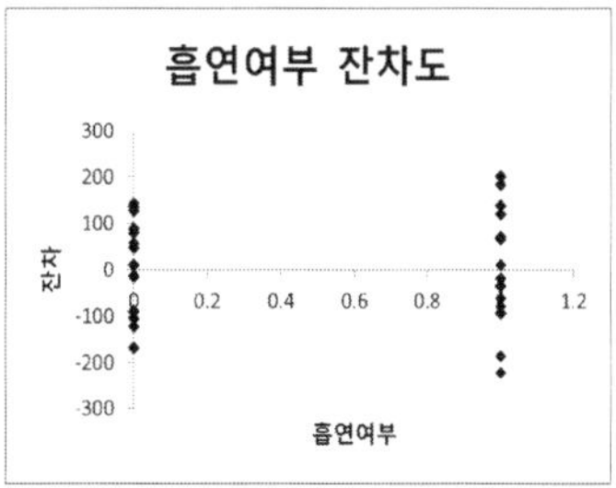

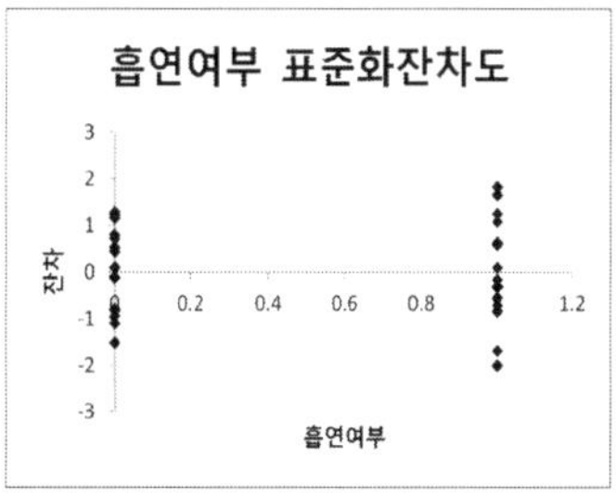

❷ 더빈-왓슨 통계량은 위에서와 마찬가지 요령으로 다음과 같이 계산할 수 있다. 여기서는 잔차가 C28부터 C64 사이에 있으므로 이를 이용하여 아래와 같이 C67에 분자항의 계산을 위한 식 "=SUMXMY2(C29:C64, C28:C63)"을 입력하고, 분모항을 계산하기 위하여 C42에 "=SUMSQ (C28:C63)"을 입력하자. C43에 "=C67/C68"라고 입력하자. 계산된 더빈-왓슨 통계량은 1.9416으로 2에 가깝게 나타난다. 따라서 오차항의 독립성 가정을 만족한다고 할 수 있다.

	A	B	C
66			
67	DW 검정	분자항	=SUMXMY2(C29:C64, C28:C63)
68		분모항	=SUMSQ(C28:C64)
69		통계량	=C67/C68

	A	B	C
66			
67	DW 검정	분자항	8.4493
68		분모항	4.3516
69		통계량	1.9416

❸ 정규확률도는 다음과 같이 대체로 직선의 경향이 있어 반응변수(또는 오차항)에 대한 정규성의 가정을 만족한다고 볼 수 있다.

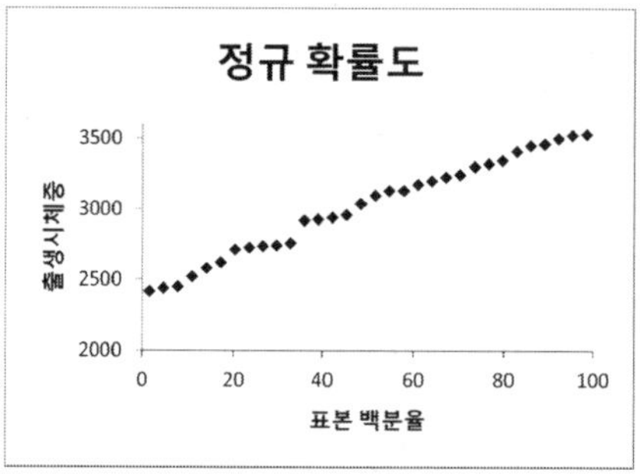

예제 8.3 계속

이번에는 다중공선성 분석을 해보자. Excel을 이용하여 다중공선성을 점검하기 위해서는 설명변수와 반응변수의 입력 범위만을 조정하여 반복적으로 회귀분석절차를 시행하여 얻은 결정계수를 이용하면 된다.

❶ 먼저 설명변수 x_1에서의 분산확대인자 R_1^2을 구해보자. 다음과 같이 입력범위를 바꿔서 넣고 x_1을 반응변수, 나머지 설명변수인 x_2, x_3, x_4를 설명변수로 하는 회귀분석을 해야 한다.

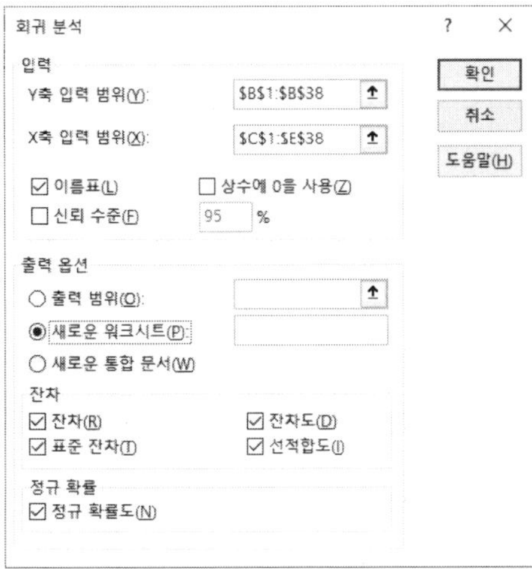

❷ 구해진 결정계수는 $R_1^2 = 0.5541$ 이며, 분산확대인자는 $VIF_1 = \dfrac{1}{1-0.5541} = 2.2428$ 이 된다. 이러한 방식으로 나머지 변수에 대해서도 분산확대인자 VIF_2, VIF_3, VIF_4 를 각각 구해서 다중공선성 여부를 검토하면 된다.

회귀분석 통계량	
다중 상관계수	0.744399
결정계수	0.55413
조정된 결정계수	0.513596
표준 오차	5.121027
관측수	37

기타 여기에서 다루지 않은 회귀분석에 대한 깊이 있는 주제에 대해서는 박성현 등(2023)이나 Montgomery et al.(2021), 다양한 예시와 관련해서는 김기영 등(2015)의 서적을 참고하길 바란다.

8.5 연습문제

01 다음은 10명의 청소년에게 자신의 신체 이미지에 대한 왜곡점수와 우울감 점수를 조사한 데이터이다.

번호	신체 이미지 왜곡점수	우울감 점수
1	10	5
2	12	6
3	12	8
4	13	6
5	15	8
6	16	7
7	18	6
8	18	7
9	20	7
10	22	9

① 표본상관계수를 구하고 해석하시오.

② 모상관계수 $\rho = 0$ 인지에 대해 검정하라.

③ 모상관계수에 대한 95% 신뢰구간을 구하시오.

02 다음은 14명의 학생들에 대한 키와 FEV1의 수치이다. 이들 간의 상관계수를 구하라.

키	FEV1
164.0	3.54
167.2	3.54
170.0	3.19
171.0	3.20
172.5	3.60
172.5	3.78
174.0	4.32
176.5	3.75
177.0	3.09
177.0	4.05
177.0	5.43
177.4	3.60
178.0	2.98
180.7	4.80

03 다음은 여성에 대한 휴식 중 신진대사율(kcal/24hr)과 몸무게(kg)에 관한 자료이다. 체중에 따라 신진대사율이 어떤 양상을 보이는지 알아보고자 한다.

번호	체중	신진대사율
1	52	1132
2	53	1172
3	55	1034
4	55	1155
5	56	1392
6	58	1090
7	59	982
8	59	1178
9	59	1342
10	60	1027
11	61	1316
12	62	1574
13	64	1526
14	66	1268
15	66	1205
16	72	1382
17	74	1273
18	78	1439
19	80	1500
20	80	1514

① 산점도를 그리시오.

② 회귀분석을 실시하시오.

③ 기울기에 대한 95% 신뢰구간을 구하라.

④ 잔차분석을 실시하고 해석하시오.

04 수면의 질 개선을 위한 새로운 약에 대한 실험을 실시하여 다음과 같은 결과를 얻었다.

환자번호	수면시간	투약량 X
1	4	3
2	6	3
3	5	3
4	9	10
5	8	10
6	7	10
7	13	15
8	11	15
9	9	15

① 투약량에 따른 수면시간을 보기 위한 산점도를 그려라.
② 회귀직선을 구하라.
③ 기울기에 대한 95% 신뢰구간을 구하라.
④ 변수 간에 선형적 관계가 있는지 검정하라.
⑤ 투약량이 12 μM/kg일 때 수면시간을 예측하라.

05 예제 8.3의 데이터를 이용하여 다음에 답하시오.

① 각 설명변수와 삶의 만족도 간의 산점도를 그리고 해석하시오.
② 변수 간의 표본상관계수를 구하고 모상관계수가 0인지 검정하시오.
③ 각각의 설명변수에 대한 단순회귀분석을 실시하고 다중회귀분석과의 결과를 비교하시오.

06 수축기 혈압에 영향을 미치는 요인으로 나이와 체중, 직종을 고려하였다. 랜덤하게 20명을 뽑아 조사한 결과는 다음과 같다.

직종	나이	체중	혈압	직종	나이	체중	혈압
A	50	70	130	B	46	66	134
A	58	91	144	B	55	80	140
A	66	90	150	B	60	82	145
A	70	88	155	B	65	88	150
A	64	86	145	B	66	90	148
A	70	95	168	B	55	90	158
A	55	70	140	B	58	75	140
A	60	85	142	B	45	70	135
A	65	90	159	B	50	75	140
A	44	65	130	B	55	80	140

① 수축기혈압을 반응변수로 하는 다중회귀분석을 실시하시오.
② 적합된 회귀식을 쓰고 해석하시오.
③ 각 회귀계수의 유의성을 검정하시오.

07 식이가 혈청콜레스테롤에 미치는 영향을 알아보려고 한다. 대상자들은 대조군과 실험군으로 나누어져서 대조군은 식이에 변화를 주지 않고, 실험군은 탄수화물을 제한하였다. 식이그룹 외에 영향을 미칠 수 있는 요인으로 기저콜레스테롤, 체질량지수와 성별을 고려하였다. 25명에 대한 데이터를 얻어서 다중회귀분석을 실시한 결과는 다음과 같다.

변수	회귀계수	표준오차
식이그룹	−10.25	4.33
기저 콜레스테롤	0.85	0.07
체질량지수	0.23	0.65
성별	−3.02	4.42

① 위의 회귀계수를 보고 의미를 설명하시오.

② 유의수준을 5%로 하였을 때 설명변수 중에서 혈청콜레스테롤 수준에 유의한 영향을 준 변수는 어떤 것인가?

③ 만약 표본수가 100명이라면 ②의 결과가 달라지는가?

④ 다른 설명변수들이 일정할 때 체질량지수가 10 증가한다면 혈청콜레스테롤 수준은 어떻게 되겠는가?

⑤ 성별은 남자 = 1, 여자 = 0으로 입력되었다면, 남녀 중 어느 쪽의 혈청콜레스테롤 수준이 더 높다고 하겠는가?

9장

범주형 데이터의 분석

지금까지 주로 데이터가 어떠한 수치로 주어지는 양적 데이터의 분석방법에 대해 알아보았다. 이에 반해 몇 개의 범주로 분류된 형태의 데이터를 질적 데이터 또는 범주형 데이터라고 한다. 이 장에서는 범주형 데이터분석 중에서 위험도와 카이제곱검정, 진단법의 평가기준 등 분할표의 분석방법에 대해 알아보기로 한다.

9.1 상대위험도와 오즈비

두 관계를 알아보는 방법으로, 각 변수를 행과 열로 정리하여 각 범주에 해당하는 빈도수를 적는 분할표(contingency table)가 흔히 작성된다. 가장 단순한 경우는 두 변수가 각각 2개의 범주를 갖는 경우로 2×2 분할표가 된다. 의학연구에서는 위험요인의 여부와 특정 결과가 발생여부를 조사하여 2×2 분할표를 작성하게 되는 경우가 많다. 이처럼 원인과 결과가 각각 두 개의 범주로 나누어질 때 그들 간의 연관성을 기술하기 위한 측도로서 많이 이용되는 상대위험도(relative risk)와 오즈비(odds ratio)에 대해 알아보자.

9.1.1 상대위험도

상대위험도는 코호트 연구(cohort study)나 위험인자를 가진 그룹과 그렇지 않은 그룹이 사전에 정해지고 난 후 그 결과를 관찰하게 되는 임상 시험연구에서만 계산될 수 있다. 코호트 연구란 특정 집단을 정하여 대상자의 위험요인을 미리 조사한 다음 장기간 추적조사하여 연구대상이 되는 질병이 발생하는지 관찰하는 연구로서, 전향적 연구(prospective study)의 일종이다. 다음의 예를 보자.

예제 9.1

소량의 아스피린 복용이 심장병으로 인한 위험을 줄이는 데 효과가 있는지를 알아보기 위한 연구를 시행하였다. 22,071명의 남성을 랜덤하게 두 그룹으로 나누어, 한 그룹에는 저용량의 아스피린을 복용시키고 한 그룹에는 아스피린과 모양이 같지만 아무 효력은 없는 플라시보를 복용하게 한 후, 약 60개월간 관찰하여 심근경색 발병 여부를 조사하였다. 결과는 다음과 같다(cf. Dawson-Saunders and Trapp, 1994).

	심근경색 발병		합
	유	무	
아스피린	139	10,898	11,037
플라시보	239	10,795	11,034

여기서는 아스피린의 복용여부가 위험요인의 유무가 된다. 아스피린의 복용여부와 심근경색발병 여부 간의 연관성이 어느 정도인지 알아보자. 아스피린 그룹과 플라시보 그룹에서 심근경색을 일으키는 비율은 각각 $139/11037 = 0.0126$, $239/11034 = 0.0217$이다.

상대위험도(relative risk; RR)는 이들의 비를 계산한 것이다. 즉,

$$RR = \frac{139/11037}{239/11034} = \frac{0.0126}{0.0217} = 0.581$$

이 된다. 상대위험도가 1보다 작으므로 아스피린을 복용했을 때 그렇지 않은 것에 비해 심근경색을 일으킬 위험이 적다는 것을 알 수 있다. 일반적으로 상대위험도는

$$RR = \frac{\text{실험군에서의 발생률}}{\text{대조군에서의 발생률}}$$

로 정의된다.

9.1.2 오즈비

사례－대조 연구(case－control study)는 코호트 연구와는 달리 환자군과 대조군을 확보하고 질병발생과 관련된 위험요인을 후향적으로 조사하는 방식으로 이루어진다. 따라서 상대위험도가 계산될 수 없기 때문에 연관성을 나타내기 위한 다른 측도가 필요하다. 다음과 같은 예를 생각해 보자.

예제 9.2

아래의 표는 심장발작을 일으킨 환자와 심장발작환자가 아닌 사람들을 각각 214명씩 조사하여 그들이 과거에 약물남용을 한 경력이 있는지 조사한 사례－대조 연구로부터 얻은 것이다(cf. Dawson–Saunders and Trapp, 1994).

		심장발작	
		유	무
약물남용	유	73	18
	무	141	196
합		214	214

이 예에서는 약물남용 경험이 있는 그룹에서의 발병률이나 약물남용 경험이 없는 그룹에서의 발병률은 알 수가 없으므로, 예제 9.1과 달리 상대위험도를 구할 수 없게 된다.

이때에는 상대위험도 대신 오즈비(odds ratio; OR)와 같은 측도를 생각할 수 있다. 오즈비는 위험요인이 없을 때의 결과에 대한 오즈와 위험요인이 있을 때의 결과에 대한 오즈의 비율로 정의된다. 어떤 사건에 대한 오즈(odds)라는 것은 그 사건이 발생하지 않은 확률

에 대한 그 사건이 발생한 확률의 비율로 정의된다. 위의 예에서 심장발작을 일으킨 집단에서 약물남용에 노출된 오즈는

$$\frac{73/214}{141/214} = 0.518$$

이고, 심장발작을 일으키지 않은 집단에서 약물남용에 노출된 오즈는

$$\frac{18/214}{196/214} = 0.092$$

이다. 따라서 이 예에서 약물남용에 대한 오즈비는

$$OR = \frac{0.518}{0.092} = 5.63$$

가 된다. 이것은 심장발작을 일으킨 집단에서 약물남용을 한 환자들이 심장발작을 일으키지 않은 집단에서보다 약 5.63배 많다는 것을 의미한다. 오즈비가 1에 가까우면 위험요인과 결과 사이에 연관성이 없다는 것을 의미한다. 오즈비는 승산비, 또는 교차비라고도 불린다.

일반적으로 아래와 같은 2원 분할표가 있다고 하자. 예를 들어 그룹 1이 실험군, 그룹 2가 대조군이고, 결과 1이 발병한 경우, 결과 2가 발병하지 않은 경우라고 하자.

	결과 1	결과 2	합
그룹 1	n_{11}	n_{12}	n_{1+}
그룹 2	n_{21}	n_{22}	n_{2+}
합	n_{+1}	n_{+2}	n

상대위험도와 오즈비는 각각

$$\text{상대위험도} \quad RR = \frac{n_{11}/n_{1+}}{n_{21}/n_{2+}}$$

$$\begin{aligned}\text{오즈비} \quad OR &= \frac{[n_{11}/n_{+1}]/[n_{21}/n_{+1}]}{[n_{12}/n_{+2}]/[n_{22}/n_{+2}]} \\ &= \frac{n_{11}/n_{21}}{n_{12}/n_{22}} \\ &= \frac{n_{11}\times n_{22}}{n_{12}\times n_{21}}\end{aligned}$$

로 계산된다.

9.1.3 상대위험도와 오즈비의 신뢰구간

연구자들은 상대위험도 또는 오즈비가 통계적으로 유의한가(즉, 1과 유의하게 다른가)를 알아보고자 한다. 유의성을 결정하기 위해서는 여러 가지 방법이 있을 수 있는데, 가장 흔히 쓰이는 것은 이들의 신뢰구간을 구하는 방법이다. 상대위험도나 오즈비는 정규분포를 따르지 않기 때문에 이들의 신뢰구간을 구하기 위해서는 상대위험도 또는 오즈비에 자연로그를 취한 다음 이들이 정규분포를 따른다는 것을 이용하여 신뢰구간을 유도하고, 지수를 취하여 역치환하는 과정을 거치게 된다. 여기서는 이들을 유도하기보다는 간단히 결과를 정리하여 보겠다.

상대위험도의 신뢰구간은 다음과 같은 형태로 주어진다.

$$(RR\times \exp\{-z_{\alpha/2}\sqrt{v_1}\},\quad RR\times \exp\{z_{\alpha/2}\sqrt{v_2}\})$$

여기서 $z_{\alpha/2}$는 정규분포의 상위 $\alpha/2$에 해당하는 임계치를 의미하며, v_1은 $ln(RR)$의 분산추정치로서

$$v_1 = \frac{1-n_{11}/n_{1+}}{n_{11}} + \frac{1-n_{21}/n_{2+}}{n_{21}}$$

이다.

오즈비에 대한 신뢰구간도 비슷한 형태로 다음과 같이 구할 수 있다.

$$(OR\times \exp\{-z_{\alpha/2}\sqrt{v_2}\},\quad OR\times \exp\{z_{\alpha/2}\sqrt{v_2}\})$$

여기서 v_2은 $ln(OR)$의 분산추정치로서

$$v_2 = \frac{1}{n_{11}} + \frac{1}{n_{12}} + \frac{1}{n_{21}} + \frac{1}{n_{22}}$$

이다.

예제 9.1 계속

예제 9.1에서의 상대위험도는 0.581로 계산되었다. 1보다 작게 나타났는데 이 값이 1과 유의하게 다르다고 할 수 있는지 알아보자. 95% 신뢰구간을 구한다면 $z_{\alpha/2} = 1.96$이고

$$\begin{aligned} v_1 &= \frac{1-n_{11}/n_{1+}}{n_{11}} + \frac{1-n_{21}/n_{2+}}{n_2} \\ &= \frac{1-139/11037}{139} + \frac{1-239/11034}{239} \\ &= 0.011 \end{aligned}$$

이므로 신뢰구간은 다음과 같다.

$$\begin{aligned} &(0.581 \times \exp\{-1.96\sqrt{0.011}\},\quad 0.581 \times \exp\{1.96\sqrt{0.011}\}) \\ &= (0.473,\ 0.715) \end{aligned}$$

이 신뢰구간은 95%의 신뢰수준으로 상대위험도의 참값을 포함하게 된다. 계산된 신뢰구간이 1을 포함하지 않으므로, 이때의 상대위험도는 1과 유의한 차이가 있다고 할 수 있다. 즉, 아스피린의 복용 시의 위험도와 플라시보의 위험도는 유의하게 다르다. 만약, 연구자가 90% 신뢰구간이나 99% 신뢰구간을 구하고 싶다면 $z_{\alpha/2}$의 값으로 1.96 대신 각각 1.645와 2.575를 대입하여 구하면 된다.

예제 9.2 계속

예제 9.2에서 오즈비는 5.63으로 계산되어 1보다 매우 크게 나타났다. v_2는 0.081로 계산되어, 오즈비의 95% 신뢰구간은

$$\begin{aligned} &(5.63 \times \exp\{-1.96\sqrt{0.081}\},\quad 5.63 \times \exp\{1.96\sqrt{0.081}\}) \\ &= (3.222,\ 9.835) \end{aligned}$$

이 된다. 신뢰구간이 1을 포함하고 있지 않으므로, 약물남용이 심장발작의 위험률을 유의하게 높인다고 결론지을 수 있겠다.

두 범주형 변수 간의 연관성을 검정하는 방법으로 상대위험도나 오즈비의 신뢰구간을 이용하는 방법 외에도 카이제곱검정(chi－square test)이나 피셔의 정확한 검정법(Fisher's exact test) 등이 있다. 카이제곱검정에 대해서는 9.2절에서 설명한다.

9.1.4 Excel을 이용한 상대위험도와 오즈비의 계산

연관성의 측도는 Excel의 데이터 분석기능에는 포함되어 있지 않으나 Excel의 함수기능을 이용하여 간단히 계산할 수 있다. 상대위험도와 오즈비, 그들의 신뢰구간을 구하는 방법을 알아보자.

■ 상대위험도와 신뢰구간 계산

예제 9.1 계속

예제 9.1의 데이터를 이용하여 상대위험도를 계산하여 보자.

❶ "예제 9.1" 파일을 연다. 또는 아래와 같이 데이터를 입력한다. 행 방향으로 그룹을 표시하고 열 방향으로 결과를 표시한다.

	A	B	C
1		심근 경색	
2		유	무
3	아스피린	139	10898
4	플라시보	239	10795

❷ 셀 D3을 클릭하고 『홈』 탭 「편집」 그룹의 '자동합계' 단추 Σ를 눌러 시험군의 합계를 구한다. 마찬가지 방식으로 D4에 대조군의 합계를 구한다. 직접 함수를 입력해도 된다.

	A	B	C	D	E	F
1		심근 경색				
2		유	무	{139,10898}		
3	아스피린	139	10898	=SUM(B3:C3)		
4	플라시보	239	10795	SUM(**number1**, [number2], ...)		

❸ A7:A9셀에 차례로 "아스피린의 위험률", "플라시보의 위험률", "상대위험도"를 적는다. 아스피린의 위험률을 계산하기 위해 B7을 클릭하고 아래의 그림과 같이 "=B3/D3"을 입력한 후 Enter 키를 친다. 마찬가지로 플라시보의 위험률을 계산하려면 B8을 클릭하고 "=B4/D4"를 입력한다.

	A	B	C	D
1		심근 경색		
2		유	무	
3	아스피린	139	10898	11037
4	플라시보	239	10795	11034
5				
6				
7	아스피린의 위험률	=B3/D3		
8	플라시보의 위험률			
9	상대위험도			

❹ 상대위험도는 이들의 비로 계산된다. B9를 클릭한 후 "=B7/B8"을 입력한다.

7	아스피린의 위험률	0.012594002
8	플라시보의 위험률	0.021660323
9	상대위험도	=B7/B8

7	아스피린의 위험률	0.012594002
8	플라시보의 위험률	0.021660323
9	상대위험도	0.581431874

❺ 상대위험도의 신뢰구간을 구해 보자. 먼저 A11과 A12를 클릭하여 각각 "분산추정치", "95% 신뢰구간(하한, 상한)"이라고 쓴다. 분산추정치를 구하기 위해 B11을 클릭하고 "=(1 − B7)/B3+(1 − B8)/B4"를 쓴 후 Enter 키를 친다.

	A	B	C	D
1		심근 경색		
2		유	무	
3	아스피린	139	10898	11037
4	플라시보	239	10795	11034
5				
6				
7	아스피린의 위험률	0.012594002		
8	플라시보의 위험률	0.021660323		
9	상대위험도	0.581431874		
10				
11	분산 추정치	=(1-B7)/B3+(1-B8)/B4		
12	95% 신뢰구간(하한,상한)			

❻ B12와 C12에 신뢰구간의 하한과 상한을 구한다고 하자. 95% 신뢰구간의 하한을 구하기 위해서 B12를 클릭하고 "=B9*EXP(− 1.96*SQRT(B11))"을 입력한다. 마찬가지로 상한을 구하기 위해서는 C12셀에 "=B9*EXP(1.96* SQRT(B11))"을 입력한다. 각각 0.4725과 0.7154로 계산되었음을 확인할 수 있다.

11	분산 추정치	0.011197112	
12	95% 신뢰구간(하한,상한)	0.472526417	0.715437301

다음의 그림 (a)는 상대위험도와 그 신뢰구간을 계산하기 위한 디자인시트이다. 사용자들이 여기서 "입력"으로 표시된 위치에 자신의 데이터를 쓰면 나머지 수식을 똑같이 사용하여 자신의 데이터에 대한 상대위험도와 신뢰구간이 구해진다. 단, "그룹1"에 실험군, "그룹2"에 대조군을 두었고, "결과1"을 발병한 경우, "결과2"를 발병하지 않은 경우로 두었음을 유의하자. 그림 (b)는 작성한 디자인시트로 예제 9.1을 계산한 결과이다.

	A	B	C	D
1		[상대위험도과 신뢰구간]		
3	입력			
4		결과1	결과2	
5	그룹1	"입력"	"입력"	= SUM(B5:C5)
6	그룹2	"입력"	"입력"	= SUM(B6:C6)
8	결과			
10	아스피린의 위험률	= B5/D5		
11	플라시보의 위험률	= B6/D6		
12	상대위험도	= B10/B11		
13				
14	분산추정치	= (1-B10)/B5+(1-B11)/B6		
15	95% 신뢰구간(하한, 상한)	= B12*EXP(-1.96*SQRT(B14))	= B12*EXP(1.96*SQRT(B14))	

(a)

	A	B	C	D
1		[상대위험도과 신뢰구간]		
3	입력			
4		결과1	결과2	
5	그룹1	139	10898	11037
6	그룹2	239	10795	11034
8	결과			
10	아스피린의 위험률	0.012594002		
11	플라시보의 위험률	0.021660323		
12	상대위험도	0.581431874		
13				
14	분산추정치	0.011197112		
15	95% 신뢰구간(하한, 상한)	0.472526417	0.715437301	

(b)

■ 오즈비와 신뢰구간 계산

예제 9.2 계속

예제 9.2의 데이터를 이용하여 오즈비와 그의 신뢰구간을 계산해 보자.

❶ "예제 9.2" 파일을 연다. 또는 아래와 같이 데이터를 입력한다. 행 방향으로 그룹을 표시하고 열 방향으로 결과를 표시한다.

	A	B	C
1		심장 발작	
2		유	무
3	약물남용(유)	73	18
4	약물남용(무)	141	196

❷ A7을 클릭하여 "오즈비"라고 쓰고, B7을 클릭하여 "=(B3*C4)/(C3*B4)"를 입력한 후 Enter 키를 친다(오즈비는 합계를 구하지 않고 각 셀을 교차하게 곱하여 계산할 수 있다). 오즈비가 5.6375로 계산된 것을 확인할 수 있다.

	A	B	C
1		심장 발작	
2		유	무
3	약물남용(유)	73	18
4	약물남용(무)	141	196
5			
6			
7	오즈비	=(B3*C4)/(C3*B4)	

	A	B	C
1		심장 발작	
2		유	무
3	약물남용(유)	73	18
4	약물남용(무)	141	196
5			
6			
7	오즈비	5.63750985	

❸ 오즈비의 신뢰구간을 구하기 위해 먼저 A9와 A10을 클릭하여 각각 "분산추정치", "95% 신뢰구간(하한, 상한)"이라고 쓴다. 분산추정치를 구하기 위해 B9를 클릭하고 "=1/B3+1/B4+1/C3+1/C4"를 입력한다.

	A	B	C
1		심장 발작	
2		유	무
3	약물남용(유)	73	18
4	약물남용(무)	141	196
5			
6			
7	오즈비	5.63750985	
8			
9	분산추정치	=1/B3+1/B4+1/C3+1/C4	
10	95% 신뢰구간(하한, 상한)		

❹ B10을 클릭하고 "=B7*EXP(−1.96*SQRT(B9))"를 입력하여 95% 신뢰구간의 하한을 구한다. 마찬가지로 C10을 클릭하여 "=B7*EXP(1.96* SQRT(B9))"를 입력하여 상한을 구한다. 신뢰구간의 하한과 상한이 각각 3.2222과 9.8632로 계산되었음을 확인

할 수 있다.

	A	B	C
1		심장 발작	
2		유	무
3	약물남용(유)	73	18
4	약물남용(무)	141	196
5			
6			
7	오즈비	5.63750985	
8			
9	분산추정치	0.081448425	
10	95% 신뢰구간(하한, 상한)	=B7*EXP(-1.96*SQRT(B9))	

(a)

9	분산추정치	0.081448425	
10	95% 신뢰구간(하한, 상한)	3.222233366	9.863195401

(b)

다음의 그림 (a)는 오즈비와 그 신뢰구간을 계산하기 위한 디자인시트이다. 앞에서와 마찬가지로 "입력"으로 표시된 위치에 자신의 데이터를 쓰고 나머지 수식을 똑같이 쓰면 자신의 데이터에 대한 오즈비와 신뢰구간이 구해진다. 앞서와 마찬가지로 "그룹1"이 실험군, "그룹2"이 대조군이고, "결과1"을 발병한 경우, "결과2"를 발병하지 않은 경우로 두었다. 그림 (b)는 디자인시트로 예제 9.2를 계산한 결과이다.

	A	B	C
1		[오즈비와 신뢰구간]	
3	입력		
4		결과1	결과2
5	그룹1	"입력"	"입력"
6	그룹2	"입력"	"입력"
8	결과		
10	오즈비	= (B5*C6)/(C5*B6)	
11	분산추정치	= 1/B5+1/C5+1/B6+1/C6	
12	95% 신뢰구간(하한, 상한)	= B10*EXP(-1.96*SQRT(B11))	= B10*EXP(1.96*SQRT(B11))

(a)

	A	B	C
1		[오즈비와 신뢰구간]	
3	입력		
4		결과1	결과2
5	그룹1	73	18
6	그룹2	141	196
8	결과		
10	오즈비	5.63750985	
11	분산추정치	0.081448425	
12	95% 신뢰구간(하한, 상한)	3.222233366	9.863195401

(b)

TIP 데이터를 분할표로 요약하기

Excel의 피벗테이블 기능을 이용하여, 변수의 값이 나열된 형태의 데이터를 분할표로 요약할 수 있다. 자세한 내용은 3.1절을 참고하자.

9.2 카이제곱검정

이 절에서는 분할표 자료의 분석방법으로 가장 많이 쓰이는 카이제곱검정에 대해서 알아보겠다. 먼저 적합도 검정에 대해 알아보고, 다음에 동질성(또는 독립성) 검정에서의 카이제곱 검정방법(chi－square test, χ^2-test)에 대해 알아보겠다.

9.2.1 적합도 검정

데이터가 다음과 같이 몇 개의 범주에 대한 관측도수 형태로 주어졌다고 하자. 각 범주에 대응되는 모집단의 비율을 $p_1, p_2, ..., p_k$라고 하고, 이에 대한 귀무가설을

$$H_0 : p_1 = p_{10}\,, p_2 = p_{20}\,, ..., p_k = p_{k0}$$

라고 하자. 각 범주의 관측비율이 귀무가설에서 제시한 비율에 부합하는지 알아보고자 한다.

범주	1	2	…	k	합계
관측도수	n_1	n_2	…	n_k	n
모집단 비율	p_1	p_2	…	p_k	1

귀무가설이 참일 때 i번째 범주의 기대도수는 $E_i = n \times p_{i0}$ 가 된다. 귀무가설이 맞다면 실제 관측된 도수(observed frequency, O_i)가 기대도수(expected frequency, E_i)와 비슷하게 나타날 것이므로, 이들의 차이가 충분히 크면 귀무가설에 대한 반증이 된다. 이에 근거하여 카이제곱통계량(chi－square statistic)은

$$\chi^2 = \sum_{i=1}^{k} \frac{(O_i - E_i)^2}{E_i} = \sum_{i=1}^{k} \frac{(n_i - np_{i0})^2}{np_{i0}}$$

으로 정의된다. 이 값이 클 때 귀무가설을 기각하면 된다. 귀무가설이 참일때 이 통계량이 근사적으로 자유도 $k-1$인 카이제곱분포를 따른다는 것을 이용하여 검정한다. 즉, 유의수준이 α인 경우,

- $H_0 \ : \ p_{1j} = \ \cdots \ = p_{Ij}$일 때

$$\chi^2 > \chi^2_{\alpha}\,(k-1)\text{이면 귀무가설 기각}$$

한다. 여기서 $\chi_{\alpha}^{2}\,(k-1)$은 자유도가 $k-1$인 카이제곱분포의 상위 α의 확률에 해당하는 임계치를 의미한다. 이러한 형태의 가설검정을 적합도 검정(goodness−of−fit test)이라고 한다.

예제 9.3

멘델의 유전 법칙에 의하면 황색 둥근 종자와 녹색 주름진 종자를 어버이로 하여 양성잡종교배를 하면, F1에서는 모두 황색 둥근 종자만 나오고, F1을 자화 수분하면, F2에서는 황색 둥근 종자(YR), 황색 주름진 종자(Yr), 녹색 둥근 종자(yR), 녹색 주름진 종자(yr)가 9 : 3 : 3 : 1의 비로 나온다고 한다. 실제 이러한 실험을 해봤더니 다음과 같은 결과를 얻었다. 이 결과는 멘델의 이론과 일치한다고 할 수 있는가?

종류	YR	Yr	yR	yr	계
관측수	650개	200개	190개	80개	1,120개

이때의 귀무가설은 다음과 같다.

$$H_0 : \text{YR:Yr:yR:yr이 9:3:3:1이다.}$$

$$(\text{즉, } p_{YR}=0.5625,\ \ p_{Yr}=0.1875,\ \ p_{yR}=0.1875,\ \ p_{yr}=0.0625)$$

귀무가설이 참일 때 기대되는 도수는

$$E_{YR}=1120\times 0.5625=630$$
$$E_{Yr}=E_{yR}=1120\times 0.1875=210,$$
$$E_{yr}=1120\times 0.0625=70$$

이다. 따라서 카이제곱 통계량은

$$\begin{aligned}\chi^2 &= \sum_{i=1}^{k}\frac{(n_i-np_{i0})^2}{np_{i0}}\\ &= \frac{(650-630)^2}{630}+\frac{(200-210)^2}{210}+\frac{(190-210)^2}{210}+\frac{(80-70)^2}{70}\\ &= 4.48\end{aligned}$$

로 계산된다. 유의수준을 5%로 했을 때 자유도 3인 카이제곱분포에서의 임계치는 7.81이므로(부록의 카이제곱분포표 참조) 귀무가설은 기각되지 않는다. 따라서 멘델의 법칙을 만족하고 있다고 볼 수 있다.

9.2.2 Excel을 이용한 적합도 검정

적합도 검정은 Excel의 데이터 분석기능에는 포함되어 있지 않으나 다음과 같이 간단한 함수를 이용하여 계산할 수 있다. 예제 9.3의 데이터의 적합도 검정을 해보자.

예제 9.3 계속

❶ "예제 9.3" 파일을 연다. 또는 아래와 같이 데이터를 입력한다. 행 방향으로 그룹을 표시하고 열 방향으로 결과를 표시한다. 열 방향으로 범주를 표시한 후 2행에 해당하는 데이터를 입력한다.

	A	B	C	D	E
1	종류	YR	Yr	yR	yr
2	관측도수	650	200	190	80

❷ 셀 F1에 "합계"라고 쓰고 F2에서 '자동합계' 단추 Σ 자동 합계 ˇ 를 눌러 시총 관측수를 구한다.

	A	B	C	D	E	F
1	종류	YR	Yr	yR	yr	합계
2	관측도수	650	200	190	80	=SUM(B2:E2)

❸ A3에 "귀무가설 비율"이라고 쓴다. B3부터 E3까지에 해당하는 귀무가설에서의 비율을 쓴다. 여기서는 수식을 이용하여 계산하였다.

	A	B	C	D	E	F
1	종류	YR	Yr	yR	yr	합계
2	관측도수	650	200	190	80	= SUM(B2:E2)
3	귀무가설 비율	= 9/16	= 3/16	= 3/16	= 1/16	= SUM(B3:E3)

❹ A4에 "기대 도수", B4에 "=$F$2*B3"이라고 쓰고 채우기 단추를 이용하여 E4까지 채운다. F4에 "=SUM(B4:E4)"를 입력한다.

	A	B	C	D	E	F
1	종류	YR	Yr	yR	yr	합계
2	관측도수	650	200	190	80	= SUM(B2:E2)
3	귀무가설 비율	= 9/16	= 3/16	= 3/16	= 1/16	= SUM(B3:E3)
4	기대 도수	= $F$2*B3	= $F$2*C3	= $F$2*D3	= $F$2*E3	= SUM(B4:E4)

❺ A6에 "p – 값"이라고 쓴다. B6를 클릭하고 '함수 삽입' 단추 f_x를 눌러 [함수 검색]에서 "카이"를 검색하고, [함수 선택]에서 'CHISQ.TEST'를 선택한다.

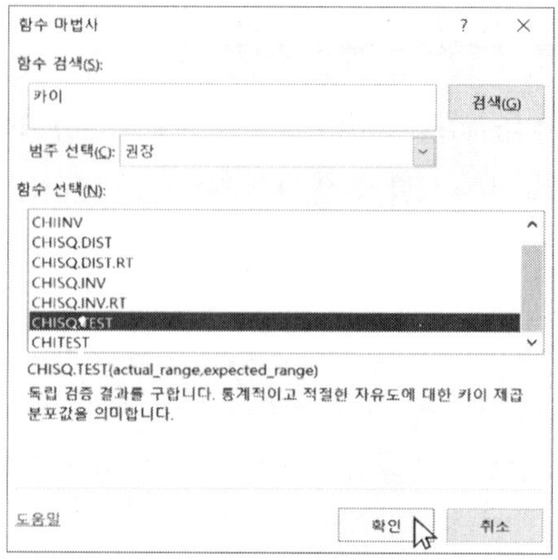

❻ 나타나는 화면에서 [Actual_range]란에는 관측도수가 들어있는 영역 “B2:E2”를 쓰고, [Expected _range]란에는 기대도수가 계산된 셀영역 “B4 : E4”를 쓰면 된다. 을 눌러 범위를 직접 선택할 수도 있다.

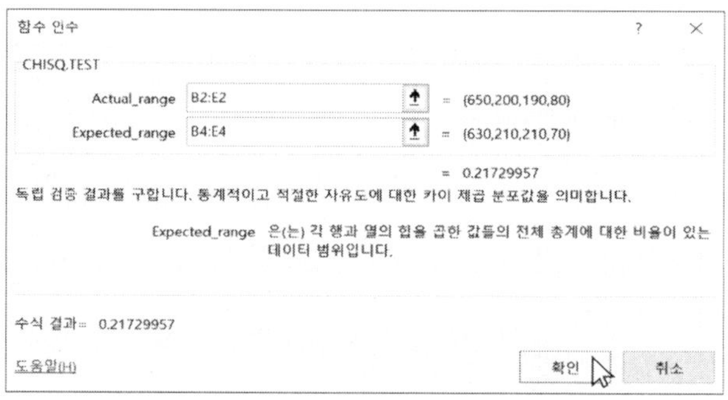

CHISQ.TEST 함수의 형식은

CHISQ.TEST (관측도수영역, 기대도수영역)

이므로, 함수 마법사를 사용하지 않고 A6에 직접 “=CHISQ.TEST (B2:E2, B4:E4)”를 입력하여 p-값을 구할 수도 있다.

❼ 다음과 같이 p－값이 0.2173으로 나타난다. 0.05보다 크므로 5% 유의수준하에서 귀무가설은 기각되지 않는다.

	A	B	C	D	E	F
1	종류	YR	Yr	yR	yr	합계
2	관측도수	650	200	190	80	1120
3	귀무가설 비율	0.5625	0.1875	0.1875	0.0625	1
4	기대 도수	630	210	210	70	1120
5						
6	p-값	0.2173				

9.2.3 동질성 검정

이번에는 2원 분할표 자료에서 두 변수의 연관성이 유의한지 카이제곱분포를 이용하여 검정하는 문제를 알아보자. 예제 9.1의 분석에서 우리는 아스피린을 복용한 사람들 중에서 심근경색을 일으키는 비율은 1.26%이고, 대조군에서 심근경색을 일으키는 비율은 2.17%라는 것을 알았다. 그렇다면 이러한 결과는 아스피린의 효과가 플라시보에 비해 실제로 좋기 때문인가? 아니면 사실은 별 차이가 없는데도 우연히 아스피린의 효과가 크게 나온 것일까? 다음과 같은 두 가지 형태의 귀무가설을 생각해 보자.

❶ $H_{0(1)}$: 아스피린을 투여받은 환자들과 플라시보를 투여받은 환자들이 심근경색을 일으키는 비율은 서로 같다.

❷ $H_{0(2)}$: 처리의 종류(아스피린 또는 플라시보)와 결과(심근경색의 발생유무)는 서로 독립이다.

$H_{0(1)}$ 형식의 귀무가설을 검정하는 것을 동질성 검정(homogeneity test)이라고 하고, $H_{0(2)}$ 형식의 귀무가설 검정을 독립성 검정(independence test)이라고 한다. 두 가지 방법은 귀무가설과 검정절차의 유도과정이 다르지만, 결과적으로는 동일하다. 여기서는 동질성검정을 중심으로 설명하기로 한다.

다음과 같은 2×2 분할표가 있다고 하자.

	결과 1	결과 2	합
그룹 1	n_{11}	n_{12}	n_{1+}
그룹 2	n_{21}	n_{22}	n_{2+}
합	n_{+1}	n_{+2}	n

이때 p_{ij}를 i번째 그룹에서 j번째 결과가 될 확률이라고 하면, 동질성에 대한 귀무가설은

$$H_0 \ : \ p_{1j} = p_{2j} = p_j \qquad (j = 1,2)$$

로 표현될 수 있다. 두 그룹이 동질적이라면(이 가설이 옳다면), p_j의 추정치는 전체 그룹에서 j번째 결과를 보이는 비율로 구할 수 있다. 즉,

$$\hat{p_j} = \frac{n_{+j}}{n}$$

가 된다. 따라서 귀무가설이 참이라면, i번째 그룹이면서 j번째 결과를 나타내는 기대도수는

$$E_{ij} = n_{i+}\hat{p_j} = n_{i+}n_{+j}/n$$

이 될 것이다. 기대도수를 계산하는 식은 "행합×열합/전체합"의 형태가 된다는 것을 기억하자.

귀무가설이 참이면, 실제 관측된 도수(n_{ij})가 기대도수(E_{ij})와 비슷하게 나타날 것이고, 이들의 차이가 크다면 귀무가설에 대한 반증이 될 것이다. 이에 근거하여 카이제곱통계량(chi-square statistic)은

$$\chi^2 = \sum_{i=1}^{2}\sum_{j=1}^{2}\frac{(n_{ij}-E_{ij})^2}{E_{ij}} = \sum_{i=1}^{2}\sum_{j=1}^{2}\frac{(n_{ij}-n_{i+}n_{+j}/n)^2}{n_{i+}n_{+j}/n}$$

으로 정의되고, 이 값이 클 때 귀무가설을 기각하게 된다. 귀무가설하에서 이 통계량이 자유도 1인 카이제곱분포를 따른다는 것을 이용하여, 계산된 통계량과 자유도 1인 카이제곱분포의 임계치와 비교하여 검정하게 된다.

일반적으로 그룹의 수가 I, 결과가 J개로 나타나는 $I \times J$ 분할표에서 다음과 같은 귀무가설

$$H_0 : p_{1j} = \cdots = p_{ij} = \cdots = p_{Ij} \quad (j=1,\cdots,J)$$

에 대한 카이제곱통계량은

$$\chi^2 = \sum_{i=1}^{I}\sum_{j=1}^{J}\frac{(n_{ij}-E_{ij})^2}{E_{ij}} = \sum_{i=1}^{I}\sum_{j=1}^{J}\frac{(n_{ij}-n_{i+}n_{+j}/n)^2}{n_{i+}n_{+j}/n}$$

으로 정의되고, 이것이 자유도 $(I-1)(J-1)$을 가지는 카이제곱분포를 따른다는 것을

이용하여 가설검정을 하게 된다. 즉, 유의수준을 α로 하였을 때

- H_0 : $p_{1j} = \cdots = p_{Ij}$일 때

$$\chi^2 > \chi^2_\alpha((I-1)(J-1))\text{이면 귀무가설 기각}$$

하게 된다. 여기서 $\chi^2_\alpha((I-1)(J-1))$은 자유도 $(I-1)(J-1)$인 카이제곱분포의 상위 α의 확률에 해당하는 임계치를 의미한다.

TIP

카이제곱검정의 검정통계량은

$$\chi^2 = \sum_{\text{모든 칸}} \frac{(\text{관측도수} - \text{기대도수})^2}{\text{기대도수}}$$

의 형태로 기억해 두는 것이 좋겠다.

예제 9.1 계속

예제 9.1의 연구에서 아스피린 그룹과 플라시보 그룹 간에 심근경색 발병비율에 차이가 있는지 카이제곱검정을 실시하여 보자.

심근경색이 발병한 사람 수는 139 + 239 = 378명이고, 발병하지 않은 사람 수는 10898 + 10795 = 21693명이다. 따라서 아스피린을 투여받은 환자들에서 심근경색을 일으키는 사람들의 기대도수는

$$E_{11} = 11037 \times 378 / 22071 = 189.03$$

이 된다. 같은 방식으로

$$E_{12} = 11037 \times 21693 / 22071 = 10847.97$$

$$E_{21} = 11034 \times 378 / 22071 = 188.97$$

$$E_{22} = 11034 \times 21693 / 22071 = 10845.03$$

이다. 따라서 카이제곱통계량은

$$\chi^2 = \frac{(139-189.03)^2}{189.03} + \frac{(10898-10847.97)^2}{10847.97}$$
$$+ \frac{(239-188.97)^2}{188.97} + \frac{(10795-10845.03)^2}{10845.03}$$
$$= 26.95$$

로 계산된다. 유의수준을 5%로 했을 때 자유도가 1인 카이제곱분포에서의 임계치는 $\chi^2_{0.05}(1) = 3.84$이므로 귀무가설은 기각된다. 따라서 아스피린과 플라시보를 투여받은 환자들은 심근경색을 일으키는 비율에서 유의한 차이가 있다. 자유도에 따른 임계치는 부록의 카이제곱분포표를 참조하자.

예제 9.4

류마티스성 관절염의 치료제 효과에 대한 연구에서 새로 개발된 치료제의 효과를 알아보고자 한다. 환자들을 두 그룹으로 나누어 한 그룹에는 소염진통제를 함유한 첩부제를 환부에 붙이고, 다른 한 그룹에는 시험약과 성상이 동일한 플라시보를 붙이게 한 후, 2주 후에 고통의 감소 정도에 대해 매우 효과적임, 어느 정도 효과적임, 효과적이지 않음의 세 가지 범주 가운데 선택하도록 하였다. 결과는 다음 표와 같다.

	매우 효과적	약간 효과적	효과없음	계
시험약	58	22	20	100
플라시보	30	38	32	100
계	88	60	52	200

이때의 귀무가설과 대립가설은 각각 다음과 같다.

H_0 : 시험약과 플라시보의 효과는 동질적이다.

H_1 : 시험약과 플라시보의 효과는 동질적이지 않다.

또는,

H_0 : 약의 종류과 효과는 독립이다.

H_1 : 약의 종류과 효과는 독립이 아니다.

로 설정할 수도 있다. 각 기대치는 $E_{11} = 100 \times 88/200 = 44$, $E_{12} = 100 \times 60/200 = 30$으로 계산된다. 마찬가지로 $E_{13} = 26$, $E_{21} = 44$, $E_{22} = 30$, $E_{23} = 26$이 된다. 카이제곱통계량은

$$\chi^2 = \frac{(58-44)^2}{44} + \cdots + \frac{(32-26)^2}{26} = 15.945$$

이 된다. 이의 자유도는 $(2-1)\times(3-1)=2$이다. 부록의 표로부터 유의수준을 5%로 했을 때 자유도 2인 카이제곱분포에서의 임계치는 $\chi^2(2)=5.99$이다. 검정통계량의 값이 더 크게 나왔으므로 ($\chi^2 > 5.99$), 5% 유의수준에서 귀무가설은 기각된다. 즉, 시험약과 플라시보의 효과는 동질적이지 않다(또는 약의 종류와 효과는 독립이다).

카이제곱검정은 표본의 크기가 클 때 통계량이 카이제곱분포로 근사함을 이용하는 것이다. 그런데 표본의 크기가 작을 때, 무엇보다 기대도수가 작을 때에는 카이제곱통계량의 분모가 작아지므로 통계량이 부당하게 커지는 결과를 낳게 된다. 따라서 기대도수가 작은 경우에는 카이제곱검정과 같이 근사분포를 이용하는 것은 타당하지 않게 되며, 정확한 p−값의 계산이 요구된다. 이러한 방법으로는 피셔의 정확한 검정법(Fisher's exact test) 등의 방법이 사용될 수 있다. 여기서는 정확검정에 대해서는 다루지 않겠다. 범주형 자료에 대한 다양한 분석에 대해서는 박태성 · 이승연(2020), Agresti (2012) 등의 교재를 참고하길 바란다.

Tip

그렇다면 기대도수가 얼마나 작을 때 카이제곱검정이 부적절한 것일까? 절대적인 기준은 없지만, 기대도수가 5 미만인 칸이 전체 칸수의 20%를 초과할 때에는 카이제곱검정을 쓰지 않는 것이 좋겠다.

9.2.4 Excel을 이용한 동질성 검정

예제 9.4의 데이터를 이용하여 동질성 검정을 해보자.

예제 9.4 계속

❶ "예제 9.4" 파일을 연다. 다음과 같은 데이터가 나타난다.

	A	B	C	D
1		매우 효과적	약간 효과적	효과없음
2	시험약	58	22	20
3	플라시보	30	38	32

A1:D3를 선택하고 마우스를 ✥상태로 만들어 A4:D6으로 옮긴 다음 다음과 같이

입력하자.

	A	B	C	D	E
1			카이제곱검정		
2					
3		관측치			
4		매우 효과적	약간 효과적	효과없음	계
5	시험약	58	22	20	
6	플라시보	30	38	32	
7	계				
8					
9					
10		기대치			
11		매우 효과적	약간 효과적	효과없음	계
12	시험약				
13	플라시보				
14	계				

❷ E5를 클릭한 다음 '자동합계' 단추 Σ 자동 합계 를 이용하여 행의 합을 계산하자. 또는 "= SUM(B5:D5)" 라고 직접 입력해도 된다. 마찬가지로 나머지 합계들도 전부 계산한다.

	A	B	C	D	E
1			카이제곱검정		
2					
3		관측치			
4		매우 효과적	약간 효과적	효과없음	계
5	시험약	58	22	20	=SUM(B5:D5)
6	플라시보	30	38	32	=SUM(B6:D6)
7	계	=SUM(B5:B6)	=SUM(C5:C6)	=SUM(D5:D6)	=SUM(E5:E6)

❸ 계산된 행합과 열합, 총합을 가지고 기대도수를 계산한다. 예를 들어 "시험약"이면서 "매우 효과적"인 칸의 기대도수는 "시험약"의 행합(E5)에 "매우 효과적" 의 열합(B7)을 곱한 후 총합(E7)으로 나누면 된다. 따라서 B12를 클릭한 후 "=(B$7*$E5)/$E$7" 이라고 입력한다.

마찬가지 방식으로 나머지 기대도수들을 계산하면 된다(뒤쪽의 워크시트디자인 그림을 참조하자). 절대참조가 적절히 설정되어 있으므로 B12에서 채우기 핸들 상태로 E14까지 마우스를 끌어서 함수를 채워도 된다.

	A	B	C	D	E
10		기대치			
11		매우 효과적	약간 효과적	효과없음	계
12	시험약	=(B$7*$E5)/$E$7	=(C$7*$E5)/$E$7	=(D$7*$E5)/$E$7	=(E$7*$E5)/$E$7
13	플라시보	=(B$7*$E6)/$E$7	=(C$7*$E6)/$E$7	=(D$7*$E6)/$E$7	=(E$7*$E6)/$E$7
14	계	=(B$7*$E7)/$E$7	=(C$7*$E7)/$E$7	=(D$7*$E7)/$E$7	=(E$7*$E7)/$E$7

④ 카이제곱검정을 수행하자. 먼저 A17에 "p－값", A18에 "검정 결과"라고 적는다. 관측도수가 있는 영역이 B5:D6, 기대도수가 있는 영역이 B12:D13이므로, B17에 "=CHISQ.TEST(B5:D6, B12:D13)"을 입력한다. B18에는 아래 그림과 같이 "=IF(B17<0.05, "귀무가설을 기각합니다", "귀무가설을 기각하지 못합니다.")"을 입력하여 검정 결과를 확인하도록 한다. "p－값"이 0.000344818로 계산되어 매우 작으므로 5% 유의수준하에서 가설이 기각됨을 알 수 있다.

17	p-값	=CHISQ.TEST(Sheet2!B5:D6, Sheet2!B12:D13)
18	검정결과	=IF(B17<0.05, "귀무가설을 기각합니다", "귀무가설을 기각하지 못합니다.")

17	p-값	0.000344818
18	검정결과	귀무가설을 기각합니다

⑤ 카이제곱통계량과 카이제곱분포에서의 임계치를 구해 보자. 먼저 A19과 A20에 각각 "자유도" "유의수준"이라고 입력한다. B19을 클릭하고 자유도를 쓴다. 이 예에서 자유도는 (행수-1)×(열수-1)=1×2=2가 된다. 유의수준을 5%로 하기 위해 B20에 0.05라고 쓰자. A21과 A22를 클릭하여 각각 "검정통계량"과 "임계치"라고 쓴다. 검정통계량을 계산하기 위한 수식으로 B21에 "=SUMPRODUCT(B5:D6－B12:D13, B5:D6－B12:D13, (B12:D13)^(－1))"을 입력하고, B22에는 임계치를 얻기위해 "=CHISQ.INV.RT(B20, B19)"를 입력한다. 검정통계량은 15.9449, 임계치는 5.9914로 각각 계산되었다.

19	자유도	2
20	유의수준	0.05
21	검정통계량	=SUMPRODUCT(B5:D6-B12:D13, B5:D6-B12:D13, (B12:D13)^(-1))
22	임계치	=CHISQ.INV.RT(B20, B19)

19	자유도	2
20	유의수준	0.05
21	검정통계량	15.94498834
22	임계치	5.991464547

⑥ 위의 전 과정을 거쳐 계산된 워크시트는 다음과 같다.

	A	B	C	D	E
1			**카이제곱검정**		
2					
3		**관측치**			
4		매우 효과적	약간 효과적	효과없음	계
5	시험약	58	22	20	100
6	플라시보	30	38	32	100
7	계	88	60	52	200
8					
9					
10		**기대치**			
11		매우 효과적	약간 효과적	효과없음	계
12	시험약	44	30	26	100
13	플라시보	44	30	26	100
14	계	88	60	52	200
15					
16					
17	p-값	0.000344818			
18	검정결과	귀무가설을 기각합니다			
19	자유도	2			
20	유의수준	0.05			
21	검정통계량	15.94498834			
22	임계치	5.991464547			

아래의 그림은 2×3 분할표의 카이제곱 검정을 하기 위한 디자인시트이다. "입력"으로 표시된 부분만 데이터를 고치면 되고, 일반적으로 $r \times c$분할표를 분석하려면 각 식을 그것에 맞게 조정해 준다.

1			**카이제곱검정**		
2					
3		**관측치**			
4		결과1	결과2	결과3	계
5	그룹1	"입력"	"입력"	"입력"	=SUM(B5:D5)
6	그룹2	"입력"	"입력"	"입력"	=SUM(B6:D6)
7	계	=SUM(B5:B6)	=SUM(C5:C6)	=SUM(D5:D6)	=SUM(E5:E6)
8					
9					
10		**기대치**			
11		결과1	결과2	결과3	계
12	그룹1	=(B$7*$E5)/$E$7	=(C$7*$E5)/$E$7	=(D$7*$E5)/$E$7	=(E$7*$E5)/$E$7
13	그룹2	=(B$7*$E6)/$E$7	=(C$7*$E6)/$E$7	=(D$7*$E6)/$E$7	=(E$7*$E6)/$E$7
14	계	=(B$7*$E7)/$E$7	=(C$7*$E7)/$E$7	=(D$7*$E7)/$E$7	=(E$7*$E7)/$E$7
15					
16					
17	p-값	=CHISQ.TEST(B5:D6, B12:D13)			
18	검정결과	=IF(B17<0.05, "귀무가설을 기각합니다", "귀무가설을 기각하지 못합니다.")			
19	자유도	"입력"			
20	유의수준	"입력"			
21	검정통계량	=SUMPRODUCT(B5:D6-B12:D13, B5:D6-B12:D13, (B12:D13)^(-1))			
22	임계치	=CHISQ.INV.RT(B20, B19)			

Tip

SUMPRODUCT함수는

SUMPRODUCT(배열1, 배열2, …)

의 형식으로 지정한다. 결과값은 배열1과 배열2의 곱의 합으로 나타난다. 예를 들어 SUMPRODUCT(1:3, 4:6)일 경우 (1*4)+(2*5)+(3*6)=32의 결과값을 계산한다.

CHISQ.INV.RT 함수의 형식에 대해서는 11.1절을 참조하라.

9.3 진단법의 평가

9.3.1 민감도와 특이도

의학연구에서 종종 관심의 대상이 되는 것은 어떤 진단기법이 있을 때 그것이 얼마나 정확한가를 평가하는 것이다. 예를 들어 올림픽 경기 후 소변검사를 통해 금지약물 사용 여부를 테스트한다고 하자. 바람직한 진단법이라면 금지약물을 사용한 사람들을 양성으로 판정할 확률이 높아야 할 것이다. 또 한편으로는 금지약물을 사용하지 않은 사람들은 음성으로 판정될 확률이 높아야 할 것이다.

이와 같이 진단기법의 정확도를 평가하는 데에는 두 가지 측면을 생각할 수 있다. 전자와 같이 이 진단법을 사용했을 때 실제로 이에 해당하는 사람들을 얼마나 잘 찾아내는가 하는 기준을 민감도(sensitivity)라고 한다. 어떤 진단법이 민감도가 높다면, 그 진단은 위음성률(false-negative rate), 즉 질병에 걸린 사람을 음성으로 잘못 진단할 확률이 낮다는 것을 의미한다. 또한 후자와 같이 해당되지 않는 사람들을 음성으로 얼마나 잘 분류하는가 하는 기준을 특이도(specificity)라고 한다. 특이도가 높다면 그 진단법은 위양성률(false-positive rate), 즉 질병에 걸리지 않은 사람들을 양성으로 잘못 진단할 확률이 낮다. 따라서 어떤 진단법의 정확도가 높으려면 민감도와 특이도가 모두 높아서 두 가지 형태의 오류(위음성과 위양성)가 작아야 한다.

대체로 어떤 진단법의 민감도와 특이도는 질병이 있는 사람들의 집단과 질병이 없는 사람들의 집단을 정하여 그들에게 검사를 시행하여 얻을 수 있다. 민감도는 질병이 있는 사람들이 양성으로 나타나는 비율을 계산하여 구할 수 있으며, 특이도는 질병이 없는 사람들이 음성으로 나타나는 비율로 계산된다. 이때 질병의 여부와 진단결과는 다음과 같은 2×2 분할표로 정리할 수 있다. 통상적으로 열방향으로 질병여부(일반적으로 어떤 상태)를 표시하고 행방향으로 진단을 표시한다. 여기서 TP, FP, FN, TN은 각각 진양성(true－positive), 위양성(false－positive), 위음성(false－negative), 진음성(true－negative)을 가리킨다. 민감도와 특이도를 계산하는 식은 다음과 같이 쓸 수 있다. 완벽한 진단법이라면 두 가지 형태의 오류(FP, FN)가 일어나는 도수가 모두 0이 되고 민감도와 특이도는 모두 1이 될 것이다.

진 단	질 병	
	양성 D+	음성 D−
양성 T+	TP	FP
음성 T−	FN	TN

$$\text{민감도} = \frac{TP}{TP+FN}, \qquad \text{특이도} = \frac{TN}{FP+TN}$$

예제 9.5

다음은 COVID19 유행 초기에 A사와 B사에서 개발한 자가검사키트의 임상적 성능시험 결과이다.

A사	코로나 감염여부	
	감염	비감염
양성판정	68	0
음성판정	14	218
계	82	218

B사	코로나 감염여부	
	감염	비감염
양성판정	69	1
음성판정	4	190
계	73	191

이 검사에서 민감도는 감염된 사람들을 양성으로 얼마나 잘 분류했는가에 대한 기준이다. A사의 키트는 68/82=0.829 (82.9%)이다. B사의 키트는 69/73=0.945 (94.5%)이다. 한편 특이도는 감염되지 않은 사람들을 음성으로 올바르게 판정하는 비율로서 A사의 경우 218/218=1 (100%)이고, B사의 경우 190/191=0.995 (95.5%)이다. A사의 키트가 특이도는 약간 더 높지만 민감도가 B사의 키트보다 더 낮음을 알 수 있다.

9.3.2 양성예측도와 음성예측도의 추정

민감도와 특이도는 그 자체로서는 특정 환자에 대한 진단기법의 가치를 말할 수는 없다. 예컨대 어떤 진단절차에 의해 한 환자를 암으로 판정하였다고 하자. 물론 이 진단기법은 100% 완전한 것은 아닐 것이다. 그렇다면 그 사람을 암으로 진단했을 때 실제로 그 사람이 암에 걸려 있을 확률은 얼마일까? 이를 추정하는 방법은 트리기법이나 우도비를 이용한 방법 등 여러 가지가 있으나, 여기서는 베이즈 정리(Bayes' theorem)를 이용하여 이러한 사후확률을 계산하는 방법을 소개하기로 한다.

우리가 관심 있는 것은 양성($T+$)일 때 실제로 병에 걸렸을($D+$) 조건부 확률, 즉 $P(D+|T+)$이다. 베이즈 정리를 이용하면 이는 다음과 같은 식으로 표현된다.

$$P(D+|T+)=\frac{P(T+|D+)P(D+)}{P(T+|D+)P(D+)+P(T+|D-)P(D-)}$$

이를 양성예측도(positive predicted value; PPV)라고 한다. $P(D+|T+)$는 병에 걸렸을 때 양성으로 판정할 확률이므로 곧 진단법의 민감도를 의미하며, $P(T+|D-)=1-P(T-|D-)=1-$특이도가 된다. 또한 그 질병의 유병률을 조사하여 $P(D+)$와 $P(D-)$를 정하면 된다. 이를 풀이하면 다음과 같은 식으로 표현된다.

$$\text{양성예측도}=\frac{\text{민감도}\times\text{유병률}}{[\text{민감도}\times\text{유병률}]+[(1-\text{특이도})\times(1-\text{유병률})]}$$

같은 방식으로 음성으로 판정되었을 때 실제로 병에 걸리지 않았을 확률 $P(D-|T-)$는 다음과 같다.

$$P(D-|T-)=\frac{P(T-|D-)P(D-)}{P(T-|D-)P(D-)+P(T-|D+)P(D+)}$$

즉, 음성예측도(negative predicted value; NPV)는 다음과 같이 계산된다.

$$\text{음성예측도}=\frac{\text{특이도}\times(1-\text{유병률})}{\text{특이도}\times(1-\text{유병률})+(1-\text{민감도})\times\text{유병률}}$$

예제 9.5 계속

예제 9.5에서 B사 진단키트의 양성예측도와 음성예측도를 구해보자. 민감도와 특이도는 각각 0.945와 0.995였다.

만약 유병율이 10%라면, B사 키트의 양성예측도는

$$P(D+|T+)=\frac{0.945\times0.10}{(0.945\times0.10)+(1-0.995)\times(1-0.10)}$$

$$=0.9525$$

이고, 음성예측도는

$$P(D-|T-) = \frac{0.995 \times (1-0.10)}{(0.995 \times (1-0.10) + (1-0.945) \times 0.1)}$$

$$= 0.9939$$

이다. 즉 검사결과가 양성이었다면 실제로 감염되었을 확률이 약 95.3%이며 검사결과가 양성이었다면 감염되지 않았을 확률이 약 99.4%로 높다. 그런데 만약 유병률이 1%라면 양성예측도와 음성예측도는 각각 0.646과 0.9994가 되며, 유병률이 0.1%라면 양성예측도와 음성예측도는 각각 0.153과 0.9999이다. 이와 같이 같은 민감도와 특이도라 하더라도 유병률에 따라 양성예측도와 음성예측도는 달라진다.

9.3.3 판정기준의 설정과 ROC 곡선

진단을 위해 임상검사를 했을 때 어떤 연속적인 수치로서 측정되는 경우가 많다. 이때 연구자가 이러한 수치로부터 음성과 양성을 가르는 기점(cutoff point)을 어떻게 정하느냐에 따라 민감도와 특이도가 달라진다.

실제 질병을 가진 사람들과 정상인 사람들의 어떤 화학 검사수치가 각각 다음 그림과 같은 정규분포를 따른다고 가정하여 보자. 두 분포가 어느 정도 겹쳐지므로 완벽한 판정은 어려울 것이다. 이때 그림 (a)의 경우에서 음성과 양성을 가르는 값을 60으로 한다면, 정상이면서도 양성으로 잘못 판정되는 부분(FP)과 질병이 있음에도 음성으로 잘못 판정되는 부분(FN)이 각각 비슷한 비율로 발생할 것이다. 즉 이 경우의 민감도와 특이도는 비슷한 수준(예컨대 모두 90%)을 갖게 된다. 그런데 만약 연구자가 그림 (b)와 같이 분기점을 55로 낮춘다면 질병이 있음에도 음성으로 판정되는 부분(FN)은 더 작아지는 반면 정상이면서도 양성으로 잘못 판정되는 부분(FP)은 커지게 된다. 즉, 이때의 민감도는 더 커지는 대신 특이도는 더 작아진다(예컨대 민감도 95%, 특이도 85%).

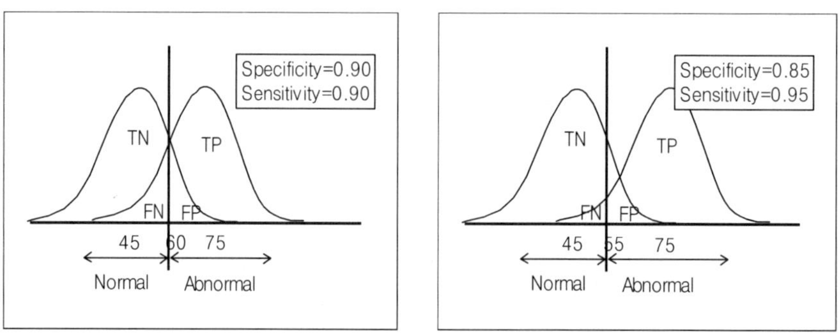

(a) (b)

이와 같이 민감도와 특이도는 하나가 커지면 다른 하나는 작아지는, 서로 교역하는 성질이 있다. 이러한 관계를 잘 나타내 주는 것이 ROC(receiver operating characteristic) 곡선이다. ROC 곡선은 여러 개의 판정기준점에 대해 각각 민감도와 특이도를 계산한 후에 가로축을 위양성률(=1 − 특이도)로 하고, 세로축을 민감도로 하여 그래프를 그린 것이다. 그래프에서 더 왼쪽에 있으면서 더 위에 있는 점일수록 민감도가 커지고 위양성률은 작아지므로 더 정확한 진단이 된다.

예제 9.6

다음은 어떤 질병의 진단을 가르는 기준점을 찾기 위해 검사점수 10점부터 140점을 기준점으로 하는 것까지 14개의 수준에 대해 각각의 민감도와 특이도를 검사한 결과이다.

기준점	민감도	특이도
10	0.94	0.20
20	0.92	0.25
30	0.91	0.35
40	0.88	0.43
50	0.8	0.45
60	0.8	0.58
70	0.79	0.59
80	0.74	0.62
90	0.73	0.71
100	0.71	0.8
110	0.69	0.75
120	0.68	0.78
130	0.50	0.85
140	0.30	0.88

ROC 곡선은 아래 그림과 같이 된다. 특이도가 작을수록(즉, 1-특이도가 클수록) 민감도가 커지는 경향이 있음을 알 수 있다. 그림에서 A와 B로 표시된 두 점을 비교하여 보자. 점 A는 특이도는 높으나 민감도는 낮은 점이고(민감도 = 0.50, 특이도 = 0.85), 점 B는 상대적으로 특이도는 더 낮지만 민감도는 더 높다(민감도 = 0.88, 특이도 = 0.43). 그림의 점 A는 음성과 양성의 기준을 140점으로 한 것이고 B는 40점으로 한 것이다. 민감도와 특이도가 모두 높아야 좋지만, 교역하는 성질이 있으므로 민감도와 특이도의 합이 큰 지점을 선택하는 경우가 많다. 민감도가 더 높은 점을 선택할 것인가 특이도가 높은 점을 선택할 것인가 하는 문제는 원칙적으로 각각의 사안별로 어떤 오류가 더 심각한가를 판단하여 결정해야 할 것이다.

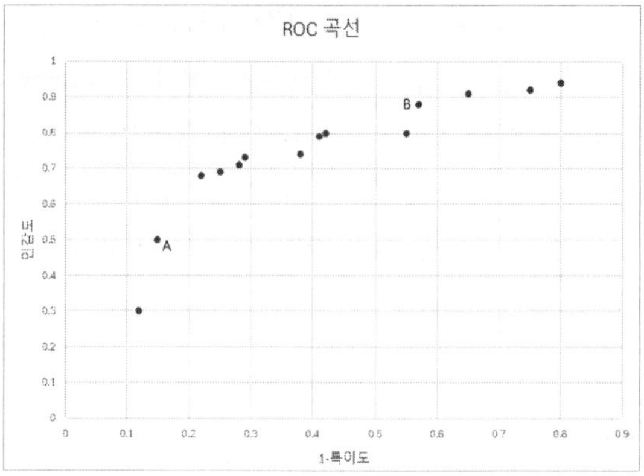

ROC 곡선은 여러 개의 진단법을 비교하는 데에도 유용하게 사용된다. 예를 들어 어떤 질병을 진단하는 데 두 가지 검사방법이 있을 때 각각에 대해 여러 개의 기준점에서의 ROC 곡선을 그린 것이 아래 그림과 같다고 하자. 검사법 A는 검사법 B에 비해 모든 점에서 항상 더 왼쪽, 더 위쪽에 위치하고 있으므로 항상 민감도와 특이도가 더 높게 되고 따라서 더 바람직한 진단방법이라고 할 수 있다. 더 나아가서 두 진단법이 통계적으로 유의하게 차이가 있는지를 검정할 수도 있다. 의학에서의 진단법과 관련된 다양한 분석방법에 대해서는 Zhou et al.(2011)을 추천한다.

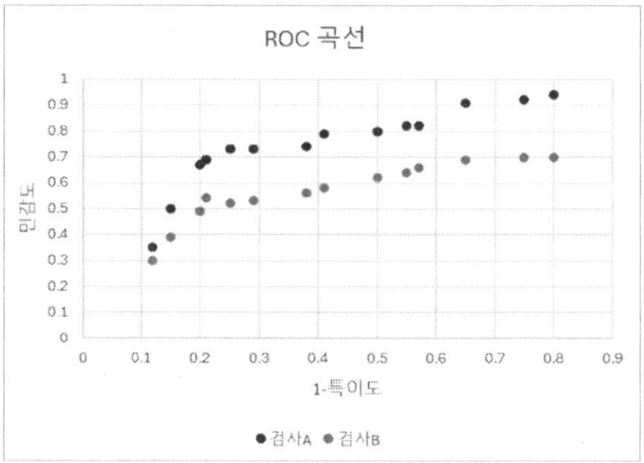

9.3.4 Excel을 이용한 민감도와 특이도 계산

민감도와 특이도는 워크시트디자인을 통해서 계산할 수 있다. 다음 그림은 민감도와 특이도를 계산하기 위한 디자인시트이다. "입력"이라고 표시된 B5:C6에 데이터를 입력하고, B9에 유병률을 넣으면 민감도와 특이도, 양성예측도와 음성예측도가 계산된다. 이때 양성과 음성의 위치, 질병 유무의 위치를 똑같이 해 주는 것을 잊지 말자.

	A	B	C	D
1		[특이도와 민감도]		
3	입력			
4		유 D+	무 D-	
5	양성 판정 T+	"입력"	"입력"	
6	음성판정 T-	"입력"	"입력"	
7	계	= SUM(B5:B6)	= SUM(C5:C6)	
8				
9	유병율	"입력"		
10				
11	결과			
12				
13	민감도	= B5/B7		
14	특이도	= C6/C7		
15	양성 예측도	= (B13*B9)/(B13*B9+(1-B14)*(1-B9))		
16	음성 예측도	= (B14*(1-B9))/(B14*(1-B9)+(1-B13)*B9)		

예제 9.5 계속

예제 9.5의 민감도와 특이도를 계산해보자. 위의 디자인시트를 이용하여 예제 9.5에서 B사의 진단키트에 대한 값을 계산한 결과는 다음과 같다.

	A	B	C	D
1		[특이도와 민감도]		
3	입력			
4		유 D+	무 D-	
5	양성 판정 T+	69	1	
6	음성판정 T-	4	190	
7	계	73	191	
8				
9	유병율	0.000093		
10				
11	결과			
12				
13	민감도	0.945205479		
14	특이도	0.994764398		
15	양성 예측도	0.016513957		
16	음성 예측도	0.999994877		

9.4 연습문제

01 우리나라 암환자 1,000명의 혈액형을 조사한 결과는 다음과 같다. 이를 토대로 혈액형별로 암 발생 비율이 다르다고 할 수 있는가? 한국인의 혈액형 비율은 O형, A형, B형, AB형이 각각 28%, 34%, 27%, 11%로 알려져 있다. 가설을 세우고 유의수준 5%로 검정하시오.

혈액형	O형	A형	B형	AB형	계
암환자 수	286명	358명	247명	109명	1,000

02 여러 가지 피임방법별로 계획하지 않은 임신을 하게 된 사람들의 비율은 다음과 같다. 각 피임법에 대해 피임을 하지 않은 여성에 대한 상대위험도를 구하라.

피임방법	하지 않음	기구 사용	약 복용
임신 여성 수	43	10	37
총조사 인원수	100	100	100

03 산후 우울증에 대한 연구에서, 연구자는 초산인 여성 116명을 뽑아 산후 우울증에 대한 위험요인으로 배우자의 무관심이나 애정결핍을 고려하여 조사하고, 산후 1개월 때 산후 우울증에 대해 조사하였다. 결과는 다음의 표와 같다.

위험요인	산후 우울증		총계
	유	무	
유	5	21	26
무	8	82	90
총 계	13	103	116

① 상대위험률과 오즈비를 구하라.

② 상대위험률과 오즈비에 대한 95% 신뢰구간을 구하라.

③ 위의 ①, ②로부터 어떤 해석을 할 수 있는가?

04 소아의 호흡기 검체에서 마이코플라스마 폐렴을 조기에 진단하기 위해 신속 항원 검사 방법을 사용하고자 한다. 2~5세에서 마이코플라스마 폐렴의 유병률이 43%라고 한다. 이 방법의 평가를 위해 200개의 검체를 수집하여 검사를 실시하였다. 배양검사 결과를 기준(gold standard)으로 판단하려고 한다. 배양검사결과가 양성인 120개의 검체 중에서 신속항원검사로 양성이 나온 것은 70개였으며, 배양결과가 음성인 80개의 검체 중에서 신속항원검사가 음성으로 나온 것은 76개였다.

① 신속항원검사의 민감도와 특이도를 구하고 평가하시오.
② 양성예측도와 음성예측도를 구하고 해석하시오.

05 한 연구에 따르면 40세 미만 여성의 경우 유방암을 찾아내기 위한 진단법인 유방조영술의 민감도는 0.77이고 특이도는 0.87이라고 한다. 인구집단에서 특정 여성이 유방암에 걸릴 확률이 0.007이라고 하자.

① 유방조영술 결과가 양성으로 나타났을 때 그 여성이 실제로 유방암에 걸렸을 확률은 얼마인가?
② 유방암의 유병률이 5%라면 ①의 값은 어떻게 달라지는가?

06 두 지역에서 각각 200가정을 뽑아, 대기오염으로 인해 고통스러운지에 대해 질문을 하였다. 그 결과는 다음과 같다.

지 역	대기오염에 의한 고통	
	유	무
A	43	157
B	81	119

① 귀무가설과 대립가설을 세우시오.
② 유의수준 5%로 카이제곱검정하라.

07 두통에 대한 치료법이 개발되었는데 두통의 종류(긴장성 두통, 편두통)에 따라 치료의 결과가 달라지는지 알아보려고 한다. 각 그룹별로 50명씩 선정하여 치료 후에 효과가 있었는지 설문조사한 결과는 다음과 같다. 두통의 종류와 치료효과 간에 연관이 있는지 유의수준 5%로 카이제곱검정을 실시하여라.

	치료효과			총계
	전혀 효과 없음	약간 효과 있음	매우 효과 있음	
긴장성 두통	18	16	16	50
편두통	16	14	20	50
총 계	34	30	36	100

08 박테리아 감염진단을 위한 적절한 기준점을 찾기 위한 연구를 실시하였다. 각 기준점에서의 민감도와 특이도는 다음과 같다. 이에 대한 ROC 곡선을 그리고 해석하시오.

기준점	민감도(%)	특이도(%)
5	100	3
10	100	30
12	75	50
15	52	70
17	35	80
20	3	90
22	0	97
25	0	98

10장

비모수적 추론

지금까지 다루어 온 통계적 추론들은 모집단에 대한 가정을 토대로 하여 전개되었다. 예를 들어 두 집단의 모평균을 비교하기 위해 t-검정을 시행한다고 할 때 각 모집단이 정규분포를 따른다는 가정을 하게 된다. 이러한 방법을 통칭하여 모수적(parametric) 방법이라고 한다. 그런데 만약 모집단에 대한 정보가 전혀 없거나 정규분포와는 전혀 다른 형태를 가지고 있다면 이러한 가정에 근거한 검정방법은 타당하지 않게 된다. 이때에는 모집단의 분포에 대한 가정을 구체화하지 않는 추론과정이 필요하게 되는데 이러한 방법을 비모수적(nonparametric) 방법이라고 한다. 이 장에서는 대표적인 비모수적 방법을 알아보기로 한다.

10.1 순위합 검정

독립된 두 모집단으로부터 표본을 추출하여 두 그룹의 평균을 비교하기 위한 모수적 방법으로 t−검정을 배운 바 있다. 순위합 검정(rank sum test)은 이러한 독립표본 t−검정에 대응되는 비모수적 방법이라 할 수 있다. t−검정과는 달리 순위합 검정에서는 모집단의 분포가 정규분포라는 등의 가정이 필요 없게 된다. 단지 두 집단의 분포 형태가 같은 모양을 가지고 있다는 가정만이 필요하다. 이때 두 분포의 중심위치(중앙값)가 차이가 있는지를 검정하게 된다.

10.1.1 윌콕슨의 순위합 검정

먼저 두 가지 처리에 각각 n_1, n_2개의 표본이 할당되었다고 하자. 편의상 $n_1 < n_2$라고 하고 $n = n_1 + n_2$라고 하자. 두 그룹의 데이터를 섞어 n개의 데이터를 크기순으로 나열하고 작은 값부터 차례로 순위를 매긴다. 같은 값(동점; tie)이 있다면 해당 순위들의 평균값을 매긴다. 예컨대 50이라는 데이터 값이 둘 있고 이것이 네 번째로 작은 값이면 두 데이터 모두에 4.5(=(4+5)/2)라는 순위를 매긴다. 첫 번째 그룹에서 얻어진 n_1개 데이터의 순위를 모두 더한 것을 T_1이라 하고, 두 번째 그룹에서의 n_2개 데이터들의 순위합을 T_2라고 하자. n개 데이터들의 순위합은 $n(n+1)/2$이므로 항상 $T_1 + T_2 = n(n+1)/2$이 성립한다.

첫 번째 그룹(표본의 수가 작은 쪽)의 순위합 T_1을 검정통계량으로 한다. 예컨대 첫 번째 그룹이 두 번째 그룹에 비해 작은 값들이 많다면 첫 번째 그룹의 순위합은 상대적으로 작아지게 되고, 이 값이 충분히 작을 때 첫 번째 처리가 두 번째 처리보다 중앙값이 작다고 할 수 있을 것이다.

모수적 검정법에서와 마찬가지로 다음과 같은 세 가지 형태의 가설과 검정절차를 생각할 수 있다. 여기서 M_1과 M_2는 각각 두 그룹의 모집단의 중심위치(중앙값)를 의미한다.

❶ $H_0 : M_1 = M_2$ vs. $H_1 : M_1 > M_2$일 때, $T_1 \geq c$이면 귀무가설 기각

❷ $H_0 : M_1 = M_2$ vs. $H_1 : M_1 < M_2$일 때, $T_1 \leq c$이면 귀무가설 기각

❸ $H_0 : M_1 = M_2$ vs. $H_1 : M_1 \neq M_2$일 때, $T_1 \geq c_1$ 또는 $T_1 \leq c_2$이면 귀무가설 기각

이때 기준이 되는 c 또는 c_1, c_2는 T_1의 확률분포로부터 구해지는 것으로, n이 10보다 작으면 부록의 순위합 검정통계량의 확률분포표를 이용하여 구할 수 있다. 예를 들어 $n_1 = 4$, $n_2 = 5$일 때 $P(T_1 \geq 28) = P(T_1 \leq 12) = 0.032$이다. 가설 ❶의 경우이면 $T_1 \geq 28$일 때 실제 유의수준 3.2%에서 귀무가설을 기각한다. 가설 ❷라면 $T_1 \leq 12$일 때 귀무가설을 기각한다. 양측 검정인 가설 ❸의 경우이면 $P(T_1 \geq 29) = P(T_1 \leq 11) = 0.016$이므로 $T_1 \geq 29$이거나 $T_1 \leq 11$일 때 실제 유의수준 3.2%로 귀무가설을 기각하게 된다.

n_1과 n_2가 크면 정규근사를 이용할 수 있다. T_1은 근사적으로 정규분포를 따르며 귀무가설하에서 평균과 분산은 각각

$$\text{평균} = \frac{n_1(n+1)}{2}, \quad \text{분산} = \frac{n_1 n_2 (n+1)}{12}$$

이 된다. 다음과 같은 통계량

$$Z = \frac{T_1 - n_1(n+1)/2}{\sqrt{n_1 n_2 (n+1)/12}}$$

이 귀무가설하에서 표준정규분포를 따른다는 사실을 이용하여 검정한다. 즉, 유의수준 α일 때 가설검정 절차는 다음과 같다.

❶ $H_0 : M_1 = M_2$ vs. $H_1 : M_1 > M_2$일 때, $Z \geq z_\alpha$이면 귀무가설 기각

❷ $H_0 : M_1 = M_2$ vs. $H_1 : M_1 < M_2$일 때, $Z \leq -z_\alpha$이면 귀무가설 기각

❸ $H_0 : M_1 = M_2$ vs. $H_1 : M_1 \neq M_2$일 때, $|Z| \geq z_{\alpha/2}$이면 귀무가설 기각

여기서 z_α는 표준정규분포에서 상위 α에 해당하는 임계치이다.

동점인 관측치가 많을 때는 분산에 다음과 같은 수정인자를 곱해준다.

$$\text{수정인자} = 1 - \frac{\sum_{j=1}^{k} t_j^3 - \sum_{j=1}^{k} t_j}{(n_1 + n_2)[(n_1 + n_2)^2 - 1]}$$

이다. 여기서 k는 동점이 나타나는 개수이고, t_j는 j번째 동점에서 동점인 데이터 값의 개수이다. 예를 들어 데이터가 5, 5, 5, 6, 6, 7이라면, 동점은 5와 6이 있으므로 $k = 2$이고, t_1은 3(=5가 세 번), t_2는 2(=6이 두 번)가 된다. 따라서, 수정된 분산은

$$수정된\ 분산 = \frac{n_1 n_2 (n+1)}{12}\left\{1 - \frac{\sum_{j=1}^{k} t_j^3 - \sum_{j=1}^{k} t_j}{(n_1+n_2)[(n_1+n_2)^2-1]}\right\}$$

이 되고 검정통계량은 다음과 같이 수정된다.

$$Z^* = \frac{T_1 - \frac{n_1(n+1)}{2}}{\sqrt{\frac{n_1 n_2 (n+1)}{12}\left\{1 - \frac{\sum_{j=1}^{k} t_j^3 - \sum_{j=1}^{k} t_j}{(n_1+n_2)[(n_1+n_2)^2-1]}\right\}}}$$

이제 가설검정 절차는 다음과 같이 된다.

❶ $H_0 : M_1 = M_2$ vs. $H_1 : M_1 > M_2$일 때, $Z^* \geq z_\alpha$이면 귀무가설 기각

❷ $H_0 : M_1 = M_2$ vs. $H_1 : M_1 < M_2$일 때, $Z^* \leq -z_\alpha$이면 귀무가설 기각

❸ $H_0 : M_1 = M_2$ vs. $H_1 : M_1 \neq M_2$일 때, $|Z^*| \geq z_{\alpha/2}$이면 귀무가설 기각

예제 10.1

10마리의 쥐를 5마리씩 두 그룹으로 나누어 한 그룹만 훈련을 시켰다. 이러한 학습효과가 비슷한 유형의 다른 훈련에도 영향을 미치는지 알아보기 위해 새로운 훈련을 시키고 어떤 기준에 도달할 때까지의 시행 횟수를 기록하여 순위를 매긴 결과는 다음과 같다. 사전훈련을 한 그룹의 시행횟수가 그렇지 않은 그룹보다 적은지 순위합 검정을 이용하여 알아보자.

사전훈련그룹(그룹1)		비훈련그룹(그룹2)	
시행횟수	순위	시행횟수	순위
75	7	110	10
64	4	70	5
74	6	53	3
45	1	51	2
82	8	90	9
순위합	26	순위합	29

이때의 귀무가설과 대립가설은 다음과 같다.

$$H_0 : M_1 = M_2 \text{ vs. } H_1 : M_1 < M_2$$

이때의 기각역은 $T_1 \leq c$의 형태이다. 부록의 순위합 검정통계량의 확률분포표를 찾

아보자. 이때 첫 번째 그룹의 개수가 5, 두 번째 그룹이 5인 경우에서 $P(T_1 \le 19) = 0.048$이고 $P(T_1 \le 20) = 0.075$이다. 즉 순위합이 19보다 작거나 같을 때 실제 유의수준 4.8%로 귀무가설을 기각할 수 있다. 그런데 그룹1의 순위합은 26이므로 귀무가설은 기각되지 않는다.

만약 정규근사를 이용한다면

$$\text{평균} = \frac{5 \times (10+1)}{2} = 27.5$$

$$\text{분산} = \frac{5 \times 5 \times 11}{12} = 22.917$$

$$Z = \frac{26 - 27.5}{\sqrt{22.917}} = -0.3133$$

이 된다. $Z < -z_\alpha$일 때 기각할 수 있다. 유의수준을 5%로 했을 때 Z가 정규분포의 임계치 $-z_{0.05} = -1.645$ 크므로 귀무가설은 기각되지 않는다.

예제 10.2

식이요법에 따라 정신적 기민성(mental alertness)의 수준이 달라지는지 알아보기 위해 시험 대상자를 랜덤하게 두 그룹으로 나누어 한 집단은 정규식을 제공하고 다른 한 그룹은 저지방 식이를 실시하였다. 식이요법 적용 후 정신적 기민성 검사를 실시한 결과는 다음과 같다. 두 그룹의 점수에 차이가 있는지 양측검정을 하여 알아보자.

식이요법	기민성 검사 점수
정규식 (10명)	55 57 60 82 96 40 68 92 55 87
저지방식 (10명)	85 93 70 80 85 62 56 90 68 98

아래와 같이 각 데이터값의 순위를 매길 수 있다. 동점인 것은 순위의 평균을 사용하였다. 가설은 다음과 같다.

$H_0 : M_1 = M_2$ (두 그룹의 검사점수에 대한 중심위치는 같다)

vs. $H_1 : M_1 \ne M_2$ (두 그룹의 검사점수에 대한 중심위치는 다르다)

정규식	저지방식	순위-정규식	순위-저지방식
55	85	2.5	13.5
57	93	5	18
60	70	6	10
82	80	12	11
96	85	19	13.5
40	62	1	7
68	56	8.5	4
92	90	17	16
55	68	2.5	8.5
87	98	15	20

대표본 근사를 이용하여 검정하여 보자. 귀무가설하에서의 첫 번째 그룹의 순위합인 T_1의 기댓값과 분산은 각각

$$\text{평균} = \frac{n_1(n+1)}{2} = \frac{10 \times 21}{2} = 105,$$

$$\text{분산} = \frac{n_1 n_2 (n+1)}{12} = \frac{10 \times 10 \times 21}{12} = 175$$

이 된다. 따라서

$$Z = \frac{88.5 - 105}{\sqrt{175}} = -1.2473$$

가 된다. 유의수준을 5%로 했을 때 정규분포의 양측검정의 임계치는 1.96이며, $|Z| < 1.96$이므로 귀무가설은 기각되지 않는다. 즉, 두 그룹의 검사점수는 유의한 차이가 없다.

이 데이터에서는 동점이 발생하였다. 55점이 2명, 68명이 2명, 85점이 2명이다. 즉, 동점인 수는 $k = 3$이고 $t_j (j = 1,2,3)$는 각각 2, 2, 2가 된다.

$$\begin{aligned}
\text{수정인자} &= 1 - \frac{\sum_{j=1}^{k} t_j^3 - \sum_{j=1}^{k} t_j}{(n_1 + n_2)[(n_1 + n_2)^2 - 1]} \\
&= 1 - \frac{(2^3 + 2^3 + 2^3) - (2 + 2 + 2)}{(10 + 10)[(10 + 10)^2 - 1]} \\
&= 0.9977
\end{aligned}$$

이다. 수정된 분산은 분산에 수정인자를 곱한 값$175 \times 0.9977 = 174.61$이 되므로, 수정된 검정통계량은

$$Z^* = \frac{88.5 - 105}{\sqrt{174.61}} = -1.249$$

이다. 검정통계량이 아주 조금 커졌으나, 여전히 유의하지는 않다.

10.1.2 Excel을 이용한 순위합 검정

Excel을 이용하여 순위합 검정을 해 보자. Excel에서는 비모수적 방법에 대한 데이터 분석 기능은 없다. 그러나 여기서 제시하는 워크시트디자인을 이용하면 쉽게 할 수 있다. 먼저 동점이 없는 경우로 예제 10.1의 데이터를 이용하여 설명하고, 다음에 예제 10.2의 동점이 있는 경우 분산을 수정하는 절차를 설명하기로 한다.

■ 동점이 없는 경우

예제 10.1 계속

예제 10.1의 데이터를 이용하여 순위합 검정을 해보자. "예제 10.1" 파일을 연다. 예제 10.1에는 그룹1과 그룹2 각각에 시행횟수가 5개씩 입력되어 있다.

	A	B
1	그룹 1	그룹 2
2	75	110
3	64	70
4	74	53
5	45	51
6	82	90

❶ C1과 D1을 클릭하여 각각 "그룹1순위", "그룹2순위"라고 쓰자. C2를 클릭하고 "=RANK.AVG(A2, $A:$B, 1)"이라고 입력한다. 이는 A열부터 B열 사이의 데이터 중 A2의 오름차순 순위를 구하라는 뜻이다. 마우스를 채우기 핸들 상태(+)로 놓고 D6셀까지 끈다.

	A	B	C	D
1	그룹 1	그룹 2	그룹1순위	그룹2순위
2	75	110	= RANK.AVG(A2, $A:$B,1)	= RANK.AVG(B2, $A:$B,1)
3	64	70	= RANK.AVG(A3, $A:$B,1)	= RANK.AVG(B3, $A:$B,1)
4	74	53	= RANK.AVG(A4, $A:$B,1)	= RANK.AVG(B4, $A:$B,1)
5	45	51	= RANK.AVG(A5, $A:$B,1)	= RANK.AVG(B5, $A:$B,1)
6	82	90	= RANK.AVG(A6, $A:$B,1)	= RANK.AVG(B6, $A:$B,1)

❷ 중복된 순위가 있는지 알아보기 위해 C2:D6을 선택한 상태에서 『홈』 탭 「스타일」 그룹의 '조건부 서식' 단추 조건부 서식 를 누르자. 그림 (a)와 같은 하위 메뉴가 나타난다. '셀 강조 규칙'을 선택한다. 그림 (b)와 같은 하위 메뉴가 다시 나타난다. '중복 값'을 선택하자. 그림 (c)와 같은 대화상자가 나온다. 확인 을 클릭한다.

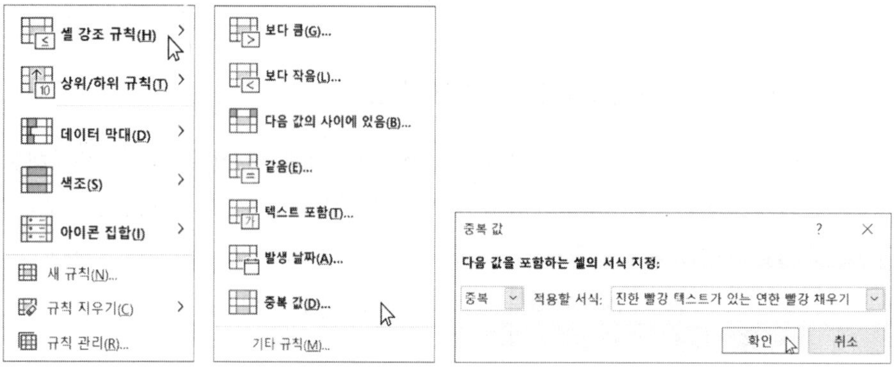

(a) (b) (c)

❸ 예제 10.1에는 중복된 순위가 없으므로 C2:D6셀에는 아무런 변화가 없다.

	A	B	C	D
1	그룹 1	그룹 2	그룹1순위	그룹2순위
2	75	110	7	10
3	64	70	4	5
4	74	53	6	3
5	45	51	1	2
6	82	90	8	9

❹ 이제 순위합과 정규근사를 위한 검정을 해보자. 먼저 워크시트의 F열부터 H열까지의 위치에 다음과 같이 입력하자.

	F	G	H
1	**집단별 특성**		
2		그룹 1	그룹 2
3	순위합		
4	표본수		
5			
6	**대표본 근사**		
7	평균		
8	분산		
9			
10			
11			
12	Z값		
13			
14			
15	**가설 검정**		
16		대립가설	p-값
17	1. 단측검정(위쪽)	$M_1 > M_2$	
18	2. 단측검정(아래쪽)	$M_1 < M_2$	
19	3. 양측검정	$M_1 \neq M_2$	

❺ 그룹1의 순위합을 구하기 위해 G3를 클릭하여 “SUM(C:C)”를 쓰고, 그룹1의 데이터 개수를 구하기 위해서 G4를 클릭하고 “COUNT(A:A)”를 쓴다. 마찬가지로 H3과 H4에는 각각 “SUM(D:D)”와 “COUNT(B:B)”를 쓴다. 이렇게 계산된 그룹1의 순위합을 이용하여 앞에서 설명한 바대로 윌콕슨의 순위합 검정분포표를 찾으면 된다.

❻ 대표본근사를 이용한 검정을 하기 위해서는 G7과 G8에 각각 평균과 분산을 구하기 위한 식 "=G4*(G4+H4+1)/2"과 "=G4*H4*(G4+H4+1)/12"를 쓴다. 검정통계량 Z－값은 식 "=(G3－G7)/SQRT(G8)"를 G12셀에 쓴다. 여기서는 단측검정과 양측검정의 p－값을 NORM.S.DIST를 사용하여 구하였다.

❼ H17:H19셀에 아래의 그림 (a)와 같이 입력하자. 우리가 원하는 가설 $H_1 : M_1 < M_2$는 디자인시트에서 “2. 단측검정(아래쪽)”이다. 그림 (b)를 보면 이때의 p－값이 0.3770이므로(>0.05), 귀무가설이 기각되지 않음을 확인할 수 있다.

	F	G	H
1		집단별 특성	
2		그룹 1	그룹 2
3	순위합	= SUM(C:C)	= SUM(D:D)
4	표본수	= COUNT(A:A)	= COUNT(B:B)
5			
6		대표본 근사	
7	평균	= G4*(G4+H4+1)/2	
8	분산	= G4*H4*(G4+H4+1)/12	
9			
10			
11			
12	Z값	= (G3-G7)/SQRT(G8)	
13			
14			
15		가설 검정	
16		대립가설	p-값
17	1. 단측검정(위쪽)	$M_1 > M_2$	= 1-NORM.S.DIST(G12,1)
18	2. 단측검정(아래쪽)	$M_1 < M_2$	= NORM.S.DIST(G12,1)
19	3. 양측검정	$M_1 \neq M_2$	= (1-NORM.S.DIST(ABS(G12),1))*2

(a)

	F	G	H
1		집단별 특성	
2		그룹 1	그룹 2
3	순위합	26	29
4	표본수	5	5
5			
6		대표본 근사	
7	평균	27.5	
8	분산	22.91666667	
9			
10			
11			
12	Z값	-0.313339781	
13			
14			
15		가설 검정	
16		대립가설	p-값
17	1. 단측검정(위쪽)	$M_1 > M_2$	0.622988735
18	2. 단측검정(아래쪽)	$M_1 < M_2$	0.377011265
19	3. 양측검정	$M_1 \neq M_2$	0.75402253

(b)

동점이 없는 경우에 각자의 연구결과에 대한 순위합 검정결과를 구하기 위해서는 위의 예에서 A열에 개수가 적은 그룹의 데이터를 써주고 B열에 두 번째 그룹의 데이터를 써주기만 하면 된다. 나머지 함수식의 위치나 수식은 똑같이 쓰면 된다.

■ 동점이 있는 경우

예제 10.2 계속

이제 예제 10.2의 데이터를 가지고 동점이 있을 때 이를 보정하는 순위합 검정을 해 보자. “예제

10.2" 파일을 연다. 예제 10.2는 그룹1과 그룹2 각각에 18개과 21개의 정신연령점수가 입력되어 있다.

❶ 예제 10.1에서와 같이 C2에 "=RANK.AVG(A2,$A:$B,1)"를 입력하고 이를 C11까지 채우기 핸들로 채운다. 마찬가지로 C2를 채우기 핸들 상태로 D2에 끌어 D2를 채운 후, 다시 D2를 선택하여 채우기 핸들 상태에서 D11까지 끌어 순위를 구하는 함수를 입력한다.

	A	B	C	D
1	그룹1	그룹2	그룹1순위	그룹2순위
2	55	85	=RANK.AVG(A2,$A$2:$B$11,1)	=RANK.AVG(B2,$A$2:$B$11,1)
3	57	93	=RANK.AVG(A3,$A$2:$B$11,1)	=RANK.AVG(B3,$A$2:$B$11,1)
4	60	70	=RANK.AVG(A4,$A$2:$B$11,1)	=RANK.AVG(B4,$A$2:$B$11,1)
5	82	80	=RANK.AVG(A5,$A$2:$B$11,1)	=RANK.AVG(B5,$A$2:$B$11,1)
6	96	85	=RANK.AVG(A6,$A$2:$B$11,1)	=RANK.AVG(B6,$A$2:$B$11,1)
7	40	62	=RANK.AVG(A7,$A$2:$B$11,1)	=RANK.AVG(B7,$A$2:$B$11,1)
8	68	56	=RANK.AVG(A8,$A$2:$B$11,1)	=RANK.AVG(B8,$A$2:$B$11,1)
9	92	90	=RANK.AVG(A9,$A$2:$B$11,1)	=RANK.AVG(B9,$A$2:$B$11,1)
10	55	68	=RANK.AVG(A10,$A$2:$B$11,1)	=RANK.AVG(B10,$A$2:$B$11,1)
11	87	98	=RANK.AVG(A11,$A$2:$B$11,1)	=RANK.AVG(B11,$A$2:$B$11,1)

❷ 순위가 계산된 결과는 왼쪽 그림과 같다. 여기서 예제 10.1의 ❷와 같이 중복된 순위를 강조하기 위해 C:D열을 선택한 상태에서, 『홈』 탭 「스타일」 그룹의 '조건부 서식' 단추 [조건부 서식]를 누른 후 '셀 강조 규칙'을 선택하고 다시 '중복 값'을 선택하고 [확인]을 누른다. 오른쪽 그림과 같이 중복된 순위에 음영으로 강조되어 있다.

	A	B	C	D
1	그룹1	그룹2	그룹1순위	그룹2순위
2	55	85	2.5	13.5
3	57	93	5	18
4	60	70	6	10
5	82	80	12	11
6	96	85	19	13.5
7	40	62	1	7
8	68	56	8.5	4
9	92	90	17	16
10	55	68	2.5	8.5
11	87	98	15	20

	A	B	C	D
1	그룹1	그룹2	그룹1순위	그룹2순위
2	55	85	2.5	13.5
3	57	93	5	18
4	60	70	6	10
5	82	80	12	11
6	96	85	19	13.5
7	40	62	1	7
8	68	56	8.5	4
9	92	90	17	16
10	55	68	2.5	8.5
11	87	98	15	20

❸ 수정계수를 계산하는 데 필요한 값을 구해 보자. 우선 F1셀에 "중복 순위", G2셀에 "중복 개수", H3셀에 "중복 개수^3"이라고 적는다. 그리고 C:D열에 음영으로 강조된 중복된 순위를 각 순위마다 한 번씩만 F열에 적는다. G2에 "=COUNTIF(C:D,F2)", H2에

“=G2^3”라고 적고, 채우기 핸들로 채워 넣는다. 결과는 오른쪽 그림과 같다.

F	G	H
중복순위	중복개수	중복순위^3
2.5	=COUNTIF(C:D,F2)	=G2^3
8.5	=COUNTIF(C:D,F3)	=G3^3
13.5	=COUNTIF(C:D,F4)	=G4^3

F	G	H
중복순위	중복개수	중복순위^3
2.5	2	8
8.5	2	8
13.5	2	8

❹ J:M열에 다음의 그림 (a)와 같이 입력한다. 예제 10.1과 유사하나 “(수정인자)”, “(수정분산)”, “(수정된 p－값)” 등의 항목이 추가되었다. 예제 10.2의 검정 결과는 그림 (b)와 같다.

	J	K	L	M
1		집단별 특성		
2		그룹1	그룹2	
3	순위합	=SUM(C:C)	=SUM(D:D)	
4	표본수	=COUNT(A:A)	=COUNT(B:B)	
5				
6		대표본근사		
7	평균	=K4*(K4+L4+1)/2		
8	분산	=K4*L4*(K4+L4+1)/12		
9	(수정인자)	=1-((SUM(H:H)-SUM(G:G))/((K4+L4)*((K4+L4)^2-1)))		=20^2-1
10	(수정분산)	=K8*K9		=399*20
11				=18/M10
12	Z-값	=(K3-K7)/SQRT(K8)		=1-M11
13	(수정된 Z값)	=(K3-K7)/SQRT(K10)		
14				
15		가설검정		
16		대립가설	p-값	(수정된 p-값)
17	1.단측검정(위쪽)	M1>M2	=1-NORM.S.DIST(K12,1)	=1-NORM.S.DIST(K13,1)
18	2.단측검정(아래쪽)	M1<M2	=NORM.S.DIST(K12,1)	=NORM.S.DIST(K13,1)
19	3. 양측검정	M1≠M2	=(1-NORM.S.DIST(ABS(K12),1))*2	=(1-NORM.S.DIST(ABS(K13),1))*2

(a)

	J	K	L	M
1		집단별 특성		
2		그룹1	그룹2	
3	순위합	88.5	121.5	
4	표본수	10	10	
5				
6		대표본근사		
7	평균	105		
8	분산	175		
9	(수정인자)	0.997744361		399
10	(수정분산)	174.6052632		7980
11				0.002255639
12	Z-값	-1.247282761		0.997744361
13	(수정된 Z값)	-1.248691855		
14				
15		가설검정		
16		대립가설	p-값	(수정된 p-값)
17	1.단측검정(위쪽)	M1>M2	0.893853082	0.894111099
18	2.단측검정(아래쪽)	M1<M2	0.106146918	0.105888901
19	3. 양측검정	M1≠M2	0.212293836	0.211777801

(b)

여기서 디자인시트의 가설 "1. 단측검정(위쪽)", "2. 단측검정(아래쪽)", "3. 양측검정"은 각각 대립가설이 $H_1 : M_1 > M_2$, $H_1 : M_1 < M_2$, $H_1 : M_1 \neq M_2$ 인 경우이다. 우리가 세운 가설은 $H_1 : M_1 \neq M_2$ 으로, 양측검정 결과 수정된 p-값은 0.2118로 0.05보다 크므로 5% 유의수준하에서 귀무가설은 기각되지 않음을 알 수 있다.

동점이 있는 경우에 각자의 데이터를 분석하기 위해서는, 위의 과정에서 A열에 개수가 적은 그룹의 데이터를 쓰고, B열에 다른 그룹의 데이터를 쓰면 된다.

Tip

독립인 두 표본의 중심위치에 대한 비모수 검정방법으로 만-위트니의 U-검정(Mann-whitney test)도 있다. 만-위트니 U-검정의 검정통계량 U는 순위합 검정의 검정통계량인 T_1과 $T_1 = U + \frac{n(n+1)}{n}$ 의 관계에 있다. 따라서 만-위트니 U 검정과 윌콕슨의 순위합 검정은 본질적으로 같은 방법이며, 검정결과도 같다.

10.2 부호순위 검정

앞 절에서 다룬 순위합 검정은 독립된 두 집단의 비교를 위한 비모수적 방법으로서, 독립인 두 표본의 t-검정에 대응되는 것이다. 이번에는 짝지은 두 표본이 있을 때 그들을 비교하기 위한 비모수적 방법에 대해 알아보자. 이것은 모수적 방법에서의 짝지은 t-검정에 대응된다고 할 수 있겠다.

윌콕슨의 부호순위 검정(signed rank test)을 이용하여 짝지은 두 그룹을 비교하기 위해서는 짝지은 t-검정에서와 마찬가지로 먼저 각 쌍에서의 두 그룹의 차이를 계산하여야 한다. 이때 필요한 가정은 이러한 차이의 분포가 중심위치(중앙값)를 중심으로 대칭적인 형태라는 것이다.

10.2.1 윌콕슨의 부호순위 검정

n쌍의 데이터 (x_i, y_i)가 있다고 하고, 이들의 차이를 $d_i = x_i - y_i$라고 하자. 이때 $d_i = 0$인 데이터는 제외한다. 첫 번째 그룹의 데이터(x_i)들이 더 큰 값을 갖는 경향이 있

다면 d_i가 + 부호인 것이 많을 것이고, 그렇지 않고 두 번째 그룹의 데이터(y_i)들이 더 크면 − 부호가 더 많을 것이다. 더 나아가서, 단순히 +, −만 생각하지 말고 얼마나 큰지, 얼마나 작은지도 고려하면 좋을 것이다. 이를 위해서 순위를 이용하게 된다.

먼저 차이의 절댓값 $|d_i|$를 구하여 오름차순으로 정렬한다. d_i가 +인 것들의 해당 순위를 모두 더한 값(W^+)을 검정통계량으로 한다. 즉,

$$W^+ = \sum_{i=1}^{n} \psi_i R_i^+$$

이며, 여기서 R_i^+는 $|d_i|$의 순위이고, ψ_i는 다음과 같이 정의되는 함수이다.

$$\psi_i = \begin{cases} 1 & \text{if} \quad d_i > 0 \\ 0 & \text{if} \quad d_i < 0 \end{cases}$$

이 값이 충분히 크면(작으면), 첫 번째 처리가 두 번째 처리보다 중심위치가 크다고(작다고) 할 수 있을 것이다. 역시 다음과 같은 세 가지 형태의 가설과 검정절차를 생각할 수 있다. 여기서 M_d는 두 그룹의 차이에 대한 모집단의 중심위치를 의미한다.

❶ $H_0 : M_d = 0$ vs. $H_1 : M_d > 0$일 때, $W^+ \geq c$이면 귀무가설 기각

❷ $H_0 : M_d = 0$ vs. $H_1 : M_d < 0$일 때, $W^+ \leq c$이면 귀무가설 기각

❸ $H_0 : M_d = 0$ vs. $H_1 : M_d \neq 0$일 때, $W^+ \geq c_1$ 또는 $W^+ \leq c_2$이면 귀무가설 기각

이때 기준이 되는 c 또는 c_1, c_2는 W^+의 확률분포로부터 구해진다. n이 작을 때는 부록의 부호순위 검정통계량 확률분포표를 이용하여 구할 수 있다. 예를 들어 $n = 6$일 때 $P(W^+ \geq 20) = P(W^+ \leq 1) = 0.031$이다. 가설 ❶의 경우이면 $W^+ \geq 20$일 때 유의수준 3.1%에서 귀무가설을 기각한다. 가설 ❷라면 $W^+ \leq 1$일 때 유의수준 3.1%로 귀무가설을 기각한다. 양측 검정인 가설 ❸의 경우이면 $W^+ \geq 21$이거나 $W^+ \leq 0$일 때 유의수준 3.2%로 귀무가설을 기각하게 된다. 이러한 방식으로 원하는 유의수준에서의 기각역을 찾으면 된다.

만약 n이 크면 부록의 표에서 찾을 수 없고 정규근사를 이용할 수 있다. W^+는 근사적으로 정규분포를 따르며 귀무가설하에서 평균과 분산은 각각

$$\text{평균} = \frac{n(n+1)}{4}, \quad \text{분산} = \frac{n(n+1)(2n+1)}{24}$$

이 된다. 이제 다음과 같은 통계량

$$Z = \frac{W^+ - n(n+1)/4}{\sqrt{n(n+1)(2n+1)/24}}$$

이 귀무가설하에서 표준정규분포를 따른다는 사실을 이용하여 검정한다. 즉,

❶ $H_0 : M_d = 0$ vs. $H_1 : M_d > 0$일 때, $Z \geq z_\alpha$이면 귀무가설 기각
❷ $H_0 : M_d = 0$ vs. $H_1 : M_d < 0$일 때, $Z \leq -z_\alpha$이면 귀무가설 기각
❸ $H_0 : M_d = 0$ vs. $H_1 : M_d \neq 0$일 때, $|Z| \geq z_{\alpha/2}$이면 귀무가설 기각

여기서 z_α는 표준정규분포에서 상위 α에 해당하는 임계치이다.

표본 중에서 $|d_i|$에 동점이 있을 때에는 10.1절에서와 마찬가지로 평균 순위를 사용한다. 또한 정규근사를 사용할 때에 W^+의 분산을

$$\text{수정된 분산} = \frac{1}{24}n(n+1)(2n+1) - \frac{1}{48}\sum_{j=1}^{k} t_j(t_j-1)(t_j+1)$$

로 수정하여 사용한다. 여기서 k는 동점그룹의 수이고, t_j는 j번째 동점그룹의 크기 즉 동점그룹에 포함된 관측값의 개수이다. 만약 동점이 없을 경우 $t_j = 1$이 된다.

예제 10.3

어떤 명상 프로그램은 숙면에 도움이 준다고 한다. 이를 확인하기 위해 9명을 대상으로 명상프로그램 도입 전후의 평균수면시간을 조사하였다. 결과는 다음과 같다. 명상프로그램이 수면시간연장에 영향을 미쳤는지 분석해 보자.

번호	1	2	3	4	5	6	7	8	9
전	5.5	7.4	7.0	6.4	4.5	5.0	6.5	7.1	7.0
후	7.0	6.8	7.5	6.3	5.5	5.4	6.3	8.0	7.3
차이(후−전)	1.5	−0.6	0.5	−0.1	1	0.4	−0.2	0.9	0.3

이때 귀무가설과 대립가설은

H_0 : 명상프로그램 전후의 수면시간에 차이가 없다. ($H_0 : M_d = 0$)
H_1 : 명상프로그램이 수면시간을 연장하였다. ($H_1 : M_d > 0$)

부호순위 검정을 수행하자. 이때 부호순위에서 +인 것들의 순위합 $W^+ = 9+5+8+4+7+3 = 36$이다. 이 값이 충분히 큰 값이면 귀무가설을 기각하게 된다. 부록의 부호순

위 검정통계량 분포표를 보면 $n=9$일 때 $P(W^+ \geq 37)=0.049$이다. 따라서 유의수준 4.9%에서 귀무가설은 기각되지 않는다. 이때 p-값은 $P(W^+ \geq 36)=0.064$이 된다.

정규근사를 이용한다면 귀무가설하에서 W^+의 평균 $=(9\times10)/4=22.5$, W^+의 분산 $=n(n+1)(2n+1)/24=71.25$이므로, 검정통계량은

$$Z=\frac{W^+-n(n+1)/4}{\sqrt{n(n+1)(2n+1)/24}}=\frac{36-22.5}{\sqrt{71.25}}=1.5993$$

으로 계산된다. $z_{0.05}=1.6451$보다 크지 않으므로 5% 유의수준에서 역시 유의하지 않음을 알 수 있다.

예제 10.4

다음은 20명의 환자들이 어떤 재활 프로그램에 참가하기 전과 프로그램 이수 후의 재활정도를 측정한 것이다. 재활교육의 효과가 있다고 할 수 있는지 알아보자. 참가 전 점수−참가 후 점수를 계산하여 차이의 절댓값을 구하고 순위를 매긴다. 부호순위는 이 순위에 각각의 부호를 붙인 것이다.

환자번호	참가 전	참가 후	차이	|차이|의 순위	부호 순위	환자번호	참가 전	참가 후	차이	|차이|의 순위	부호 순위
1	10	15	−5	8	−8	11	16	24	−8	10.5	−10.5
2	8	10	−2	3	−3	12	10	23	−13	19.5	−19.5
3	5	10	−5	8	−8	13	15	25	−10	14	−14
4	14	13	1	1	1	14	5	15	−10	14	−14
5	15	25	−10	14	−14	15	24	20	4	6	6
6	22	20	2	3	3	16	20	25	−5	8	−8
7	17	20	−3	5	−5	17	14	24	−10	14	−14
8	10	22	−12	18	−18	18	10	23	−13	19.5	−19.5
9	8	16	−8	10.5	−10.5	19	15	25	−10	14	−14
10	20	18	2	3	3	20	14	25	−11	17	−17

이때 귀무가설과 대립가설을 각각

H_0 : 프로그램 참가 전과 후의 재활정도에 차이가 없다. ($H_0 : M_d=0$)

H_1 : 프로그램 참가 후 재활정도가 높다. ($H_1 : M_d<0$)

로 하고, 부호순위 검정을 수행하자. 이때 부호순위에서 +인 것들의 합 $W^+=13$이다. 정규근사를 이용하여 검정을 하자. 먼저 귀무가설하에서의 평균과 분산은 각각

$$\text{평균} = \frac{20(20+1)}{4} = 105, \quad \text{분산} = \frac{20 \times 21 \times 41}{24} = 717.5$$

이다. $|d_i|$가 동점인 경우가 2가 3개, 5가 3개, 10이 5개, 8이 2개, 13이 2개 있다. 따라서 $k = 5$이고 $t_j(j = 1,5)$는 각각 3, 3, 5, 2, 2이므로

$$\text{수정된 분산} = \text{분산} - \frac{1}{48}\sum_{j=1}^{k} t_j(t_j - 1)(t_j + 1) = 717.5 - 3.75 = 713.75$$

이다. 수정된 분산을 사용한 검정통계량은

$$Z = \frac{13 - 105}{\sqrt{713.75}} = -3.44$$

이다. 유의수준을 5%로 했을 때 단측검정의 임계치 -1.645보다 작으므로 5% 유의수준 하에서 귀무가설은 기각된다. 따라서 재활교육의 효과가 있다고 할 수 있다.

10.2.3 Excel을 이용한 부호순위 검정

Excel을 이용하여 부호순위 검정을 하여 보자. Excel에서 부호순위 검정을 하는 과정은 순위합 검정에서와 비슷한 과정을 거친다.

■ 동점이 없는 경우

예제 10.3 계속

"예제 10.3" 파일을 연다. 예제 10.3에는 명상프로그램 전후의 수면시간이 입력되어 있다.

❶ C1에 "차이"라고 쓴 다음 C2를 클릭하고 "=A2 − B2"를 입력하여 차이를 구한다. 채우기 핸들로 C21까지 끌어 함수를 채운다. D열에는 차이의 절댓값을 구해 놓자. 먼저 D2 셀을 클릭하여 "=ABS(C2)"를 입력하고 Enter 키를 친다. 마찬가지로 채우기 단추를 이용하여 나머지 값들의 절댓값도 구한다.

❷ E열에는 부호순위를 구해 보자. 다음 그림 (a)와 같이 E1에 "부호순위"를 입력한다. E2를 클릭하고 "=IF(C2>0,1, − 1)*RANK.AVG(D2,D:D,1)"을 입력한다. RANK.AVG 함수를 이용하여 차이의 절댓값에 대한 순위를 구한 다음, 부호가 0보다 큰 것들은 1을 곱하고, 그렇지 않으면 -1을 곱하도록 IF문을 활용한 것이다. 역시 채우기 핸들로 나머지 셀들도 계산한다. 결과는 (b)와 같다.

	A	B	C	D	E
1	전	후	차이	차이의절대값	부호순위
2	5.5	7	=B2-A2	=ABS(C2)	=IF(C2>0,1,-1)*RANK.AVG(D2,D:D,1)
3	7.4	6.8	=B3-A3	=ABS(C3)	=IF(C3>0,1,-1)*RANK.AVG(D3,D:D,1)
4	7	7.5	=B4-A4	=ABS(C4)	=IF(C4>0,1,-1)*RANK.AVG(D4,D:D,1)
5	6.4	6.3	=B5-A5	=ABS(C5)	=IF(C5>0,1,-1)*RANK.AVG(D5,D:D,1)
6	4.5	5.5	=B6-A6	=ABS(C6)	=IF(C6>0,1,-1)*RANK.AVG(D6,D:D,1)
7	5	5.4	=B7-A7	=ABS(C7)	=IF(C7>0,1,-1)*RANK.AVG(D7,D:D,1)
8	6.5	6.3	=B8-A8	=ABS(C8)	=IF(C8>0,1,-1)*RANK.AVG(D8,D:D,1)
9	7.1	8	=B9-A9	=ABS(C9)	=IF(C9>0,1,-1)*RANK.AVG(D9,D:D,1)
10	7	7.3	=B10-A10	=ABS(C10)	=IF(C10>0,1,-1)*RANK.AVG(D10,D:D,1)

(a)

	A	B	C	D	E
1	전	후	차이	차이의절대값	부호순위
2	5.5	7	1.5	1.5	9
3	7.4	6.8	-0.6	0.6	-6
4	7	7.5	0.5	0.5	5
5	6.4	6.3	-0.1	0.1	-1
6	4.5	5.5	1	1	8
7	5	5.4	0.4	0.4	4
8	6.5	6.3	-0.2	0.2	-2
9	7.1	8	0.9	0.9	7
10	7	7.3	0.3	0.3	3

(b)

❸ 통계량을 구하고 대표본근사를 하기 위해서는 K:N열에 그림 (a)와 같이 입력한다. 검정 결과는 그림 (b)와 같다.

	K	L	M
1		**특성**	
2	순위합	=SUMIF(C:C,">0",E:E)	
3	표본수	=COUNT(A:A)	
4			
5		**대표본근사**	
6	평균	=L3*(L3+1)/4	
7	분산	=L3*(L3+1)*(2*L3+1)/24	
8			
9			
10			
11	z-값	=(L2-L6)/SQRT(L7)	
12			
13			
14		**가설검정**	
15		대립가설	p-값
16	1.단측검정(위쪽)	$M_d>0$	=1-NORM.S.DIST(L11,1)
17	2.단측검정(아래쪽)	$M_d<0$	=NORM.S.DIST(L11,1)
18	3.양측검정	$M_d\neq0$	=(1-NORM.S.DIST(ABS(L11),1))*2

(a)

	K	L	M
1		특성	
2	순위합	36	
3	표본수	9	
4			
5		대표본근사	
6	평균	22.5	
7	분산	71.25	
8			
9			
10			
11	z-값	1.59934197	
12			
13			
14		가설검정	
15		대립가설	p-값
16	1.단측검정(위쪽)	$M_d>0$	0.054872319
17	2.단측검정(아래쪽)	$M_d<0$	0.945127681
18	3.양측검정	$M_d\neq0$	0.109744639

(b)

■ 동점이 있는 경우

이번에는 "예제 10.4"를 이용하여 동점이 있을 때 수정된 분산을 이용한 분석을 해 보자.

예제 10.4 계속

❶ 앞의 예와 마찬가지로 차이, 차이의 절댓값, 부호순위를 구한다.

	C	D	E
1	차이	차이의 절댓값	부호 순위
2	-5	5	=IF(C2>0,1,-1)*RANK.AVG(D2,D:D,1)
3	-2	2	
4	-5	5	
5	1	1	
6	-10	10	
7	2	2	
8	-3	3	
9	-12	12	
10	-8	8	
11	2	2	
12	-8	8	
13	-13	13	
14	-10	10	
15	-10	10	
16	4	4	
17	-5	5	
18	-10	10	
19	-13	13	
20	-10	10	
21	-11	11	

	A	B	C	D	E
1	전	후	차이	차이의 절댓값	부호 순위
2	10	15	-5	5	-8
3	8	10	-2	2	-3
4	5	10	-5	5	-8
5	14	13	1	1	1
6	15	25	-10	10	-14
7	22	20	2	2	3
8	17	20	-3	3	-5
9	10	22	-12	12	-18
10	8	16	-8	8	-10.5
11	20	18	2	2	3
12	16	24	-8	8	-10.5
13	10	23	-13	13	-19.5
14	15	25	-10	10	-14
15	5	15	-10	10	-14
16	24	20	4	4	6
17	20	25	-5	5	-8
18	14	24	-10	10	-14
19	10	23	-13	13	-19.5
20	15	25	-10	10	-14
21	14	25	-11	11	-17

❷ 앞의 예에서와 같이 중복된 순위를 강조하기 위해 E열을 선택한 상태에서, 『홈』탭 「스타일」 그룹의 '조건부 서식' 단추 를 누른 후 '셀 강조 규칙'을 선택하고 다시 '중

복 값'을 선택하고 [확인]을 누른다. 아래와 같이 중복된 순위일 경우 음영으로 강조되어 있다.

	A	B	C	D	E
1	전	후	차이	차이의 절댓값	부호 순위
2	10	15	-5	5	-8
3	8	10	-2	2	-3
4	5	10	-5	5	-8
5	14	13	1	1	1
6	15	25	-10	10	-14
7	22	20	2	2	3
8	17	20	-3	3	-5
9	10	22	-12	12	-18
10	8	16	-8	8	-10.5
11	20	18	2	2	3
12	16	24	-8	8	-10.5
13	10	23	-13	13	-19.5
14	15	25	-10	10	-14
15	5	15	-10	10	-14
16	24	20	4	4	6
17	20	25	-5	5	-8
18	14	24	-10	10	-14
19	10	23	-13	13	-19.5
20	15	25	-10	10	-14
21	14	25	-11	11	-17

❸ 수정계수를 계산하는 데 필요한 값을 구해보자. 우선 G1셀에 "중복 순위", H1셀에 "중복 개수", I1셀에 "H(H−1)(H+1)"이라고 적는다. 그리고 그림 (a)와 같이 E열에 음영색으로 강조된 중복된 순위를 각 순위마다 한 번씩 G열에 적는다. 그림 (b)와 같이 H2에 "=COUNTIF(E:E,G2)", I2에 "=H2*(H2−1)*(H2+1)"을 적은 후에 H2:I2를 선택하고 채우기 핸들 상태로 H5:I5까지 채워 넣는다. 결과는 그림 (c)와 같다.

	A	B	C	D	E	F	G	H	I
1	전	후	차이	차이의 절댓값	부호 순위		중복 순위	중복 개수	H(H-1)(H+1)
2	10	15	-5	5	-8		-8		
3	8	10	-2	2	-3		-14		
4	5	10	-5	5	-8		3		
5	14	13	1	1	1		-10.5		
6	15	25	-10	10	-14		-19.5		
7	22	20	2	2	3				
8	17	20	-3	3	-5				
9	10	22	-12	12	-18				
10	8	16	-8	8	-10.5				
11	20	18	2	2	3				
12	16	24	-8	8	-10.5				
13	10	23	-13	13	-19.5				
14	15	25	-10	10	-14				
15	5	15	-10	10	-14				
16	24	20	4	4	6				
17	20	25	-5	5	-8				
18	14	24	-10	10	-14				
19	10	23	-13	13	-19.5				
20	15	25	-10	10	-14				
21	14	25	-11	11	-17				

(a)

G	H	I
중복 순위	중복 개수	H(H-1)(H+1)
-8	= COUNTIF(E:E,G2)	= H2*(H2-1)*(H2+1)
-14		
3		
-10.5		
-19.5		

(b)

G	H	I
중복 순위	중복 개수	H(H-1)(H+1)
-8	3	24
-14	5	120
3	2	6
-10.5	2	6
-19.5	2	6

(c)

❹ K:N열에 그림 (a)와 같이 입력한다. 검정 결과는 그림 (b)와 같다.

	K	L	M	N
1		특성		
2	순위합	= SUMIF(C:C,">0",E:E)		
3	표본수	= COUNT(A:A)		
4				
5		대표본 근사		
6	평균	= L3*(L3+1)/4		
7	분산	= L3*(L3+1)*(2*L3+1)/24		
8	(수정인자)	= SUM(I:I)/48		
9	(수정분산)	= L7-L8		
10				
11	Z값	= (L2-L6)/SQRT(L7)		
12	(수정된 Z값)	= (L2-L6)/SQRT(L9)		
13				
14		가설 검정		
15		대립 가설	p-값	(수정된 p값)
16	1. 단측검정(위쪽)	$M_d > 0$	= 1-NORM.S.DIST(L11,1)	= 1-NORM.S.DIST(L12,1)
17	2. 단측검정(아래쪽)	$M_d < 0$	= NORM.S.DIST(L11,1)	= NORM.S.DIST(L12,1)
18	3. 양측검정	$M_d \neq 0$	= (1-NORM.S.DIST(ABS(L11),1))*2	= (1-NORM.S.DIST(ABS(L12),1))*2

(a)

	K	L	M	N
1		특성		
2	순위합	13		
3	표본수	20		
4				
5		대표본 근사		
6	평균	105		
7	분산	717.5		
8	(수정인자)	3.375		
9	(수정분산)	714.125		
10				
11	Z값	-3.434606		
12	(수정된 Z값)	-3.442712		
13				
14		가설 검정		
15		대립 가설	p-값	(수정된 p값)
16	1. 단측검정(위쪽)	$M_d > 0$	0.999703	0.999712044
17	2. 단측검정(아래쪽)	$M_d < 0$	0.000297	0.000287956
18	3. 양측검정	$M_d \neq 0$	0.000593	0.000575912

(b)

여기서 디자인시트의 가설 "1. 단측검정(위쪽)", "2. 단측검정(아래쪽)", "3. 양측검정"은 각각 대립가설이 ❶ $H_1 : M_d > 0$, ❷ $H_1 : M_d < 0$, ❸ $H_1 : M_d \neq 0$인 경우이다. 우리

가 세운 검정은 $H_1: M_d < 0$이므로, 이에 해당하는 p-값을 확인해보면 0.000287로 매우 작다(<0.01). 따라서 5% 유의수준하에서 귀무가설은 기각됨을 알 수 있다.

다른 데이터로 부호순위 검정을 하기 위해서는 해당하는 데이터를 입력하고 위에 과정에서 C열, D열, E열의 함수를 데이터 길이만큼 드래그하기만 하면 된다.

10.3 크루스칼-왈리스 검정

이 절에서는 비교하고자 하는 그룹이 셋 이상인 경우에 중심위치를 비교하는 비모수적 방법을 소개하겠다. 앞의 제7장에서는 집단이 셋 이상일 때 각 집단의 평균을 비교하는 방법으로 분산분석법을 소개하였다. 분산분석을 하기 위한 가정이 충족되지 않을 때에는 역시 비모수적 방법을 사용하게 되는데, 이를 위하여 가장 많이 사용되는 것이 크루스칼-왈리스 검정(Kruskal-Wallis test)이다. 크루스칼-왈리스 검정을 하기 위해서는 비교하고자 하는 그룹의 분포가 형태는 같고 위치만 다르다고 가정한다. 이 검정법은 두 집단의 중앙값 비교를 위한 비모수적 방법인 윌콕슨의 순위합 검정의 확장으로서, 그룹의 수가 2일 때에는 윌콕슨의 순위합 검정과 동일하다.

10.3.1 크루스칼-왈리스 검정법

k개의 그룹이 있고 각 그룹에 n_i개씩 총 $N\ (=\sum_{i=1}^{k} n_i)$개의 관측치가 있다고 하자. 각 그룹의 중앙값이 모두 같은지, 즉, k개 모집단의 분포가 모두 동일한지를 검정하고자 한다. 각 그룹에서 모집단의 중앙값을 $M_1, M_2, \cdots, M_k$라고 할 때 귀무가설과 대립가설은 다음과 같이 된다.

$$H_0: M_1 = \cdots = M_k \text{ vs. } H_1: M_i\text{들이 모두 같지는 않다.}$$

모든 그룹의 데이터를 통틀어 작은 값부터 오름차순으로 순위를 매기자. 여기서도 동점이 생기면 평균 순위를 부여한다. 그룹별 순위합 $R_1, R_2, \cdots, R_k$를 계산한다. 모든 그룹의 분포가 전부 동일하다면, 즉 귀무가설이 맞으면, 그룹별로 이들 순위합의 평균이 비슷할 것이고 그렇지 않다면 차이가 날 것이다.

그룹별로 구해진 순위의 평균을 $\overline{R_i} = R_i/n_i\ (i=1,\cdots,k)$라고 하자. 귀무가설이 맞을

때 기대되는 순위평균은 $\overline{R} = (N+1)/2$이다. 검정통계량은 각 순위평균과 귀무가설하에서의 순위평균의 차이에 기반하여 다음과 같이 구해진다.

$$
\begin{aligned}
H &= \frac{12}{N(N+1)} \sum_{i=1}^{k} n_i (\overline{R}_i - \overline{R})^2 \\
&= \frac{12}{N(N+1)} \sum_{i=1}^{k} \frac{R_i^2}{n_i} - 3(N+1)
\end{aligned}
$$

검정통계량 H가 충분히 클 때 귀무가설을 기각하게 된다. 즉, 유의수준 α로 했을 때

■ $H_0 : M_1 = \cdots = M_k$ vs. $H_1 : M_i$**들이 모두 같지는 않다. 일 때**

$H \geq h_\alpha(k; n_1, \cdots, n_k)$**이면 귀무가설 기각**

한다. 여기서 $h_\alpha(k; n_1, \cdots, n_k)$는 $P[H \geq h_\alpha(k; n_1, \cdots, n_k)] = \alpha$를 만족하는 상수이다.

그룹별 표본수가 작은 경우에는 부록의 크루스칼-왈리스 검정통계량의 확률분포표를 이용하여 $h_\alpha(k; n_1, \cdots, n_k)$를 구할 수 있다. H가 해당하는 표본수에서의 임계치보다 크면 제시된 α수준으로 귀무가설을 기각한다.

표본수가 크면 귀무가설하에서 검정통계량 H가 근사적으로 자유도가 $k-1$인 카이제곱분포를 따른다는 것을 이용한다. 즉,

$$
H \geq \chi_\alpha^2(k-1)
$$

일 때 귀무가설을 기각한다. 여기서 $\chi_\alpha^2(k-1)$은 자유도가 $k-1$인 카이제곱분포에서의 상위 α의 확률에 해당하는 임계치이다.

여기서도 동점이 있으면 평균 순위를 이용하여 계산하고, 검정통계량 H를

$$
H' = \frac{H}{1 - \sum_{j=1}^{k} (t_j^3 - t_j)/(N^3 - N)}
$$

로 수정하여 사용할 수 있다. 여기서 t_j는 j번째 동점인 그룹의 크기이며, k는 동점그룹의 수이다.

예제 10.5

통증을 줄이기 위한 처리로서 세 가지 약제(A, B, C)의 효과를 비교하고자 한다. 사전 검사결과 비슷한 통증을 비교한 12명의 환자들을 세 그룹으로 나누어 각 약을 투여하고 사전과 사후의 통증점수의 변화값은 구한 결과는 다음과 같다.

A약	B약	C약
1.6	2.5	1.9
3.0	2.8	2.0
2.2	3.1	1.2
2.3	3.4	1.8

이때 귀무가설과 대립가설은 다음과 같다.

H_0 : 세 약제의 통증감소 효과가 모두 같다.
vs. H_1 : 세 약제의 통증감소 효과가 모두 같다.

각 데이터에 순위를 매긴 결과는 다음과 같다.

A약의 순위	B약의 순위	C약의 순위
2	8	4
10	9	5
6	11	1
7	12	3

각 그룹의 순위합은 $R_1 = 25, R_2 = 40, R_3 = 13$이고 전체표본수 $N = 12$이다. 따라서 검정통계량은 다음과 같이 계산된다.

$$H = \frac{12}{N(N+1)} \sum_{i=1}^{k} \frac{R_i^2}{n_i} - 3(N+1)$$

$$= \frac{12}{12 \times 13} (\frac{25^2}{4} + \frac{40^2}{4} + \frac{13^2}{4}) - (3 \times 13)$$

$$= 7.038$$

부록의 크루스칼-왈리스 검정통계량 분포표 중 $n_1 = n_2 = n_3 = 4$일 때 $P[H \geq 5.692] = 0.049$이므로 실제 유의수준 4.9%에서 귀무가설은 기각된다. 이때 p-값은 $P[H \geq 7.038] = 0.018$로서 작은 값임을 알 수 있다.

예제 10.6

어떤 실험동물들을 3개의 그룹으로 나누어 두 그룹에는 각각 약 A와 약 B를 투여하고 나머지 한 그룹에는 아무런 처리를 하지 않은 다음, 이 세 가지 처리에 따른 반응시간을 비교하였다. 세 그룹의 반응시간에 유의한 차이가 있는지 알아보자. 다음 표는 결과와 각 그룹의 순위를 구한 것이다. 동점인 경우 평균 순위를 구하였다.

	반응시간	순위	순위합
그룹1 (약 A)	17	14	119
	20	15	
	40	20	
	31	16	
	35	17	
	36	18	
	38	19	
그룹2 (약 B)	8	11	70
	7	8.5	
	9	13	
	8	11	
	8	11	
	7	8.5	
	6	7	
그룹3 (무처리)	2	1.5	21
	3	3	
	4	4	
	5	5.5	
	5	5.5	
	2	1.5	

이때 귀무가설과 대립가설은 다음과 같다.

H_0 : 세 그룹의 반응시간이 모두 같다.
vs. H_1 : 세 그룹의 반응시간이 모두 같지는 않다.

검정통계량은 다음과 같다.

$$H = \frac{12}{N(N+1)} \sum_{i=1}^{k} \frac{R_i^2}{n_i} - 3(N+1) = 16.90$$

이 예에서는 동점이 2가 2개, 5가 2개, 7이 2개, 8이 3개 발생하여(즉, $k=4$, $t_i = 2, 2, 2, 3$), 수정인자는

$$1-\sum_{j=1}^{k}(t_j^3-t_j)/(N^3-N)=0.995$$

가 된다. 따라서 수정된 통계량은

$$H'=\frac{H}{0.995}=16.98$$

이다. 대표본 근사를 이용하자. 이때의 자유도는 (그룹수－1)=2이며, 부록에서 유의수준이 5%일 때 자유도 2인 카이제곱분포의 임계치는 5.99이다. 검정통계량 16.98은 이보다 크므로 귀무가설은 기각된다. 즉, 세 그룹에서의 반응시간이 모두 같지는 않다.

10.3.2 Excel을 이용한 크루스칼-왈리스 검정

예제 10.6 계속

"예제 10.6" 파일을 연다. "그룹1", "그룹2", "그룹3" 세 개의 그룹에 대해 각각 7개, 7개, 6개의 반응시간이 입력되어 있다.

❶ D, E, F열에는 각각 세 그룹의 데이터들의 순위를 쓰기로 한다. D1, E1, F1에 "순위1", "순위2", "순위3"을 입력한다. D2를 클릭하고 "=RANK.AVG(A2,$A:$C)"을 입력하고 채우기 핸들 상태에서 F8까지 끌어 함수를 채운다. F8셀은 그룹3의 7번째 데이터가 없어서 "#N/A"가 나왔다. F8의 함수는 지워준다.

	A	B	C	D	E	F
1	그룹1	그룹2	그룹3	순위1	순위2	순위3
2	17	8	2	=RANK.AVG(A2,$A:$C,1)		
3	20	7	3			
4	40	9	4			
5	31	8	5			
6	35	8	5			
7	36	7	2			
8	38	6				

	A	B	C	D	E	F
1	그룹1	그룹2	그룹3	순위1	순위2	순위3
2	17	8	2	14	11	1.5
3	20	7	3	15	8.5	3
4	40	9	4	20	13	4
5	31	8	5	16	11	5.5
6	35	8	5	17	11	5.5
7	36	7	2	18	8.5	1.5
8	38	6		19	7	#N/A

❷ 중복된 순위를 강조하기 위해 D:F열을 선택한 상태에서 『홈』 탭 「스타일」 그룹의 '조건부 서식' 단추 [조건부 서식]를 누른 후 '셀 강조 규칙'을 선택하고 다시 '중복 값'을 선택하고 [확인]을 누른다. 아래와 같이 반복된 순위에 경우 음영으로 강조되어 있다.

	A	B	C	D	E	F
1	그룹 1	그룹 2	그룹3	순위1	순위2	순위3
2	17	8	2	14	11	1.5
3	20	7	3	15	8.5	3
4	40	9	4	20	13	4
5	31	8	5	16	11	5.5
6	35	8	5	17	11	5.5
7	36	7	2	18	8.5	1.5
8	38	6		19	7	

❸ 수정계수를 계산할 때 필요한 값을 구해보자. 우선 H1셀에 "중복 순위", I1셀에 "중복 개수", J1셀에 "I^3 − I"이라고 적는다. 그리고 그림 (a)와 같이 D:F열에 음영으로 강조된 중복된 순위를 각 순위마다 한 번씩만 H열에 적는다. 그리고 I2에 "=COUNTIF(D:F,H2)", J2에 "=I2^3 − I2"를 적는다. 그림 (b)와 같이 I2:J2를 선택하고 채우기 핸들 상태로 5행까지 채워 넣는다. 결과는 그림 (c)와 같다.

	A	B	C	D	E	F	G	H	I	J
1	그룹 1	그룹 2	그룹3	순위1	순위2	순위3		중복 순위	중복 개수	I^3-I
2	17	8	2	14	11	1.5		11		
3	20	7	3	15	8.5	3		1.5		
4	40	9	4	20	13	4		8.5		
5	31	8	5	16	11	5.5		5.5		
6	35	8	5	17	11	5.5				
7	36	7	2	18	8.5	1.5				
8	38	6		19	7					

(a)

	H	I	J
1	중복 순위	중복 개수	I^3-I
2	11	= COUNTIF(D:F,H2)	= I2^3-I2
3	1.5		
4	8.5		
5	5.5		

(b)

	H	I	J
1	중복 순위	중복 개수	I^3-I
2	11	3	24
3	1.5	2	6
4	8.5	2	6
5	5.5	2	6

(c)

❹ L:O열에 그림 (a)와 같이 입력한다. 앞의 예제들과 유사하다. 예제 10.4의 검정 결과는 그림 (b)와 같다. 수정된 p − 값이 0.0002로 매우 작으므로(<0.01) 세 그룹 간의 반응시간에 차이가 없다는 귀무가설은 기각됨을 알 수 있다.

	L	M	N	O
1		**집단별 특성**		
2		그룹1	그룹2	그룹3
3	순위합	= SUM(D:D)	= SUM(E:E)	= SUM(F:F)
4	표본수	= COUNT(A:A)	= COUNT(B:B)	= COUNT(C:C)
5	평균 순위	= AVERAGE(D:D)	= AVERAGE(E:E)	= AVERAGE(F:F)
6				
7		**대표본 근사**		
8	총 표본 수	= COUNT(A:C)		
9	그룹수	3		
10	(수정인자)	= 1-SUM(J:J)/(M8^3-M8)		
11				
12	순위합제곱	= M3^2/M4+N3^2/N4+O3^2/O4		
13	검정통계량	= 12*M12/((M8)*(M8+1))-3*(M8+1)		
14	(수정된 검정통계량)	= M13/M10		
15				
16	p-값	= CHISQ.DIST.RT(M13, M9-1)		
17	(수정됨 p-값)	= CHISQ.DIST.RT(M14, M9-1)		

(a)

	L	M	N	O
1		**집단별 특성**		
2		그룹1	그룹2	그룹3
3	순위합	119	70	21
4	표본수	7	7	6
5	평균 순위	17	10	3.5
6				
7		**대표본 근사**		
8	총 표본 수	20		
9	그룹수	3		
10	(수정인자)	0.9947368		
11				
12	순위합제곱	2796.5		
13	검정통계량	16.9		
14	(수정된 검정통계량)	16.989418		
15				
16	p-값	0.0002139		
17	(수정됨 p-값)	0.0002045		

(b)

다른 데이터로 크루스칼－왈리스 검정을 할 경우, 비교하고자 하는 그룹이 셋일 때에는 A:C 열에 데이터를 입력하고 위에 과정에서 D:F열과 H:I열의 함수를 데이터 길이만큼 더 쓰거나 삭제하면 된다.

10.4 순위상관계수

두 변수 사이의 연관성을 나타내는 개념으로 상관계수가 있다. 상관계수에는 두 변수 간 관계의 정도와 방향의 개념이 포함되어 있으며, 그 대표적인 것이 8장에서 소개한 바 있는 피어슨의 상관계수(Pearson's correlation coefficient)이다. 이에 대응되는 비모수적인 방법으로는 스피어만의 순위상관계수(Spearman's rank correlation coefficient), 켄달의 타우(Kendall's tau) 등이 있는데 여기서는 스피어만의 순위상관계수에 대하여 알아보자.

10.4.1 스피어만의 순위상관계수

n개의 관찰치 쌍$(x_i,\ y_i)\ (i=1,\cdots,n)$이 있다고 하자. 첫 번째 관측치 중에서 x_i의 순위를 매긴 것을 R_i라고 하고, 두 번째 관측치에서 y_i의 순위를 매긴 것을 S_i라고 하자. 스피어만의 상관계수는

$$r_s = \frac{\sum_{i=1}^{n}(R_i-\overline{R})(S_i-\overline{S})}{\sqrt{\sum_{i=1}^{n}(R_i-\overline{R})^2\sum_{i=1}^{n}(S_i-\overline{S})^2}}$$

로 정의된다. 피어슨의 상관계수가 두 변수간의 선형관계를 알아보는 데 반해, 스피어만의 상관계수는 순위만을 이용하므로 두 변수 간에 단조(monotone)적인 연관이 있는지를 보는 것이다. $\overline{R}=\overline{S}=(n+1)/2$가 되므로, 위 식은 다음과 같이 계산하기 쉬운 식으로 표현할 수 있다.

$$r_s = 1-\frac{6}{n(n^2-1)}\sum_{i=1}^{n}(R_i-S_i)^2$$

스피어만의 상관계수도 피어슨의 상관계수와 같이 $-1 \le r_s \le 1$의 값을 가지며, 이 값이 1에 가까우면 양의 상관이 있음을, −1에 가까우면 음의 상관이 있음을 의미하고, 0에 가까우면 상관이 없음을 나타낸다.

두 변수 간에 관련이 있다고 할 수 있는지 독립성 검정을 행할 수 있다. 모집단에서의 스피어만 상관계수를 ρ_s라고 할 때 이에 대한 가설의 형태와 기각역은 다음과 같다.

❶ $H_0:\rho_s=0$ vs. $H_1:\rho_s\ge 0$일 때, $r_s \ge r(\alpha,n)$이면 귀무가설 기각

❷ $H_0 : \rho_s = 0$ vs. $H_1 : \rho_s < 0$일 때, $r_s \leq r(\alpha, n)$이면 귀무가설 기각

❸ $H_0 : \rho_s = 0$ vs. $H_1 : \rho_s \neq 0$일 때, $r_s \geq r(\alpha/2, n)$ 또는

$r_s \leq r(\alpha/2, n)$이면 귀무가설 기각

여기서 $r(\alpha, n)$은 $P[r_s \geq r(\alpha, n)] = \alpha$를 만족하는 값이다.

표본수가 작은 경우에는 부록의 스피어만 순위상관계수 분포표를 이용하여 임계치를 구할 수 있다. H가 해당되는 표본수에서의 임계치보다 크면, 제시된 α수준으로 귀무가설을 기각한다.

귀무가설하에서 r_s의 평균과 분산은 각각

$$\text{평균} = 0, \ \text{분산} = \frac{1}{n-1}$$

이 된다. 표본의 크기가 크면 다음과 같은 통계량

$$Z_{rs} = \frac{r_s}{\sqrt{1/(n-1)}} = r_s \sqrt{n-1}$$

이 귀무가설하에서 근사적으로 표준정규분포를 따른다는 사실을 이용하여 검정을 수행한다. 이때에도 동점이 있을 경우에는 평균 순위를 이용하여 계산하면 된다.

예제 10.7

한 종합병원에서 전공의를 평가하려고 한다. 교수의 평가가 좋은 전공의가 환자들로부터도 좋은 평가를 받는지 알아보고자 한다. 10명의 전공의에 대해 교수와 환자의 평가한 순위는 다음과 같다. 순위가 높을수록 좋은 평가를 받았다는 의미이다.

전공의	1	2	3	4	5	6	7	8	9	10
교수평가순위	1	7	8	3	2	6	9	4	5	10
환자평가순위	2	6	9	1	3	4	5	7	8	10

스피어만의 상관계수를 구하면,

$$\begin{aligned} r_s &= 1 - \frac{6}{n(n^2-1)} \sum_{i=1}^{n} (R_i - S_i)^2 \\ &= 1 - \frac{6}{10(10^2-1)} [(1-2)^2 + \cdots + (10-10)^2] \\ &= 0.7237 \end{aligned}$$

이 된다. 따라서 교수평가순위가 좋은 전공의가 환자평가도 좋은 경향이 있음을 알 수 있다.

$H_0 : \rho_s = 0$ vs. $H_1 : \rho_s \geq 0$에 대한 검정을 해보자. 부록의 스피어만 상관계수 분포표에서 n이 10일 때 $P[r_s \geq 0.5515] = 0.05$이다. $r_s \geq 0.5515$이므로 5% 유의수준을 고려하면 귀무가설은 기각된다. $P[r_s \geq 0.7239]$가 되므로 p-값은 0.025와 0.010 사이임을 알 수 있다.

예제 10.8

수축기 혈압을 높게 측정하는 의사가 이완기 혈압도 높게 측정하는 경향이 있는지 알아보기 위해 14명의 의사들에게 같은 환자의 혈압을 측정하여 각각 순위를 매겼다.

의사	1	2	3	4	5	6	7
수축기혈압	140.2	132.5	131.7	131.8	135.6	130.8	135.7
수축기혈압순위	8.5	4	2	3	6	1	7
이완기혈압	74.4	77.8	82.2	83.5	84.4	84.6	85.8
이완기혈압순위	1	2	3	4	5	6	7
의사	8	9	10	11	12	13	14
수축기혈압	133.2	143.6	141.2	140.8	140.2	143.9	141.8
수축기혈압순위	5	13	11	10	8.5	14	12
이완기혈압	85.9	86.3	86.5	88	89.3	89.4	89.7
이완기혈압순위	8	9	10	11	12	13	14

스피어만의 상관계수를 구해 보자.

$$r_s = 1 - \frac{6}{n(n^2-1)} \sum_{i=1}^{n} (R_i - S_i)^2$$

$$= 1 - \frac{6}{14(14^2-1)}[(8.5-1)^2 + \cdots + (12-14)^2]$$

$$= 0.7088$$

로 계산된다. 이들 순위 간에 어느 정도 양의 상관이 있는 것으로 보인다. 즉, 수축기 혈압에서 순위가 높은 의사가 이완기 혈압에서의 순위도 높은 경향이 있다고 할 수 있다.

정규근사를 이용하여 독립성 검정을 해 보자. 단측검정($H_1 : \rho_s > 0$)을 한다고 할 때, 검정통계량은

$$Z_{rs} = \sqrt{13} \times 0.7088 = 2.56$$

이다. 유의수준 5%로 했을 때 정규분포의 상위 5%에 해당하는 임계치는 1.645이므로 $Z_{rs} > 1.645$가 되어 상관이 없다는 귀무가설은 기각된다. 즉, 수축기 혈압에서 순위가 높은 의사가 이완기 혈압에서의 순위도 높은 경향이 있다고 할 수 있다.

10.4.2 Excel을 이용한 순위상관계수

예제 10.8 계속

예제 10.8의 순위상관계수를 Excel에서 계산하여 보자. "예제 10.8" 파일을 연다. 예제 10.8는 "수축기", "이완기" 두 개의 변수에 대해 각각 14개의 혈압이 입력되어 있다.

❶ C열과 D열에서는 순위를 구하자. 먼저 C2를 클릭하고 "=RANK.AVG(A2,A:A,1)" 을 입력한 뒤, 채우기 핸들로 D15셀까지 함수를 채워주자.

	A	B	C	D
1	수축기	이완기	순위1	순위2
2	140.2	74.4	=RANK.AVG(A2,A:A,1)	
3	132.5	77.8		
4	131.7	82.2		
5	131.8	83.5		
6	135.6	84.4		
7	130.8	84.6		
8	135.7	85.8		
9	133.2	85.9		
10	143.6	86.3		
11	141.2	86.5		
12	140.8	88		
13	140.2	89.3		
14	143.9	89.4		
15	141.8	89.7		

	A	B	C	D
1	수축기	이완기	순위1	순위2
2	140.2	74.4	8.5	1
3	132.5	77.8	4	2
4	131.7	82.2	2	3
5	131.8	83.5	3	4
6	135.6	84.4	6	5
7	130.8	84.6	1	6
8	135.7	85.8	7	7
9	133.2	85.9	5	8
10	143.6	86.3	13	9
11	141.2	86.5	11	10
12	140.8	88	10	11
13	140.2	89.3	8.5	12
14	143.9	89.4	14	13
15	141.8	89.7	12	14

❷ E열에는 이들 수축기에서의 순위와 이완기에서의 순위의 차이의 제곱을 계산하자. E1에 "순위차제곱"을 입력하고 E2에 "=(C2−D2)^2"를 쓴다. 채우기 핸들로 E15까지 함수를 채우자.

	A	B	C	D	E
1	수축기	이완기	순위1	순위2	순위차제곱
2	140.2	74.4	8.5	1	=(C2-D2)^2
3	132.5	77.8	4	2	
4	131.7	82.2	2	3	
5	131.8	83.5	3	4	
6	135.6	84.4	6	5	
7	130.8	84.6	1	6	
8	135.7	85.8	7	7	
9	133.2	85.9	5	8	
10	143.6	86.3	13	9	
11	141.2	86.5	11	10	
12	140.8	88	10	11	
13	140.2	89.3	8.5	12	
14	143.9	89.4	14	13	
15	141.8	89.7	12	14	

	A	B	C	D	E
1	수축기	이완기	순위1	순위2	순위차제곱
2	140.2	74.4	8.5	1	56.25
3	132.5	77.8	4	2	4
4	131.7	82.2	2	3	1
5	131.8	83.5	3	4	1
6	135.6	84.4	6	5	1
7	130.8	84.6	1	6	25
8	135.7	85.8	7	7	0
9	133.2	85.9	5	8	9
10	143.6	86.3	13	9	16
11	141.2	86.5	11	10	1
12	140.8	88	10	11	1
13	140.2	89.3	8.5	12	12.25
14	143.9	89.4	14	13	1
15	141.8	89.7	12	14	4

❸ G열, H열, I열에 순위상관계수를 구하고 가설검정을 하기 위한 수식을 그림과 같이 입력한다. $H_1 : \rho_s > 0$, $H_1 : \rho_s < 0$, $H_1 : \rho_s \neq 0$에 대한 p−값이 I15:I17셀에서 계산된다.

G	H	I
	특성	
표본수	= COUNT(A:A)	
순위차제곱합	= SUM(E:E)	
순위상관계수	= 1-(6*H3/(H2^3-H2))	
	대표본 근사	
평균	0	
분산	= 1/(H2-1)	
Z값	= (H5-H8)/SQRT(H9)	
	가설 검정	
	대립가설	p-값
1. 단측검정(위쪽)	ρ > 0	= 1-NORM.S.DIST(H11,1)
2. 단측검정(아래쪽)	ρ < 0	= NORM.S.DIST(H11,1)
3. 양측검정	ρ ≠ 0	= (1-NORM.S.DIST(ABS(H11),1))*2

(a)

G	H	I
	특성	
표본수	14	
순위차제곱합	132.5	
순위상관계수	0.7087912	
	대표본 근사	
평균	0	
분산	0.0769231	
Z값	2.555583	
	가설 검정	
	대립가설	p-값
1. 단측검정(위쪽)	ρ > 0	0.0053005
2. 단측검정(아래쪽)	ρ < 0	0.9946995
3. 양측검정	ρ ≠ 0	0.010601

(b)

❹ 예제 10.5의 검정결과는 그림 (b)와 같다. 대립가설 $H_1 : \rho_s > 0$의 가설검정 결과에 해당하는 p−값이 0.0053으로 0.05보다 작으므로 5% 유의수준하에서 귀무가설은 기각된다.

다른 데이터로 순위상관계수를 구하고, 검정을 하기 위해서는 A열과 B열에 데이터를 입력하고 C열, D열, E열의 함수를 데이터 길이만큼 더 쓰거나 삭제하면 된다.

이밖에 고급의 비모수분석에 관한 내용은 송문섭 등(2015)이나 Hollander et al. (2013)을 참조하길 바란다.

Tip 비모수 검정 추론 방법에 대한 가이드라인

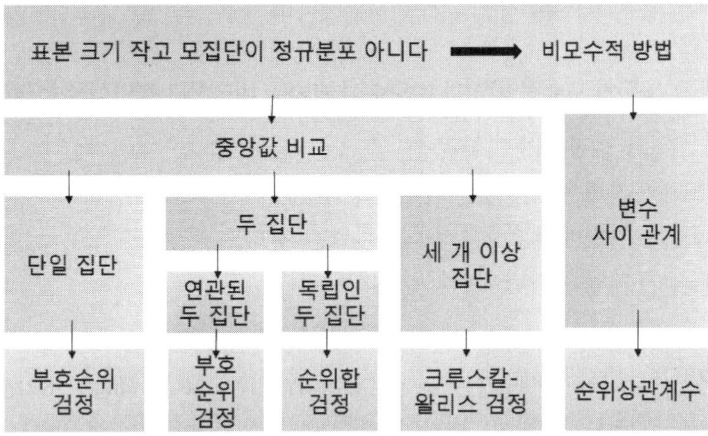

10.5 연습문제

01 다음의 모수적 방법과 비모수적 방법을 비교하고 장단점을 논의하시오.

① t-검정과 순위합검정
② 짝지은 t-검정과 부호순위 검정
③ 일원배치분산분석과 크루스칼-왈리스 검정
④ 피어슨 상관계수와 순위상관계수

02 C-반응성 단백질(C-reactive protein; CRP) 수치는 폐렴의 조기진단에 사용되며, 중증폐렴을 나타내는 환자의 경우 CRP 수치가 높은 것으로 알려져 있다. covid-19의 초기 단계에서 CRP 수치를 이용하여 병의 심각도를 결정할 수 있는지 알아보기 위한 연구를 실시하였다. 경증인 10명과 중등도인 10명의 CRP 수치는 다음과 같다. 두 그룹의 CRP 수치가 다른지 알아보고자 한다.

경증	0.10	0.15	1.08	0.55	2.3 5	0.40	0.39	2.56	0.28	1.15
중등도	0.46	0.10	11.60	5.34	26.59	3.51	15.20	29.04	1.05	12.39

① 모수적 방법으로 두 그룹의 CRP 수치를 비교분석하시오.
② 비모수적 방법으로 두 그룹의 CRP 수치를 비교분석하시오.

03 다음은 저체중인 그룹과 과체중인 그룹의 여성들의 24시간 동안의 총에너지 소비량(MJ/day)을 조사한 것이다. 두 그룹 간에 에너지 소비량에 차이가 있는지 알아보고자 한다. 비모수적 방법을 이용하여 분석하고자 한다.

저체중	6.13	7.05	7.48	7.48	7.53	7.58	7.90	8.08	8.09
과체중	8.79	9.19	9.21	9.68	9.69	9.97	11.51	11.85	12.79

① 귀무가설과 대립가설을 세우시오.
② 검정통계량을 구하시오
③ 기각역과 p-값은 얼마인가?
④ 대표본 근사에 의한 p-값은 얼마인가?

04 다음의 표는 11명의 여성에 대해 생리 전과 생리 후의 1일 섭취량을 비교하기 위해 생리 전 10일과 생리 후 10일간의 1일 섭취량(kJ) 평균을 조사한 결과이다. 섭취량에 차이가 있는지 모수적 방법과 비모수적 방법을 이용하여 검정하고 결과를 비교하시오.

번호	월경 전 섭취량	월경 후 섭취량
1	5260	3910
2	5470	4220
3	5640	3885
4	6180	5160
5	6390	5645
6	6515	4680
7	6805	5265
8	7515	5975
9	7515	6790
10	8230	6900
11	8770	7335

05 호흡장애를 가진 신생아에 대한 ECMO 처리가 좌심실의 생산량을 감소시켜 체내로 유입되는 혈액량을 감소시키는지 알아보고자 한다. 처리 전과 처리 중인 좌심실의 치수를 잰 것은 다음과 같다. 처리 전과 처리 도중의 좌심실의 크기에 차이가 있는지 검정하라.

번호	처리 전	처리 중
1	1.0	1.3
2	1.5	1.8
3	1.5	1.8
4	1.4	1.8
5	1.5	2.0

06 다음은 세 지역의 병원에서 어떤 외과처치를 받기 위해 입원한 환자들에게 청구된 일평균 의료비이다. 세 지역 간에 일평균 의료비에 차이가 있다고 할 수 있는지 검정하라.

지역 1	지역 2	지역 3
80	58	84
78	72	101
85	64	107
71	63	115
82	62	126
80	65	110
88	70	90

07 심한 편두통에 시달리는 환자들을 랜덤하게 세 그룹으로 나누어, 한 그룹은 바이오피드백과 이완반응처리를 하고, 다른 그룹에는 이완반응처리만을 하였으며, 나머지 한 그룹은 아무런 처리도 하지 않았다. 다음은 처리 후의 두통경감 정도를 조사한 것이다. 세 가지 처리 방법에 따라 두통의 경감 정도에 차이가 있는지 비모수적 방법으로 검정하라.

이완반응 + 생물 피드백	이완반응	무처리
62	69	50
74	43	−120
86	100	100
74	94	−288
91	100	4
37	98	−76

08 8명의 실습학생에 대해 평가를 실시하였다. 실습 전 면접 시의 평가와 실습 후 일에 대한 평가가 관계가 있는지 알아보고자 한다. 8명에 대해 순위를 매긴 결과는 다음과 같다. 실습 전 평가점수가 높은 사람이 실습 후 평가점수도 높다고 할 수 있는지 비모수적 방법으로 분석하시오.

번호	실습 전 순위	실습 후 순위
1	8	8
2	7	6
3	3	5
4	6	7
5	5	3
6	1	2
7	4	4
8	2	1

09 다음은 15명의 나이와 %FAT를 조사한 것이다. 나이가 들수록 %FAT 이 증가하는지 알아보려고 한다. 순위상관계수를 구하시오.

번호	나이	%FAT
1	23	9.5
2	23	27.9
3	27	7.8
4	27	17.8
5	39	31.4
6	41	25.9
7	45	27.4
8	49	25.2
9	50	31.1
10	53	34.7
11	53	42.0
12	54	29.1
13	56	32.5
14	57	30.3
15	58	33.0

11장

기타 분포함수와 분석 도구

>> 4장과 5장에서 이항분포와 정규분포, 그리고 t-분포함수에 대해서 설명한 바 있다. 여기에서는 F-분포, 카이제곱분포의 확률값을 함수를 이용하여 계산하는 방법에 대해 설명하겠다. 또한 Excel에서 사용할 수 있는 분석 도구 중에서 아직 설명되지 않은 공분산분석, 지수평활법, 이동평균법, 난수생성, 그리고 표본추출에 대해 간단히 소개하겠다.

11.1 F-분포와 χ^2-분포함수

앞에서 두 집단의 분산이 같은지에 대해서 검정할 때, 그리고 분산분석이나 회귀분석에서 분산분석표의 F－값을 검정할 때 F-분포(F-distribution)를 이용한 검정을 실시한 바 있다. 분할표의 분석에서는 χ^2－분포가 주로 사용되었다. 이들 분포와 관련된 통계함수를 알아보자.

11.1.1 F-분포

Excel 통계함수에서 F－분포와 관련되어 있는 것은 F.DIST, F.DIST.RT, F.INV, F.INV.RT, 그리고 F.TEST이다.

함수 F.DIST는 F－분포의 왼쪽 꼬리에 대한 확률값을 제공하는데, 확률변수 X가 F－분포를 따를 때 함수 F.DIST는

$$F(a) = P[X \leq a]$$

를 구해준다. 즉 주어진 값 a의 좌측 부분의 면적을 구한다. 다음은 여러 자유도에 따른 F－분포의 확률밀도함수이다.

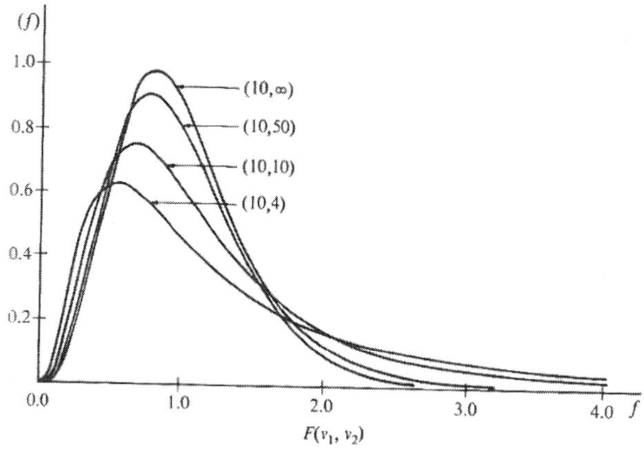

함수 F.DIST의 구문은

F.DIST(변수값, 자유도1, 자유도2, 누적구분)

이고, 여기서 변수값은 확률변수 F의 특정한 값을 나타내며 자유도1, 자유도2는 F－분포

의 모수들이다. 누적구분은 논리값으로 TRUE를 입력하면 누적분포함수를 구해준다.

우측 꼬리의 확률값을 구하려면 F.DIST.RT 함수를 사용한다. 즉, $1 - F(a) = P[X \geq a]$의 값을 구해준다. 구문은

F.DIST.RT(변수값, 자유도1, 자유도2)

이다.

함수 F.INV는 함수 F.DIST의 역함수로 왼쪽 꼬리의 확률값과 자유도를 입력하면 변수값을 출력하게 된다. 마찬가지로 F.INV.RT는 오른쪽 꼬리의 확률값과 자유도를 입력하면 해당되는 변수값을 출력하게 된다. 구문은 각각

F.INV(확률값, 자유도1, 자유도2)

F.INV.RT(확률값, 자유도1, 자유도2)

이다.

예제 11.1

자유도가 3, 4인 F–분포에서 변수값이 9.98일 때 확률값을 계산하고, 자유도가 3, 4이고 확률값이 0.01일 때의 변수값을 구해 보자.

❶ 먼저 변수값이 9.98일 때의 확률값을 계산하기 위해 '함수 삽입' 단추 *fx*를 클릭하여 [함수 마법사] 대화상자를 열고 통계함수 'F.DIST'를 선택하자.

❷ 대화창이 나오면 [X]란에 9.98을, [Deg_freedom1], [Deg_freedom2]란에 각각 3과 4를, [Cumulative]란에 "TRUE"를 입력하면 그 결과로 0.975003466이 된다. 확인을 누르면 그 값은 셀에 입력된다. 셀에 직접 "=F.DIST(9.98,3,4,TRUE)" 를 입력하여도 동일한 결과를 얻을 수 있다.

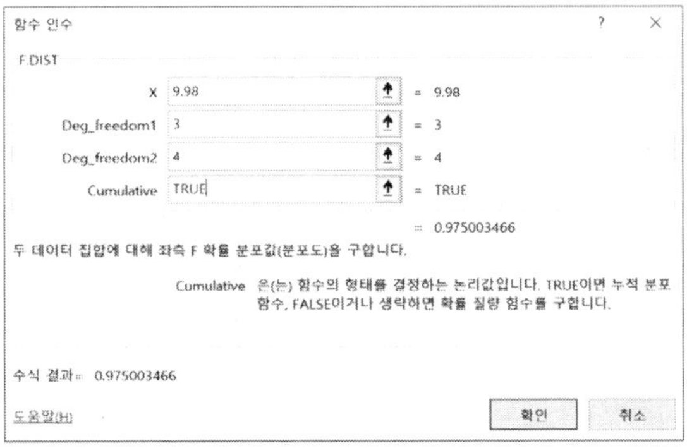

❸ 자유도가 3, 4일 때 분포의 오른쪽 꼬리에 대한 확률값이 0.01이 되는 변수값을 찾기 위해 '함수 삽입' 단추 *fx*를 클릭하여 [함수 마법사] 대화상자를 열고 통계함수 'F.INV'를 선택하자.

❹ 대화창에서 [Probability]란에 0.99을, 그리고 [Deg_freedom1], [Deg_freedom2]란에 각각 3과 4를 입력하면 그 결과로 16.69436924를 얻는다. 셀에 직접 "=F.INV(0.99,3,4)"를 입력하여도 동일한 결과를 얻을 수 있다.

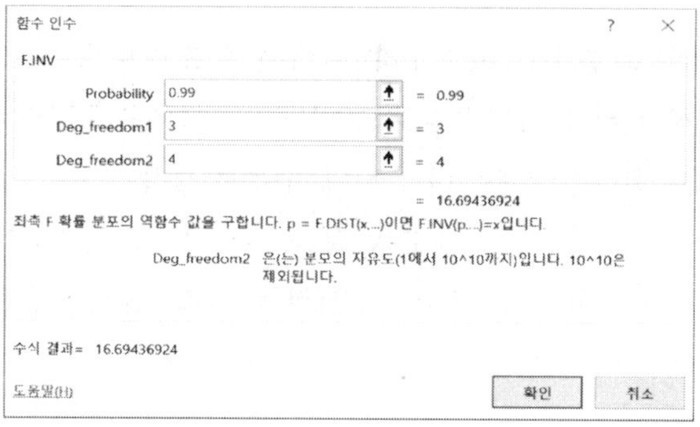

함수 F.TEST는 두 집단의 분산이 같은지에 대한 F−검정의 결과 중에서 양측 유의확률을 제공한다. 함수 F.TEST는

F.TEST(배열1, 배열2)

의 꼴로 나타내는데 배열1과 2에는 두 집단의 데이터가 들어가게 된다.

예제 6.5 계속

6장의 예제 6.5의 데이터를 이용하여 통계함수를 이용한 분산비 검정을 해보자.

❶ "예제 6.5" 파일을 열고, '함수 삽입' 단추 *fx*를 클릭하여 대화창을 열고 통계함수 'F.TEST'를 선택하자.

❷ 대화창에서 [Array1]과 [Array2]란에는 두 집단의 데이터가 들어있는 범위를 입력한다. 그 결과 0.7037178616이 나와 두 집단의 분산은 유의하게 다르다고 할 수 없다. 셀에 직접 "=F.TEST(A2:A17,B2:B13)"을 입력하여도 동일한 결과를 얻을 수 있다.

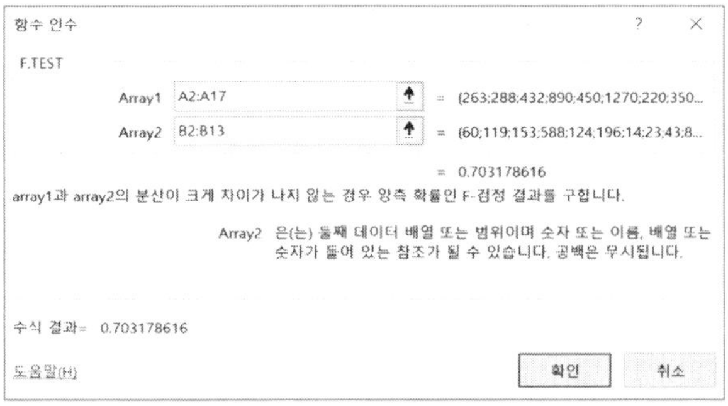

11.1.2 χ^2-분포

Excel의 통계함수 중 χ^2-분포와 관계있는 것은 CHISQ.DIST, CHISQ.DIST.RT, CHISQ.INV, CHISQ.INV.RT 그리고 CHISQ.TEST가 있다. 함수 CHISQ.DIST는 카이제곱분포의 왼쪽 꼬리의 확률값을 구해주며, 함수 CHISQ.DIST.RT는 카이제곱분포의 오른쪽 꼬리의 확률값을 구해준다. 반대로 CHISQ.INV와 CHISQ.INV.RT는 각각 CHISQ.DIST와 CHISQ.DIST.RT의 역함수이다. 함수의 구문은 각각

CHISQ.DIST(변수값, 자유도, 누적구분)
CHISQ.DIST.RT(변수값, 자유도)
CHISQ.INV(확률값, 자유도)
CHISQ.INV.RT(확률값, 자유도)

이다.

예제 11.2

이제 Excel의 통계함수를 이용하여 자유도가 2이고 변수값이 5.992일 때의 분포의 왼쪽 꼬리에 해당하는 확률값을 계산하여 보고, 자유도가 5이고 확률값이 0.025일 때의 변수값을 찾아보자.

❶ '함수 삽입' 단추 fx를 클릭하여 [함수 마법사] 대화상자를 열고 통계함수 'CHISQ.DIST'를 선택하자.

❷ 대화창에서 [X]란에 5.992를 입력하고 [Deg_freedom]란에 2를, [Cumulative]에 "TRUE"를 입력하자. 그러면 그 결과로 0.950013385가 나온다. 따라서 자유도 2에서 분포의 왼쪽 꼬리의 확률값은 0.950013385, 약 0.95가 된다. 확인을 선택하면 이 값은

셀에 입력된다. 셀에 직접 "= CHISQ.DIST(5.992,2,TRUE)"를 입력하여도 동일한 결과를 얻을 수 있다.

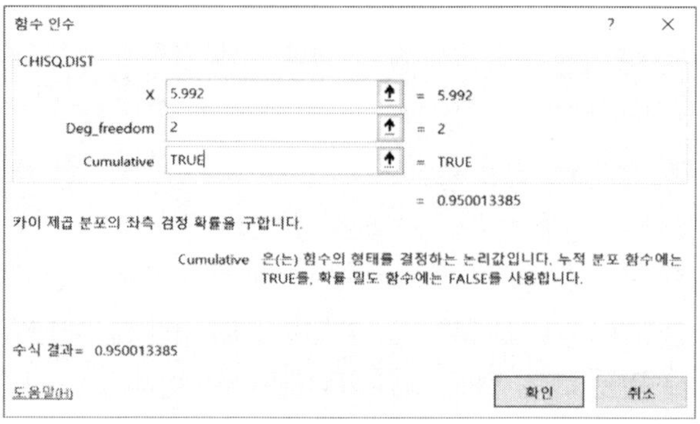

❸ 자유도가 5이고 확률값이 0.025일 때의 변수값을 찾아보자. 이를 위해 '함수 삽입' 단추 fx를 클릭하여 대화창을 열고, 통계함수 'CHISQ.INV'를 선택하자.

❹ 대화창에서 [Probability]에 0.975를 그리고 [Deg_freedom]에 5를 입력하자. 그 결과 12.83250199이 나온다. 즉 자유도 5에서 왼쪽 꼬리의 확률이 0.975가 되는 변수값은 12.83250199이 된다. 셀에 직접 "=CHISQ.INV(0.975,5)"를 입력하여도 동일한 결과를 얻을 수 있다.

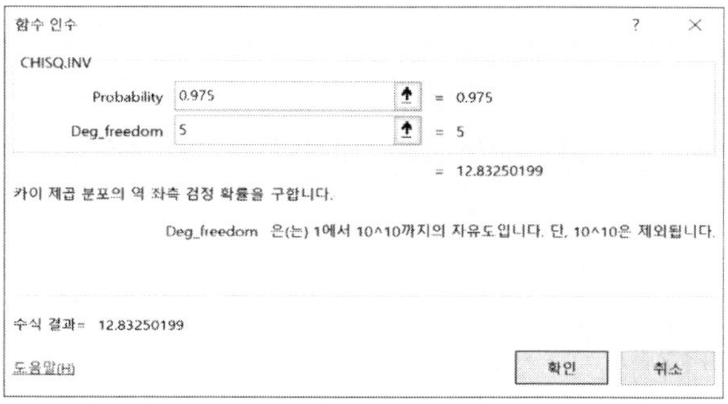

함수 "CHISQ.TEST"는 카이제곱검정에서 p－값을 계산하는 함수이다. 즉, 어떤 검정통계량값에 대한 분포의 왼쪽 꼬리부분의 확률을 계산한다. 9.2절에서는 범주형 자료에 대해서 여러 검정들(적합도 검정, 독립성 검정, 동질성 검정)의 검정통계량은 카이제곱분포를 따른다는 것을 논의하였는데, CHISQ.TEST에 대한 사용방법은 9.2절에서 설명한 바 있다.

11.2 기타 분석 도구

여기서는 공분산분석, 지수평활법, 이동평균법, 난수생성, 표본추출을 간단히 소개하겠다.

11.2.1 공분산분석

두 확률변수의 관계를 나타내는 척도로 공분산(covariance)이 있다. 공분산은 각 변수의 관측치에서 각 변수의 평균을 뺀 두 값의 곱에 대한 기댓값으로 정의된다. 이 값은 한 변수가 커질 때 다른 변수도 커지는 경향이 있으면 공분산은 양의 값을 가지고 이와 반대이면 음의 값을 갖는다. 공분산을 각 변수의 표준편차로 나누면 각 변수의 측정단위와 무관한 값인 상관계수가 된다. 상관계수 역시 한 변수가 커질 때 다른 변수도 커지면 양의 값을 갖고 이와 반대이면 음의 값을 갖지만, 항상 −1부터 +1까지의 값만 가지므로 데이터의 단위와 관계없이 상관관계를 해석할 수 있다.

Excel의 분석 도구에서 제공되는 공분산분석은 주어진 자료의 변수별 분산·공분산을 행렬의 형태로 제공하여 준다. 변수 x와 y가 있을 때 Excel에서는 다음과 같은 식으로 공분산을 계산한다.

$$\sigma_{xy} = \frac{\sum_{i=1}^{n}(x_i - \overline{x})(y_i - \overline{y})}{n}$$

분모를 $n-1$로 나누지 않고 n으로 나누었으므로, 공분산의 불편추정량은 아니다. 같이 계산되는 분산도 표본분산처럼 $n-1$로 나눈 값이 아니고 n으로 나눈 값이다.

Excel에서의 공분산분석은 실험오차를 줄이기 위해 하나의 요인을 고려하여 요인의 수준별로 회귀분석을 실시하는 공분산분석(analysis of covariance; ANOCOVA)과는 다르다. Excel에서 공분산분석은 각 변수별 공분산을 행렬의 형태로 나타내줄 뿐이다.

예제 11.3

다음은 10대 청소년 12명에게서 얻은 키와 요골과 대퇴골의 길이에 대한 자료이다.

환자번호	키	요골의 길이	대퇴골의 길이
1	149.0	21.00	42.50
2	152.0	21.79	43.70
3	155.7	22.40	44.75
4	159.0	23.00	46.00
5	163.3	23.70	47.00
6	166.0	24.30	47.90
7	169.0	24.92	48.95
8	172.0	25.50	49.90
9	174.5	25.80	50.30
10	176.1	26.01	50.90
11	176.5	26.15	50.85
12	179.0	26.30	51.10

공분산분석을 이용하여 키, 요골의 길이, 대퇴골의 길이에 대한 분산과 키와 요골의 길이, 키와 대퇴골의 길이, 요골의 길이와 대퇴골의 길이에 대한 공분산을 구하여 보자.

❶ "예제 11.3" 파일을 연다. 예제 11.3에는 12명의 "키", "요골의 길이", "대퇴골의 길이"의 수치가 입력되어 있다.

	A	B	C
1	키	요골의 길이	대퇴골의 길이
2	149	21	42.5
3	152	21.79	43.7
4	155.7	22.4	44.75
5	159	23	46
6	163.3	23.7	47
7	166	24.3	47.9
8	169	24.92	48.95
9	172	25.5	49.9
10	174.5	25.8	50.3
11	176.1	26.01	50.9
12	176.5	26.15	50.85
13	179	26.3	51.1

❷ 『데이터』 탭 「분석」 그룹에서 데이터 분석 을 클릭하고 대화상자에서 '공분산 분석'을 선택한다.

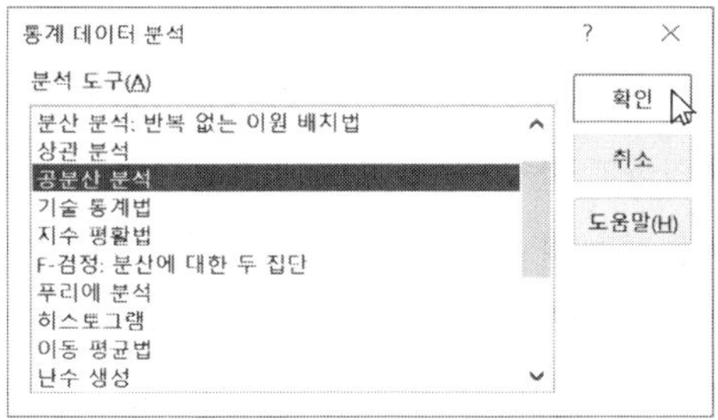

❸ 각 입력란을 클릭하여 아래와 같은 값을 넣는다. [입력 범위]란에 "$A$1:$C$13"을 입력한다. '첫째 행 이름표 사용'을 선택한다. 모두 입력 후 [확인]을 누른다.

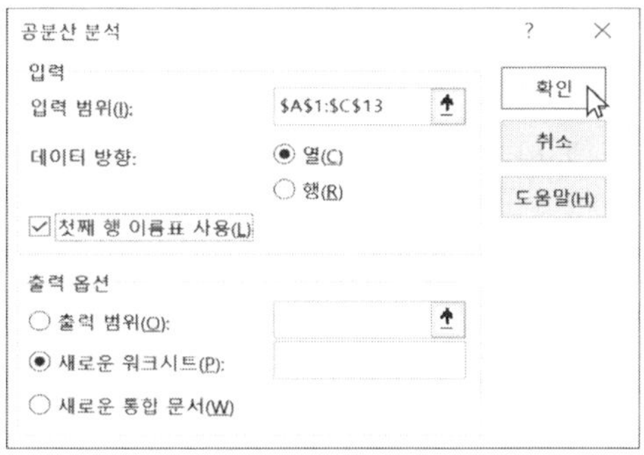

❹ 출력결과는 아래와 같다. 대각원소로는 각 변수의 분산이, 비대각원소로는 두 변수 간의 공분산이 출력된다. 즉, B2, C3, D4에는 키, 요골의 길이, 대퇴골의 길이에 대한 분산이 나타나고, B3, B4, C4에는 키와 요골의 길이, 키와 대퇴골의 길이, 요골의 길이와 대퇴골의 길이에 대한 공분산이 출력된다. C2, D2, D3은 각각 B3, B4, C4와 같은 값을 가지게 되므로 생략된다.

	A	B	C	D
1		*키*	*요골의 길이*	*대퇴골의 길이*
2	키	95.49076		
3	요골의 길이	17.17017	3.102224306	
4	대퇴골의 길이	28.10066	5.078142361	8.322690972

11.2.2 지수평활법

한 환자에게서 30분마다 계속 맥박을 측정하였다고 하면 이 자료는 시계열 자료이다. 이때 11시에 측정한 맥박 수치는 10시 30분에 측정한 맥박 수치와 어떤 관계를 갖고 있을 것이다. 시간의 흐름에 따라서 과거의 자료와 현재 측정한 자료 사이에 어떤 연관성을 고려하여 미래를 예측하는 방법을 통칭하여 시계열 분석이라고 한다. Excel에서는 시계열

분석 도구로 지수평활법과 이동평균법을 제공한다.

시계열 자료가 의미 있는 부분과 무의미한 부분(특수효과, 관측오차, 불규칙 변동 등)으로 구성되어 있다고 하자. 즉 의미 있는 부분이란 분산분석에서 주효과라고 생각하고, 의미 없는 부분을 오차와 같다고 생각하여도 무방하다. 일반적으로 의미 있는 부분을 신호(signal)라고 하고, 의미 없는 부분을 잡음(noise)이라고 한다. 경우에 따라서 잡음이 포함되어 있는 관측된 시계열 자료에서 신호, 즉 의미 있는 부분만을 뽑아내야 할 필요가 있다. 이러한 방법을 시계열 평활이라고 한다.

미래의 어떤 값을 예측하거나 평활하기 위해 바로 전 과거의 관측값에는 큰 가중치를 부여하고 시간이 멀어질수록 작은 가중치를 부여하는 방법을 사용하는데, 현재에서 멀어질수록 지수적으로 작아지는 가중치를 부여하는 방법을 지수평활법(exponential smoothing)이라 한다. Excel의 데이터분석에서는 바로 전 과거만을 고려하는 단순지수평활법이 제공되는데, 바로 전 과거만을 고려하므로 현 관측값에는 $a(0 \le a \le 1)$만큼 가중치를 부여하고 바로 전 과거의 추정값에는 $(1-a)$만큼의 가중치를 부여하여 현재 관측값의 추정값을 얻을 수 있으며, 각각의 시각에서 추정값을 구하는 평활함수를 만들 수 있다. 이 경우 가중치 a를 평활상수라 하고 $1-a$를 감쇠인수라고 한다.

예제 11.4

다음은 한국의 94~96년 월별 사망자 수에 관한 자료이다. Excel에서 지수평활법을 사용하여 분석해보자.

연도	월별 사망자 수											
	1	2	3	4	5	6	7	8	9	10	11	12
94년	20599	18058	19752	18774	18703	17787	20790	19288	18464	19584	18466	20442
95년	20232	19409	22190	19888	19841	18996	18785	18951	19501	20213	19716	20410
96년	20617	18693	20720	20242	19907	18835	19474	19152	18394	20650	19439	20111

❶ "예제 11.4" 파일을 연다. "월별 사망자" 변수에 대해 36개의 수치가 입력되어 있다. 『데이터』 탭 「분석」 그룹에서 데이터 분석 을 클릭하고, 대화상자에서 '지수 평활법'을 선택한다.

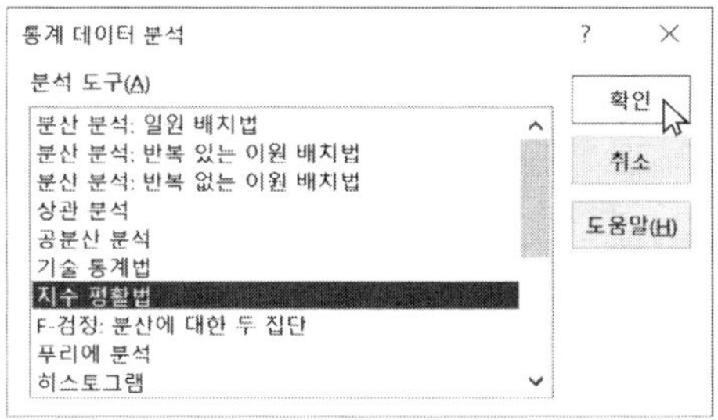

❷ 각 입력란을 클릭하여 아래와 같은 값을 넣는다.

- 입력 범위 : 데이터가 입력된 주소 "$B$1:$B$37"을 입력한다.
- 감쇠인수 : 감쇠인수는 1 – 평활상수이므로 여기서는 0.7을 입력한다.
- 이름표 : 입력 범위에 변수 이름을 포함시켰으므로 이 란을 체크한다.
- 출력 범위 : 지수평활한 값이 출력되는 부분이다. "$C$2:$C$37"를 입력한다.
- 차트출력 : 이 란을 체크하면 원 데이터 값과 평활된 값의 대한 차트를 그려준다.
- 표준오차 : 현재부터 과거의 관측값 3개와 바로 전 과거부터 3개의 추정값 차에 대한 제곱합을 관측수로 나눈 추정오차를 추정값 오른쪽에 출력한다.

Tip

Excel의 도움말에서 감쇠인수와 평활상수를 동일시하고 있는데, 이는 옳지 않다고 본다. 감쇠인수는 "1–평활상수"로 표현되어야 한다. 또한 평활상수값을 0.2에서 0.3 사이의 값으로 추천하였는데, 일반적으로 시계열분석 전문서적에서는 0.01부터 0.3까지로 언급하고 있다. 따라서 감쇠인수는 0.7에서 0.99 사이의 값이 적당하다.

❸ 다음은 전체 출력결과의 일부이다. C열에 출력된 값이 그 달 사망자 수의 추정값이고, D열에 출력된 값이 추정오차를 출력한 부분이다. 사망자의 초기 추정값은 관측값으

로 추정하였고, 추정오차 부분에서는 추정오차의 정의에 따라 계산할 수 없는 값들은 "#N/A"로 표시한다.

	A	B	C	D
1		월별사망자		
2	94년 1월	20599	#N/A	#N/A
3	2월	18058	20599	#N/A
4	3월	19752	18820.3	#N/A
5	4월	18774	19472.49	#N/A
6	5월	18703	18983.55	1613.757
7	6월	17787	18787.16	691.5345
8	7월	20790	18087.05	722.7086
9	8월	19288	19979.11	1671.823
10	9월	18464	19495.33	1711.131
11	10월	19584	18773.4	1717.288
12	11월	18466	19340.82	856.03
13	12월	20442	18728.45	910.3173
14	95년 1월	20232	19927.93	1205.356
15	2월	19409	20140.78	1124.579
16	3월	22190	19628.53	1089.989
17	4월	19888	21421.56	1548.017

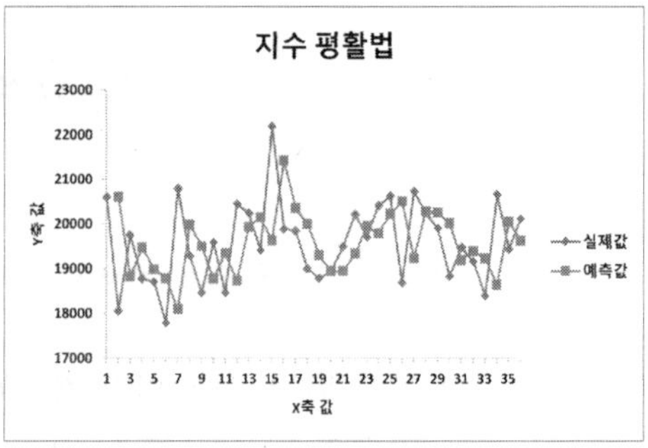

차트를 통해서 평활한 값을 보면 관측값보다 변동이 심하지 않은 모양을 하고 있으며, 관측값과 추정값의 차이가 크면 추정오차가 큰 것을 알 수 있다. 지수평활법을 사용할 때 제일 좋은 평활함수를 찾는 문제는 추정오차를 최소화시키는 평활상수값을 찾는 문제가 되는데, 시계열 분석의 한 방법인 박스－젠킨스(Box－Jenkins) 모형을 통해 알아볼 방법이 제안되어 있다. Excel을 이용한 시계열분석의 자세한 내용은 노형진(2011), 한광종(2014)을, 보다 깊은 내용은 조신섭 등(2019) 및 이상열 (2023)과 같은 시계열분석 전문 서적을 참조하길 바란다.

11.2.3 이동평균법

이제 평활방법 중 하나인 이동평균법에 대해서 알아보자. 시점 1에서부터 시점 n까지의 시계열 자료를 $X_t \ (t=1,\cdots,n)$라고 하면 너비 k의 이동평균(moving average)은

$$M_{t+1} = \frac{1}{k}\sum_{j=1}^{k} X_{t-j+1}$$

으로 정의된다.

예제 11.4 계속

예제 11.2의 데이터에 이동평균법을 적용시켜 보자.

❶ 『데이터』 탭 「분석」 그룹에서 데이터 분석 을 클릭하면 다음과 같은 대화상자가 나온다. '이동 평균법'을 선택한다.

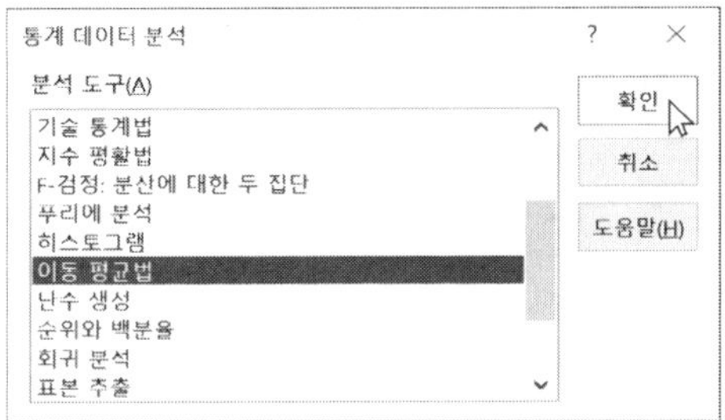

❷ 각 입력란을 클릭하여 다음과 같은 값을 넣는다.

- 입력 범위: "$B$1:$B$37"을 입력한다.
- 구간: 구간은 이동평균법의 너비를 의미한다. 3을 입력하자.
- 첫째 행 이름표 사용: 입력 범위에 변수이름을 포함시켰으면 체크한다.
- 출력 범위: 이동평균값이 출력되는 범위이다. 여기서는 "$E$2:$E$37"를 입력하였다.
- 차트출력: 원 데이터 값과 평활된 값의 대한 차트를 그려준다.
- 표준오차: 현재부터 과거의 관측값 3개와 바로 전 과거부터 3개의 추정값 차에 대한 제곱합을 관측수로 나눈 추정오차를 추정값 오른쪽에 출력한다.

❸ 다음은 출력결과의 일부이다. E열은 이동평균값을 나타내고 F열은 그때의 표준오차를 출력하여 준다. 이동평균 그림을 보면 실제값의 추세선보다 예측값의 추세선이 더욱 부드러운 것을 볼 수 있다.

	A	B	C	D	E	F
1		월별사망자				
2	94년 1월	20599	#N/A	#N/A	#N/A	#N/A
3	2월	18058	20599	#N/A	#N/A	#N/A
4	3월	19752	18820.3	#N/A	19469.67	#N/A
5	4월	18774	19472.49	#N/A	18861.33	#N/A
6	5월	18703	18983.55	1613.757	19076.33	274.9042
7	6월	17787	18787.16	691.5345	18421.33	427.9344
8	7월	20790	18087.05	722.7086	19093.33	1067.776
9	8월	19288	19979.11	1671.823	19288.33	1045.794
10	9월	18464	19495.33	1711.131	19514	1151.981
11	10월	19584	18773.4	1717.288	19112	664.6513
12	11월	18466	19340.82	856.03	18838	698.4908
13	12월	20442	18728.45	910.3173	19497.33	646.4166
14	95년 1월	20232	19927.93	1205.356	19713.33	658.2285
15	2월	19409	20140.78	1124.579	20027.67	717.4396
16	3월	22190	19628.53	1089.989	20610.33	1024.225
17	4월	19888	21421.56	1548.017	20495.67	1040.409

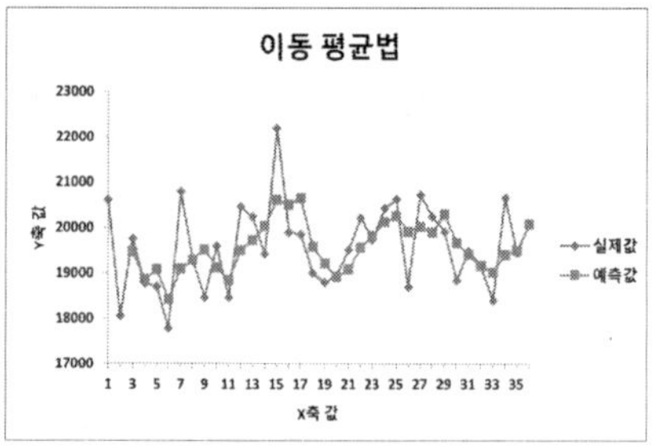

11.2.4 난수생성

데이터분석의 난수생성은 주어진 통계분포하에서 독립적으로 난수를 만드는 작업을 수행한다. 이를 위해서는 분포와 그 분포에 따른 모수에 대해 알고 있어야 하는데, 이를 위해 앞에서 배운 분포를 간단히 표현하는 방법과 그 방법 안에 포함되어 있는 모수에 대해 다시 정리해 보기로 하자.

분포명	표현법	모수
균일(일양)분포	$U(a,b)$	a: 시작점 b: 종료점
정규분포	$N(\mu,\sigma^2)$	μ: 평균 σ^2: 분산
베르누이분포	$Ber(p)$	p: 성공 확률
이항분포	$Bin(n,p)$	n: 시행횟수 p: 성공확률
포아송분포	$Poi(\lambda)$	λ: 평균율

난수생성을 위해서는 생성될 난수가 어떤 분포에서 나왔는지에 대해 지정해 주어야 한다. Excel에서는 균일(일양)분포, 정규분포, 베르누이분포, 이항분포, 포아송분포, 패턴분포, 이산분포에 대해서 난수를 생성할 수 있는데, 균일(일양)분포, 정규분포, 베르누이분포, 이항분포, 포아송분포는 위의 모수들을 알고 있으면 가능하고, 이산분포는 각 확률변수값에 대한 확률값을 시트에 각각 입력하여 계산한다. 패턴분포는 의학데이터 분석에서 필요하지 않다고 판단되므로 생략한다.

예제 11.5

Excel로 균일분포를 따르는 난수를 생성하는 방법에 대해서 알아보자.

❶ 『데이터』 탭 「분석」 그룹에서 데이터 분석 을 클릭하고 대화상자에서 '난수생성'을 선택하자.

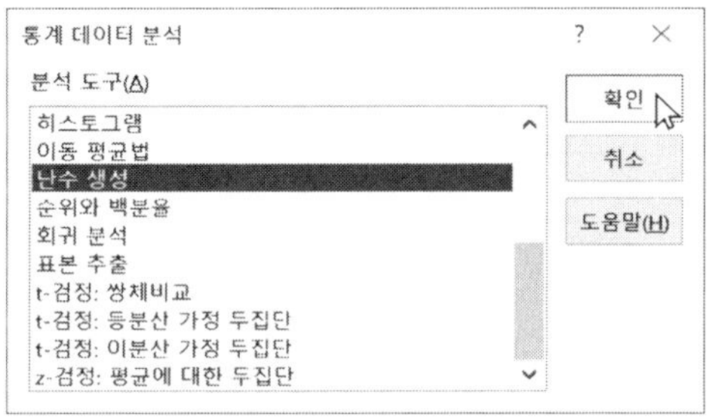

❷ 각 입력란을 클릭하여 다음과 같은 값을 넣는다.

- 변수의 개수 : 난수는 열로 출력되는데 가정한 분포에 대해서 생성할 변수의 수를 입력한다. 여기서는 변수 1개만 생성하여 보자.
- 난수의 개수 : 한 변수당 난수의 수를 입력한다. 여기서는 50개를 만들어 보았다.
- 분포 : 분포를 선택한다. 일양분포(균일분포)를 선택하였다.
- 모수 : 각 분포의 모수를 묻는다. 균일분포는 시작점과 종료점이 모수이므로 시작과 종료를 묻게 된다. 만약에 정규분포를 생성한다고 하면 평균과 분산을 입력해야 한다. 여기서는 $U(0,1)$ 인 분포에서 난수를 발생시키기 위해 시작에 0, 종료에 1을 입력하자.

- 난수시드 : 난수시드에는 난수를 만들 적당한 조건을 준다. 만약 난수시드에 1234의 값을 주고 난수를 생성시킨 후 다음 난수생성 때 난수시드에 다시 1234를 입력하면 전에 만들었던 난수와 동일한 난수를 생성하게 된다.
- 출력옵션 : 결과를 출력할 위치를 지정한다.

❸ 다음은 출력결과인 총 50개 데이터 중 일부이다.

	A
1	0.033448
2	0.422102
3	0.139866
4	0.741295
5	0.955535
6	0.909207
7	0.803522
8	0.721244
9	0.065889
10	[illegible]

11.2.5 표본 추출

표본 추출은 Excel 시트에 기록되어 있는 데이터가 모집단이라고 할 때 그 모집단에서 표본을 자동으로 추출하게 한다. 표본 추출에는 [주기적 추출]과 [무작위 추출]이 있는데, 주기적 추출은 입력란의 주기에 따라 규칙적으로 표본을 추출하게 된다. 예를 들어 주기를 3으로 했다면 3번째, 6번째, 9번째 순으로 자료가 추출되게 된다. 무작위 추출은 모집단에서 특별한 규칙이 없이 표본을 뽑게 되는데 입력란의 표본수에 입력된 개수만큼 표본이 모집단에서 추출된다.

예제 11.6

Excel을 이용하여 무작위 추출을 해 보자. 여기서는 데이터를 쉽게 알아보기 위해 A열 1행에서 50행에 1부터 50까지의 수를 써보자.

❶ 『데이터』 탭 「분석」 그룹에서 데이터 분석 을 선택 후 대화상자에서 '표본 추출'을 선택한다.

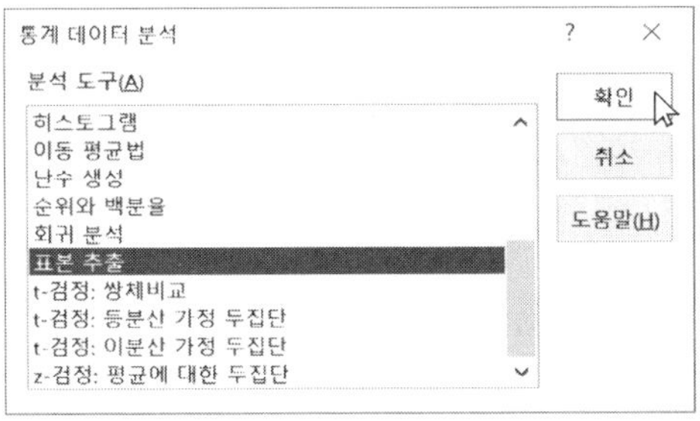

❷ 각 입력란을 클릭하여 아래와 같은 값을 넣는다.

- 입력 범위 : 데이터가 들어있는 범위 "$A$1:$A$50"을 입력한다.
- 표본 추출 방법 : 주기적 추출인지 무작위 추출인지를 선택할 수 있다. 무작위 추출을 선택한다. 표본수에는 15를 입력하여 보자.

❸ 다음과 같이 15개의 숫자가 추출된다.

	A
1	33
2	38
3	13
4	8
5	12
6	37
7	1
8	35
9	39
10	17
11	42
12	4
13	3
14	14
15	1

부 록

확률분포표

- 표준정규분포표
- t-분포표
- χ^2-분포표
- F-분포표
- 스튜던트화범위 분포표
- 순위합 검정통계량 분포표
- 부호순위 검정통계량 분포표
- 크루스칼-왈리스 검정통계량 분포표
- 스피어만 순위상관계수 검정통계량 분포표

◔ 표준정규분포표

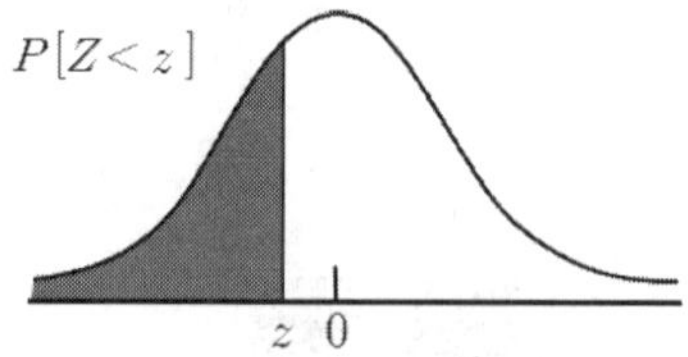

z	.00	.01	.02	.03	.04	.05	.06	.07	.08	.09
−3.5	.0002	.0002	.0002	.0002	.0002	.0002	.0002	.0002	.0002	.0002
−3.4	.0003	.0003	.0003	.0003	.0003	.0003	.0003	.0003	.0003	.0002
−3.3	.0005	.0005	.0005	.0004	.0004	.0004	.0004	.0004	.0004	.0003
−3.2	.0007	.0007	.0006	.0006	.0006	.0006	.0006	.0005	.0005	.0005
−3.1	.0010	.0009	.0009	.0009	.0008	.0008	.0008	.0008	.0007	.0007
−3.0	.0013	.0013	.0013	.0012	.0012	.0011	.0011	.0011	.0010	.0010
−2.9	.0019	.0018	.0018	.0017	.0016	.0016	.0015	.0015	.0014	.0014
−2.8	.0026	.0025	.0024	.0023	.0023	.0022	.0021	.0021	.0020	.0019
−2.7	.0035	.0034	.0033	.0032	.0031	.0030	.0029	.0028	.0027	.0026
−2.6	.0047	.0045	.0044	.0043	.0041	.0040	.0039	.0038	.0037	.0036
−2.5	.0062	.0060	.0059	.0057	.0055	.0054	.0052	.0051	.0049	.0048
−2.4	.0082	.0080	.0078	.0075	.0073	.0071	.0069	.0068	.0066	.0064
−2.3	.0107	.0104	.0102	.0099	.0096	.0094	.0091	.0089	.0087	.0084
−2.2	.0139	.0136	.0132	.0129	.0125	.0122	.0119	.0116	.0113	.0110
−2.1	.0179	.0174	.0170	.0166	.0162	.0158	.0154	.0150	.0146	.0143
−2.0	.0228	.0222	.0217	.0212	.0207	.0202	.0197	.0192	.0188	.0183
−1.9	.0287	.0281	.0274	.0268	.0262	.0256	.0250	.0244	.0239	.0233
−1.8	.0359	.0351	.0344	.0336	.0329	.0322	.0314	.0307	.0301	.0294
−1.7	.0446	.0436	.0427	.0418	.0409	.0401	.0392	.0384	.0375	.0367
−1.6	.0548	.0537	.0526	.0516	.0505	.0495	.0485	.0475	.0465	.0455
−1.5	.0668	.0655	.0643	.0630	.0618	.0606	.0594	.0582	.0571	.0559
−1.4	.0808	.0793	.0778	.0764	.0749	.0735	.0721	.0708	.0694	.0681
−1.3	.0968	.0951	.0934	.0918	.0901	.0885	.0869	.0853	.0838	.0823
−1.2	.1151	.1131	.1112	.1093	.1075	.1056	.1038	.1020	.1003	.0985
−1.1	.1357	.1335	.1314	.1292	.1271	.1251	.1230	.1210	.1190	.1170
−1.0	.1587	.1562	.1539	.1515	.1492	.1469	.1446	.1423	.1401	.1379
−.9	.1841	.1814	.1788	.1762	.1736	.1711	.1685	.1660	.1635	.1611
−.8	.2119	.2090	.2061	.2033	.2005	.1977	.1949	.1922	.1894	.1867
−.7	.2420	.2389	.2358	.2327	.2297	.2266	.2236	.2206	.2177	.2148
−.6	.2743	.2709	.2676	.2643	.2611	.2578	.2546	.2514	.2483	.2451
−.5	.3085	.3050	.3015	.2981	.2946	.2912	.2877	.2843	.2810	.2776
−.4	.3446	.3409	.3372	.3336	.3300	.3264	.3228	.3192	.3156	.3121
−.3	.3821	.3783	.3745	.3707	.3669	.3632	.3594	.3557	.3520	.3483
−.2	.4207	.4168	.4129	.4090	.4052	.4013	.3974	.3936	.3897	.3859
−.1	.4602	.4562	.4522	.4483	.4443	.4404	.4364	.4325	.4286	.4247
−.0	.5000	.4960	.4920	.4880	.4840	.4801	.4761	.4721	.4681	.4641

z	.00	.01	.02	.03	.04	.05	.06	.07	.08	.09
.0	.5000	.5040	.5080	.5120	.5160	.5199	.5239	.5279	.5319	.5359
.1	.5398	.5438	.5478	.5517	.5557	.5596	.5636	.5675	.5714	.5753
.2	.5793	.5832	.5871	.5910	.5948	.5987	.6026	.6064	.6103	.6141
.3	.6179	.6217	.6255	.6293	.6331	.6368	.6406	.6443	.6480	.6517
.4	.6554	.6591	.6628	.6664	.6700	.6736	.6772	.6808	.6844	.6879
.5	.6915	.6950	.6985	.7019	.7054	.7088	.7123	.7157	.7190	.7224
.6	.7257	.7291	.7324	.7357	.7389	.7422	.7454	.7486	.7517	.7549
.7	.7580	.7611	.7642	.7673	.7703	.7734	.7764	.7794	.7823	.7852
.8	.7881	.7910	.7939	.7967	.7995	.8023	.8051	.8078	.8106	.8133
.9	.8159	.8186	.8212	.8238	.8264	.8289	.8315	.8340	.8365	.8389
1.0	.8413	.8438	.8461	.8485	.8508	.8531	.8554	.8577	.8599	.8621
1.1	.8643	.8665	.8686	.8708	.8729	.8749	.8770	.8790	.8810	.8830
1.2	.8849	.8869	.8888	.8907	.8925	.8944	.8962	.8980	.8997	.9015
1.3	.9032	.9049	.9066	.9082	.9099	.9115	.9131	.9147	.9162	.9177
1.4	.9192	.9207	.9222	.9236	.9251	.9265	.9279	.9292	.9306	.9319
1.5	.9332	.9345	.9357	.9370	.9382	.9394	.9406	.9418	.9429	.9441
1.6	.9452	.9463	.9474	.9484	.9495	.9505	.9515	.9525	.9535	.9545
1.7	.9554	.9564	.9573	.9582	.9591	.9599	.9608	.9616	.9625	.9633
1.8	.9641	.9649	.9656	.9664	.9671	.9678	.9686	.9693	.9699	.9706
1.9	.9713	.9719	.9726	.9732	.9738	.9744	.9750	.9756	.9761	.9767
2.0	.9772	.9778	.9783	.9788	.9793	.9798	.9803	.9808	.9812	.9817
2.1	.9821	.9826	.9830	.9834	.9838	.9842	.9846	.9850	.9854	.9857
2.2	.9861	.9864	.9868	.9871	.9875	.9878	.9881	.9884	.9887	.9890
2.3	.9893	.9896	.9898	.9901	.9904	.9906	.9909	.9911	.9913	.9916
2.4	.9918	.9920	.9922	.9925	.9927	.9929	.9931	.9932	.9934	.9936
2.5	.9938	.9940	.9941	.9943	.9945	.9946	.9948	.9949	.9951	.9952
2.6	.9953	.9955	.9956	.9957	.9959	.9960	.9961	.9962	.9963	.9964
2.7	.9965	.9966	.9967	.9968	.9969	.9970	.9971	.9972	.9973	.9974
2.8	.9974	.9975	.9976	.9977	.9977	.9978	.9979	.9979	.9980	.9981
2.9	.9981	.9982	.9982	.9983	.9984	.9984	.9985	.9985	.9986	.9986
3.0	.9987	.9987	.9987	.9988	.9988	.9989	.9989	.9989	.9990	.9990
3.1	.9990	.9991	.9991	.9991	.9992	.9992	.9992	.9992	.9993	.9993
3.2	.9993	.9993	.9994	.9994	.9994	.9994	.9994	.9995	.9995	.9995
3.3	.9995	.9995	.9995	.9996	.9996	.9996	.9996	.9996	.9996	.9997
3.4	.9997	.9997	.9997	.9997	.9997	.9997	.9997	.9997	.9997	.9998
3.5	.9998	.9998	.9998	.9998	.9998	.9998	.9998	.9998	.9998	.9998

◔ t-분포표 : 상위 α의 확률에 해당하는 임계치

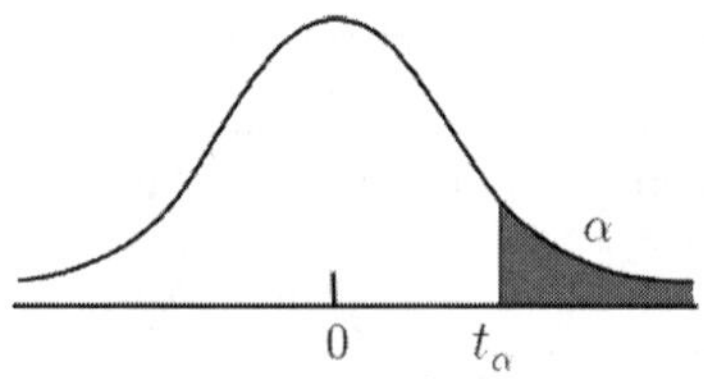

d.f. \ α	.25	.10	.05	.025	.01	.00833	.00625	.005
1	1.000	3.078	6.314	12.706	31.821	38.190	50.923	63.657
2	.816	1.886	2.920	4.303	6.965	7.649	8.860	9.925
3	.765	1.638	2.353	3.182	4.541	4.857	5.392	5.841
4	.741	1.533	2.132	2.776	3.747	3.961	4.315	4.604
5	.727	1.476	2.015	2.571	3.365	3.534	3.810	4.032
6	.718	1.440	1.943	2.447	3.143	3.287	3.521	3.707
7	.711	1.415	1.895	2.365	2.998	3.128	3.335	3.499
8	.706	1.397	1.860	2.306	2.896	3.016	3.206	3.355
9	.703	1.383	1.833	2.262	2.821	2.933	3.111	3.250
10	.700	1.372	1.812	2.228	2.764	2.870	3.038	3.169
11	.697	1.363	1.796	2.201	2.718	2.820	2.981	3.106
12	.695	1.356	1.782	2.179	2.681	2.779	2.934	3.055
13	.694	1.350	1.771	2.160	2.650	2.746	2.896	3.012
14	.692	1.345	1.761	2.145	2.624	2.718	2.864	2.977
15	.691	1.341	1.753	2.131	2.602	2.694	2.837	2.947
16	.690	1.337	1.746	2.120	2.583	2.673	2.813	2.921
17	.689	1.333	1.740	2.110	2.567	2.655	2.793	2.898
18	.688	1.330	1.734	2.101	2.552	2.639	2.775	2.878
19	.688	1.328	1.729	2.093	2.539	2.625	2.759	2.861
20	.687	1.325	1.725	2.086	2.528	2.613	2.744	2.845
21	.686	1.323	1.721	2.080	2.518	2.601	2.732	2.831
22	.686	1.321	1.717	2.074	2.508	2.591	2.720	2.819
23	.685	1.319	1.714	2.069	2.500	2.582	2.710	2.807
24	.685	1.318	1.711	2.064	2.492	2.574	2.700	2.797
25	.684	1.316	1.708	2.060	2.485	2.566	2.692	2.787
26	.684	1.315	1.706	2.056	2.479	2.559	2.684	2.779
27	.684	1.314	1.703	2.052	2.473	2.552	2.676	2.771
28	.683	1.313	1.701	2.048	2.467	2.546	2.669	2.763
29	.683	1.311	1.699	2.045	2.462	2.541	2.663	2.756
30	.683	1.310	1.697	2.042	2.457	2.536	2.657	2.750
40	.681	1.303	1.684	2.021	2.423	2.499	2.616	2.704
60	.679	1.296	1.671	2.000	2.390	2.463	2.575	2.660
120	.677	1.289	1.658	1.980	2.358	2.428	2.536	2.617
∞	.674	1.282	1.645	1.960	2.326	2.394	2.498	2.576

◔ χ^2-분포표 : 상위 α의 확률에 해당하는 임계치

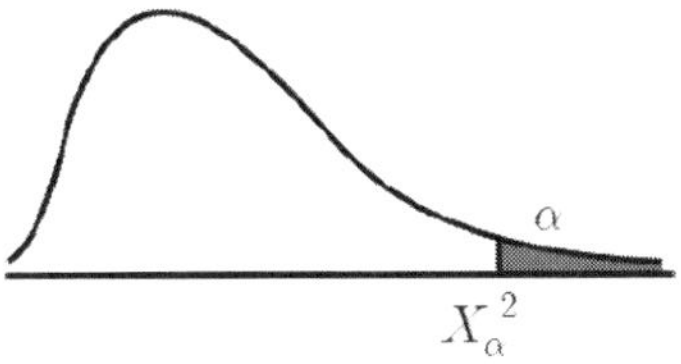

d.f. \ α	.99	.975	.95	.90	.50	.10	.05	.025	.01
1	.0002	.001	.004	.02	.45	2.71	3.84	5.02	6.63
2	.02	.05	.10	.21	1.39	4.61	5.99	7.38	9.21
3	.11	.22	.35	.58	2.37	6.25	7.81	9.35	11.34
4	.30	.48	.71	1.06	3.36	7.78	9.49	11.14	13.28
5	.55	.83	1.15	1.61	4.35	9.24	11.07	12.83	15.09
6	.87	1.24	1.64	2.20	5.35	10.64	12.59	14.45	16.81
7	1.24	1.69	2.17	2.83	6.35	12.02	14.07	16.01	18.48
8	1.65	2.18	2.73	3.49	7.34	13.36	15.51	17.53	20.09
9	2.09	2.70	3.33	4.17	8.34	14.68	16.92	19.02	21.67
				4.87					
10	2.56	3.24	3.94		9.34	15.99	18.31	20.48	23.21
11	3.05	3.81	4.57	5.58	10.34	17.28	19.68	21.92	24.72
12	3.57	4.40	5.23	6.30	11.34	18.55	21.03	23.34	26.22
13	4.11	5.01	5.89	7.04	12.34	19.81	22.36	24.74	27.69
14	4.66	5.62	6.57	7.79	13.34	21.06	23.68	26.12	29.14
15	5.23	6.26	7.26	8.55	14.34	22.31	25.00	27.49	30.58
16	5.81	6.90	7.96	9.31	15.34	23.54	26.30	28.85	32.00
17	6.41	7.56	8.67	10.09	16.34	24.77	27.59	30.19	33.41
18	7.01	8.23	9.39	10.86	17.34	25.99	28.87	31.53	34.81
19	7.63	8.90	10.12	11.65	18.34	27.20	30.14	32.85	36.19
20	8.26	9.59	10.85	12.44	19.34	28.41	31.41	34.17	37.57
21	8.90	10.28	11.59	13.24	20.34	29.62	32.67	35.48	38.93
22	9.54	10.98	12.34	14.04	21.34	30.81	33.92	36.78	40.29
23	10.20	11.69	13.09	14.85	22.34	32.01	35.17	38.08	41.64
24	10.86	12.40	13.85	15.66	23.34	33.20	36.42	39.36	42.98
25	11.52	13.11	14.61	16.47	24.34	34.38	37.65	40.65	44.31
26	12.20	13.84	15.38	17.29	25.34	35.56	38.89	41.92	45.64
27	12.88	14.57	16.15	18.11	26.34	36.74	40.11	43.19	46.96
28	13.56	15.30	16.93	18.94	27.34	37.92	41.34	44.46	48.28
29	14.26	16.04	17.71	19.77	28.34	39.09	42.56	45.72	49.59
30	14.95	16.78	18.49	20.60	29.34	40.26	43.77	46.98	50.89
40	22.16	24.42	26.51	29.05	39.34	51.81	55.76	59.34	63.69
50	29.71	32.35	34.76	37.69	49.33	63.17	67.50	71.42	76.15
60	37.48	40.47	43.19	46.46	59.33	74.40	79.08	83.30	88.38
70	45.44	48.75	51.74	55.33	69.33	85.53	90.53	95.02	100.43
80	53.54	57.15	60.39	64.28	79.33	96.58	101.88	106.63	112.33
90	61.75	65.64	69.13	73.29	89.33	107.57	113.15	118.14	124.12
100	70.06	74.22	77.93	82.36	99.33	118.50	124.34	129.56	135.81

◔ F-분포표 : 상위 α의 확률에 해당하는 임계치

$\alpha = 0.1$

ν_2 \ ν_1	1	2	3	4	5	6	7	8	9	10	12	15	20	24	30	40	60	120	∞
1	39.86	49.50	53.59	55.83	57.24	58.20	58.91	59.44	59.86	60.19	60.71	61.22	61.74	62.00	62.26	62.53	62.79	63.06	63.33
2	8.53	9.00	9.16	9.24	9.29	9.33	9.35	9.37	9.38	9.39	9.41	9.42	9.44	9.45	9.46	9.47	9.47	9.48	9.49
3	5.54	5.46	5.39	5.34	5.31	5.28	5.27	5.25	5.24	5.23	5.22	5.20	5.18	5.18	5.17	5.16	5.15	5.14	5.13
4	4.54	4.32	4.19	4.11	4.05	4.01	3.98	3.95	3.94	3.92	3.90	3.87	3.84	3.83	3.82	3.80	3.79	3.78	3.76
5	4.06	3.78	3.62	3.52	3.45	3.40	3.37	3.34	3.32	3.30	3.27	3.24	3.21	3.19	3.17	3.16	3.14	3.12	3.10
6	3.78	3.46	3.29	3.18	3.11	3.05	3.01	2.98	2.96	2.94	2.90	2.87	2.84	2.82	2.80	2.78	2.76	2.74	2.72
7	3.59	3.26	3.07	2.96	2.88	2.83	2.78	2.75	2.72	2.70	2.67	2.63	2.59	2.58	2.56	2.54	2.51	2.49	2.47
8	3.46	3.11	2.92	2.81	2.73	2.67	2.62	2.59	2.56	2.54	2.50	2.46	2.42	2.40	2.38	2.36	2.34	2.32	2.29
9	3.36	3.01	2.81	2.69	2.61	2.55	2.51	2.47	2.44	2.42	2.38	2.34	2.30	2.28	2.25	2.23	2.21	2.18	2.16
10	3.29	2.92	2.73	2.61	2.52	2.46	2.41	2.38	2.35	2.32	2.28	2.24	2.20	2.18	2.16	2.13	2.11	2.08	2.06
11	3.23	2.86	2.66	2.54	2.45	2.39	2.34	2.30	2.27	2.25	2.21	2.17	2.12	2.10	2.08	2.05	2.03	2.00	1.97
12	3.18	2.81	2.61	2.48	2.39	2.33	2.28	2.24	2.21	2.19	2.15	2.10	2.06	2.04	2.01	1.99	1.96	1.93	1.90
13	3.14	2.76	2.56	2.43	2.35	2.28	2.23	2.20	2.16	2.14	2.10	2.05	2.01	1.98	1.96	1.93	1.90	1.88	1.85
14	3.10	2.73	2.52	2.39	2.31	2.24	2.19	2.15	2.12	2.10	2.05	2.01	1.96	1.94	1.91	1.89	1.86	1.83	1.80
15	3.07	2.70	2.49	2.36	2.27	2.21	2.16	2.12	2.09	2.06	2.02	1.97	1.92	1.90	1.87	1.85	1.82	1.79	1.76
16	3.05	2.67	2.46	2.33	2.24	2.18	2.13	2.09	2.06	2.03	1.99	1.94	1.89	1.87	1.84	1.81	1.78	1.75	1.72
17	3.03	2.64	2.44	2.31	2.22	2.15	2.10	2.06	2.03	2.00	1.96	1.91	1.86	1.84	1.81	1.78	1.75	1.72	1.69
18	3.01	2.62	2.42	2.29	2.20	2.13	2.08	2.04	2.00	1.98	1.93	1.89	1.84	1.81	1.78	1.75	1.72	1.69	1.66
19	2.99	2.61	2.40	2.27	2.18	2.11	2.06	2.02	1.98	1.96	1.91	1.86	1.81	1.79	1.76	1.73	1.70	1.67	1.63
20	2.97	2.59	2.38	2.25	2.16	2.09	2.04	2.00	1.96	1.94	1.89	1.84	1.79	1.77	1.74	1.71	1.68	1.64	1.61
21	2.96	2.57	2.36	2.23	2.14	2.08	2.02	1.98	1.95	1.92	1.87	1.83	1.78	1.75	1.72	1.69	1.66	1.62	1.59
22	2.95	2.56	2.35	2.22	2.13	2.06	2.01	1.97	1.93	1.90	1.86	1.81	1.76	1.73	1.70	1.67	1.64	1.60	1.57
23	2.94	2.55	2.34	2.21	2.11	2.05	1.99	1.95	1.92	1.89	1.84	1.80	1.74	1.72	1.69	1.66	1.62	1.59	1.55
24	2.93	2.54	2.33	2.19	2.10	2.04	1.98	1.94	1.91	1.88	1.83	1.78	1.73	1.70	1.67	1.64	1.61	1.57	1.53
25	2.92	2.53	2.32	2.18	2.09	2.02	1.97	1.93	1.89	1.87	1.82	1.77	1.72	1.69	1.66	1.63	1.59	1.56	1.52
26	2.91	2.52	2.31	2.17	2.08	2.01	1.96	1.92	1.88	1.86	1.81	1.76	1.71	1.68	1.65	1.61	1.58	1.54	1.50
27	2.90	2.51	2.30	2.17	2.07	2.00	1.95	1.91	1.87	1.85	1.80	1.75	1.70	1.67	1.64	1.60	1.57	1.53	1.49
28	2.89	2.50	2.29	2.16	2.06	2.00	1.94	1.90	1.87	1.84	1.79	1.74	1.69	1.66	1.63	1.59	1.56	1.52	1.48
29	2.89	2.50	2.28	2.15	2.06	1.99	1.93	1.89	1.86	1.83	1.78	1.73	1.68	1.65	1.62	1.58	1.55	1.51	1.47
30	2.88	2.49	2.28	2.14	2.05	1.98	1.93	1.88	1.85	1.82	1.77	1.72	1.67	1.64	1.61	1.57	1.54	1.50	1.46
40	2.84	2.44	2.23	2.09	2.00	1.93	1.87	1.83	1.79	1.76	1.71	1.66	1.61	1.57	1.54	1.51	1.47	1.42	1.38
60	2.79	2.39	2.18	2.04	1.95	1.87	1.82	1.77	1.74	1.71	1.66	1.60	1.54	1.51	1.48	1.44	1.40	1.35	1.29
120	2.75	2.35	2.13	1.99	1.90	1.82	1.77	1.72	1.68	1.65	1.60	1.55	1.48	1.45	1.41	1.37	1.32	1.26	1.19
∞	2.71	2.30	2.08	1.94	1.85	1.77	1.72	1.67	1.63	1.60	1.55	1.49	1.42	1.38	1.34	1.30	1.24	1.17	1.00

$\alpha = 0.05$

ν_2 \ ν_1	1	2	3	4	5	6	7	8	9	10	12	15	20	24	30	40	60	120	∞
1	161.4	199.5	215.7	224.6	230.2	234.0	236.8	238.9	240.5	241.9	243.9	245.9	248.0	249.1	250.1	251.1	252.2	253.3	254.3
2	18.51	19.00	19.16	19.25	19.30	19.33	19.35	19.37	19.38	19.40	19.41	19.43	19.45	19.45	19.46	19.47	19.48	19.49	19.50
3	10.13	9.55	9.28	9.12	9.01	8.94	8.89	8.85	8.81	8.79	8.74	8.70	8.66	8.64	8.62	8.59	8.57	8.55	8.53
4	7.71	6.94	6.59	6.39	6.26	6.16	6.09	6.04	6.00	5.96	5.91	5.86	5.80	5.77	5.75	5.72	5.69	5.66	5.63
5	6.61	5.79	5.41	5.19	5.05	4.95	4.88	4.82	4.77	4.74	4.68	4.62	4.56	4.53	4.50	4.46	4.43	4.40	4.36
6	5.99	5.14	4.76	4.53	4.39	4.28	4.21	4.15	4.10	4.06	4.00	3.94	3.87	3.84	3.81	3.77	3.74	3.70	3.67
7	5.59	4.74	4.35	4.12	3.97	3.87	3.79	3.73	3.68	3.64	3.57	3.51	3.44	3.41	3.38	3.34	3.30	3.27	3.23
8	5.32	4.46	4.07	3.84	3.69	3.58	3.50	3.44	3.39	3.35	3.28	3.22	3.15	3.12	3.08	3.04	3.01	2.97	2.93
9	5.12	4.26	3.86	3.63	3.48	3.37	3.29	3.23	3.18	3.14	3.07	3.01	2.94	2.90	2.86	2.83	2.79	2.75	2.71
10	4.96	4.10	3.71	3.48	3.33	3.22	3.14	3.07	3.02	2.98	2.91	2.85	2.77	2.74	2.70	2.66	2.62	2.58	2.54
11	4.84	3.98	3.59	3.36	3.20	3.09	3.01	2.95	2.90	2.85	2.79	2.72	2.65	2.61	2.57	2.53	2.49	2.45	2.40
12	4.75	3.89	3.49	3.26	3.11	3.00	2.91	2.85	2.80	2.75	2.69	2.62	2.54	2.51	2.47	2.43	2.38	2.34	2.30
13	4.67	3.81	3.41	3.18	3.03	2.92	2.83	2.77	2.71	2.67	2.60	2.53	2.46	2.42	2.38	2.34	2.30	2.25	2.21
14	4.60	3.74	3.34	3.11	2.96	2.85	2.76	2.70	2.65	2.60	2.53	2.46	2.39	2.35	2.31	2.27	2.22	2.18	2.13
15	4.54	3.68	3.29	3.06	2.90	2.79	2.71	2.64	2.59	2.54	2.48	2.40	2.33	2.29	2.25	2.20	2.16	2.11	2.07
16	4.49	3.63	3.24	3.01	2.85	2.74	2.66	2.59	2.54	2.49	2.42	2.35	2.28	2.24	2.19	2.15	2.11	2.06	2.01
17	4.45	3.59	3.20	2.96	2.81	2.70	2.61	2.55	2.49	2.45	2.38	2.31	2.23	2.19	2.15	2.10	2.06	2.01	1.96
18	4.41	3.55	3.16	2.93	2.77	2.66	2.58	2.51	2.46	2.41	2.34	2.27	2.19	2.15	2.11	2.06	2.02	1.97	1.92
19	4.38	3.52	3.13	2.90	2.74	2.63	2.54	2.48	2.42	2.38	2.31	2.23	2.16	2.11	2.07	2.03	1.98	1.93	1.88
20	4.35	3.49	3.10	2.87	2.71	2.60	2.51	2.45	2.39	2.35	2.28	2.20	2.12	2.08	2.04	1.99	1.95	1.90	1.84
21	4.32	3.47	3.07	2.84	2.68	2.57	2.49	2.42	2.37	2.32	2.25	2.18	2.10	2.05	2.01	1.96	1.92	1.87	1.81
22	4.30	3.44	3.05	2.82	2.66	2.55	2.46	2.40	2.34	2.30	2.23	2.15	2.07	2.03	1.98	1.94	1.89	1.84	1.78
23	4.28	3.42	3.03	2.80	2.64	2.53	2.44	2.37	2.32	2.27	2.20	2.13	2.05	2.01	1.96	1.91	1.86	1.81	1.76
24	4.26	3.40	3.01	2.78	2.62	2.51	2.42	2.36	2.30	2.25	2.18	2.11	2.03	1.98	1.94	1.89	1.84	1.79	1.73
25	4.24	3.39	2.99	2.76	2.60	2.49	2.40	2.34	2.28	2.24	2.16	2.09	2.01	1.96	1.92	1.87	1.82	1.77	1.71
26	4.23	3.37	2.98	2.74	2.59	2.47	2.39	2.32	2.27	2.22	2.15	2.07	1.99	1.95	1.90	1.85	1.80	1.75	1.69
27	4.21	3.35	2.96	2.73	2.57	2.46	2.37	2.31	2.25	2.20	2.13	2.06	1.97	1.93	1.88	1.84	1.79	1.73	1.67
28	4.20	3.34	2.95	2.71	2.56	2.45	2.36	2.29	2.24	2.19	2.12	2.04	1.96	1.91	1.87	1.82	1.77	1.71	1.65
29	4.18	3.33	2.93	2.70	2.55	2.43	2.35	2.28	2.22	2.18	2.10	2.03	1.94	1.90	1.85	1.81	1.75	1.70	1.64
30	4.17	3.32	2.92	2.69	2.53	2.42	2.33	2.27	2.21	2.16	2.09	2.01	1.93	1.89	1.84	1.79	1.74	1.68	1.62
40	4.08	3.23	2.84	2.61	2.45	2.34	2.25	2.18	2.12	2.08	2.00	1.92	1.84	1.79	1.74	1.69	1.64	1.58	1.51
60	4.00	3.15	2.76	2.53	2.37	2.25	2.17	2.10	2.04	1.99	1.92	1.84	1.75	1.70	1.65	1.59	1.53	1.47	1.39
120	3.92	3.07	2.68	2.45	2.29	2.17	2.09	2.02	1.96	1.91	1.83	1.75	1.66	1.61	1.55	1.50	1.43	1.35	1.25
∞	3.84	3.00	2.60	2.37	2.21	2.10	2.01	1.94	1.88	1.83	1.75	1.67	1.57	1.52	1.46	1.39	1.32	1.22	1.00

◔ 스튜던트화범위 분포표 : 상위 5%와 1%의 점

오차 자유도	α	처리수 k									
		2	3	4	5	6	7	8	9	10	11
5	.05	3.64	4.60	5.22	5.67	6.03	6.33	6.58	6.80	6.99	7.17
	.01	5.70	6.97	7.80	8.42	8.91	9.32	9.67	9.97	10.24	10.80
6	.05	3.46	4.34	4.90	5.31	5.63	5.89	6.12	6.32	6.49	6.65
	.01	5.24	6.33	7.03	7.56	7.97	8.32	8.61	8.87	9.10	9.30
7	.05	3.34	4.16	4.68	5.06	5.36	5.61	5.82	6.00	6.16	6.30
	.01	4.95	5.92	6.54	7.01	7.37	7.68	7.94	8.17	8.37	8.55
8	.05	3.26	4.04	4.53	4.89	5.17	5.40	5.60	5.77	5.92	6.05
	.01	4.74	5.63	6.20	6.63	6.96	7.24	7.47	7.68	7.87	8.03
9	.05	3.20	3.95	4.42	4.76	5.02	5.24	5.43	5.60	5.74	5.87
	.01	4.60	5.43	5.96	6.35	6.66	6.91	7.13	7.32	7.49	7.65
10	.05	3.15	3.88	4.33	4.65	4.91	5.12	5.30	5.46	5.60	5.72
	.01	4.48	5.27	5.77	6.14	6.43	6.67	6.87	7.05	7.21	7.36
12	.05	3.08	3.77	4.20	4.51	4.75	4.95	5.12	5.27	5.40	5.51
	.01	4.32	5.04	5.50	5.84	6.10	6.32	6.51	6.67	6.81	6.94
15	.05	3.01	3.67	4.08	4.37	4.60	4.78	4.94	5.08	5.20	5.31
	.01	4.17	4.83	5.25	5.56	5.80	5.99	6.16	6.31	6.44	6.55
20	.05	2.95	3.58	3.96	4.23	4.45	4.62	4.77	4.90	5.01	5.11
	.01	4.02	4.64	5.02	5.29	5.51	5.69	5.84	5.97	6.09	6.19
30	.05	2.89	3.49	3.84	4.10	4.30	4.46	4.60	4.72	4.83	4.92
	.01	3.89	4.45	4.80	5.05	5.24	5.40	5.54	5.65	5.76	5.85
40	.05	2.86	3.44	3.79	4.04	4.23	4.39	4.52	4.63	4.74	4.82
	.01	3.82	4.37	4.70	4.93	5.11	5.27	5.39	5.50	5.60	5.69
60	.05	2.83	3.40	3.74	3.98	4.16	4.31	4.44	4.55	4.65	4.73
	.01	3.76	4.28	4.60	4.82	4.99	5.13	5.25	5.36	5.45	5.53
120	.05	2.80	3.36	3.69	3.92	4.10	4.24	4.36	4.48	4.56	4.64
	.01	3.70	4.20	4.50	4.71	4.87	5.01	5.12	5.21	5.30	5.38
∞	.05	2.77	3.31	3.63	3.86	4.03	4.17	4.29	4.39	4.47	4.55
	.01	3.64	4.12	4.40	4.60	4.76	4.88	4.99	5.08	5.16	5.23

◔ 순위합 검정통계량 분포표 : $P[T_1 \geq x] = P[T_1 \leq x^*] = p$
(여기서 $n_1 = n$, $n_2 = m$과 같음)

$n=2$

m=3			m=4			m=5			m=6		
x	P	x*	x	P	x*	x	P	x*	x	P	x*
8	.200	4	10	.133	4	11	.190	5	13	.143	5
9	.100	3	11	.067	3	12	.095	4	14	.071	4
10	0	2	12	0	2	13	.048	3	15	.036	3
						14	0	2	16	0	2

m=7			m=8			m=9			m=10		
x	P	x*	x	P	x*	x	P	x*	x	P	x*
15	.111	5	16	.133	6	18	.109	6	19	.136	7
16	.056	4	17	.089	5	19	.073	5	20	.091	6
17	.028	3	18	.044	4	20	.036	4	21	.061	5
18	0	2	19	.022	3	21	.018	3	22	.030	4
			20	0	2	22	0	2	23	.015	3

$n=3$

m=3			m=4			m=5			m=6		
x	P	x*	x	P	x*	x	P	x*	x	P	x*
13	.200	8	16	.114	8	18	.125	9	20	.131	10
14	.100	7	17	.057	7	19	.071	8	21	.083	9
15	.050	6	18	.029	6	20	.036	7	22	.048	8
16	0	5	19	0	5	21	.018	6	23	.024	7
						22	0	5	24	.012	6
									25	0	5

m=7			m=8			m=9			m=10		
x	P	x*	x	P	x*	x	P	x*	x	P	x*
22	.133	11	24	.139	12	27	.105	12	29	.108	13
23	.092	10	25	.097	11	28	.073	11	30	.080	12
24	.058	9	26	.067	10	29	.050	10	31	.056	11
25	.033	8	27	.042	9	30	.032	9	32	.038	10
26	.017	7	28	.024	8	31	.018	8	33	.024	9
27	.008	6	29	.012	7	32	.009	7	34	.014	8
28	0	5	30	.006	6				35	.007	7
			31	0	5						

$n=4$

$m=4$			$m=5$			$m=6$			$m=7$		
x	P	x^*	x	P	x^*	x	P	x^*	x	P	x^*
22	.171	14	25	.143	15	28	.129	16	31	.115	17
23	.100	13	26	.095	14	29	.086	15	32	.082	16
24	.057	12	27	.056	13	30	.057	14	33	.055	15
25	.029	11	28	.032	12	31	.033	13	34	.036	14
26	.014	10	29	.016	11	32	.019	12	35	.021	13
27	0	9	30	.008	10	33	.010	11	36	.012	12
			31	0	9				37	.006	11

$m=8$			$m=9$			$m=10$		
x	P	x^*	x	P	x^*	x	P	x^*
34	.107	18	36	.130	20	39	.120	21
35	.077	17	37	.099	19	40	.094	20
36	.055	16	38	.074	18	41	.071	19
37	.036	15	39	.053	17	42	.053	18
38	.024	14	40	.038	16	43	.038	17
39	.014	13	41	.025	15	44	.027	16
40	.008	12	42	.017	14	45	.018	15
			43	.010	13	46	.012	14
						47	.007	13

$n=5$

$m=5$			$m=6$			$m=7$			$m=8$		
x	P	x^*	x	P	x^*	x	P	x^*	x	P	x^*
34	.111	21	37	.123	23	41	.101	24	44	.111	26
35	.075	20	38	.089	22	42	.074	23	45	.085	25
36	.048	19	39	.063	21	43	.053	22	46	.064	24
37	.028	18	40	.041	20	44	.037	21	47	.047	23
38	.016	17	41	.026	19	45	.024	20	48	.033	22
39	.008	16	42	.015	18	46	.015	19	49	.023	21
			43	.009	17	47	.009	18	50	.015	20
									51	.009	19

9			10		
x	P	x*	x	P	x*
47	.120	28	51	.103	29
48	.095	27	52	.082	28
49	.073	26	53	.065	27
50	.056	25	54	.050	26
51	.041	24	55	.038	25
52	.030	23	56	.028	24
53	.021	22	57	.020	23
54	.014	21	58	.014	22
55	.009	20	59	.010	21

$n=6$

m

6			7			8			9		
x	P	x*	x	P	x*	x	P	x*	x	P	x*
47	.120	31	51	.117	33	55	.114	35	59	.112	37
48	.090	30	52	.090	32	56	.091	34	60	.091	36
49	.066	29	53	.069	31	57	.071	33	61	.072	35
50	.047	28	54	.051	30	58	.054	32	62	.057	34
51	.032	27	55	.037	29	59	.041	31	63	.044	33
52	.021	26	56	.026	28	60	.030	30	64	.033	32
53	.013	25	57	.017	27	61	.021	29	65	.025	31
54	.008	24	58	.011	26	62	.015	28	66	.018	30
			59	.007	25	63	.010	27	67	.013	29
									68	.009	28

$n=6$

m

10		
x	P	x*
63	.110	39
64	.090	38
65	.074	37
66	.059	36
67	.047	35
68	.036	34
69	.028	33
70	.021	32
71	.016	31
72	.011	30
73	.008	29

$n=7$

m = 7			8			9			10		
x	P	x^*	x	P	x^*	x	P	x^*	x	P	x^*
63	.104	42	67	.116	45	72	.105	47	76	.115	50
64	.082	41	68	.095	44	73	.087	46	77	.097	49
65	.064	40	69	.076	43	74	.071	45	78	.081	48
66	.049	39	70	.060	42	75	.057	44	79	.067	47
67	.036	38	71	.047	41	76	.045	43	80	.054	46
68	.027	37	72	.036	40	77	.036	42	81	.044	45
69	.019	36	73	.027	39	78	.027	41	82	.035	44
70	.013	35	74	.020	38	79	.021	40	83	.028	43
71	.009	34	75	.014	37	80	.016	39	84	.022	42
			76	.010	36	81	.011	38	85	.017	41
						82	.008	37	86	.012	40
									87	.009	39

$n=8$

m = 8			9			10		
x	P	x^*	x	P	x^*	x	P	x^*
80	.117	56	86	.100	58	91	.102	61
81	.097	55	87	.084	57	92	.086	60
82	.080	54	88	.069	56	93	.073	59
83	.065	53	89	.057	55	94	.061	58
84	.052	52	90	.046	54	95	.051	57
85	.041	51	91	.037	53	96	.042	56
86	.032	50	92	.030	52	97	.034	55
87	.025	49	93	.023	51	98	.027	54
88	.019	48	94	.018	50	99	.022	53
89	.014	47	95	.014	49	100	.017	52
90	.010	46	96	.010	48	101	.013	51
						102	.010	50

$n=9$						$n=10$		
m						m		
9			10			10		
x	P	x^*	x	P	x^*	x	P	x^*
100	.111	71	106	.106	74	122	.109	88
101	.095	70	107	.091	73	123	.095	87
102	.081	69	108	.078	72	124	.083	86
103	.068	68	109	.067	71	125	.072	85
104	.057	67	110	.056	70	126	.062	84
105	.047	66	111	.047	69	127	.053	83
106	.039	65	112	.039	68	128	.045	82
107	.031	64	113	.033	67	129	.038	81
108	.025	63	114	.027	66	130	.032	80
109	.020	62	115	.022	65	131	.026	79
110	.016	61	116	.017	64	132	.022	78
111	.012	60	117	.014	63	133	.018	77
112	.009	59	118	.011	62	134	.014	76
			119	.009	61	135	.012	75
						136	.009	74

◔ 부호순위 검정통계량 분포표 : $P[W^{+} \geq x] = P[W^{+} \leq x^{*}] = p$

n = 3

x	P	x*
5	.250	1
6	.125	0
7	0	

n = 4

x	P	x*
8	.188	2
9	.125	1
10	.062	0
11	0	

n = 5

x	P	x*
12	.156	3
13	.094	2
14	.062	1
15	.031	0
16	0	

n = 6

x	P	x*
17	.109	4
18	.078	3
19	.047	2
20	.031	1
21	.016	0
22	0	

n = 7

x	P	x*
22	.109	6
23	.078	5
24	.055	4
25	.039	3
26	.023	2
27	.016	1
28	.008	0

n = 8

x	P	x*
27	.125	9
28	.098	8
29	.074	7
30	.055	6
31	.039	5
32	.027	4
33	.020	3
34	.012	2
35	.008	1

n = 9

x	P	x*
34	.102	11
35	.082	10
36	.064	9
37	.049	8
38	.037	7
39	.027	6
40	.020	5
41	.014	4
42	.010	3

n = 10

x	P	x*
40	.116	15
41	.097	14
42	.080	13
43	.065	12
44	.053	11
45	.042	10
46	.032	9
47	.024	8
48	.019	7
49	.014	6
50	.010	5

n = 11

x	P	x*
	.103	18
	.087	17
	.074	16
	.062	15
	.051	14
	.042	13
	.034	12
	.027	11
	.021	10
	.016	9
	.012	8
	.009	7

n = 12

x	P	x*
56	.102	22
57	.088	21
58	.076	20
59	.065	19
60	.055	18
61	.046	17
62	.039	16
63	.032	15
64	.026	14
65	.021	13
66	.017	12
67	.013	11
68	.010	10

n = 13

x	P	x*
64	.108	27
65	.095	26
66	.084	25
67	.073	24
68	.064	23
69	.055	22
70	.047	21
71	.040	20
72	.034	19
73	.029	18
74	.024	17
75	.020	16
76	.016	15
77	.013	14
78	.011	13
79	.009	12

n = 14

x	P	x*
73	.108	32
74	.097	31
75	.086	30
76	.077	29
77	.068	28
78	.059	27
79	.052	26
80	.045	25
81	.039	24
82	.034	23
83	.029	22
84	.025	21
85	.021	20
86	.018	19
87	.015	18
88	.012	17
89	.010	16

$n = 15$					
x	P	x^*	x	P	x^*
83	.104	37	92	.036	28
84	.094	36	93	.032	27
85	.084	35	94	.028	26
86	.076	34	95	.024	25
87	.068	33	96	.021	24
88	.060	32	97	.018	23
89	.053	31	98	.015	22
90	.047	30	99	.013	21
91	.042	29	100	.011	20
			101	.009	19

◔ 크루스칼-왈리스 검정통계량 분포표 : $P_0[H \geq x] = \alpha$ 이면 $h(\alpha,3,n_1,n_2,n_3) = x$

$n_1=1, n_2=1, n_3=2$

x	$P_0\{H \geq x\}$
.300	1.000
1.800	.833
2.700	.500

$n_1=1, n_2=1, n_3=3$

x	$P_0\{H \geq x\}$
.533	1.000
.800	.800
2.133	.700
3.200	.300

$n_1=1, n_2=1, n_3=4$

x	$P_0\{H \geq x\}$
.143	1.000
.786	.933
1.000	.800
1.286	.667
2.143	.600
2.500	.467
3.571	.200

$n_1=1, n_2=1, n_3=5$

x	$P_0\{H \geq x\}$
.257	1.000
.429	.905
1.029	.857
1.114	.762
1.457	.667
1.714	.571

$n_1=1, n_2=1, n_3=5$

x	$P_0\{H \geq x\}$
2.314	.524
2.829	.333
3.857	.143

$n_1=1, n_2=2, n_3=2$

x	$P_0\{H \geq x\}$
.000	1.000
.400	.933
.600	.867
1.400	.733
2.000	.600
2.400	.467
3.000	.333
3.600	.200

$n_1=1, n_2=1, n_3=3$

x	$P_0\{H \geq x\}$
.095	1.000
.238	.933
.429	.900
.810	.833
.857	.800
1.238	.700
1.381	.600
1.952	.567
2.143	.533
2.381	.433
3.095	.267
3.524	.200
3.857	.133
4.286	.100

$n_1=1, n_2=2, n_3=4$

x	$P_0\{H \geq x\}$
.000	1.000
.161	.971
.268	.933
.321	.895
.536	.857
.643	.819
.696	.800
1.018	.781
1.071	.743
1.125	.705
1.286	.667
1.393	.629
1.446	.590
1.875	.533
2.036	.495
2.143	.476
2.250	.457
2.411	.400
2.571	.305
2.786	.286
2.893	.267
3.161	.190
3.696	.171
3.750	.133
4.018	.114
4.500	.076
4.821	.057

$n_1=1, n_2=2, n_3=5$

x	$P_0\{H \geq x\}$
.050	1.000
.133	.964
.200	.940
.450	.905
.467	.845

$n_1=1, n_2=2, n_3=5$

x	$P_0\{H \geq x\}$
.583	.821
.667	.798
.717	.774
1.000	.750
1.117	.738
1.200	.714
1.250	.655
1.383	.619
1.533	.583
1.783	.560
1.800	.536
1.917	.488
2.050	.464
2.333	.429
2.450	.393
2.717	.298
2.800	.286
2.867	.214
3.133	.202
3.333	.190
3.383	.179
3.783	.131
4.050	.119
4.200	.095
4.450	.071
5.000	.048
5.250	.036

$n_1=1, n_2=3, n_3=3$

x	$P_0\{H \geq x\}$
.000	1.000
.143	.986
.286	.957
.571	.871
1.000	.771

$n_1=1, n_2=3, n_3=3$

x	$P_0\{H \geq x\}$
1.143	.743
1.286	.600
1.571	.571
2.000	.514
2.286	.486
2.571	.329
3.143	.243
3.286	.157
4.000	.129
4.571	.100
5.143	.043

$n_1=1, n_2=3, n_3=4$

x	$P_0\{H \geq x\}$
.056	1.000
.097	.971
.208	.950
.333	.921
.431	.900
.500	.871
.556	.843
.764	.786
.875	.743
1.097	.721
1.208	.707
1.222	.679
1.389	.629
1.431	.557
1.764	.536
1.833	.514
1.875	.471
2.097	.457
2.208	.443
2.333	.429
2.431	.371
2.722	.300
2.764	.229
3.000	.221
3.097	.214
3.208	.200
3.222	.157

$n_1=1, n_2=3, n_3=4$

x	$P_0\{H \geq x\}$
3.764	.136
3.889	.129
4.056	.093
4.097	.086
4.208	.079
4.764	.071
5.000	.057
5.208	.050
5.389	.036
5.833	.021

$n_1=1, n_2=3, n_3=5$

x	$P_0\{H \geq x\}$
.000	1.000
.071	.992
.160	.972
.178	.952
.284	.929
.338	.889
.551	.869
.604	.853
.640	.833
.711	.770
.818	.750
.960	.730
1.084	.694
1.138	.683
1.351	.651
1.404	.611
1.440	.591
1.511	.571
1.600	.560
1.671	.520
1.778	.488
1.884	.480
1.938	.468
2.044	.452
2.204	.437
2.400	.413
2.418	.405
2.560	.341

$n_1=1, n_2=3, n_3=5$

x	$P_0\{H \geq x\}$
2.844	.258
2.951	.218
3.040	.210
3.218	.190
3.271	.183
3.378	.143
3.484	.135
3.804	.131
3.840	.123
4.018	.095
4.284	.083
4.338	.079
4.551	.075
4.711	.056
4.871	.052
4.960	.048
5.404	.044
5.440	.036
5.760	.028
6.044	.020
6.400	.012

$n_1=1, n_2=4, n_3=4$

x	$P_0\{H \geq x\}$
.000	1.000
.067	.987
.167	.968
.267	.930
.300	.911
.567	.873
.600	.835
.667	.803
.867	.759
.967	.721
1.067	.689
1.200	.676
1.367	.644
1.500	.600
1.667	.537
1.767	.498
2.167	.460

$n_1=1, n_2=4, n_3=4$

x	$P_0\{H \geq x\}$
2.267	.410
2.400	.384
2.467	.349
2.667	.305
2.700	.260
2.967	.235
3.000	.222
3.267	.178
3.367	.171
3.467	.152
3.867	.121
3.900	.108
4.067	.102
4.167	.083
4.267	.070
4.800	.067
4.867	.054
4.967	.048
5.100	.041
5.667	.035
6.000	.029
6.167	.022
6.667	.010

$n_1=1, n_2=4, n_3=5$

x	$P_0\{H \geq x\}$
.033	1.000
.060	.983
.104	.968
.186	.952
.273	.938
.278	.922
.295	.906
.360	.890
.409	.875
.540	.848
.622	.821
.731	.806
.758	.794
.796	.778
.818	.762

$n_1=1, n_2=4, n_3=5$

x	$P_0\{H \geq x\}$
.906	.730
.933	.719
.976	.690
1.151	.676
1.167	.665
1.195	.651
1.233	.640
1.342	.625
1.369	.614
1.495	.606
1.500	.589
1.587	.562
1.604	.535
1.669	.517
1.778	.498
1.806	.483
1.849	.468
1.931	.460
2.040	.441
2.067	.432
2.106	.419
2.242	.406
2.286	.400
2.455	.394
2.460	.354
2.504	.346
2.591	.300
2.651	.286
2.896	.251
2.913	.222
2.940	.216
3.000	.208
3.087	.194
3.158	.187
3.240	.183
3.349	.151
3.524	.146
3.595	.138
3.682	.132
3.813	.110
3.960	.102
3.987	.098
4.206	.095
4.222	.087

$n_1=1, n_2=4, n_3=5$

x	$P_0\{H \geq x\}$
4.287	.071
4.549	.067
4.636	.063
4.724	.060
4.833	.059
4.860	.056
4.986	.044
5.078	.041
5.160	.038
5.515	.037
5.558	.035
5.596	.033
5.733	.027
5.776	.025
5.858	.024
5.864	.022
5.967	.021
6.431	.019
6.578	.016
6.818	.013
6.840	.011
6.954	.008
7.364	.005

$n_1=1, n_2=5, n_3=5$

x	$P_0\{H \geq x\}$
.000	1.000
.036	.994
.109	.982
.146	.956
.182	.944
.327	.920
.400	.885
.436	.872
.546	.847
.582	.802
.727	.792
.836	.771
.909	.752
.982	.716
1.127	.669
1.200	.646

$n_1=1, n_2=5, n_3=5$

x	$P_0\{H \geq x\}$
1.309	.630
1.346	.605
1.600	.584
1.636	.571
1.709	.509
1.746	.493
1.782	.468
1.927	.462
2.000	.438
2.146	.422
2.182	.411
2.327	.379
2.436	.374
2.509	.361
2.582	.314
2.727	.286
2.909	.242
2.946	.227
3.236	.188
3.346	.168
3.382	.161
3.527	.141
3.600	.132
3.636	.116
3.927	.113
4.036	.105
4.109	.086
4.182	.082
4.400	.076
4.546	.074
4.800	.056
4.909	.053
5.127	.046
5.236	.039
5.636	.033
5.709	.030
5.782	.027
6.000	.022
6.146	.019
6.509	.018
6.546	.015
6.582	.014
6.727	.012
6.836	.011

$n_1=1, n_2=5, n_3=5$

x	$P_0\{H \geq x\}$
7.309	.009
7.527	.008
7.746	.005
8.182	.002

$n_1=2, n_2=2, n_3=2$

x	$P_0\{H \geq x\}$
.000	1.000
.286	.933
.857	.800
1.143	.667
2.000	.533
2.571	.400
3.429	.333
3.714	.200
4.571	.067

$n_1=2, n_2=2, n_3=3$

x	$P_0\{H \geq x\}$
.000	1.000
.179	.971
.214	.895
.500	.857
.607	.800
.714	.743
.857	.686
1.179	.657
1.357	.619
1.464	.562
1.607	.524
1.929	.467
2.000	.438
2.214	.419
2.429	.381
2.464	.362
2.750	.324
2.857	.286
3.179	.267
3.429	.248

$n_1=2, n_2=2, n_3=3$

x	$P_0\{H \geq x\}$
3.607	.238
3.750	.219
3.929	.181
4.464	.105
4.500	.067
4.714	.048
5.357	.029

$n_1=2, n_2=2, n_3=4$

x	$P_0\{H \geq x\}$
.000	1.000
.125	.971
.167	.914
.333	.890
.458	.862
.500	.814
.667	.757
.792	.733
1.000	.695
1.125	.657
1.333	.581
1.500	.552
1.792	.514
1.833	.486
2.000	.448
2.125	.410
2.458	.362
2.667	.333
2.792	.314
2.833	.295
3.000	.276
3.125	.248
3.167	.229
3.458	.210
3.667	.190
4.000	.181
4.125	.152
4.167	.105
4.458	.100
4.500	.090
5.125	.052

$n_1=2, n_2=2, n_3=4$

x	$P_0\{H \geq x\}$
5.333	.033
5.500	.024
6.000	.014

$n_1=2, n_2=2, n_3=5$

x	$P_0\{H \geq x\}$
.000	1.000
.093	.984
.133	.937
.240	.913
.360	.881
.373	.844
.533	.807
.573	.791
.773	.759
.840	.722
.893	.685
.960	.653
1.093	.638
1.200	.606
1.373	.590
1.440	.563
1.493	.542
1.533	.516
1.693	.495
1.800	.474
2.133	.452
2.160	.444
2.173	.402
2.293	.381
2.333	.365
2.373	.344
2.693	.317
2.760	.296
2.973	.275
3.093	.265
3.133	.254
3.240	.238
3.333	.206
3.360	.196
3.573	.185

$n_1=2, n_2=2, n_3=5$

x	$P_0\{H \geq x\}$
3.773	.175
3.840	.164
3.973	.159
4.093	.148
4.200	.138
4.293	.122
4.373	.090
4.573	.085
4.800	.063
4.893	.061
5.040	.056
5.160	.034
5.693	.029
6.000	.019
6.133	.013
6.533	.008

$n_1=2, n_2=3, n_3=3$

x	$P_0\{H \geq x\}$
.028	1.000
.111	.968
.222	.946
.250	.896
.472	.864
.556	.807
.694	.757
1.000	.686
1.111	.671
1.139	.600
1.361	.564
1.444	.539
1.806	.511
1.889	.446
2.000	.425
2.028	.396
2.250	.368
2.472	.357
2.694	.329
2.778	.307
2.889	.286
3.139	.243

$n_1=2, n_2=3, n_3=3$

x	$P_0\{H \geq x\}$
3.222	.221
3.361	.207
3.778	.200
3.806	.179
4.028	.164
4.111	.129
4.250	.121
4.556	.100
4.694	.093
5.000	.075
5.139	.061
5.361	.032
5.556	.025
6.250	.011

$n_1=2, n_2=3, n_3=4$

x	$P_0\{H \geq x\}$
.000	1.000
.078	.987
.100	.965
.111	.944
.244	.922
.278	.902
.311	.881
.344	.862
.400	.844
.444	.829
.544	.811
.600	.794
.611	.770
.700	.756
.778	.722
.811	.703
.900	.689
.978	.673
1.000	.660
1.078	.627
1.111	.614
1.178	.602
1.244	.586
1.344	.571

$n_1 = 2, n_2 = 3, n_3 = 4$

x	$P_0\{H \geq x\}$
1.378	.559
1.411	.548
1.500	.537
1.600	.511
1.611	.502
1.678	.478
1.711	.468
1.778	.457
1.844	.448
1.944	.437
2.144	.417
2.178	.406
2.200	.398
2.211	.376
2.244	.368
2.378	.357
2.400	.346
2.411	.338
2.444	.329
2.500	.321
2.778	.294
2.800	.284
2.911	.271
2.944	.262
3.011	.256
3.100	.251
3.111	.238
3.244	.232
3.278	.225
3.300	.216
3.311	.203
3.444	.197
3.478	.190
3.544	.184
3.600	.175
3.811	.168
3.844	.163
3.911	.159
3.978	.156
4.000	.149
4.078	.140
4.200	.137
4.278	.124
4.311	.108

$n_1 = 2, n_2 = 3, n_3 = 4$

x	$P_0\{H \geq x\}$
4.378	.105
4.444	.102
4.511	.098
4.544	.086
4.611	.083
4.711	.079
4.811	.076
4.878	.073
4.900	.071
4.978	.059
5.078	.057
5.144	.054
5.378	.052
5.400	.051
5.444	.046
5.500	.040
5.611	.032
5.800	.030
6.000	.024
6.111	.021
6.144	.014
6.300	.011
6.444	.008
7.000	.005

$n_1 = 2, n_2 = 3, n_3 = 5$

x	$P_0\{H \geq x\}$
.014	1.000
.069	.981
.113	.966
.131	.951
.142	.932
.273	.917
.276	.901
.306	.886
.331	.869
.364	.855
.451	.823
.549	.807
.567	.794
.622	.781
.636	.769

$n_1 = 2, n_2 = 3, n_3 = 5$

x	$P_0\{H \geq x\}$
.713	.743
.724	.714
.767	.703
.887	.692
.942	.680
1.014	.659
1.058	.648
1.091	.638
1.149	.616
1.178	.593
1.276	.579
1.324	.569
1.378	.537
1.451	.529
1.586	.519
1.596	.510
1.614	.502
1.713	.483
1.727	.474
1.760	.459
1.814	.451
1.858	.444
1.876	.429
2.022	.420
2.033	.403
2.076	.396
2.106	.389
2.196	.382
2.251	.375
2.294	.368
2.367	.362
2.454	.356
2.458	.350
2.469	.336
2.487	.330
2.546	.321
2.633	.294
2.749	.287
2.818	.279
2.894	.269
2.924	.263
2.949	.257
2.798	.252
3.022	.248

$n_1 = 2, n_2 = 3, n_3 = 5$

x	$P_0\{H \geq x\}$
3.069	.243
3.167	.237
3.186	.233
3.273	.222
3.331	.211
3.342	.206
3.386	.201
3.414	.193
3.506	.189
3.546	.183
3.604	.175
3.676	.171
3.767	.167
3.778	.159
3.822	.156
3.909	.152
3.942	.146
3.996	.139
4.058	.137
4.069	.132
4.204	.129
4.214	.125
4.233	.122
4.258	.120
4.331	.117
4.378	.113
4.494	.101
4.651	.091
4.694	.089
4.724	.087
4.727	.085
4.814	.071
4.869	.067
4.913	.063
4.942	.062
5.076	.060
5.087	.053
5.106	.052
5.251	.049
5.349	.046
5.513	.044
5.524	.043
5.542	.041
5.727	.037

$n_1 = 2, n_2 = 3, n_3 = 5$

x	$P_0\{H \geq x\}$
5.742	.034
5.786	.033
5.804	.033
5.949	.026
6.004	.025
6.033	.024
6.091	.021
6.124	.020
6.294	.017
6.386	.016
6.414	.015
6.818	.012
6.822	.010
6.909	.009
6.949	.006
7.182	.004
7.636	.002

$n_1 = 2, n_2 = 4, n_3 = 4$

x	$P_0\{H \geq x\}$
.000	1.000
.054	.988
.082	.970
.191	.940
.218	.910
.273	.893
.327	.879
.409	.848
.491	.820
.627	.779
.736	.757
.764	.712
.873	.685
.954	.671
1.091	.651
1.146	.638
1.173	.596
1.282	.577
1.309	.559
1.364	.537
1.582	.526

$n_1 = 2, n_2 = 4, n_3 = 4$

x	$P_0\{H \geq x\}$
1.636	.510
1.718	.488
1.827	.441
1.964	.426
2.046	.400
2.236	.386
2.264	.375
2.373	.363
2.454	.338
2.509	.317
2.673	.301
2.809	.281
2.918	.272
2.946	.263
3.054	.239
3.136	.228
3.327	.220
3.354	.210
3.464	.192
3.491	.185
3.682	.180
3.764	.166
3.818	.152
4.009	.142
4.364	.125
4.418	.120
4.446	.103
4.554	.098
4.582	.094
4.691	.080
4.773	.075
4.854	.071
4.991	.065
5.127	.057
5.236	.052
5.454	.046
5.509	.044
5.536	.042
5.646	.039
5.727	.034
5.946	.028
6.082	.025
6.327	.024
6.409	.022

$n_1 = 2, n_2 = 4, n_3 = 4$

x	$P_0\{H \geq x\}$
6.546	.020
6.600	.017
6.627	.016
6.873	.011
7.036	.006
7.282	.004
7.854	.002

$n_1 = 2, n_2 = 4, n_3 = 5$

x	$P_0\{H \geq x\}$
.000	1.000
.041	.992
.064	.979
.068	.965
.141	.952
.154	.939
.164	.926
.223	.913
.254	.902
.273	.891
.300	.880
.323	.866
.368	.855
.404	.832
.504	.823
.518	.812
.541	.801
.564	.791
.573	.781
.614	.759
.618	.749
.654	.740
.723	.730
.791	.720
.841	.710
.864	.701
.891	.691
.904	.683
.914	.674
.950	.657
.954	.649
1.018	.640
1.023	.632

$n_1 = 2, n_2 = 4, n_3 = 5$

x	$P_0\{H \geq x\}$
1.050	.623
1.091	.614
1.200	.607
1.204	.599
1.268	.592
1.291	.576
1.314	.569
1.318	.562
1.391	.554
1.414	.537
1.450	.529
1.473	.521
1.518	.507
1.591	.499
1.618	.491
1.641	.485
1.664	.479
1.704	.472
1.750	.465
1.754	.459
1.814	.452
1.823	.432
1.973	.427
2.004	.420
2.018	.403
2.073	.398
2.114	.392
2.118	.387
2.141	.381
2.164	.375
2.223	.371
2.254	.366
2.291	.361
2.318	.351
2.323	.346
2.391	.335
2.454	.329
2.473	.324
2.504	.320
2.550	.315
2.618	.311
2.700	.306
2.723	.301
2.754	.296

$n_1=2, n_2=4, n_3=5$

x	$P_0\{H \geq x\}$
2.768	.285
2.773	.273
2.868	.267
2.891	.262
2.904	.258
2.914	.249
2.973	.246
3.023	.237
3.050	.234
3.064	.231
3.118	.226
3.164	.221
3.268	.217
3.314	.214
3.341	.208
3.364	.200
3.414	.197
3.454	.193
3.523	.190
3.564	.187
3.568	.184
3.573	.181
3.618	.178
3.641	.175
3.654	.170
3.700	.164
3.704	.160
3.791	.157
3.800	.151
3.818	.148
3.823	.145
3.864	.143
4.041	.139
4.064	.135
4.073	.133
4.091	.130
4.141	.128
4.154	.126
4.200	.123
4.223	.121
4.250	.119
4.323	.116
4.364	.114
4.368	.112

$n_1=2, n_2=4, n_3=5$

x	$P_0\{H \geq x\}$
4.404	.110
4.500	.104
4.518	.101
4.541	.098
4.614	.090
4.664	.088
4.768	.079
4.791	.078
4.800	.076
4.818	.074
4.841	.072
4.868	.071
4.950	.063
5.073	.061
5.154	.059
5.164	.053
5.254	.052
5.268	.051
5.273	.049
5.300	.048
5.314	.046
5.414	.045
5.518	.043
5.523	.042
5.564	.038
5.641	.037
5.664	.036
5.754	.035
5.823	.034
5.891	.032
5.954	.030
5.973	.029
6.004	.026
6.041	.025
6.068	.025
6.118	.024
6.141	.023
6.223	.022
6.368	.021
6.391	.021
6.473	.020
6.504	.020
6.541	.017
6.550	.017

$n_1=2, n_2=4, n_3=5$

x	$P_0\{H \geq x\}$
6.564	.016
6.654	.016
6.723	.015
6.904	.014
6.914	.013
7.000	.013
7.018	.012
7.064	.012
7.118	.010
7.204	.009
7.254	.009
7.291	.008
7.450	.007
7.500	.007
7.568	.006
7.573	.005
7.773	.004
7.814	.003
8.018	.002
8.114	.001
8.591	.001

$n_1=2, n_2=5, n_3=5$

x	$P_0\{H \geq x\}$
.008	1.000
.046	.988
.069	.978
.077	.966
.169	.947
.192	.928
.254	.896
.323	.877
.377	.859
.415	.830
.446	.822
.538	.807
.562	.775
.623	.759
.692	.749
.746	.735
.808	.719
.815	.688

$n_1=2, n_2=5, n_3=5$

x	$P_0\{H \geq x\}$
.908	.674
.931	.661
1.115	.638
1.154	.611
1.185	.593
1.277	.569
1.300	.558
1.362	.552
1.431	.539
1.485	.528
1.523	.516
1.554	.506
1.646	.496
1.669	.486
1.731	.463
1.854	.445
1.915	.434
1.923	.424
2.015	.407
2.038	.398
2.223	.379
2.262	.374
2.285	.363
2.292	.353
2.385	.345
2.408	.330
2.469	.323
2.538	.315
2.592	.300
2.662	.292
2.754	.286
2.777	.279
2.908	.276
2.962	.270
3.023	.243
3.031	.234
3.123	.228
3.146	.218
3.331	.210
3.369	.203
3.392	.198
3.492	.190
3.515	.186
3.577	.181

$n_1 = 2, n_2 = 5, n_3 = 5$

x	$P_0\{H \geq x\}$
3.646	.169
3.738	.165
3.769	.163
3.862	.150
3.885	.146
4.015	.136
4.069	.132
4.131	.130
4.138	.127
4.231	.124
4.254	.114
4.438	.106
4.477	.103
4.508	.100
4.623	.097
4.685	.092
4.754	.084
4.808	.081
4.846	.073
4.877	.068
4.992	.066
5.054	.060
5.177	.057
5.238	.054
5.246	.051
5.338	.047
5.546	.045
5.585	.041
5.608	.040
5.615	.039
5.708	.037
5.731	.036
5.792	.032
5.915	.030
5.985	.028
6.077	.027
6.231	.026
6.346	.025
6.354	.021
6.446	.020
6.469	.019
6.654	.017
6.692	.016
6.815	.015
6.838	.014

$n_1 = 2, n_2 = 5, n_3 = 5$

x	$P_0\{H \geq x\}$
6.969	.013
7.023	.013
7.185	.012
7.208	.011
7.269	.010
7.338	.010
7.392	.009
7.462	.008
7.577	.007
7.762	.007
7.923	.006
8.008	.006
8.077	.006
8.131	.005
8.169	.003
8.292	.003
8.377	.002
8.562	.002
8.685	.001
8.938	.001
9.423	.000

$n_1 = 2, n_2 = 3, n_3 = 3$

x	$P_0\{H \geq x\}$
.000	1.000
.089	.993
.267	.929
.356	.879
.622	.829
.800	.721
1.067	.664
1.156	.629
1.422	.543
1.689	.511
1.867	.439
2.222	.382
2.400	.361
2.489	.339
2.756	.296
3.200	.254
3.289	.232

$n_1 = 3, n_2 = 3, n_3 = 3$

x	$P_0\{H \geq x\}$
3.467	.196
3.822	.168
4.267	.139
4.356	.132
4.622	.100
5.067	.086
5.422	.071
5.600	.050
5.689	.029
5.956	.025
6.489	.011
7.200	.004

$n_1 = 3, n_2 = 3, n_3 = 4$

x	$P_0\{H \geq x\}$
.018	1.000
.046	.984
.118	.970
.164	.941
.200	.925
.336	.895
.346	.869
.409	.842
.454	.830
.482	.817
.636	.791
.700	.764
.746	.717
.891	.690
1.064	.656
1.073	.633
1.136	.611
1.182	.602
1.209	.582
1.427	.541
1.473	.523
1.573	.513
1.618	.497
1.654	.481
1.791	.447
1.800	.433

$n_1 = 3, n_2 = 3, n_3 = 4$

x	$P_0\{H \geq x\}$
1.864	.415
2.091	.402
2.200	.389
2.227	.368
2.300	.351
2.382	.326
2.518	.314
2.527	.303
2.664	.291
2.882	.281
2.927	.273
2.954	.253
3.027	.244
3.073	.234
3.109	.220
3.254	.212
3.364	.203
3.391	.196
3.609	.188
3.682	.180
3.754	.178
3.800	.165
3.836	.150
3.973	.143
4.046	.132
4.091	.126
4.273	.123
4.336	.117
4.382	.111
4.564	.106
4.700	.101
4.709	.092
4.818	.085
4.846	.081
5.000	.074
5.064	.070
5.109	.068
5.254	.064
5.436	.062
5.500	.056
5.573	.053
5.727	.050
5.791	.046
5.936	.036

$n_1 = 3, n_2 = 3, n_3 = 4$

x	$P_0\{H \geq x\}$
5.982	.034
6.018	.027
6.154	.025
6.300	.023
6.564	.017
6.664	.014
6.709	.013
6.746	.010
7.000	.006
7.318	.004
7.436	.002
8.018	.001

$n_1 = 3, n_2 = 3, n_3 = 5$

x	$P_0\{H \geq x\}$
.000	1.000
.048	.994
.061	.970
.133	.958
.170	.948
.194	.926
.242	.902
.315	.890
.376	.868
.412	.847
.436	.826
.533	.804
.546	.794
.594	.783
.679	.765
.776	.725
.848	.686
.970	.668
1.042	.641
1.079	.624
1.103	.609
1.200	.594
1.212	.587
1.261	.571
1.442	.539
1.503	.526

$n_1 = 3, n_2 = 3, n_3 = 5$

x	$P_0\{H \geq x\}$
1.515	.512
1.527	.505
1.576	.491
1.648	.478
1.746	.450
1.770	.437
1.867	.425
2.012	.414
2.048	.403
2.061	.393
2.133	.382
2.170	.367
2.182	.358
2.194	.352
2.315	.342
2.376	.334
2.594	.315
2.667	.306
2.679	.298
2.715	.291
2.836	.267
2.861	.258
2.970	.242
3.079	.239
3.103	.232
3.333	.218
3.382	.215
3.394	.209
3.442	.196
3.467	.184
3.503	.179
3.576	.173
3.648	.167
3.709	.162
3.879	.156
3.927	.149
4.012	.144
4.048	.139
4.170	.135
4.194	.126
4.242	.122
4.303	.117
4.315	.113
4.412	.109

$n_1 = 3, n_2 = 3, n_3 = 5$

x	$P_0\{H \geq x\}$
4.533	.097
4.679	.094
4.776	.090
4.800	.087
4.848	.085
4.861	.082
4.909	.079
5.042	.077
5.079	.069
5.103	.067
5.212	.065
5.261	.062
5.346	.058
5.442	.055
5.503	.053
5.515	.051
5.648	.049
5.770	.047
5.867	.042
6.012	.040
6.061	.033
6.109	.032
6.194	.027
6.303	.026
6.315	.021
6.376	.020
6.533	.019
6.594	.019
6.715	.014
6.776	.013
6.861	.012
6.982	.011
7.079	.009
7.333	.008
7.467	.008
7.503	.006
7.515	.005
7.636	.004
7.879	.003
8.048	.002
8.242	.001
8.727	.001

$n_1 = 3, n_2 = 4, n_3 = 4$

x	$P_0\{H \geq x\}$
.000	1.000
.046	.993
.053	.981
.144	.959
.167	.937
.182	.925
.212	.913
.326	.890
.348	.870
.386	.850
.409	.829
.477	.819
.576	.799
.598	.779
.659	.761
.667	.742
.712	.731
.727	.713
.848	.704
.894	.685
.932	.668
.962	.651
1.053	.635
1.076	.620
1.136	.604
1.144	.597
1.296	.582
1.303	.568
1.326	.553
1.394	.539
1.417	.524
1.500	.510
1.546	.503
1.598	.490
1.636	.477
1.682	.470
1.750	.457
1.803	.444
1.909	.421
1.962	.409
2.053	.388
2.144	.378
2.227	.368
2.296	.354

$n_1 = 3, n_2 = 4, n_3 = 4$

x	$P_0\{H \geq x\}$
2.303	.344
2.326	.334
3.394	.325
2.417	.315
2.598	.306
2.636	.290
2.667	.281
2.712	.276
2.848	.269
2.894	.261
2.909	.254
2.932	.250
2.962	.243
3.076	.230
3.136	.218
3.326	.212
3.386	.207
3.394	.201
3.417	.195
3.477	.190
3.576	.184
3.598	.178
3.659	.173
3.682	.162
3.727	.160
3.803	.154
3.848	.150
3.932	.145
3.962	.140
4.144	.135
4.167	.131
4.212	.129
4.296	.125
4.303	.121
4.326	.116
4.348	.113
4.409	.106
4.477	.102
4.546	.099
4.576	.097
4.598	.093
4.712	.090
4.750	.087
4.894	.084

$n_1 = 3, n_2 = 4, n_3 = 4$

x	$P_0\{H \geq x\}$
5.053	.078
5.144	.073
5.182	.068
5.212	.066
5.296	.063
5.303	.061
5.326	.058
5.386	.054
5.500	.052
5.576	.051
5.598	.049
5.667	.047
5.803	.045
5.932	.043
5.962	.041
6.000	.040
6.046	.039
6.053	.035
6.144	.032
6.167	.031
6.182	.030
6.348	.027
6.386	.026
6.394	.025
6.409	.023
6.417	.022
6.546	.021
6.659	.020
6.712	.019
6.727	.018
6.962	.017
7.000	.016
7.053	.014
7.076	.011
7.136	.011
7.144	.010
7.212	.009
7.477	.006
7.598	.004
7.636	.004
7.682	.003
7.848	.003
8.227	.002
8.326	.001

$n_1 = 3, n_2 = 4, n_3 = 4$

x	$P_0\{H \geq x\}$
8.909	.001

$n_1 = 3, n_2 = 4, n_3 = 5$

x	$P_0\{H \geq x\}$
.010	1.000
.030	.990
.060	.981
.081	.972
.092	.963
.118	.953
.138	.944
.173	.935
.180	.926
.214	.917
.241	.908
.256	.900
.265	.891
.276	.882
.323	.874
.337	.865
.368	.857
.426	.841
.430	.833
.462	.825
.491	.817
.503	.809
.542	.784
.549	.777
.626	.769
.645	.754
.692	.746
.727	.738
.737	.716
.799	.709
.830	.696
.831	.689
.856	.667
.953	.660
1.004	.654
1.041	.641
1.045	.628

$n_1 = 3, n_2 = 4, n_3 = 5$

x	$P_0\{H \geq x\}$
1.062	.621
1.103	.615
1.106	.609
1.118	.602
1.137	.590
1.164	.584
1.188	.578
1.241	.572
1.246	.566
1.260	.553
1.349	.548
1.414	.542
1.445	.537
1.465	.522
1.472	.516
1.487	.506
1.506	.495
1.558	.490
1.568	.479
1.599	.475
1.615	.465
1.718	.460
1.733	.455
1.753	.450
1.780	.446
1.814	.441
1.856	.437
1.906	.427
1.927	.423
1.938	.418
1.964	.400
1.968	.396
1.985	.391
2.019	.387
2.030	.383
2.060	.379
2.103	.375
2.112	.366
2.169	.358
2.272	.354
2.308	.350
2.337	.346
2.349	.343
2.368	.335

$n_1=3, n_2=4, n_3=5$	
x	$P_0\{H \geq x\}$
2.388	.332
2.395	.321
2.472	.318
2.481	.311
2.491	.307
2.522	.301
2.573	.294
2.580	.291
2.641	.288
2.645	.284
2.676	.281
2.677	.278
2.737	.271
2.830	.266
2.887	.263
2.908	.260
2.949	.251
2.953	.248
2.964	.240
3.010	.238
3.035	.235
3.087	.232
3.092	.222
3.106	.219
3.137	.216
3.195	.214
3.256	.209
3.260	.206
3.312	.204
3.318	.199
3.353	.197
3.414	.194
3.445	.192
3.462	.190
3.496	.188
3.503	.183
3.506	.181
3.568	.179
3.580	.177
3.599	.173
3.626	.169
3.703	.165
3.722	.163

$n_1=3, n_2=4, n_3=5$	
x	$P_0\{H \geq x\}$
3.753	.161
3.773	.159
3.785	.156
3.810	.152
3.831	.150
3.865	.148
3.876	.146
3.958	.144
4.015	.140
4.030	.137
4.060	.134
4.122	.132
4.154	.131
4.180	.125
4.195	.124
4.235	.121
4.241	.119
4.276	.117
4.318	.115
4.327	.112
4.368	.110
4.419	.109
4.426	.107
4.487	.106
4.522	.105
4.523	.103
4.549	.099
4.564	.097
4.645	.095
4.676	.093
4.754	.091
4.789	.089
4.810	.088
4.830	.083
4.856	.082
4.881	.081
4.891	.078
4.939	.075
4.953	.074
4.983	.073
5.041	.072
5.045	.071
5.106	.070

$n_1=3, n_2=4, n_3=5$	
x	$P_0\{H \geq x\}$
5.137	.068
5.158	.067
5.180	.065
5.291	.063
5.308	.062
5.342	.061
5.349	.061
5.353	.059
5.414	.058
5.426	.057
5.549	.054
5.568	.052
5.619	.051
5.631	.050
5.656	.049
5.660	.048
5.677	.047
5.718	.046
5.722	.045
5.753	.044
5.780	.043
5.804	.041
5.814	.040
5.862	.040
5.876	.039
5.964	.038
6.026	.038
6.030	.037
6.060	.037
6.087	.035
6.164	.035
6.173	.034
6.231	.033
6.265	.032
6.272	.030
6.337	.030
6.368	.029
6.369	.029
6.395	.026
6.410	.025
6.491	.025
6.522	.024
6.542	.023

$n_1=3, n_2=4, n_3=5$	
x	$P_0\{H \geq x\}$
6.580	.021
6.635	.020
6.676	.020
6.703	.019
6.780	.019
6.785	.018
6.799	.016
6.830	.016
6.891	.015
7.004	.015
7.010	.015
7.096	.014
7.106	.014
7.188	.013
7.195	.012
7.256	.012
7.260	.012
7.272	.012
7.291	.011
7.318	.011
7.395	.011
7.445	.010
7.465	.010
7.477	.009
7.523	.007
7.568	.007
7.641	.007
7.708	.006
7.753	.006
7.810	.006
7.876	.006
7.887	.006
7.906	.005
7.927	.005
8.030	.005
8.060	.004
8.077	.004
8.118	.004
8.122	.004
8.215	.003
8.256	.003
8.430	.002
8.446	.002

$n_1=3, n_2=4, n_3=5$

x	$P_0\{H \geq x\}$
8.481	.002
8.503	.001
8.573	.001
8.626	.001
8.795	.001
9.035	.001
9.118	.001
9.199	.000
9.692	.000

$n_1=3, n_2=5, n_3=5$

x	$P_0\{H \geq x\}$
.000	1.000
.026	.996
.035	.989
.088	.974
.106	.959
.114	.951
.141	.944
.193	.930
.220	.916
.237	.902
.264	.895
.316	.880
.352	.866
.422	.840
.457	.819
.484	.813
.536	.800
.563	.788
.580	.763
.659	.751
.695	.745
.721	.733
.774	.721
.791	.698
.826	.686
.879	.675
.950	.653
1.029	.648

$n_1=3, n_2=5, n_3=5$

x	$P_0\{H \geq x\}$
1.037	.643
1.055	.632
1.064	.611
1.116	.602
1.134	.592
1.143	.583
1.248	.573
1.266	.563
1.292	.554
1.371	.550
1.407	.541
1.450	.514
1.459	.506
1.512	.497
1.565	.480
1.688	.472
1.723	.460
1.741	.453
1.750	.445
1.802	.438
1.829	.431
1.855	.420
1.934	.413
1.978	.393
2.066	.386
2.136	.380
2.145	.377
2.163	.370
2.198	.364
2.250	.351
2.321	.339
2.374	.327
2.409	.321
2.479	.315
2.488	.310
2.514	.305
2.593	.299
2.620	.294
2.637	.289
2.716	.276
2.752	.271
2.778	.267
2.848	.262

$n_1=3, n_2=5, n_3=5$

x	$P_0\{H \geq x\}$
2.857	.257
2.884	.255
2.936	.246
2.963	.241
3.094	.237
3.112	.224
3.121	.220
3.165	.216
3.191	.208
3.279	.206
3.306	.202
3.429	.195
3.464	.191
3.516	.187
3.622	.173
3.648	.167
3.666	.164
3.745	.161
3.780	.158
3.798	.152
3.807	.147
3.912	.144
3.965	.142
3.991	.139
4.114	.136
4.141	.135
4.150	.132
4.202	.127
4.220	.125
4.255	.117
4.308	.112
4.352	.110
4.378	.107
4.457	.105
4.466	.104
4.536	.102
4.545	.100
4.571	.098
4.694	.094
4.774	.092
4.826	.089
4.835	.088
4.888	.082

$n_1=3, n_2=5, n_3=5$

x	$P_0\{H \geq x\}$
4.914	.079
4.941	.077
4.993	.075
5.020	.072
5.064	.070
5.152	.067
5.169	.065
5.222	.065
5.284	.063
5.363	.062
5.407	.059
5.486	.057
5.494	.056
5.521	.055
5.574	.053
5.600	.051
5.626	.051
5.706	.046
5.802	.045
5.837	.042
5.934	.040
5.943	.039
6.022	.038
6.048	.037
6.198	.035
6.207	.034
6.250	.034
6.259	.033
6.286	.031
6.312	.030
6.365	.030
6.391	.028
6.435	.027
6.488	.025
6.550	.024
6.593	.024
6.655	.022
6.734	.022
6.752	.021
6.866	.019
6.892	.018
6.945	.018
6.963	.017

$n_1 = 3, n_2 = 4, n_3 = 5$

x	$P_0\{H \geq x\}$
6.998	.015
7.050	.015
7.121	.014
7.209	.014
7.226	.012
7.288	.012
7.306	.012
7.314	.011
7.437	.011
7.543	.010
7.578	.010
7.622	.009
7.736	.009
7.763	.008
7.780	.008
7.859	.007
7.894	.007
7.912	.007
8.026	.006
8.079	.006
8.106	.006
8.237	.005
8.264	.005
8.316	.005
8.334	.005
8.545	.004
8.571	.004
8.580	.004
8.650	.003
8.659	.003
8.791	.002
8.809	.002
8.950	.002
9.002	.002
9.055	.001
9.284	.001
9.336	.001
9.398	.001
9.521	.000
9.635	.000
9.916	.000
10.057	.000
10.550	.000

$n_1 = 4, n_2 = 4, n_3 = 4$

x	$P_0\{H \geq x\}$
.000	1.000
.038	.994
.115	.968
.154	.941
.269	.913
.346	.864
.462	.840
.500	.815
.615	.770
.731	.746
.808	.706
.962	.667
1.038	.648
1.077	.630
1.192	.592
1.385	.557
1.423	.540
1.500	.510
1.654	.480
1.846	.452
1.885	.436
2.000	.397
2.192	.370
2.346	.348
2.423	.327
2.462	.307
2.577	.296
2.808	.277
2.885	.260
2.923	.252
3.038	.234
3.115	.219
3.231	.212
3.500	.197
3.577	.173
3.731	.162
3.846	.151
3.962	.145
4.154	.136
4.192	.131
4.269	.122
4.308	.114
4.500	.104

$n_1 = 4, n_2 = 4, n_3 = 4$

x	$P_0\{H \geq x\}$
4.654	.097
4.769	.094
4.885	.086
4.962	.080
5.115	.074
5.346	.063
5.538	.057
6.654	.055
5.692	.049
5.808	.044
6.000	.040
6.038	.037
6.269	.033
6.500	.030
6.577	.026
6.615	.024
6.731	.021
6.962	.019
7.038	.018
7.269	.016
7.385	.015
7.423	.013
7.538	.011
7.654	.008
7.731	.007
8.000	.005
8.115	.003
8.346	.002
8.654	.001
8.769	.001
9.269	.001
9.846	.000

$n_1 = 4, n_2 = 4, n_3 = 5$

x	$P_0\{H \geq x\}$
.000	1.000
.030	.996
.033	.981
.086	.974
.096	. 967

$n_1 = 4, n_2 = 4, n_3 = 5$

x	$P_0\{H \geq x\}$
.119	.952
.132	.937
.201	.930
.218	.916
.228	.903
.267	.889
.297	.875
.343	.869
.376	.862
.382	.849
.399	.836
.425	.823
.475	.811
.528	.798
.544	.792
.597	.780
.610	.768
.613	.757
.640	.745
.689	.734
.742	.723
.771	.711
.804	.706
.824	.695
.860	.690
.870	.679
.903	.668
.910	.658
.940	.647
1.019	.637
1.058	.627
1.068	.617
1.124	.607
1.167	.598
1.187	.589
1.190	.584
1.203	.574
1.256	.565
1.272	.556
1.299	.548
1.371	.539
1.404	.534
1.414	.526

$n_1 = 4, n_2 = 4, n_3 = 5$

x	$P_0\{H \geq x\}$
1.454	.518
1.503	.509
1.530	.501
1.533	.493
1.586	.485
1.596	.477
1.615	.469
1.668	.465
1.701	.458
1.718	.450
1.744	.443
1.810	.436
1.876	.429
1.899	.422
1.929	.414
1.942	.408
1.958	.401
2.047	.388
2.110	.375
2.140	.371
2.143	.365
2.176	.362
2.196	.356
2.275	.344
2.387	.338
2.390	.332
2.403	.327
2.440	.316
2.443	.310
2.453	.305
2.558	.299
2.575	.293
2.601	.288
2.667	.283
2.670	.279
2.733	.271
2.756	.267
2.799	.262
2.881	.257
2.904	.253
2.918	.249
2.967	.245
2.987	.240
2.997	.236

$n_1 = 4, n_2 = 4, n_3 = 5$

x	$P_0\{H \geq x\}$
3.013	.228
3.086	.224
3.119	.221
3.129	.217
3.168	.214
3.218	.210
3.260	.206
3.297	.202
3.330	.200
3.382	.197
3.432	.190
3.442	.187
3.481	.183
3.511	.180
3.590	.176
3.613	.170
3.630	.167
3.640	.164
3.656	.160
3.696	.157
3.758	.154
3.828	.151
3.910	.146
3.986	.143
3.989	.141
4.025	.139
4.042	.134
4.068	.132
4.075	.130
4.118	.127
4.170	.125
4.200	.122
4.233	.121
4.253	.119
4.272	.117
4.289	.114
4.332	.112
4.381	.108
4.447	.106
4.497	.104
4.553	.102
4.619	.100
4.668	.098
4.685	.096

$n_1 = 4, n_2 = 4, n_3 = 5$

x	$P_0\{H \geq x\}$
4.701	.094
4.711	.092
4.728	.091
4.747	.089
4.760	.088
4.813	.086
4.830	.084
4.833	.082
4.896	.081
4.975	.077
5.014	.076
5.024	.074
5.028	.073
5.090	.071
5.172	.069
5.196	.068
5.225	.066
5.344	.065
5.360	.063
5.370	.062
5.387	.061
5.410	.060
5.440	.059
5.476	.057
5.486	.056
5.489	.056
5.519	.054
5.568	.052
5.571	.051
5.618	.050
5.657	.049
5.687	.048
5.756	.047
5.782	.046
5.815	.045
5.819	.043
5.914	.042
6.003	.042
6.013	.041
6.030	.040
6.096	.039
6.119	.038
6.132	.037
6.201	.036

$n_1 = 4, n_2 = 4, n_3 = 5$

x	$P_0\{H \geq x\}$
6.214	.034
6.228	.033
6.267	.032
6.310	.031
6.343	.030
6.382	.029
6.399	.028
6.462	.027
6.544	.027
6.547	.026
6.597	.026
6.672	.024
6.676	.024
6.804	.023
6.860	.022
6.870	.022
6.887	.021
6.890	.021
6.943	.020
6.953	.020
6.976	.019
7.058	.018
7.075	.017
7.101	.017
7.124	.016
7.190	.016
7.203	.015
7.233	.015
7.240	.014
7.256	.014
7.418	.014
7.467	.013
7.470	.013
7.497	.013
7.503	.012
7.586	.012
7.596	.012
7.714	.011
7.744	.011
7.760	.009
7.767	.009
7.797	.009
7.810	.009
7.833	.008

$n_1 = 4, n_2 = 4, n_3 = 5$

x	$P_0\{H \geq x\}$
7.942	.007
7.981	.007
8.047	.006
8.113	.006
8.130	.006
8.140	.005
8.156	.005
8.189	.005
8.403	.004
8.440	.004
8.456	.004
8.525	.003
8.558	.003
8.571	.003
8.604	.003
8.703	.003
8.733	.003
8.782	.002
8.868	.002
8.997	.002
9.053	.001
9.099	.001
9.129	.001
9.168	.001
9.396	.001
9.528	.001
9.590	.001
9.613	.000
9.758	.000
10.118	.000
10.187	.000
10.681	.000

$n_1 = 4, n_2 = 5, n_3 = 5$

x	$P_0\{H \geq x\}$
.006	1.000
.020	.994
.043	.988
.051	.976
.086	970

$n_1 = 4, n_2 = 5, n_3 = 5$

x	$P_0\{H \geq x\}$
.111	.958
.131	.946
.143	.935
.180	.929
.203	.923
.223	.912
.226	.901
.271	.890
.280	.879
.326	.874
.360	.863
.371	.852
.386	.841
.463	.821
.500	.805
.523	.800
.543	.790
.546	.781
.591	.771
.600	.752
.691	.742
.706	.738
.726	.729
.751	.720
.771	.711
.783	.693
.843	.684
.863	.675
.866	.667
.966	.658
.980	.654
1.000	.650
1.003	.642
1.011	.626
1.046	.617
1.071	.610
1.140	.594
1.183	.587
1.186	.579
1.286	.572
1.300	.553
1.323	.547
1.331	.540
1.346	.532

$n_1 = 4, n_2 = 5, n_3 = 5$

x	$P_0\{H \geq x\}$
1.366	.525
1.411	.518
1.423	.512
1.483	.505
1.551	.498
1.560	.492
1.606	.485
1.620	.479
1.643	.470
1.651	.458
1.686	.455
1.711	.449
1.731	.443
1.743	.437
1.803	.431
1.826	.425
1.871	.420
1.963	.414
1.971	.409
1.986	.398
2.006	.393
2.031	.382
2.051	.377
2.063	.372
2.100	.369
2.143	.364
2.191	.354
2.246	.349
2.280	.344
2.306	.339
2.351	.335
2.371	.330
2.383	.326
2.420	.322
2.443	.319
2.463	.307
2.466	.302
2.511	.298
2.520	.294
2.566	.292
2.600	.288
2.626	.284
2.691	.280
2.740	.276

$n_1 = 4, n_2 = 5, n_3 = 5$

x	$P_0\{H \geq x\}$
2.783	.272
2.786	.268
2.831	.257
2.840	.254
2.886	.250
2.931	.246
2.946	.239
2.966	.236
2.991	.232
3.023	.229
3.083	.224
3.103	.221
3.160	.218
3.240	.215
3.243	.211
3.266	.209
3.286	.203
3.311	.200
3.343	.197
3.380	.188
3.403	.187
3.471	.184
3.540	.176
3.571	.174
3.586	.170
3.651	.167
3.743	.162
3.746	.160
3.791	.155
3.800	.153
3.846	.151
3.883	.148
3.891	.144
3.906	.142
3.926	.140
3.951	.137
3.971	.135
4.043	.133
4.063	.131
4.166	.127
4.200	.124
4.203	.122
4.246	.120
4.271	.118

$n_1=4, n_2=4, n_3=5$

x	$P_0\{H \geq x\}$
4.291	.115
4.303	.113
4.363	.111
4.383	.110
4.386	.108
4.486	.106
4.500	.105
4.520	.101
4.523	.099
4.531	.098
4.591	.096
4.611	.095
4.660	.093
4.706	.092
4.806	.089
4.843	.088
4.851	.086
4.866	.084
4.886	.083
4.911	.079
4.943	.078
4.980	.076
5.023	.075
5.071	.074
5.126	.073
5.163	.070
5.171	.069
5.186	.068
5.206	.067
5.231	.066
5.263	.064
5.323	.063
5.400	.061
5.446	.059
5.460	.058
5.483	.057
5.491	.056
5.526	.056
5.571	.055
5.583	.052
5.620	.051
5.643	.050
5.666	.049

$n_1=4, n_2=4, n_3=5$

x	$P_0\{H \geq x\}$
5.711	.048
5.780	.048
5.803	.047
5.811	.046
5.871	.045
5.903	.043
5.963	.042
5.983	.042
5.986	.041
6.031	.040
6.086	.040
6.100	.038
6.123	.037
6.146	.037
6.166	.035
6.211	.035
6.223	.034
6.283	.034
6.303	.033
6.351	.032
6.406	.031
6.440	.030
6.451	.029
6.486	.029
6.531	.028
6.543	.028
6.603	.027
6.623	.026
6.626	.026
6.671	.025
6.760	.025
6.763	.024
6.771	.024
6.786	.023
6.806	.022
6.831	.022
6.900	.021
6.943	.020
7.000	.019
7.046	.019
7.080	.018
7.106	.018
7.171	.018

$n_1=4, n_2=4, n_3=5$

x	$P_0\{H \geq x\}$
7.183	.017
7.220	.017
7.243	.017
7.266	.016
7.311	.015
7.320	.015
7.426	.015
7.446	.014
7.471	.014
7.491	.014
7.503	.013
7.563	.013
7.586	.012
7.631	.012
7.640	.011
7.686	.011
7.720	.011
7.766	.010
7.791	.010
7.823	.010
7.860	.010
7.903	.009
7.906	.009
8.006	.009
8.043	.009
8.051	.008
8.066	.008
8.086	.008
8.131	.008
8.143	.007
8.223	.007
8.226	.007
8.271	.006
8.280	.006
8.340	.006
8.363	.006
8.371	.005
8.386	.005
8.431	.005
8.463	.005
8.523	.005
8.543	.005
8.546	.004

$n_1=4, n_2=4, n_3=5$

x	$P_0\{H \geq x\}$
8.683	.004
8.691	.004
8.726	.004
8.751	.004
8.771	.004
8.969	.003
8.980	.003
9.000	.003
9.011	.003
9.026	.003
9.071	.002
9.103	.002
9.163	.002
9.231	.002
9.286	.002
9.323	.001
9.411	.001
9.503	.001
9.506	.001
9.606	.001
9.643	.001
9.651	.001
9.686	.001
9.926	.001
9.986	.000
10.051	.000
10.063	.000
10.100	.000
10.260	.000
10.511	.000
10.520	.000
10.566	.000
10.646	.000
11.023	.000
11.083	.000
11.571	.000

$n_1=5, n_2=5, n_3=5$

x	$P_0\{H \geq x\}$
.000	1.000
.020	.998

$n_1=5, n_2=5, n_3=5$

x	$P_0\{H \geq x\}$
.060	.983
.080	.968
.140	.954
.180	.925
.240	.911
.260	.898
.320	.871
.380	.858
.420	.832
.500	.807
.540	.794
.560	.783
.620	.759
.720	.736
.740	.725
.780	.703
.860	.681
.960	.660
.980	.650
1.040	.620
1.140	.601
1.220	.582
1.260	.564
1.280	.547
1.340	.538
1.460	.521
1.500	.505
1.520	.497
1.580	.481
1.620	.466
1.680	.459
1.820	.444
1.860	.416
1.940	.403
2.000	.390
2.060	.383
2.160	.371
2.180	.365
2.220	.353
2.240	.342

$n_1=5, n_2=5, n_3=5$

x	$P_0\{H \geq x\}$
2.340	.330
2.420	.319
2.480	.314
2.540	.304
2.580	.294
2.660	.284
2.780	.265
2.880	.256
2.940	.252
2.960	.239
3.020	.231
3.120	.223
3.140	.216
3.260	.208
3.380	.201
3.420	.190
3.440	.184
3.500	.177
3.620	.171
3.660	.165
3.780	.159
3.840	.153
3.760	.150
3.920	.145
3.980	.137
4.020	.132
4.160	.127
4.220	.123
4.340	.118
.4380	.110
4.460	.105
4.500	.102
4.560	.100
4.580	.096
4.740	.092
4.820	.089
4.860	.085
4.880	.084
4.940	.081
5.040	.075

$n_1=5, n_2=5, n_3=5$

x	$P_0\{H \geq x\}$
5.120	.072
5.180	.070
5.360	.065
5.420	.063
5.460	.060
5.540	.055
5.580	.053
5.660	.051
5.780	.049
5.820	.048
5.840	.046
6.000	.044
6.020	.043
6.080	.040
6.140	.038
6.180	.036
6.260	.035
6.320	.033
6.480	.032
6.500	.031
6.540	.030
6.620	.028
6.660	.027
6.720	.026
6.740	.025
6.860	.024
6.980	.021
7.020	.020
7.220	.019
7.260	.018
7.280	.018
7.340	.016
7.440	.015
7.460	.015
7.580	.014
7.620	.013
7.740	.012
7.760	.012
7.940	.011
7.980	.011

$n_1=5, n_2=5, n_3=5$

x	$P_0\{H \geq x\}$
8.000	.009
8.060	.009
8.180	.008
8.240	.008
8.340	.007
8.420	.007
8.540	.006
8.640	.006
8.660	.006
8.720	.005
8.780	.005
8.820	.005
8.880	.004
8.960	.004
9.060	.004
9.140	.003
9.260	.003
9.360	.003
9.380	.003
9.420	.002
9.500	.002
9.620	.002
9.680	.001
9.740	.001
9.780	.001
9.920	.001
9.980	.001
10.140	.001
10.220	.001
10.260	.000
10.500	.000
10.580	.000
10.640	.000
10.820	.000
11.060	.000
11.180	.000
11.520	.000
11.580	.000
12.020	.000
12.500	.000

◔ 스피어만 순위상관계수 검정통계량 분포표 : $P[r_s \geq r(\alpha,n)] = \alpha$를 만족하는 $r(\alpha,n)$값

			α			
n	.001	.005	.010	.025	.050	.100
4					.8000	.8000
5			.9000	.9000	.8000	.7000
6		.9429	.8857	.8286	.7714	.6000
7	.9643	.8929	.8571	.7450	.6786	.5357
8	.9286	.8571	.8095	.7143	.6190	.5000
9	.9000	.8167	.7667	.6833	.5833	.4667
10	.8667	.7818	.7333	.6364	.5515	.4424
11	.8364	.7545	.7000	.6091	.5273	.4182
12	.8182	.7273	.6713	.5804	.4965	.3986
13	.7912	.6978	.6429	.5549	.4780	.3791
14	.7670	.6747	.6220	.5341	.4593	.3626
15	.7464	.6536	.6000	.5179	.4429	.3500
16	.7265	.6324	.5824	.5000	.4265	.3382
17	.7083	.6152	.5637	.4853	.4118	.3260
18	.6904	.5975	.5480	.4716	.3994	.3148
19	.6737	.5825	.5333	.4579	.3895	.3070
20	.6586	.5684	.5203	.4451	.3789	.2977
21	.6455	.5545	.5078	.4351	.3688	.2909
22	.6318	.5426	.4963	.4241	.3597	.2829
23	.6186	.5306	.4852	.4150	.3518	.2767
24	.6070	.5200	.4748	.4061	.3435	.2704
25	.5962	.5100	.4654	.3977	.3362	.2646
26	.5856	.5002	.4564	.3894	.3299	.2588
27	.5757	.4915	.4481	.3822	.3236	.2540
28	.5660	.4828	.4401	.3749	.3175	.2490
29	.5567	.4744	.4320	.3685	.3113	.2443
30	.5479	.4665	.4251	.3620	.3059	.2400

참고문헌

1. Agresti, A. (2012). *Categorical data analysis* (Vol. 792). John Wiley & Sons.
2. Brase, C. H., and Brase, C. P. (2009). *Understandable statistics: Concepts and methods*. Houghton Mifflin Company.
3. Chow, S and Liu, J (2004). *Design and Analysis of Clinical Trials:Concepts and Methodologies.* Wiley Series in Probability and Statistics.
4. Dawson－Saunders, B. and Trapp, R. G. (1994). *Basic and Clinical Biostatistics.* 9th Edition. Prentice－Hall International Inc.
5. Hollander, M., Wolfe, D. A., & Chicken, E. (2013). *Nonparametric statistical methods.* John Wiley & Sons.
6. Indrayan, A., and Malhotra, R. K. (2017). *Medical biostatistics.* Chapman and Hall/CRC.
7. Lang, T. A., and Secic, M. (2006). *How to report statistics in medicine: annotated guidelines for authors, editors, and reviewers.* ACP Press.
8. Levin, D. Stephan, D., and Szabat K. (2021). *Statistics for Managers Using Microsoft Excel,* 9th Edition, Pearson.
9. Montgomery, D. C., Peck, E. A., and Vining, G. G. (2021). *Introduction to linear regression analysis.* John Wiley & Sons.
10. OECD (2023). OECD data. https://stats.oecd.org.
11. Sutton, A., Abrams, K. R., Jones, D. R., Sheldon, T. A. and Song, F.(2000). Methods for meta analysis in medical research, Wiley.
12. Zhou, X. H., Obuchowski, N. A., and McClish, D. K. (2011). Statistical methods in diagnostic medicine (Vol. 712). John Wiley & Sons.
13. 김기영, 강현철, 전명식, 이성건 (2015). 『예제를 통한 회귀분석』. 자유아카데미.
14. 노형진 (2011). 『SPSS/Excel을 활용한 알기 쉬운 시계열분석』. 학현사.
15. 박성현, 이성임, 임요한 (2023). 『데이터분석 전문가를 위한 고급회귀분석』. 민영사.

16. 박원명, 우영섭, 송후림, 이대보 역 (2015). 『의사가 알아야 할 통계학과 역학』. 황소걸음아카데미.
17. 박유성, 김기환 (2002). 『SAS/ETS를 이용한 시계열 자료분석 I』. 자유아카데미.
18. 박태성, 이승연 (2020). 『범주형 자료분석 개론』. 자유아카데미.
19. 성내경 (2012). 『실험설계와 분석』. 자유아카데미.
20. 송문섭, 박창순, 김홍기 (2015). 『비모수통계학-R과 함께』. 자유아카데미.
21. 이상열 (2023). 『시계열 분석-이론 및 SAS 실습, 제2판』, 자유아카데미.
22. 이재원, 박미라, 유한나 (2011). 『생명과학연구를 위한 통계적 방법』. 자유아카데미.
23. 임현자 (2015). 『임상시험연구의 설계와 응용』. 황소걸음아카데미.
24. 조신섭 등 (2019). 『SAS/ETS를 이용한 시계열분석 제5판』. 자유아카데미.
25. 최준선 (2020). 『엑셀 함수&수식 바이블』. 한빛미디어.
26. 한광종 (2014). 『Excel 활용 미래 예측과 시계열 분석』. 백산출판사.

찾아보기

ㅇ

저자 소개

박미라

고려대학교 통계학과 졸업
고려대학교 대학원 통계학과 (석사)
고려대학교 대학원 통계학과 (박사)
現 : 을지의과대학교 의과대학 예방의학교실 교수
e-mail : mira@eulji.ac.kr

이재원

서울대학교 계산통계학과 졸업
서울대학교 대학원 통계학과 (석사)
위스콘신대학교 통계학과 (박사)
미네소타대학교 통계학과 조교수
남가주대학교(USC) 예방의학과 조교수
미국 아동암그룹(CCG) 생물통계학자
現 : 고려대학교 통계학과 교수
e-mail : jael@korea.ac.kr

EXCEL을 이용한 의학데이터의 통계분석 -제4판-

저　　자　박미라 · 이재원
발 행 인　김지영
발 행 처　자유아카데미
주　　소　경기도 파주시 회동길 37-42
　　　　　파주출판도시
전　　화　031-955-1321
팩　　스　031-955-1322
홈페이지　www.freeaca.com
전자우편　main@freeaca.com (대표)
　　　　　editor@freeaca.com (편집)
　　　　　crm@freeaca.com (영업)
등　　록　제406-2003-017호, 1980. 7. 12
제4판1쇄　2024년 8월 25일 발행

저자와의 협의하에 인지생략

ISBN 979-11-5808-622-0 93310